KB194440

벤처딜,
실리콘밸리 투자
바이블

투자 전략부터 실전 협상까지,
스타트업 VC 투자의 모든 것

벤처딜,
실리콘밸리 투자 바이블

브레드 펠드·제이슨 멘델슨 지음

양석진 옮김   박선동 감수

ITDAM BOOKS

브래드 펠드와 제이슨 멘델슨의 『벤처 딜(Venture Deal)』의 국내 출간을 축하한다. 오래전부터 이 책은 벤처 투자의 개념과 용어를 일목요연하게 기술하고, 벤처 캐피털과 벤처 금융 구조의 다양한 측면과 운영 원리를 체계화한 지침서로 알려져 있다.

실리콘밸리에서 오랫동안 활동해온 두 저자들은 다양한 경험과 시행착오를 발판 삼아 '자금 조달'이라는 창업의 최대 과제에 조언을 아끼지 않는다. 창업과 사업을 둘러싼 역동성, 협상 상대 설득, 벤처 캐피털 투자 프로세스, 벤처 캐피털 환경과 거래를 둘러싼 역학관계, 벤처 금융의 대안, 벤처 금융 전문 로펌과 투자은행 활용 방안 등 다양한 영역을 오가면서도 창업가와 벤처 캐피털 양자 입장에서 균형감 있게 기술된 지침과 지혜가 매력적이다.

알다시피 경제 성패는 생산과 고용의 주체인 기업의 성패에 달려 있고, 기업의 성패는 많은 기업이 적시에 탄생하여 경제 규모를 키우느냐에 달려 있으며, 창업의 성패는 초기 자금 조달을 포함한 금융에 달려 있다. 창업의 금융 과정, 협상 기술, 위기 요소 식별 및 대응 기법을 고액의 자문료를 지불하지 않고서도 배울 수 있다는 점에서 예비 창업가, 창업가, 변호사, 회계사, 그리고 벤처 생태계를 이끌어가는 자들에게 더할 나위 없는 선물이라고 할 것이다.

덧붙여 금융 전반의 충실한 이론적 연마를 거쳐 국내외 금융회사에서 근무하며 다양한 실무경험을 쌓은 양석진 선생의 번역과 대형 로펌과 대기업 사내 변호사를 거쳐 인수 합병 및 투자 전문 변호사로 활동해온 박선동 변호사의 감수 역시 독자분들에게 이 책을 기꺼이 추천하는 이유일 것이다.

이정희
안진 딜로이트 회장

창업가와 투자자를 비롯한 벤처 생태계 종사자 외에도 벤처에 대한 대중의 관심과 이해가 갈수록 깊어지고 있다. 현장에 종사하며 지금처럼 우리 사회가 벤처와 벤처 투자에 높은 관심을 보인 적이 있었나 싶다. 이 책의 출간이 어느 때보다 반가운 까닭이다.

『실리콘밸리에서 투자 받는 법』은 벤처 투자자라면 반드시 알아야 하는 투자 기법과 다이내믹한 벤처 투자업을 소상히 소개하고 있다. 비록 미국 벤처 시장을 기준으로 쓰였으나 국내 벤처 투자업이 미국 벤처 투자 시장의 변화와 혁신을 실시간으로 따라간다는 점에서 국내 벤처 경영자에게 훌륭한 학습서가 될 것으로 믿는다.

창업을 꿈꾸는 분들, 벤처 투자를 업으로 삼는 분들, 그리고 벤처에 관심 깊은 독자들에게 일독을 권한다.

강희수
타다(VCNC) 대표

『실리콘밸리에서 투자 받는 법』은 벤처 캐피털리스트로서 오랜 경험을 쌓은 저자들이 스타트업 자금 조달 과정에서 직면하는 복잡한 문제를 명쾌하게 풀어냈다.

두 명의 공동 저자는 수십 년간 미국 벤처 생태계에서 활동하며 쌓은 풍부한 경험과 통찰을 바탕으로 자금 조달, 투자자와의 협상, 경영권 유지 등 벤처 거래에서 반드시 알아야 할 핵심 개념을 체계적으로 설명하고 있다. 벤처 캐피털리스트로서 실전에서 얻은 교훈을 바탕으로 스타트업이 자금 조달 과정에서 겪는 어려움을 극복하는 법에 관한 실질적인 조언은 압도적이다.

국내 대형 자산운용사에서 쌓은 금융 경험과 깊이 있는 전문성을 바탕으로 원작의 복잡한 내용을 한국 독자들에게 정확하고 쉽게 전달한 번역가와 감수자의 역량도 돋보인다. 단순한 언어 변환을 넘어 한국 벤처 및 스타트업 생태계에서 활용할 수 있는 실질적인 정보로 가득한 책의 미덕은 순전히 번역 덕분이다.

알다시피 한국은 자금 조달 과정에서 규제와 절차적 복잡성이 상대적으로 큰 걸림돌로 작용한다. 그런 점에서 이 책이 제시하는 자금 조달 전략과 협상 방법은 한국 스타트업이 장애물을 극복하고 성공적으로 자금을 유치하는 데 큰 도움을 안겨줄 것이다.

당연한 애기이지만 미국과 한국 벤처 생태계는 여러 차이점이 존재한다. 그러나 양국 모두 자금 조달의 중요성은 공통적인 관심사다. 미국은 창의적이고 신속한 자본 조달을 강조하지만, 상대적으로 보수적인 한국은 투자 환경의 규제와 절차적 요건을 충족해야 한다. 그럼에도 이 책에서 상세하게 다루는 핵심 개념과 전략은 한국 벤처 기업들이 투자자와의 협상에서 주도권을 잡고 성장 가능성을 극대화하는 데 매우 유용할 것이다.

한국 벤처 생태계를 풍성하게 만드는 창업가, 투자자, 변호사 모두에게 실질적인 지침을 제공하고, 이들이 벤처 거래에서 성공적인 결과를 이끌어내도록 돕는 귀중한 지침서의 출간을 진심으로 축하한다.

김홍일
World Bank Group IFC 수석 고문, 케이유니콘인베스트먼트 대표

벤처 투자 계약의 복잡한 세계를 체계적으로 풀어낸 최고의 지침서인 이 책은 두 저자의 풍부한 실무 경험을 바탕으로 법률과 금융은 물론 기업가들이 직면하는 현실적 문제를 명확하게 설명하고 있다. 두 사람의 유익한 통찰 덕분에 M&A 변호사로 활동하며 접했던 다양한 거래 구조와 협상 전략이 새록새록 생각나 개인적으로도 의미 있었다.

이제 한국 스타트업 생태계에서도 벤처 투자에 대한 이해는 필수적이다. 내가 몸담고 있는 '토스'가 혁신을 바탕으로 성장하는 과정에서 투자자와의 원활한 소통과 협상의 중요성은 이루 말할 수 없었다. 창업가, 투자자, 법률 전문가에게 강력한 무기가 되어줄 이 책을 강력히 추천한다. 벤처 투자 계약의 세계를 깊이 이해하고자 하는 당신에게도.

이수화
비바리퍼블리카 Head of Legal

제이슨과 브레드는 깊은 지식과 통찰력을 바탕으로 투자 거래에 관한 상세한 노하우를 나누기 위해 이 책을 썼다. 창업가, 변호사, 벤처 캐피털리스트를 위한 필독서인 이 책을 통해 위대한 스타트업의 길에 들어서길 바란다.

에릭 젠슨 Eric Jensen
법무법인 쿨리(Cooley LLP) 파트너

만약 창업가를 위한 가장 위대한 가르침이 있다면 다른 이들로부터 배움을 얻고, 믿을 수 있는 파트너와 전문가들의 조언을 구하라는 것이 아닐까. 제이슨과 브레드는 수백 건의 벤처 거래를 통해 얻은 귀중한 경험과 전문 지식을 바탕으로 전 세계 창업가들에게 귀한 선물을 건넸다. 투자 거래, 법률 및 금융에 관한 궁금증 등 창업가라면 맞닥뜨릴 수밖에 없는 질문과 해답이 빼곡히 담겨 있다.

그렉 베커 Greg Becker
실리콘밸리 은행 CEO

벤처 투자에 관한 브레드와 제이슨의 생생한 경험은 창업가라면 한 번쯤 겪는 모든 이슈를 관통한다. 벤처 세계의 필수 용어와 의미, 투자 구조, 벤처 투자 거래에 내재한 잠재적 이슈까지 이해할 수 있는 책은 흔치 않다는 점에서 창업가와 투자자 모두를 위한 필독서라고 해도 과언이 아니다. 독자분들이 어느 자리에 있든지 이 책을 통해 중요한 본질에 깊이 파고들기를 바란다. 벤처 투자금을 준비하고 모집하는 창업가라면 반드시!

하이디 로이젠 Heidi Roizen
벤처 캐피털 DFJ(Draper Fisher Jurvetson) 파트너

브레드와 제이슨은 경영대학원 교재에 필적할 만한 내용을 에너지 넘치는 한 권에 가득 담았다. 두 사람의 솔직한 문체와 방대한 통찰력은 눈부신 속도로 성장하는 스타트업에 종사하는 창업가들과 초기 단계 기업 투자자, 그리고 경영대학원 학생들의 필독서가 되기에 충분하다. 벤처 금융 구조와 전략을 알고 싶다면 이 책 한 권이면 충분하다.

브레드 번달Brad Bernthal
콜로라도 대학교 법학과 교수

브레드와 제이슨을 멘토로 둔 나는 행운아이다. 창업가, 테크스타 보스턴 법인 최고경영자, 100개 이상의 스타트업 투자자, 그리고 엔진 펀드(The Engine Fund) 최고경영자까지…… 인생의 중대한 분기점마다 두 사람과 함께했으니 말이다. 나는 두 사람의 노하우가 듬뿍 담긴 이 책을 내가 직접 투자했던 스타트업 창업가들에게 기꺼이 선물하려고 한다. 창업가와 벤처 캐피털리스트 모두에게 중요한 지식의 보고가 될 테니 말이다.

케이티 래Katie Rae
더 엔진(The Engine) CEO

차례

프레드 윌슨
USV파트너

벤처 캐피털리스트Venture Capitalist로서 업무를 시작한 첫 주가 아직도 생생히 기억난다. 그때는 1986년이었고 당시 나는 25세였다. 그해 여름, 어느 벤처 캐피털 회사에서 사회생활의 첫 발을 내디뎠다. 당시 나는 유클리드 파트너스Euclid Partners라는 작은 회사에 소속되어 세 명의 경험 많은 벤처 캐피털리스트 밑에서 일했다. 그곳에서 내 벤처 캐피털리스트 경력의 첫 10년을 보내게 되었다. 그 세 파트너 중 한 명인 블리스 맥크럼Bliss McCrum이 어느 날 내 사무실에 고개를 들이밀며 말했다(그렇다. 당시 나는 25세에 록펠러센터에 사무실 공간을 갖고 있었다). 그는 "A 회사에 대해서 프리머니 가치로 900만 달러라고 평가했을 때, 300만 달러로 자금 조달하고, 10퍼센트의 미발행 스톡옵션 풀을 가정한 경우 이 회사에 대해서 재무 모델 좀 만들 수 있겠나?"라고 묻고는 내 공간 뒤편의 그의 사무실—다른 창업 파트너인 밀턴 파파스Milton Pappas와 함께 쓰던 큰 사무실—로 돌아갔다.

나는 책상에 앉아 그 요청에 대해 생각하기 시작했다. '300

만 달러를 모금한다'는 부분은 이해했다. '10퍼센트의 미발행 스톡옵션 풀' 부분도 이해할 수 있을 것 같았다. 하지만 '프리머니 기업 가치'라는 것은 도대체 무엇일까? 나는 당시까지만 하더라도 그 용어를 들어본 적이 없었다. 넷스케이프와 인터넷 검색이 시작되기 거의 10년 전어서 그런 것들을 활용할 수도 없었다. 그래서 용기를 내어 약 10분 후 그 큰 사무실로 돌아가 블리스에게 고개를 들이밀며 "프리머니가 무엇인지 설명해주실 수 있겠습니까?"라고 물었다.

이렇게 해서 31년 간의 벤처 캐피털에 대한 나의 교육이 시작되었고, 이는 지금도 계속되고 있다. 1985년 당시 벤처 캐피털 사업은 마치 근대의 면화 산업만큼이나 패쇄적인 클럽 딜과 이너서클의 고유한 은어를 사용하는 영세 산업이었다. 냉소적인 사람들은 이를 두고 벤처 캐피털리스트가 아닌 모든 사람에게 일부러 이해하기 어렵게 만들어서 기업가와 협상할 때 모든 주도권을 쥐기 위해서라고 말하기도 한다. 나는 이 설명을 완전히 신뢰하지는 않는다. 하지만 벤처 캐피털 산업이 보스턴, 뉴욕, 그리고 샌프란시스코의 몇몇 작은 사무실들을 중심으로 성장한 것은 사실이다. 다만 수십 명 혹은 수백 명 수준의 주요 참가자들과 그들의 변호사들이 자기네에게 효과적인 방식으로 산업 구조를 만들다 보니 오늘날의 모습으로 형성된 것이라고 생각한다. 그들은 그러고 나서 자신들끼리 소통하기 위한 약어까지 개발한 것이다.

하지만 기원이 무엇이든, 벤처 투자 거래에서 쓰이는 언어는 여전히 많은 사람에게 외국어 같고 불투명하고 혼란스럽다. 이는 업계 내부자들에게는 유리하고 스타트업이나 벤처 캐피털 업계에 새로 진입한 사람들에게는 불리하게 작용한다.

2000년대 초반, 첫 벤처 캐피털 회사인 플랫아이언 파트너스Flatiron Partners에서의 경력을 마무리하고 유니온 스퀘어 벤처스Union Square Ventures에서 업무를 시작하기 전, 나는 블로그에 글을 게재하기 시작했다. 내가 AVC 블로그(avc.com)를 하는 목표 중 하나는 거의 20년 동안 속해 있던 이 불투명한 세계에 투명성을 좀 더 높이는 것이다. 나와 함께 내 친구이자 공동 투자자로 활동했던 브래드 펠드도 이 블로그에 참여했다. 소규모의 폐쇄적인 인원을 중심으로 한 클럽 투자club investing는 여전히 존재하며, 이것이 꼭 나쁘지는 않다. AVC와 feld.com을 꾸준히 읽으면, 스타트업과 벤처 캐피털에 대해 빠르게 이해할 수 있다. 나와 브래드는 벤처 캐피털 비즈니스에 투명성을 부여하려는 우리의 노력에 대해 엄청나게 긍정적인 피드백을 받고 있다. 이러한 피드백이 우리가 계속해서 블로그를 할 수 있는 원동력이다. 요즘은 '참여우선주participating preferred'와 같은 용어를 검색하면, 검색 결과 첫 페이지에서 나와 브래드가 쓴 글을 찾을 수 있다.

브래드와 그의 파트너 제이슨 멘델슨스타트업 변호사에서 벤처 캐피털리스트로 변신은 한 걸음 더 나아가 2011년에 『벤처딜 Venture Deals』이라는 책을 썼다. 이 책은 이제 고전이 되었고, 이제는 세 번째 판을 발간하게 되었다. 만약 1985년에 이 책이 있었다면, 나는 블리스에게 '프리머니 평가 가치'가 무엇인지 모른다고 인정할 필요가 없었을 것이다.

이 책은 벤처 캐피털과 벤처 금융 구조의 신비하고 혼란스러운 언어를 탐구하는 가이드북이라고 할 수 있다. 스타트업, 기업가 정신, 엔젤 및 벤처 캐피털 자금 조달에 관심이 있는 누구든 이 책의 일독을 권한다.

2016년 4월

제임스 박

핏빗 공동 설립자 겸 CEO

280번 고속도로를 달리다가 샌드힐로드 방향 출구 표지판을 처음 본 때가 기억난다. 때는 1999년, 나는 22세에 하버드를 중퇴하고 보스턴에 기반을 둔 스타트업의 공동 설립자이자 최고기술책임자CTO로 일하고 있었다. 나와 공동으로 회사를 설립한 친구는 투자 자금을 모으기 위해 투자자들을 샅샅이 접촉하기로 결심하고 실리콘밸리로 날아가 벤처 캐피털리스트들을 만나기로 했다. 샌드힐로드 출구 표지판을 보자마자 나는 엄청나게 긴장되고 불안해지기 시작했다. 나는 곧바로 준비도 부족하고 관련 지식도 별로 없다는 것을 인식하기 시작했다. 학교 시험을 앞두고 열심히 공부하지 않았을 때 느꼈던 바로 그 기분이었다. 고등학교 때, 크로스컨트리 경주를 앞두고 충분히 연습을 하지 않았을 때 느꼈던 기분이기도 하다. 이 시점에 이르러서야 나는 철저한 준비가 왜 필요한지, 그리고 준비를 제대로 하지 못했을 때 그것이 나의 소화계에도 상당한 영향을 미친다는 것을 알게 되었다. 왜 나는 준비도 부족하고 벤처 캐피털리스트와 업계에 대해 잘 알지도 못한 상태로 이렇게 중요한 회의에 왔을까? 돌이켜보면 1999년 당시 22세의 초보 창업가가 이 모든 것을 알아내기가 쉽지 않았을 것이다.

우리는 당시 그 스타트업을 위해 자금을 모으는 데는 성공했지만, 우리의 실수와 당시의 어려운 환경 때문에 몇 년 후 문을 닫게 되었다. 그러나 그 스타트업에서 에릭Eric과 고칸Gokhan이라는 좋은 친구를 만나게 되었고, 우리는 다시 일어서서 바로 와인드업 랩스Windup Labs라는 회사를 창업했다. 엄청나게 힘든 4년이 지난 후, 우리는 2005년에 와인드업을 CNET 네트워크스CNET Networks(현재는 CBS 인터랙티브CBS Interactive의 일부)에 매각했고, 인수 거래의 일환으로 우리 모두 샌프란시스코로 이주하게 되었다.

2007년에 에릭과 나는 CNET을 떠나 핏빗Fitbit을 창업했다. 솔직히 말해서, 에릭과 나는 처음에 회사에 대한 포부가 그리 크지 않았지만, 시간이 지남에 따라 우리의 포부는 점점 커졌다. 2016년 현재 우리 회사는 1500명이 넘는 직원이 근무하는 큰 기업으로 성장했으며, 얼마 전 우리가 투자자들에게 제시한 투자 설명서에서는 약 25억 달러의 매출 목표를 제시했다.

우리는 브레드와 제이슨이 있는 파운드리 그룹을 포함해서 여러 벤처 캐피털리스트로부터 6600만 달러 이상의 자금을 모았다. 2015년 핏빗은 사상 최대의 가전 제품 기업 관련 기업공개를 진행하여 8억 달러 이상을 모집했다. 나는 창립부터 지금까지 CEO로 재직 중이다.

이 책을 읽으면서 나는 자금을 모으는 과정, 그리고 벤처 캐피털리스트 및 회사 변호사와의 거래 및 협력에서 쌓은 16년의 경험이 얼마나 간결하게 정리되어 있는지 매우 놀랐다. 과거로 돌아가 이 책을 22세의 긴장하고 불안한 나 자신에게 건네주고 싶다(아이폰과 페이스북 사업 아이디어도 함께 말이다).

이 책을 다 읽고 나면 몇 년간의 고통스러운 경험과 시행착오를 거쳐야 얻을 수 있는, 그리고 대형 로펌에 상당한 비용을 지불하고야 배울 수 있는 과정을 순식간에 습득할 것이다. 말그대로 매트릭스에서 네오가 단번에 쿵푸를 배우는 것처럼 말이다. 만약 당신이 280번 도로를 달리다가 혹은 자율주행 전기차를 타고 가다가 샌드힐로드 표지판을 보게 된다면 내가 아는 최고의 벤처 캐피털리스트들로부터 조언을 받았다는 자신감을 가져도 좋다.

2016년 7월

딕 코스톨로
트위터 CEO

내가 첫 회사를 시작했을 때 이 책이 있었다면 얼마나 좋았을까? 당시 나는 우선주preferred stock와 일반 주식common stock의 차이도 몰랐고, 우선매수청구권right of first refusal이 NFL의 웨이버 조항에 적용되는 것이라고 생각했다.

현재 나는 트위터의 CEO이자 3개의 회사를 설립한 창업가이다. 그중 나중에 세운 두 회사는 상장회사에 인수되었고, 첫 번째 회사는 어느 비상장회사가 인수했다. 나는 이 책에서 다루는 많은 개념과 교훈을 혼자 고생스럽게 배웠다. 훌륭한 투자자와 조언자를 만나기도 했지만, 여전히 나 스스로 그 모든 속임수와 함정, 그리고 업계의 미묘한 분위기를 파악해야 했다.

첫 회사인 버닝도어 네트워크미디어Burning Door Networked Media에서 나와 나의 파트너들은 초보자였고 많은 실수를 했지만, 1996년에 회사를 매각하여 1년 동안 매일 스타벅스의 톨사이즈 커피를 마실 수 있을 만큼의 돈을 벌었다.

몇 년 후, 버닝도어의 파트너들과 함께 스파이오닛Spyonit이라는 새로운 회사를 시작했다. 이 회사는 더 번창해서 2000

년 9월에 724 솔루션즈724 Solutions라는 상장기업에 매각되었다. 우리의 주식은 1년 동안 묶여 있었고(그때는 주권등록요구권에 대해 잘 몰랐다), 2001년 9월 중순 주식을 받았을 때, 인터넷 버블 붕괴와 9/11의 금융 시장 충격의 여파로 인해 주식 가치는 1년 동안 매일 스타벅스에서 톨사이즈 스킴 라테를 마실 만큼 내려갔다.

우리는 모든 훌륭한 창업가들처럼 다시 시도했다. 이번에는 더 많은 지식과 함께 겸손함을 장착하고, 2004년에 피드버너FeedBurner를 창업했다. 우리는 DFJ 포르티지DFJ Portage로부터 시드 투자, 뫼비우스 벤처 캐피털Mobius Venture Capital(당시 브래드 펠드와 제이슨 멘델슨이 속해 있던 회사) 및 수터 힐Sutter Hill로부터의 시리즈 A 투자, 그리고 유니온스퀘어 벤처스Union Square Ventures의 시리즈 B 투자를 포함하여 여러 차례 벤처 캐피털 투자를 받았다. 피드버너는 빠르게 성장했고, 우리는 구글을 포함한 여러 회사로부터 인수 제안을 받았다. 2007년에 구글에 인수되면서 커피 값에 투자 수익을 비교할 필요는 없어졌다.

구글에서 몇 년을 보낸 후, 나는 트위터에 합류했다. 현재 나는 트위터의 CEO이다. 내가 회사에 있는 동안 트위터는 직원 수 50명에서 430명 이상의 회사로 급성장했고, 두 번의 대규모 자금 조달을 완료하여 2억 5000만 달러 이상을 모금했다.

이 책을 읽으면서 '내가 사업을 시작할 때 이 책이 있었다면 얼마나 달라졌을까?'라는 생각을 하게 되었다. 아마도 긴 여정에서 엄청난 시간과 돈을 절약해주었을 것이다.

브래드와 제이슨은 모든 예비 창업가, 학생, 그리고 첫 사업을 갓 시작하는 창업가에게 매우 중요한 책을 썼다. 그러나 이 책은 이들만을 위한 것이 아니다. 나처럼 경험 많은 사람들도 이 책에서 여전히 새로운 지혜의 진주들을 찾을 수 있다. 만약 당신이 벤처 캐피털리스트이거나 혹은 벤처 캐피털리스트가 되기를 원한다면 사업을 폭넓게 이해하기 위해서라도 이 책을 읽어보길 바란다. 마지막으로 벤처 투자 거래를 직업으로 하는 변호사라면 이 책을 읽고 협상 상대방을 괴롭히는 데 사용할 수 있는 무기들을 갖추길 바란다.

2011년 3월

들어가며

기업이 자금을 조달하는 방법 중 하나는 벤처 캐피털을 유치하는 것이다. 극소수의 기업만이 벤처 캐피털을 통해서 자금을 조달하지만, 많은 유수의 기술 기업, 이를테면 구글Google, 애플Apple, 시스코 시스템즈Cisco Systems, 야후Yahoo, 넷스케이프Netscape, 선 마이크로시스템즈Sun Microsystems, 컴팩Compaq, 디지털 에큅먼트 코퍼레이션Digital Equipment Corporation(DEC), 아메리카 온라인America Online 같은 회사들은 초창기에 벤처 캐피털을 받은 적이 있다. 또한 페이스북Facebook, 트위터Twitter, 에어비앤비Airbnb, 링크드인LinkedIn, 우버Uber 같은 오늘날의 창업 아이콘과 같은 기업들 역시 벤처 캐피털의 도움을 받았다.

지난 25년간 우리 팀은 수백만 건의 벤처 캐피털 금융 업무를 해왔다. 15년 전쯤 유달리 작업이 힘들었던 어느 투자 건을 끝내고 나서, 벤처 캐피털 자금 조달 프로세스에 대한 비밀을 공개하는 내용의 시리즈를 블로그에 연재하기로 마음먹었다. 그 결과 브래드의 블로그feld.com/archives/category/term-sheet에

'텀시트 시리즈'가 연재되었고, 이것이 이 책을 집필하는 데 큰 영감을 주었다.

새로운 세대의 기업가들이 등장할 때마다 벤처 캐피털 투자 방식에 대한 관심도 달라졌다. 우리 팀은 테크스타techstars. com를 창업했을 때뿐만 아니라 지금 몸 담고 있는 파운드리 그룹foundrygroup.com에서 벤처 캐피털리스트로서의 업무를 하면서 처음으로 초보 창업가들을 많이 만나게 되었다. 그때마다 절실히 느낀 점은 시장에 벤처 캐피털 거래에 대한 명확한 가이드라인이 없어 많은 벤처 금융 참여자들이 불편을 겪는다는 것이었고, 그렇다면 우리가 가이드라인을 만드는 것이 낫겠다고 생각했다.

우리 팀은 벤처 캐피털리스트 투자 프로세스를 깊이 있게 설명하는 것에 덧붙여 벤처 금융 참여자들을 둘러싼 환경과 거래를 둘러싼 역학관계, 그리고 벤처 캐피털 펀드의 업무 방식에 대한 글을 쓰고자 노력했다. 또한 별도의 장으로 협상에 관한 부분을 추가했는데, 이를 통해서 미약하나마 벤처 캐피털리스트들(최소한 우리 공동 저자)이 협상을 바라보는 관점을 제시하고자 했다.

또한 또 다른 형태의 텀시트—성공한 창업가가 언젠가는 만나게 될 문서—라고 불리는, 기업에 대한 인수의향서를 설명하는 부분도 추가했다. 후속판을 거듭하면서 전환사채와 크라우드펀딩, 그리고 초기 코인 공개initial coin offering(ICO)와 같은 벤처 금융의 새로운 대안책에 대한 내용도 추가했다. 최근에는 벤처 대출을 통한 자본 조달에 대해서 상세히 설명하는 내용과 벤처 금융 전문 자문 법무법인과 투자은행을 활용하는 것에 관한 내용도 추가했다.

우리는 창업가들의 입장과 벤처 캐피털리스트들의 입장 사이에서 균형감 있는 시각을 제시하기 위해 노력했다. 초기 단계 투자자로서 우리의 관점이 초기 단계 스타트업에 편향될 수 있다는 것을 잘 안다. 그럼에도 불구하고 우리 팀은 스타트업 및 벤처 금융의 어떤 단계에서도 적용될 수 있는 문서를 만들기 위해 노력했다. 마지막으로, 우리 팀은 기회가 될 때마다 변호사들을 농담의 대상으로 삼았다. 부디 당신의 스타트업을 거대한 회사로 성장시키는 여정에 이 책이 도움이 되길 바란다.

이 책의 독자들

이 책을 처음 구상할 때 우리는 처음으로 회사를 창업하는 초보 사업가들을 대상으로 삼았다. 우리는 그동안 많은 초보 창업가에게 자금을 지원하고, 함께 일하며 때로는 그들이 우리에게 배우는 것 이상으로 많은 것을 배웠다. 테크스타를 창업하고 경영하면서 우리 팀은 초보 창업가들로부터 자금 조달과 벤처 캐피털에 대해 다양한 질문을 들었다. 이 책에서는 이러한 질문들을 종합적으로 다루기 위해 노력했다.

이 책은 경험 많은 창업가에게도 유용하다. 이 책의 초고를 읽었거나 이 책의 내용을 들은 많은 창업가가 이와 같은 책이 자신들이 처음 스타트업을 차릴 때 있었으면 좋았겠다는 피드백을 주었다. "오늘날에도 이 책이 유용할까요?"라고 물어보았을 때 많은 사람이 "네, 물론이죠"라고 답했다. 13장 '협상에서의 전략 전술,' 12장 '벤처 캐피털 펀드의 업무 방식'을 포함한 몇몇 장은 경험 있는 창업가들과의 긴 저녁 식사 대화에서 영감을 받았고, 그들은 우리가 이 내용을 블로그나 책에 꼭 써야 한다고 말했다.

이 책은 기성 창업가뿐 아니라 창업 전 단계에 있는 예비 창업가에게도 유용할 것이다. 그들의 나이가 많든 적든 마찬가지다. 만약 학교(MBA이든 법학대학원이든 혹은 학부나 고등학교 아니면 다른 형태의 고등 학위 과정의 교육 프로그램이든)를 다니면서 창업을 준비하는 사람이라면 더욱 도움이 될 것이다. 다양한 주제에 대한 우리의 강의 경험도 담았기에 창업 수업에서 표준 교재가 되기를 희망한다.

우리도 한때는 경험 미숙의 초보 투자자였다. 우리는 주로 경험 많은 선배 투자자들을 관찰하고, 거래에 적극적으로 참여함으로써 배워왔다. 이 책이 엔젤 투자자나 벤처 캐피털리스트를 막론하고 예비 투자자들에게도 유용한 도구 상자가 되기를 바란다.

변호사들도 이 책에 모아둔 여러 지식과 생각을 통해서 도움을 받기를 바란다. 경험이 필요한 동료들에게 이 책을 추천하여 벤처 투자 거래에서 공통된 언어를 사용할 수 있기를 바란다.

마지막으로, 당신의 인생 파트너가 이 책을 종종 참고할 수 있기를 바란다. 벤처 창업가가 벤처 캐피털리스트로부터 참여우선권에 대해서 무리한 요구를 듣고 집에 돌아와 불평을 늘어놓는다 해도 배우자가 이 책을 읽었다면 위로와 공감을 얻을 수 있을 것이다.

주요 내용

우리는 벤처 캐피털 투자 텀시트의 간략한 역사와 벤처 캐피털 거래의 다양한 참여자들을 논의하며 이 책을 시작하려고 한다. 그다음은 펀드레이징fundraising 혹은 자금 조달에 대한 준비 과정과 적합한 변호사를 선택하는 방법이다.

그러고 나서 벤처 캐피털리스트로부터 자금을 조달하는 방법을 논의한다. 여기에는 펀드레이징을 위해서 회사가 준비해야 하는 것들이 포함되어 있다. 또한 펀드레이징을 위해서 창업가가 준비해야 할 자료들에 대해서도 설명하고자 한다. 이 과정에서 많은 벤처 캐피털리스트가 어떤 회사를 자금 지원 대상으로 결정하는지에 논의할 것이다.

그다음은 벤처 캐피털 텀시트에 들어 있는 특정 조건을 깊이 논의할 것이다. 이 주제는 투자 수익과 관련한 조건들, 경영권에 대한 통제 조건, 기타 조건, 이렇게 3개의 조건으로 나뉜다. 우리는 공정한 거래를 위한 전략과 함께 특정 조건들에 대한 균형 잡힌 시각을 제시하고자 한다.

거래 조건 다음으로는 전환사채의 원리와 주식 발행 자금 조달과 비교해서 장단점이 무엇인지 논의할 예정이다. 그다음으로는 제품 개발 크라우드펀딩, 자기자본 조달 크라우드펀딩, 토큰 크라우드펀딩 등 펀드레이징의 여러 대안을 논의할 것이다. 이어서 벤처 대출에 대해서도 자세히 논의할 것이다.

그다음으로는 벤처 캐피털 회사들이 어떻게 운영되는지, 벤처 캐피털리스트들이 어떻게 동기를 부여받고 보상받는지를 솔직하게 이야기할 것이다. 이러한 구조적 현실이 스타트업 회사의 자금 조달 가능성에 어떻게 영향을 미치는지, 또는 투자 후 벤처 캐피털리스트와 그들의 투자회사, 그리고 창업가 간의 관계에 어떤 영향을 미치는지 논의할 것이다.

자금 조달 과정은 많은 협상을 수반한다. 이 책은 협상에 대한 기본 지침과 벤처 캐피털 업계에서 협상 전략이 효과를 발휘하는 경우와 반대 경우에 대한 내용을 포함하고 있다. 우리는 창업가가 벤처 캐피털 자금 조달에서 거래를 성사시키는 방법을 배우고, 일반적인 실수와 함정을 피할 수 있도록 도와주려 한다.

벤처 캐피털 자금을 조달하는 표준적인 방식은 없다. 우리는 스타트업 기업이 자금을 조달하는 단계에 따라 고려해야 할 다양한 문제들을 다룰 것이다. 텀시트든 실사 관련 자료든 투자 관련 문서들이 존재하는 이유를 들여다보며, 이러한 문서들을 작성하고 날인하는 과정의 숨은 의미를 이해하고자 한다.

우리는 창업가가 알아야 할 또 다른 중요한 텀시트의 일종인 기업 인수의향서에 대한 장을 덧붙였다. 투자은행을 고용하여 회사를 매각하는 방법 및 시기에 대한 장도 포함되어 있다.

마지막으로, 애초에 텀시트가 존재하는 이유와 스타트업이 직면하는 법적 문제들에 대한 조언도 실었다.

책 전체에 걸쳐 오랜 친구이자 창업가인 리턴패스

ReturnPath의 CEO 매트 블럼버그Matt Blumberg의 생각들을 추가했다. '창업가를 위한 팁'이라는 상자가 보이면 바로 앞 내용에 대한 매트의 의견이라고 생각하면 된다.

추가 자료

우리는 이 책을 강의에서 사용할 수 있도록 추가 자료를 만들었다. 자료들은 모두 벤처딜Venture Deals 웹사이트venturedeals.com에 있다(이전 판에서 AsktheVC 웹사이트인 askthevc.com으로 언급되었다).

venturedeals.com은 몇 년 전 우리가 받았던 질문들과 그에 대한 답변을 게재하는 사이트로 시작되었다. 최근에는 '리소스Resources'라는 새로운 섹션을 추가했다. 벤처 자금 조달에서 사용되는 많은 표준 문서 양식을 찾을 수 있을 것이다. 텀시트와 텀시트에서 파생되는 여러 벤처 금융 관련 문서도 있다.

파운드리 그룹Foundry Group에서 사용하는 표준 양식과(우리 팀이 당신의 회사에 자금 지원을 하게 된다면 이 양식을 사용할 수 있다) 오늘날 업계에서 사용되는 가장 인기 있는 표준 문서에 대한 링크와 그 장단점도 실었으니 유용하게 사용하기 바란다.

이 책을 온라인 과정이나 대학에서 사용하는 경우 웹사이트의 '티칭Teaching' 섹션과 여러 예시 강의 계획서들이 도움이 될 것이다.

이 책의 네 번째 판을 완성하면서 사람들로부터 받은 아낌

없는 지원과 조언에 겸허히 감사드린다. 우리가 지금의 자리에 설 수 있도록 지원해준 모든 분께 진심 어린 감사의 말씀을 드린다.

2019년 5월,
제이슨 멘델슨, 브래드 펠드

감사의 말

많은 분들의 아낌없는 도움 없이는 이 책을 쓸 수 없었을 것이다.

리턴패스의 CEO인 매트 블럼버그에게 깊은 감사를 드린다. 매트는 이 책 전체에 걸쳐 '창업가를 위한 팁'이라는 항목을 통해서 매우 통찰력 있는 조언을 해주었다. 그의 조언은 창업가의 관점에서 핵심 문제에 집중하도록 도와주었다.

파운드리 그룹의 파트너인 린델 이크먼Lindel Eakman, 세스 레빈Seth Levine, 라이언 매킨타이어Ryan McIntyre, 크리스 무디Chris Moody에게도 감사를 드린다. 파운드리 그룹의 동료 직원들, 특히 비서인 질 스프루엘Jill Spruiell과 애니 헤시센버텔Annie Heissenbuttel의 도움 없이는 아무것도 할 수 없었을 것이다.

법무법인 쿨리Cooley LLP의 에릭 젠슨Eric Jensen, 세피드 무사카니Sepideh Mousakhani, 빌 갈리아니Bill Galliani, 실리콘밸리뱅크Silicon Valley Bank(SVB)의 총괄 고문인 마이클 주커트Michael Zuckert, 같은 은행의 채권리서치 담당 책임자 드렉 리글리Derek Ridgley, SVB의 법무 및 마케팅팀, 그리고 렉스 골딩Rex Golding

에게도 깊은 감사를 드린다. 벤처 생태계에서 멋진 파트너가 되어주어 감사하다는 말씀을 거듭 드린다.

그 밖에 친구, 동료, 멘토 등 이 책의 수준을 한껏 올리는 데 상당한 시간을 할애해준 모든 분께 감사드린다. 그분들을 나열하자면 다음과 같다. 에이미 배철러Amy Batchelor, 라즈 바가바Raj Bhargava, 제프 클레비어Jeff Clavier, 그레그 고터스먼Greg Gottesman, 브라이언 그레이선Brian Grayson, 더글라스 호치Douglas Horch, 데이비드 질크David Jilk, 티에이 맥칸T.A. McCann, 조지 멀헌George Mulhern, 윌리 넬슨Wiley Nelson, 하이디 로이젠Heidi Roizen, 켄 터커Ken Tucker, 주드 발레스키Jud Valeski.

콜로라도 벤처 캐피털 산업의 아버지라 불리는 사람 중 한 명인 잭 탱커슬리Jack Tankersley는 센터니얼 펀즈Centennial Funds에서의 벤처 거래에 대한 그의 초기 저작을 제공해주었다. 전설적인 초기 벤처 캐피털 거래에 대한 흥미로운 역사를 담은 이 책을 통해 지난 30년 동안 텀시트가 거의 진화하지 않았다는 것을 확인했다. 이 책의 초기 원고에 상세한 코멘트를 제공해준 잭에게 다시 한번 감사드린다.

MIT 창업센터의 빌 올렛Bill Aulet과 퍼트리샤 풀리니Patricia Fuligni는 켄 올선Ken Olson과 조르주 도리오Georges Doriot가 주고받은 DEC 투자 관련 원본 서신을 추적하고 분석하는 데 큰 도움을 주었다.

우리의 벤처 캐피털리스트 동료들도 큰 영향을 미쳤다. 우리가 배운 것들—좋은 것이든 나쁜 것이든—이 너무 많아 모두 나열할 수 없지만, 위대한 기업을 만들어가는 여정에서 아낌없는 도움을 준 그들에게 감사의 인사를 전하고 싶다.

이 책에서 다루고 있는 여러 법률적 주제에 도움과 조언과 가르침을 준 변호사들에게도 고마움을 표하고 싶다. 우리의 친구인 법무법인 쿨리의 에릭 젠슨과 마이크 플랫에게 특별한 감사의 말을 전한다. 안개가 낀 듯이 끝이 보이지 않는 협상 과정에서 큰 도움이 되었다. 에릭은 쿨리에서 제이슨의 상사이자 멘토였고 친구였다. 제이슨은 에릭으로부터 벤처 금융의 모든 것을 전수받았다.

이 책의 된 초기 아이디어를 제시해준 렌 패슬러Len Fassler에게도 감사를 표하고 싶다. 렌이 우리를 존 와일리 앤 선John Wiley & Sons의 이사회 이사인 매슈 키스너Matthew Kissner에게 소개해준 덕택에 브래드가 데이비드 코언David Cohen과 공동으로 저술한 『더 빨리 실행하라: 스타트업의 성장을 위한 테크스타 수업Do More Faster: TechStars Lessons to Accelerate Your Startup』을 포함한 두 권의 책을 와일리와 작업할 수 있었다.

핑크 플로이드에게도 감사의 말을 전하고 싶다. 그들의 앨범 〈다크 사이드 오브 더 문The Dark Side of the Moon〉과 〈위시 유 워 히어Wish You Were Here〉는 지리한 편집 과정에서 작업을 끝낼 수 있는 의지를 북돋아주었다. 초판본의 마지막 원고를 다듬는 한 주 동안 작업할 수 있는 조용한 공간을 제공해준 툭산에 위치한 캐년목장 리조트의 직원들에게도 감사를 표한다.

콜로라도대학교 법학대학University of Colorado Law School의 브레드 번솔Brad Bernthal과 필 와이저Phil Weiser에게 감사의 인사를 전하고 싶다. 이들은 법학대학원과 경영대학원 학생들을 대상으로 이 책에 포함된 여러 주제를 강의해주었다. 또한 이 책을 작업하는 동안 배경 음악을 제공해준 팝밴드 슈프림 비긴스 오브 레져Supreme Beings of Leisure에게도 감사드린다.

이전 판의 오류를 수정하는 데 도움을 준 여러 친구들과 동료들에게 감사드린다. 특히 데이비드 코언David Cohen, 아누라그 메타Anurag Mehta, 톰 고딘Tom Godin, 필립 리Philip Lee, 탈 애들러Tal Adler, 세이슨 시츠Jason Seats, 제프 토머스Jeff Thomas에게 감사드린다. 이번 4판의 문법 및 철자에 관해 도움을 준 이언 헤릭Ian Herrick에게도 감사드린다.

우리 팀과 일했던 모든 창업가들에게도 감사드린다. 그들이 우리와 함께 일하며 얻은 집단 지성을 이 책에 녹여낸 노력에 자부심을 느끼길 바란다.

마지막으로, 우리를 곁에서 묵묵히 지켜봐주고 우리의 삶을 훨씬 충만하게 만들어준 우리 두 사람의 아내 에이미 배철러 Amy Batchelor와 제니퍼 멘델슨Jennifer Mendelson에게도 고마움을 표한다.

텀시트의 기술

가장 대표적이고 고전적인 벤처 캐피털 투자 건은 DEC이다. 1957년, 최초의 벤처 캐피털 회사인 아메리칸 리서치 앤 디벨롭먼트 코퍼레이션American Research and Development Corporation(AR&D)은 DEC에 7만 달러를 투자했다. DEC가 상장된 1968년 이 투자는 3억 5500만 달러 이상으로 가치가 상승하여 투자 자본 대비 5000배 이상의 수익을 올렸다. DEC에 대한 AR&D의 투자 성공은 벤처 캐피털의 초기 성공 사례 중 하나로 꼽힌다.

1957년 당시 벤처 캐피털 산업은 막 태동기에 들어서고 있었다. 당시 미국 투자자 커뮤니티는 컴퓨터 관련 기업에 투자하는 데 그다지 관심이 없었는데, 왜냐하면 컴퓨터 관련 스타트업들이 좋지 않은 성과를 보였고, 대형 기업들조차 컴퓨터 사업에서 수익을 내지 못하고 있었기 때문이다. 우리는 DEC의 공동 창립자인 켄 올슨Ken Olson과 할런 앤더슨Harlan Anderson이 투자자들에게 거절당하고 새로운 사업 아이디어를 인정받지 못했을 때의 좌절감과 AR&D의 창립자 조르주 도리오Georges Doriot

가 회사에 자금을 제공하겠다고 나섰을 때 그들이 느꼈을 기쁨을 상상할 수 있다. 여러 차례의 상담과 회의를 거쳐 도리오는 올슨과 앤더슨에게 투자 의향을 밝히는 편지와 투자 제안 조건을 보냈다. 오늘날, 이 문서를 텀시트term sheet라고 부른다.

당시의 텀시트 형태를 추정해보면 다음과 같다. 예상되는 세 가지 텀시트가 있다. 첫째는 한 장짜리 문서로, 대략 "우리 회사는 당신의 회사에 7만 달러를 투자하고 78퍼센트를 취득하고자 한다"라고 적혀 있었을 것이다. 둘째는 두 장 정도 되는 문서로, 주로 법률적인 조건들이 적혀 있고, 마찬가지로 "당신의 회사에 7만 달러를 투자하고 78퍼센트를 취득하고자 한다"라고 기재되었을 것이다. 셋째는 여덟 장 수준으로, 각종 보호조항, 베스팅 조정 조건, 동반매각요구권, SEC 주식등록요구권 등이 포함되었을 것이다.

우리의 추측으로는 셋째 옵션은 아니었을 것이다. 지난 50년간 텀시트 기술은 발전하고 확장되어 여덟 장 정도의 문학 작품 수준에 이르렀다. 이 여덟 장에는 "우리는 당신의 회사에 X달러를 투자하고 Y퍼센트를 원합니다"라는 것들이 포함되어 있지만, 실질적인 텀시트 협상에서 중요한 두 가지 사항은 투자수익 조건과 경영권에 대한 통제라는 사실을 알게 될 것이다.

DEC의 경우, AR&D는 78퍼센트의 지분을 보유함으로써 회사의 실질적인 통제권을 가졌다. 그리고 7만 달러로 78퍼센트의 지분을 인수하여 포스트머니 가치 9만 달러를 예상한다는 가격 조건도 명확하게 정의되어 있다.

오늘날 벤처 캐피털 투자는 훨씬 많은 뉘앙스를 지니고 있다. 개별 벤처 캐피털리스트는 보통 회사 지분의 50퍼센트 미만을 보유하여 실질적인 경영권을 갖지 못하지만, 종종 회사의 주요 결정에 대한 통제권을 확보하기 위한 조항들을 협상한다. 회사는 서로 다른 시점에 다양한 벤처 캐피털리스트들로부터 투자를 받아 서로 다른 지분 비율과 다양한 권리 및 동기가 쌓인다. 일부 창업가는 투자금을 회수하면서 회사를 떠나기도 하고, 어떤 경우에는 다양한 이유로 스타트업의 초창기에 퇴사하기도 한다. 스타트업은 실패할 가능성이 있기 때문에 벤처 캐피털리스트는 다운사이드에 대한 보호 조치와 업사이드 참여를 동시에 중시한다. 특히 협상 테이블에 여러 사람이 모여 있는 경우 문제는 더욱 복잡해진다.

당사자들이 간단한 가격에 합의한 후 악수하고 짤막한 계약서에 서명하는 거래는 거의 일어나지 않는다. 텀시트를 표준화하려는 노력은 수년 동안 꾸준히 있었지만, 변호사, 벤처 캐피털리스트, 창업가, 그리고 투자 건수의 급증으로 요원한 일이 되었다. 오히려 실제 최종 투자계약서가 시간이 지남에 따라 더 표준화되었다. 그 결과, 벤처 자금 조달이 어떻게 이루어지는지에 대한 우리의 경험을 전할 수 있게 되었다. 그나마 좋은 소식이라면 텀시트 협상이 가장 어렵고, 텀시트 협상이 완료되면 대부분의 힘든 과정이 끝난다는 것이다.

따라서 이 책에서는 텀시트에 에너지를 집중하고자 한다. 벤처 캐피털 금융이 무엇인지, 어떻게 이루어지는지, 왜 그렇게 이루어지는지 다룰 것이다.

1장

벤처 금융의 참여자들

스타트업의 외부 투자금 유치를 댄스 파티에 비유해보자. 파티에는 창업가와 벤처 캐피털리스트라는 두 명의 주인공 외에도 엔젤 투자자, 법률 전문가, 회계사, 기업의 고문(또는 멘토) 같은 이들도 초대장을 받는다. 스타트업 창업가는 여러 형태의 자금 유치를 하는 과정에서 수많은 사람이 의사결정 과정에 참여하게 되고, 나중에는 이해관계자가 너무 많아져서 통제가 불가능해지는 것을 종종 경험한다. 이 지난한 과정의 각 단계에서 실제로 누가 어떤 의사결정을 하는지 인식하지 못한다면 매우 혼란스러울 것이다.

투자금 유치라는 댄스 파티에서 참여자의 경험, 동기, 상대적인 역학관계는 매우 복잡해서 투자금 조달 과정이 미스터리할 정도로 이해되지 않을 때도 있다. 이제 벤처 캐피털 금융을 이해하는 머나먼 여행을 시작하려고 한다. 우선 파티의 참여자들과 그들을 둘러싼 역학관계를 정확히 알아두기로 하자.

창업가

투자자, 투자은행의 담당자, 변호사 모두가 인식하지 못하는 경우도 있지만, 창업가야말로 창업을 둘러싼 모든 환경에서 가장 핵심적인 존재다. 창업가가 존재하지 않는다면 투자에서 가장 중요한 문서인 텀시트term sheet도 없고 스타트업 생태계startup ecosystem도 없다.

이 책에서 '당신'이라는 2인칭 대명사는 창업가를 지칭한다. 창업가가 1인인 경우도 있지만, 많은 경우 2인이나 3인 또는 다수의 창업가가 회사 설립에 관여한다. 어떤 경우 공동 창업가는 동등한 지위를 갖지만, 어떤 경우에는 그렇지 않다. 숫자와 상관없이 이들은 회사의 형성과 자금 유치 과정에서 중대한 역할을 담당한다.

창업가들은 회사의 자금 유치 활동만큼은 외부 전문 변호사에게 아웃소싱할 수도 없고 그래서도 안 된다. 자금 유치 협상 과정에서는 많은 문제가 등장하는데, 창업가들만이 해결할 수 있는 일이 대부분이다. 당신이 박학다식하고 유능한 업계 최강의 전문 변호사를 고용했다고 하더라도 당신의 변호사와 잠재 투자자가 여러 이견이 생긴다면 해결해야 할 일만 많아질 뿐이라는 사실을 잊지 말아야 한다. 변호사는 상대방과 협상하고 논쟁하는 과정에서 당신을 대변하는 사람들이기에 당신과 회사에 좋지 않은 영향을 줄 수 있다. 따라서 창업가인 당신이 투자 유치의 전 과정에 직접적으로 관여하고, 통제할 수 있어야 한다.

회사 설립 초창기에는 공동 창업가 간의 관계가 대부분 원만하다. 자금 유치와 텀시트와 관련한 협상도 창업가 입장에서는 상당히 난해한 문제인데, 창업가들의 관계가 좋지 않다면 엄청난 골칫거리가 될 것이다. 문제는 시간이 지남에 따라 공동 창업가들 간의 관계가 나빠지기도 한다는 것이다. 사업으로 인한 스트레스, 경쟁적 상황, 개인의 성향, 이혼이나 재혼 혹은 출산 등 인생의 우선순위가 바뀌는 일들이 생기기 때문이다.

이러한 일이 발생하면 많은 경우 공동 창업가 중 한 명 내지 여러 명이 회사를 떠나기 마련이다. 이들이 우호적인 조건에서 떠나기도 하지만 그렇지 않은 경우도 있다. 따라서 노련한 투자자라면 이러한 문제를 미리 예상해야 한다. 그리고 이러한 상황에서의 해결 방법을 미리 명문화해야 한다. 투자자들은 공동 창업가가 회사를 이탈함으로써 발생할 수 있는 회사의 경영을 악화시키는 상황을 회피하면서 여러 잠재적인 문제를 깔끔하게 해결할 수 있도록 지원해주고, 이 과정을 통해서 창업가들 각자의 권리를 보호해야 한다.

우리는 이 책에서 베스팅 권리Vesting, 동반매도요구권 Drag-along right 및 공동매도권co-sale rights과 같은 여러 용어들과 이 용어들을 둘러싼 투자 과정에서의 역학관계를 다룰 것이다. 그 과정에서 투자자와 창업가 각각의 관점에서 이 모든 주제를 논의해보려 한다. 이 책을 읽는 과정에서 독자는 투자자 입장이 되어보기도 하고, 창업가로서 자신을 이입하면서 투자와 관련한 여러 이해관계와 역학관계를 이해하는 기회를 가졌으면 한다. 그동안 투자 업무를 하며 협상 테이블 양편에 앉아 있는 당사자들의 서툰 행위와 바람직하지 못한 결정들을 수없이 보아온 우리는 이러한 불편한 주제들에 최대한 균형감을 가지고 접근하려고 한다.

벤처 캐피털리스트

다음 등장 인물은 벤처 캐피털리스트Venture Capitalist(VC 또는 VC 투자회사)이다. VC의 형태, 크기, 그리고 회사의 트랙레코드 track record라고 불리는 경험치는 제각각이다. 대부분의 VC는 스타트업 창업가에게 우호적이지만, 많은 VC들이 자신들이 대외적으로 말한 내용이나 마케팅 캠페인에서 주장하는 것에 미치지 못하는 것도 엄연한 사실이다. 과연 자신들이 주장하는 대로 창업가들에게 우호적인 VC인지 아닌지는 텀시트 협상 과정에서 종종 선명하게 드러난다.

VC 투자회사들은 그들 나름의 직급 체계가 있는데, 이는 투자를 받고자 하는 창업가 입장에서 알아야 할 중요한 사항이다. 이 책의 후반부에서 우리는 VC들이 어떤 요인에서 동기를 얻고, 그들의 보상 체계는 어떻게 설계되어 있으며, 인센티브는 어떤 방식으로 지급되는지 같은 그들만의 영업 비밀을 심도 깊게 이야기할 것이다. VC들이 천상 세계에 살고 있는 존재가 아닌 우리와 같은 일반 사람이라는 당연한 전제에서 그들을 이야기하려고 한다.

VC에는 매니징 디렉터Managing Director(MD)[1] 또는 제너럴 파트너General Partner(GP)[2]라고 불리는 사람들이 있는데, 이들

---

1 매니징 파트너 또는 제너럴 파트너와 같은 미국 VC 업계에서의 직급은 한국 VC 업계에서는 통상 상무나 전무 같은 임원 직급에 해당하지만, 꼭 일치되는 것은 아니다. 중요한 것은 이들의 직함보다는 투자협의회와 같은 중요한 의사결정 과정에서의 권한 유무와 VC 회사의 지분을 실제로 보유하고 있는지이다. 이 책에서는 미국식 타이틀을 무리하게 번역하기보다는 그대로 사용하였다.

2 운용사를 의미하는 GP(General Partner)와 철자가 동일하다. 운용사, 즉 법인을 의미하는지, 그 직급의 사람을 의미하는지는 맥락에 따라 판단하여야 할 것이다.

이 통상 회사에서 가장 높은 직급의 사람들이다. 몇몇 경우 이 직급 명칭 앞에 수식어를 붙여서 이그제큐티브 매니징 디렉터 Executive Managing Director 또는 파운딩 제너럴 파트너Founding General Partner라고도 부르는데, 이 수식어는 이들이 다른 매니징 디렉터나 제너럴 파트너보다 훨씬 상위 직급에 있다는 것을 의미한다. 이들은 최종 투자 의사결정을 하고, 그들이 투자한 회사의 이사회에 참석해서 경영 방향을 결정하기도 한다.

파트너Partner라는 직급은 실제 파트너십에서 지분을 보유한 사람을 지칭하는 것일 수도 있지만 아닐 수도 있다. 오늘날 많은 VC 투자자들이 명함에 파트너라는 타이틀을 붙이는데, 그렇다고 해서 실제로 이들이 자신의 회사에 지분을 보유한 파트너라는 것은 아니다. 오히려 그보다 낮은 직급의 딜 전문가(때로는 프린시펄principal 또는 디렉터director라는 명칭으로도 불린다)이거나, 딜 소싱이나 실사와 같은 투자 프로세스 중 일정 기능을 담당하는 직원일 수도 있다. 풀스택full-stack VC[3]라고도 불리는 일부 VC에서는 이러한 파트너라고 불리는 직원들은 여러 영역에 걸쳐 자문해주는데, 그 범위는 채용, 경영 관리, 기술, 판매, 마케팅에 이르기까지 다양하다. 하지만 그들은 투자 의사결정을 책임지지는 않는다. 일부 투자회사들은 실제 의사결정

---

3   벤처 기업에 대해서 단순 자금 투자뿐만 아니라 인사, 제품 개발, 마케팅 및 전략 지원에 이르는 종합적인 경영 자문 등을 제공하는 VC 투자회사를 일컫는다.

권한을 가지지 않는 경우에도 직원들에게 파트너라는 타이틀을 붙여주기도 한다. 이러한 현상은 과거 투자은행 전통에서 내려온 관습이다. 상대편 입장에서는 실제 GP인지 아닌지 구분되지 않게끔 하여 피투자 회사 입장에서는 상대방이 조직 내에 어느 직급에 속하는지 판단하는 데 혼선을 겪게 하는 일종의 속임수[4]다. 우리가 재직 중인 파운드리 그룹에서는 전 직원이 스스로 MD나 GP라고 부르는, 이러한 과도한 직급 인플레이션은 이제 식상하다고 판단해 의사결정권을 가진 모든 사람의 호칭을 단순화해서 모두 '파트너'라고 부르고 있다.

스타트업의 창업가로서 당신이 어떤 투자회사와 대화하고 있다면 현재 나와 대화에 임하는 사람이 누구인지 알아야 할 것이다. 상대방이 실제로 내가 그토록 원하는 투자를 해줄 수 있는 권한이 있는지 알아야 한다. 이 책에서 MD니 GP니 하는 명칭을 사용할 때는 대체로 그 회사의 가장 최상위 직급자를 의미하기에 실제 업무에서 타이틀도 파트너임을 의미한다.

프린시펄과 디렉터는 MD와 GP 다음 순위의 직급이다. 이들 직급은 딜과 관련한 전문직으로, 사내에서 장차 MD 내지 GP 직급으로 승진할 것이다. 프린시펄은 대체로 딜과 관련한 업무 책임을 지고 있으나, VC 내에서 이들이 어떤 딜을 성사시

---

4   최소 바이스 프레지던트(vice president)가 될 텐데, 한국 직급 체계에서 과장, 차장 또는 부장 정도의 직급에 해당된다.

키기 위해서는 상급의 MD의 지원과 승인을 필요로 한다. 프린시펄이 업무 재량을 가지고 있다 하더라도 그들이 최종 의사결정권자는 아닐 것이다.

일반적으로 어소시에이트Associate[5] 직급의 직원들은 딜과 관련하여 업무 상대방으로 등장해서 VC 펀드 내부에서 투자 과정을 이끌거나 피투자 회사의 자금 유치를 지휘하지는 않는다. 어소시에이트는 GP 또는 MD 직급 임원과 직접적으로 일한다. 이들은 여러 업무를 수행하는데, 그중에는 새로운 투자 기회를 찾는 일부터 진행 중인 딜의 실사 참여 및 향후 진행 예정인 투자 건과 관련한 수많은 내부 문서 작성에 이르기까지 광범위하다. 이들은 아마도 VC 회사 내에서 캡테이블cap table(capitalization table)[6]을 작성하면서 대부분의 근무 시간을 보낼 것이다. 이 캡테이블은 스프레드 시트로 작성된 문서로, 지분율 및 자본금 변동과 같은 딜의 수익 구조economics와 관련한 주요 항목을 담고 있다. 상당수의 VC 회사들은 어소시에이트 육성 프로그램을 가지고 있는데, 일반적으로 2년 정도가 지나면 이들 중 일부는 회사를 떠나서 피투자 회사(또는 포트폴리

---

5 한국 직급 체계에서는 대리 내지 과장에 해당된다. 그 아래 우리나라 기업 직급 체계상 사원 내지 주임에 해당하는 애널리스트가 있다.

6 한국어로 표현하자면 지분율 변동표라고도 할 수 있으나, 업계에서 '캡테이블'이라는 영어 명칭을 친숙하게 쓰고 있어 이 책에서는 영어 그대로 사용하기로 한다. 캡테이블에 대한 상세한 설명은 9장을 참고하기 바란다.

오 회사)에서 근무하거나, 일부는 경영대학MBA에 입학하고, 일부는 스스로 창업하는 경우도 있다. 또한 종종 어소시에이트 중 성과가 뛰어난 스타급 직원들은 프린시펄로 내부에서 승진하기도 한다.

애널리스트Analyst는 VC 직급 체계에서 가장 아래에 있는 직원들이다. 이들은 대부분 대학교를 갓 졸업한 직원들로, 사무실에서 다른 선배 직원들의 책상이 위치한 공간 끝 창문 없는 자리를 차지하고 있으며, 대부분의 업무는 수치를 채워넣거나 서류를 작성하는 것이다. 일부 VC에서는 애널리스트와 어소시에이트가 비슷한 업무와 역할을 수행한다. 또 다른 회사들의 경우에는 애널리스트보다는 어소시에이트 직원들이 좀더 개별 딜에 집중하기도 한다. 어쨌거나 이들 VC에 채용된 애널리스트 직급 직원들은 일반적으로 우수한 재원이지만 현재 회사 내에서 권한이나 책임은 그다지 크지 않다.

일부 VC 회사들, 특히 대형 투자회사들은 여러 형태의 벤처 파트너 또는 운영 파트너라 불리는 제도를 두고 있다. 이들 인원은 통상 경험이 많은 기업가들로 구성되어 있는데, 이들은 파트 타임으로 VC의 투자 활동에 참여한다. 이들이 특정 투자 딜을 VC에 소개하기도 하지만, 많은 경우 VC 내 MD 직급 인원의 명시적인 지원이 있어야 딜을 성사시킬 수 있다. 이 부분은 VC 내 정규 직원인 프린시펄이 딜을 성사시키기 위해서 MD의 지원과 승인이 있어야 하는 것과 마찬가지다. 다른 VC에서는 운영 파트너들이 딜을 추진하지 않고, 대신 피투자 회사의 이사회 회장이나 이사가 되어 회사 경영에 주도적인 역할을 하는 경우도 있다.

초빙기업가Entrepreneurs in residence(EIR)라고 불리는 인력 제도가 있는데, 이들은 VC 회사의 또 다른 파트 타임 구성원이다. 이들은 운영 파트너와 마찬가지로 경험이 많은 기업 경영인들로서, VC 내부에서 대략 1년 가까이 상주하면서 VC가 투자할 회사를 물색하는 업무에 참여한다. 이들은 VC에 새로운 피투자 회사를 소개하고, 실사 과정에서 자문을 제공하기도 한다. 또한 자신이 EIR로 재직하는 동안 네트워킹 등의 업무를 하기도 한다. 일부 VC들은 EIR에게 급여를 지급하고, 어떤 VC들은 이들에게 단순히 사무실 공간을 제공하고 피투자 회사에 같이 참여할 기회를 주기도 한다.

소형 VC 투자회사의 경우, 당신이 만나는 사람들은 거의 MD일 가능성이 높다. 우리 회사 파운드리 그룹의 경우, 총 6명의 파트너(이전에는 MD로 불렸다)가 재직 중인데, 이들은 동일한 책임과 권한을 가지고 있다. 대형 회사에서는 여러 명의 MD, 프린시펄, 어소시에이트, 애널리스트, 벤처 파트너(혹은 운영 파트너), EIR, 그 외 여러 직함을 가진 사람들을 상대해야 할 것이다. 2011년 이 책의 초판본을 발간한 이래 VC 업계 내에 엄청난 직급 인플레이션이 진행되었다. 당시만 해도 어소시에이트라고 불릴 법한 직원이 지금은 파트너라는 직함이 박힌 명함을 들고 다닐 정도이다.

창업가들은 자신들이 상대하는 VC 회사를 조사할 필요가 있다. 자신들이 상대하는 사람을 이해하고, VC 내 직원이 어느 선까지 의사결정권을 가지고 있는지 파악해야 하며, 그들이 추진하는 딜과 관련해서 회사의 승인을 받기 위해서는 어떤 절차들이 필요한지를 알아야 한다. 이러한 유형의 정보를 얻을 수 있는 가장 훌륭한 출처는 과거에 VC와 일한 경험이 있는 다른 창업가들이다. 또는 VC의 홈페이지를 보는 것만으로도 많은 정보를 수집할 수 있다.

창업가를 위한 팁

벤처 캐피털 회사에서는 MD나 GP의 역할이 매우 중요하다. 만약 회사 내에 이들 외의 사람들, 이를테면 어소시에이트, 시니어 어소시에이트, 프린시펄, EIR 구성원 등 여타 다른 사람들이 당신들과 같이 일하고 싶다거나 관심을 표한다면 정말 기쁜 일이나, 궁극적으로는 MD나 GP들과 관계를 만들고 이를 잘 지속시키는 것이 필요하다. MD나 GP가 아닌 다른 사람들은 VC 회사에 오랫동안 머물 가능성이 낮기 때문이다. 이들이 중요한 인물이며, 당신 회사에 최종적으로 투자 결정을 할 수 사람들이다.

자금 조달 라운드

VC 업계에 종사하는 다양한 사람들만큼 여러 종류의 VC 투자회사가 존재한다. 다양한 유형의 VC 회사를 이해하는 것이야말로 자금 모집 과정에서 당신의 회사와 잘 맞는 VC 회사를 선택하는 데 중요한 역할을 할 것이다.

대부분의 VC 회사들은 투자하는 기업의 자금 조달 단계를 가지고 자신들의 전략을 정의하곤 한다. 아마도 당신은 투자 라운드와 관련한 알파벳을 사용하는 데 익숙할 것이다. 이를테면 시리즈 A나 시리즈 B 혹은 시리즈 B 프라임이나 시리즈 G, 아니면 시리즈 시드Series Seed라던지, 시리즈 프리시드Series Pre-Seed 같은 용어 말이다. 시리즈 B-2 라운드나 시리즈 D-3 라운드 같은 용어도 들어보았을 것이다. 벤처 캐피털 업계에서는 자금 단계가 끊임없이 변한다. 오늘 당장 사람들 사이에서 뜨겁게 회자되는 이슈가 내일이면 관심이 사그라지는 경우가 대부분이다. 시장이 변화함에 따라 당신은 '시리즈 A 크런치 Series A Crunch'[7]니 '시리즈 B 크런치Series B Crunch' 같은 용어 혹은 '시리즈 A가 새로운 시리즈 B이다'[8]라는 표현을 들어보았을 것이다.

창업을 둘러싼 환경은 무척 역동적이다. 시간이 지남에 따라 용어들 또한 변화무쌍하게 변한다는 점도 알아두자.

자금 조달 라운드 명칭과 관련해서는 특별한 비밀이나 법적인 정의가 존재하지는 않는다. 차라리 파운드리 그룹이 위치한 콜로라도 볼더의 산책로 이름을 따서 자금 조달 라운드 명칭을 붙이고 싶기도 하다. 하지만 이렇게 하면 사람들 사이에서 혼란을 일으킬 게 뻔해서 알파벳으로 명명한 라운드 명칭을 사

---

7 시리즈 A 크런치(Series A Crunch)'라 함은 벤처 투자 모집 관련해서 시리즈 A단계에서 자금을 필요로 하는 스타트업의 숫자 대비 이에 대한 자금을 투자할 수 있는 벤처 캐피털 펀드 자금이 부족할 경우 일어나는 현상이다. 시리즈 A 크런치에 처한 스타트업의 경우 자금이 부족해 신규 인원 채용이나 설비와 장비에 대한 투자가 곤란해 성장에 큰 어려움을 겪을 수 있다.

8 이 말은 미국 벤처업계의 관용구로 초기 시리즈 A 투자를 받으려는 기업의 성장 속도가 무척 빠르고 자금 소진도 가파르게 진행될 경우, 시리즈 A로 모집된 자금으로는 기업의 성장이 감당되지 않기 때문에 그다음 단계인 시리즈 B 라운드의 자금 모집에 준하는 규모의 자금을 준비해야 한다는 뜻을 담은 표현이다. 이 용어는 스타트업을 둘러싼 환경과 시장의 역동성을 상징하는 표현이라고 할 수 있다.

용하는 것이다. 과거에는 시리즈 A는 최초의 자금 유치, 시리즈 B는 그다음 단계의 자금 모집, 시리즈 C는 또 그다음 자금 모집을 의미했다.

어느 시점부터 아주 초기 단계의 기업에 투자하는 투자자들을 중심으로 '시드 라운드'라 불리는 투자 라운드가 생겨났다. 시리즈 A 앞에 위치하지만 알파벳 A보다 앞선 알파벳이 불가능해서 이러한 투자를 시리즈 시드라고 부르기 시작했다. 이러한 투자를 오히려 시리즈 A 라운드라고 부르는 게 합리적이라는 생각도 든다. 당시 시드 투자를 하는 VC들이 증가하는 추세였는데, 이전부터 시리즈 A(또는 1라운드) 투자자라고 정의하던 많은 투자자들은 새로운 유형의 투자자들이 자신들보다 앞서 투자하는 것에 제동을 걸지 않고, 자신들만의 투자 방식을 계속했다. 다른 일부 회사들은 여전히 초기 단계 투자자[9]라는 용어를 선호했기에 과거 시리즈 A라고 불리는 투자 유형이 시리즈 시드가 되었고, 과거 시리즈 B로 지칭하던 유형이 시리즈 A가 된 것이다. 또한 오늘날은 프리시드 라운드라는 용어도 흔하게 쓰이는데, 이는 단순히 시드 라운드보다 앞선 초기 라운드에 투자하는 방식을 일컫는다.

투자회사들은 투자 라운드 뒤에 알파벳 순서상 한참 뒤에

---

9   이 책에서 문장과 상황에 따라 초기 단계 투자자를 초기 단계 투자자라고도 번역했다. 업계에서도 혼용해서 사용하고 있다. 원문에서는 동일하게 early stage investor이다.

있는 글자가 붙는 것을 원하지 않는다. 만약 당신이 시리즈 K 라운드 투자를 진행한다면 VC들의 첫 반응은 "혹시 음식을 잘 못 드셨나요?"일 것이다. 투자 라운드가 계속됨에 따라 후속 투자들이 동일한 투자 조건 아래 투자되고, 앞선 라운드와 비교해서 가격만 달라진다면 이번에는 숫자가 뒤에 붙는 명칭의 라운드가 진행된다. 라운드 B에서 어떤 투자자가 1000만 달러를 투자한 이후, 이번에는 추가적으로 500만 달러를 동일한 조건으로 주당 가격만 달리해서 투자한다면 시리즈 B-1이 된다. 여기에 추가로 동일한 회사에 500만 달러를 동일한 조건 및 상이한 주당 가격으로 투자한다면 시리즈 B-2가 될 것이다. 새로운 투자자가 2200만 달러로 다음에 투자한다면 시리즈 E가 아니라 시리즈 C라 부를 것이다. 물론 만약 애초에 시리즈 B-1을 시리즈 C, B-2를 시리즈 D라고 불렀다면 시리즈 C가 아니라 시리즈 E가 되었을 테지만 말이다.

중요한 것은 피투자 회사가 투자받는 시점이 회사의 성장 초기 단계early stage인지 후기 단계late stage인지가 정의되어야 한다는 점이다. 어떤 VC가 어느 시점에 투자하는 것을 결정하는 것이기에 중요하다. 일반적으로 프리시드, 시드, 시리즈 A 투자를 받는 스타트업 기업을 초기 단계 기업이라고 하고, 시리즈 B, 시리즈 C, 시리즈 D 투자를 받는 기업을 중간 단계 기업이라고 지칭하며, 시리즈 E와 그 이후 단계의 투자를 받는 회사를 후기 단계 기업이라고 부른다. 물론 그 경계가 분명한 것은 아니다.

VC 회사의 유형

이제 각 투자 라운드 명칭을 이해했으니 다음으로 어떤 VC가 어떤 라운드에 투자하는지 살펴보자.

마이크로 VC라고 불리는 VC 회사는 보통 GP 한 명으로 운영된다. 이들 중 대다수는 엔젤 투자자로 투자업을 시작하는데(이 엔젤 투자자에 대해서는 다음에 설명하겠다), 초기 사업에서 큰 성공을 이루고 펀드를 만들어서 다른 사람들의 자금과 자신의 자금을 합쳐서 투자한다. 이러한 펀드의 크기는 다양한데, 펀드당 총자본이 통상 1500만 달러를 넘지 않는다. 이러한 투자회사들은 대부분 시드 단계 내지 초기 단계에 투자하고, 간혹 다른 마이크로 VC 펀드나 엔젤 투자자 또는 지인이나 가족들과 공동으로 투자하기도 한다.

시드 단계 펀드는 마이크로 VC보다는 크고, 자금의 규모가 펀드당 1억 5000만 달러에 달하기도 한다. 시드 단계 펀드는 스타트업 회사에 최초로 투자하는 기관투자자가 되는 것을 추구하기도 한다. 간혹 시리즈 A 이후 후속 투자 라운드에 참여하는 경우도 있으나 흔하지는 않다. 시드 단계 투자회사들은 종종 피투자 회사에 이사회 이사를 파견하고, 피투자 회사와의 관계가 진척됨에 따라 투자 이상으로 회사의 경영에 신경을 쓰기도 한다.

다음 단계는 초기 단계 펀드이다. 주로 펀드 크기가 1억~3억 달러 정도로, 시드 스테이지와 시리즈 A 단계에 있는 기업들에 투자하고, 간혹 시리즈 B 라운드 투자에서 주도적 역할을 하기도 한다. 이들은 종종 피투자 회사의 후속 단계(후기 단계)에도 계속해서 투자하는데, 후속 라운드에는 비율대로 참여하는 것이 통상적이다. 이에 대해서는 이 책의 후반부에서 다루기로 한다.

미드 스테이지 펀드는 시리즈 B와 그 후속 라운드에 투자하는 펀드이다. 이들 펀드는 종종 그로스 투자자growth investor라고도 불리는데, 이들 펀드가 피투자 회사에 투자하는 시점이 기업이 어느 정도 성과를 보이고, 매출 성장률을 끌어올리거나 지속하기 위한 자금이 필요한 때이기 때문이다. 펀드 크기는 2억~10억 달러 사이다.

후기 단계 펀드는 기업이 독립적으로 사업을 성공적으로 이루어가고 있는 시점에 투자하는데, 통상 기업공개Initial Public Offering(IPO) 직전 마지막 라운드 투자가 된다. 이러한 투자에는 후기 단계 VC 펀드뿐만 아니라 공모시장에 투자하는 헤지펀드나 크로스오버 투자자crossover investor, 그리고 대형 투자은행 계열의 펀드 내지 국부펀드에 자금을 받은 펀드도 참여한다.

각각의 투자기업 유형을 칼로 베듯이 정확하게 구분할 수는 없다. 어떤 투자회사들은 수십억 달러 규모의 펀드를 운용하지만 초기 스타트업이 대부분을 차지하는 초기 단계 투자 프로그램에만 투자하기도 하고, 어떤 투자회사들은 한 회사에 여러 단계에 걸쳐 복수의 펀드로 투자를 집행하기도 한다. 파운드리 그룹에서 우리 팀은 전통적으로 초기 단계에 속하는 투자(통상 시드, 시리즈 A, 간혹 시리즈 B에 투자하기도 했다)를 위해서 초기 단계 펀드를 운용해왔고, 별개의 펀드 형태로 후기 단계 펀드도 운용하며, 미드 스테이지 투자회사들이 투자하는 그로스 라운드에도 투자를 집행한 적이 있다. 현재 우리 팀은 1개의 단일 펀드로서 모든 투자 단계를 아울러서 투자하고 있다.

일부 투자회사들은 각기 다른 투자 단계에 각기 다른 프로그램을 만들고 담당 파트너들도 각각 배치하지만, 어떤 투자자들은 인원과 가용 자원에 대해서 명확히 경계를 두지 않은 채 투자 단계 전반에 걸쳐서 투자한다. 우리 회사와 비슷하게 소수의 인원으로 구성된 투자회사는 모든 투자 건에 대해서 모든 파트너가 참여해서 협업하기도 한다.

당신이 VC로부터 자금을 조달하려 한다면 당신 회사의 단계에 투자하는 VC 투자회사들의 유형을 명확히 인지하고 이들에 집중해야 한다. 창업가들이 흔히 저지르는 실수는 현재 자기 기업의 단계와 맞지 않는 투자회사를 붙들고 시간과 자원을 낭비하는 것이다. 회사의 투자 단계를 정확히 인지하고, 그 단계에 투자하지 않는 투자회사들로부터 자금을 받는 데 에너지를 낭비하는 실수를 피해야 한다.

엔젤 투자자

일반적인 VC들에 덧붙여 종종 엔젤 투자자angel investor(엔젤이라고 줄여 부르기도 한다)라고 불리는 개인 투자자 그룹이 있다. 이들은 첫 번째 라운드 투자에서 활발히 활동한다. 엔젤 투자자는 전문 투자자 출신도 많지만, 유능한 창업가나 성공한 사업가 출신 또는 그들의 동료나 가족의 일원인 경우도 많다.

많은 VC들이 엔젤 투자자와 공동으로 투자하는 것을 선호하고, 경우에 따라 이들이 피투자 기업의 초기 단계에서 적극적으로 나서주기를 원한다. 엔젤 투자자들은 벤처 투자라는 댄스 파티장에서 매우 중요한 역할을 한다. 하지만 모든 엔젤 투자자가 동일한 집단도 아닐 뿐더러 모든 VC들이 엔젤 투자자에 동일한 시각을 가지고 있는 것도 아니다.

엔젤 투자자들은 통상 초기 라운드에 투자하고 후속 라운드에서는 잘 하지 않는 편이다. 모든 것이 순조롭다면 큰 문제가 되지는 않는다. 하지만 포트폴리오 회사(혹은 피투자 회사)가 성장 과정에서 방해물을 만나거나 자금 사정이 여의치 않다면 엔젤 투자자의 후속 투자 라운드 참여 여부가 문제가 되기도 한다. 이와 같이 상황이 꼬인 투자 라운드에서 일부 투자 조건들, 이를테면 페이투플레이pay-to-play 조항[10]이나 동반매각청구권[11]과 같은 조건들은 엔젤 투자자(또는 VC)들의 특정한 행동을 강제할 수 있게끔 특별히 설계된 조항이다.

보통 엔젤 투자자라 하면 최상류층 자산가라고 생각하기 쉬우나, 모든 엔젤 투자자가 그런 것은 아니다. 미국에서는 증권거래위원회Securities and Exchange Commission(SEC) 규정에 따라 적격투자자accredited investors에 제한을 두는데, 만약 엔젤 투자자가 당신의 회사에 투자한다면 반드시 적격투자자이거나 적

---

10   자세한 사항은 5장을 참고하라.

11   자세한 사항은 6장을 참고하라.

법한 예외 규정이 적용되는지 살펴야 한다. 이 규정은 2012년 JOBS 법안이 미국 의회에서 통과되면서 훨씬 복잡해졌는데 10장 '크라우드펀딩' 편에서 더 깊이 다루기로 하자.

일부 엔젤 투자자들은 소규모로 다수 건에 투자한다. 적극적이지만 여러 투자 건을 검토하는 투자자를 슈퍼 엔젤super angels이라고 부른다. 슈퍼 엔젤들은 경험이 많은 창업가 출신들로, 한 건 이상의 사업이나 투자에서 대박을 터트린 후 새로운 스타트업에 투자하여 초기 단계 기업들이 성장하는 데 큰 도움을 주곤 한다.

슈퍼 엔젤들이 다수의 투자 건을 진행함에 따라 자신들의 자본에 지인이나 다른 창업가 또는 기관투자자로부터 자금을 받는 경우도 있다. 이 단계가 되면 슈퍼 엔젤은 VC 펀드와 유사한 펀드를 모집하는 것과 같아서 마이크로 VC와의 차이가 없어진다. 이러한 마이크로 VC는 종종 VC가 아니라 엔젤 투자자로 인식되고 싶어 한다. 하지만 제3자LP 투자자로부터 자금을 모집한다면 자신들에게 투자한 사람들에게 일종의 선관주의의무를 지게 되고, 그 결과 실질적으로 VC나 다름없게 된다.

일반적으로 엔젤 투자자라고 불리는 사람들이 어떠한 유형의 직업인이라고 특정하기는 힘들다. 엔젤 투자자를 단일한 어떤 그룹으로 부르는 것은 위험할 수 있다. 이들을 동일하다고 예단해서는 안 된다. 그들은 각각의 투자에 대한 동기 부여, 의무감, 경험치, 주특기 모두 제각각이다. 이로 인해 단순히 투자계약서나 업무협약서 같은 조건들로는 규정할 수 없을 정도로 영향을 받는 일이 발생할 수 있다.

엔젤 투자자에게 발목 잡히지 않도록 주의하길 바란다. 엔젤 투자자들의 역할은 중요하지만, 그들이 회사의 방향을 결정할 위치에 있는 경우는 거의 없다. 만약 당신에게 투자하려는 엔젤 투자자 그룹이 있고 이들이 소수의 친구와 가족으로 구성되었다면, 이들이 투자할 수 있는 특수목적회사(SPC)를 설정하는 것을 권고하고 싶다. 그렇게 하여 어느 한 명의 주체에 의해 의사결정이 이루어지도록 하는 것이다. 자금을 조달하거나 회사를 매각할 때 75명으로부터 동의 서명을 받기 위해 사방팔방 뛰어다니는 것이 결코 유쾌하지는 않을 것이다. 친구와 가족도 특별히 신경 써야 한다. 그들에게 미리 (1) 그들의 투자는 복권 티켓처럼 생각해야 한다는 것과 (2) 모든 휴일이나 생일 파티가 IR 회의가 아니라는 점을 주지시켜야 할 것이다.

신디케이트

일부 VC들은 단독으로 투자를 집행하지만, 다수의 VC들은 다른 VC들과 협업하여 투자한다. 공통의 투자 건에 협력하여 투자하는 투자자 집단을 신디케이트Syndicate라고 부른다.

VC 업계에서 신디케이트는 특정 투자 라운드에 참여하는 주요 참여 기관을 일컫는데, 이들이 꼭 VC인 것은 아니다. VC나 엔젤 투자자, 슈퍼 엔젤, 전략적 투자자, 일반 기업, 법무법인 등 지분 매입에 참여하는 모든 이들이 신디케이트를 구성할 수 있다.

대부분의 신디케이트는 리드 투자자lead investor(앵커 투자자anchor investor라고도 한다)가 한 곳 정도 있기 마련이다. 또는 2개의 VC가 신디케이트를 공동으로 주도하고, 3개의 투자기관이 주도하는 경우도 있다.

누가 리드 투자자 역할을 맡느냐에 대해서는 특별한 공식이 없다. 창업가 입장에서는 한 명의 투자자를 상대해야 시간과 에너지를 효율적으로 쏟을 수 있다. 각각의 투자자와 한 번씩 상대하며 협상하는 노고를 줄이고, 신디케이트에서 리더 역할을 하는 투자자는 전체 신디케이트를 대표해서 계약 조건을 책임지고 협상을 이끄는 것이다.

리드 투자자나 신디케이트와는 상관없이 신디케이트에 참여한 각각의 투자자와 의사소통을 해야 할 책임은 창업가가 진다. 비록 리드 투자자가 프로세스 전반에 걸쳐서 다른 투자자들의 의견을 모으고 중재하겠지만, 투자자 각각을 상대하는 사람은 결국 창업가 자신임을 잊지 말아야 한다. 당신이 그들로부터 투자금을 받아야 하는 사람이기 때문이다.

너무 많은 사공이 배를 산으로 끌고 가지 않아야 한다. 최근 몇 년 동안 소위 '파티 라운드'라는 개념이 유행처럼 인기를 끌었는데, 이는 다수의 투자자가 상대적으로 소액으로 초기 단계 단계에 있는 여러 기업에 나누어 투자하는 것을 말한다. 10개의 VC와 20개의 엔젤 투자자가 200만 달러의 시드 자금을 모집하는 투자 라운드에 참여하는 것이 이제는 이례적이지 않다. 언론 기사에 유명한 투자자들의 이름이 등장하는 것이 보기에는 좋을지 모르겠다. 하지만 투자자들의 관점에서 각자의 투자는 일반적인 VC가 투자하는 금액과 비교해서 매우 소규모인 까닭에 투자자 누구로부터도 의미 있는 관심을 받지 못한다. 너무 많은 투자자가 참여한 라운드에서는 누구도 회사에 책임 의식을 가질 일이 없으므로 투자받는 회사 입장에서는 다음 라운드에서 투자금을 유치할 때 자신들의 처지가 매우 궁박해져 있음을 깨닫는 경우가 있다.

변호사와 법무법인

아하! 변호사들을 언급하지 않고 넘어갈 뻔했다. 유능한 변호사야말로 딜에서 빠질 수 없는 자산이다. 반면에 담당 변호사가 무능하다면 재앙이 아닐 수 없다.

창업가에게 VC의 투자 자금 유치를 잘 이해하는 숙련된 변호사의 가치는 헤아릴 수 없이 높다. 창업가는 어쩌다가 투자 자금을 유치하는 것이지만, VC 투자자는 투자 업무를 일상적으로 한다. 경험 많은 창업가조차 VC가 넌지시 흘리는 말 한마디에 마음 졸이고 집착하는 잘못을 수없이 저지른다.

투자 거래에서 자문 변호사는 협상 테이블에서 창업가를 조력하는 역할도 하지만, 유능한 변호사라면 창업가로 하여금 정말 중요한 것에 집중할 수 있도록 해준다. 우리가 이 책에서 실질적으로 강조하는 것을 한 가지만 꼽자면 수많은 투자 거래 조건 중 투자 수익economics 조건과 경영권에 대한 통제control 조건을 가장 신경 써야 한다는 것이다. 무능한 변호사들은 중요하지도 않은 조건이나 중대한 이슈로 떠오를 가능성이 희박한 사안에 집착하며 시간을 허비하는 경향이 있다. 물론 인생이 늘 그러하듯이 협상장이라는 무대에서는 중요하지도 않은 사안을 가지고 끊임없이 밀고 당기는 싸움이 지속되고, 때로는 협상 전략의 일환으로 주요한 이슈에서 관심을 돌리기 위해 사소한 문제로 협상을 의도적으로 끌기도 한다. 유능한 변호사는 당신이 이러한 함정에 빠지지 않도록 도와줄 것이다.

VC 투자 업계에서 무능한 변호사 또는 미숙련 변호사는 창업가에게 여러 해악을 끼칠 수 있다. 무능한 변호사는 협상 과정에서 상대방의 농간에 당할 뿐만 아니라 엉뚱한 이슈에 매달리거나 중요치 않은 사안을 두고 상대방과 실랑이를 벌이고, 나중에는 당신에게 터무니없이 엄청난 비용을 청구할 것이다. 만약 어떤 창업가가 이혼 전문 변호사인 자기 사촌을 대리인으로 고용한다면 우리 팀은 협상을 시작하기 전부터 나무랄 것이다. 창업가가 벤처 딜에 대해서 조금이라도 알고 있는 변호사를 찾도록 다그칠 것이다.

당신이 고용하는 변호사는 당신 자신을 반영한다. 무능하거나 미숙한 변호사는 당신의 명성에 먹칠을 할 수 있다. 딜이 잘 끝났다 하더라도 당신은 투자자들과 여전히 협업할 것이다. 당신이 고용한 무능하거나 미숙한 변호사가 불필요한 갈등을 만들어서 투자자들과의 관계에 나쁜 영향을 미치게 할 필요는 없다.

만약 이 글을 읽는 독자가 벤처 금융 변호사라면 당신을 고용한 회사에서 향후 이사회 구성원이 될지도 모르는 사람에게 비상식적으로 행동할 필요가 없다는 점을 인지하길 바란다. 당신이 협상 상대방으로서 대하는 투자자는 미래에 그 회사의 주인이 될 수도 있다. 한 번의 거래로 관계가 끝나지 않고 업계에서 계속 만날 수 있음을 깊이 고려해야 한다. 그 회사의 미래 투자자는 자신들이 편하게 일해왔던 다른 변호사나 법무법인이 주변에 많이 있을 것이다. 투자자가 변호사 혹은 법무법인이 협상 과정에서 전혀 도움되지 않았다고 판단하면 투자 유치 이후 담당 변호사나 법무법인을 바꾸자고 압력을 행사할지도 모른다.

창업가를 위한 팁

협상 경험이 부족한 변호사가 협상에서 불필요한 긴장을 유발하지 않는 것도 중요하다. 그렇다고 해서 VC 투자자 측에서 당신의 법률 자문사가 유명한 대형 로펌이 아니거나 혹은 담당 변호사가 VC 측을 마음에 들어 하지 않는다고 해서 당신이 고용한 변호사를 협상에서 제외할 필요는 없다. 로펌 혹은 변호사는 당신을 위해서 일하는 전문가이지 VC 측 변호사가 아니다. 하지만 당신의 변호사가 합리적으로 업무를 진행하고, 명확하고 우호적으로 소통하는지 확인할 수 있을 정도로 당신 스스로 협상 과정에서 동떨어져 있어서는 안 된다.

통상 법무법인은 시간당 자문료를 계산하는데, VC 투자 경험이 많은 변호사들은 투자 건당 자문료에 상한선을 제시한다. 2019년 이 글을 쓰는 시점 기준으로, 초기 단계 투자의 자문료는 통상 5000~2만 달러 사이에서 책정되고, 일반적인 투자 유치 건은 2만~4만 달러 사이에서 책정된다. 대도시에 근거지를 둔 변호사들은 이보다 좀 더 청구한다. 만약 회사에 정리하거나 청산하지 못한 사항이 여럿 있다면 비용이 증가할 것이다.

만약 당신의 변호사와 VC 측 변호사의 관계가 원만하지 못한 상태에서 당신이 이 과정에 전혀 개입하지 않는다면 자문료는 천정부지로 치솟을 것이다. 변호사들이 수수료 상한선을 적절하게 설정하는 것에 동의하지 않는다면 변호사가 일을 제대로 하는지 의심해야 할 것이다.

흥미로운 점은, 시간당 보수요율은 10년 전에 비해 두 배이상 상승했지만, 실제 자문 보수 금액은 그때나 지금이나 별 차이가 없다는 점이다. 계약서 등 여러 문서의 표준화가 진행되어 왔고, 그에 따라 변호사 한 명이 딜에 투입하는 시간은 먼 과거(이를테면 1990년대)에 비해 많이 줄어들었기 때문이다. 무엇보다 창업가가 산출물의 최종 결과에 책임을 진다는 점을 잊어서는 안 된다.

창업가를 위한 팁

당신이 고용한 법무법인에 지급할 보수와 관련해서 보수의 상한선을 설정하거나 투자금에서 지급하는 것을 조건으로 내거는 것에 주저할 필요는 없다. 만약 당신이 전도유망한 기업을 운영하는 벤처 사업가라면 최고 수준의 로펌도 미지급 보수를 선급금이 아니라 거래 종결시 받아가는 것을 마다하지 않을 것이다.

회계사와 회계법인

초기 단계 투자 유치 단계에서 해외로부터 자금 투자를 받거나 회사의 법인 형태를 LLC나 다른 절세형 도관체에서 C코퍼레이션으로 변경할 때를 제외하고는 회계사는 사실 역할이 별로 없다. 하지만 투자 유치와 관련하여 세무적인 문제에 고민이 있다면 회계사와 변호사가 함께 일하도록 해야 한다. 후기 라운드에서 자금을 모집할 때 스톡옵션의 가격 책정이나 세무 신고 준비 과정 및 환급금 관련 사항에서 회계적인 문제들은 생각보다 광

범위하게 발생한다. 이와 관련해서 전통적으로 기업들이 대처하는 방안은 통상 소위 빅 8 회계법인(지금은 빅 4가 대세이다)을 고용하는 것인데, 스타트업과 협업 경험이 많은 중소형의 지방 회계법인에 자문을 구하는 것도 추천한다.

투자은행 혹은 증권사 IB 부서

투자은행도 회계법인과 마찬가지로 초기 단계 자금 유치 과정에서 역할이 많지 않다. 하지만 이들은 후기 단계 라운드에서 5000만 달러 이상의 자금 조달 거래를 할 때 주도적인 역할을 한다. 간혹 투자은행에서 초기 단계 기업을 대리해서 자금 조달을 진행한다며 우리에게 연락해오는 경우가 있는데 당황스러운 게 사실이다. 투자은행은 자금 조달과 관련해서 고객사에 어마어마한 수수료를 요구한다. 많은 엔젤 투자자나 초기 단계 VC들은 초기 라운드 펀딩에서 투자은행의 요청에 응하지 않는다. 무엇보다 창업가들이 VC들에게 왜 직접 연락하지 않는지 의아할 것이다.

초기 단계 기업이 펀드레이징을 위해서 투자은행을 고용할 경우 이들 은행이 사력을 다해서 노력해줄 것이란 헛된 기대를 하다가 딜이 무산되거나, 혹은 투자은행들로부터 그릇된 자문을 받는 경우가 종종 있다. 투자은행으로부터 우리 두 사람 제안이 오면 대부분의 제안서는 컴퓨터의 휴지통으로 직행한다는 사실을 잊지 마시라.

후기 단계 기업들의 투자 조달 거래에서는 투자은행의 역할이 있다. 전략적 투자자 또는 비전통적 투자자를 찾을 때 그러하다. 투자은행들은 사모펀드와 같은 금융 투자자들이 부분적인 자본재구성recapitalization[12]과 같은 딜을 추진할 때 유용한 역할을 한다.

고문 또는 멘토

창업가 주변에는 경험 많은 고문 또는 멘토mentor들이 있기 마련이다. 멘토는 VC와 관련해서 경험이 많은 사람들로 투자 유치에서 창업가들에게 큰 도움이 되곤 한다.

우리는 이들을 자문인adviser으로 부르기보다는 멘토라고 부른다. 자문인 또는 자문사라는 용어는 기업과 모종의 수수료를 주고받는 계약이 있음을 은연중에 암시하기 때문이다. 특히 초기 단계 기업의 경우 투자 유치 단계에서 수수료를 지불하면서까지 자문사를 선임하는 경우는 드물다.

그럼에도 일부 자문사들은 창업가들을 먹잇감으로 여기며

---

12 사모펀드들이 기업을 인수할 때는 레버리지 바이 아웃(Leveraged Buy out)이라는 기법을 많이 활용하는데, 이 경우 인수를 위해 대규모의 부채를 조달한다. 그에 따라 사모펀드들이 인수한 기업의 초기 재무 구조는 부채 중심으로 바뀌기도 한다. 또한 사모펀드 인수 후 재무 구조가 개선된 기업의 경우 사모펀드의 수익 실현을 위해서 부채를 일으켜 이를 통해서 배당 지급을 하는 경우도 있는데, 이것도 자본재구성의 한 종류이다. 물론 반대로 부채가 과도하게 많아진 기업의 경우 사모펀드에서 추가 출자하는 것도 자본재구성이다.

접근한다. 이들은 자신의 능력을 과시하면서 펀드레이징을 도와주겠다는 명목으로 딜 성사시 과도한 보상을 요구한다. 어떤 대담한 자문사들은 도움을 주기도 전에 선수금을 요구하기도 한다. 이러한 자문사들을 경계해야 한다.

반대로 멘토는 창업가, 특히 초기 단계에 접어든 경영자들을 도와준다. 그들도 창업 초기에 도움을 받았기 때문이다. 많은 멘토가 초기 단계 기업에 투자하는 엔젤 투자자가 되거나 기업의 이사회 구성원이나 고문의 일원으로 일부 지분을 받는 경우는 있어도 선수금 형태로 대가를 요구하지는 않는다.

멘토가 필수 사항은 아니지만, 가능하다면 주변에서 아낌없이 조력하며 오랫동안 관계를 맺을 수 있는 멘토를 찾아볼 것을 권유한다. 그로 인한 이익은 헤아릴 수가 없고, 때로는 뜻밖의 대단한 결과를 가져오기도 한다. 위대한 멘토는 즐거운 마음으로 도움을 준다. 멘토링이 진정한 동기 부여가 될 때 중요하고 지속적인 인간관계가 형성되는 것을 종종 볼 수 있다.

창업가를 위한 팁

멘토를 곁에 두는 것은 매우 유용하다. 그들이 당신의 자금 조달을 진정으로 도와주었다면 소액이나마 성공 보수를 주지 못할 이유가 없다(칵테일 파티에서 한 번 만난 VC에게 이메일 정도를 보내는 것에 성공 보수를 줘야 한다는 의미는 아니다). 멘토가 회사에서 지속적으로 고문으로서 만족스러운 역할을 하고, 당신이 베스팅 제도를 통해서 그들의 스톡옵션을 관리할 수 있다면 그들에게 스톡옵션을 부여하는 것도 나쁘지 않다.

2장

자금 조달 준비하기

펀드 모집 단계로 본격적으로 들어가서 이야기하고 싶지만, 투자에 관해서는 보이스카우트나 걸스카우트처럼 기초부터 하나씩 준비해야 중대한 실수를 저지르지 않는다. 유능한 변호사를 만나면 VC 투자금 유치와 관련하여 해박한 지식을 동원하여 도움을 줄 뿐만 아니라 딜의 성공에 중요한 역할을 한다. 우리 회사와 오랜 인연을 맺은 쿨리 법무법인은 창업가들이 자금 조달과 관련해서 준비해야 하는 것들에 대해서 많은 도움을 주었다 (쿨리의 파트너인 내 친구 제이슨은 20년 전 어소시에이트 시절부터 나와 일하며 인연을 맺었다).

회사에 맞는 변호사 찾기

스타트업의 법률 자문사는 회사 설립부터 인수·합병merger and acquisition(M&A)이나 기업공개에 이르는 전 과정에서 회사에 도움을 주고 신뢰 관계를 형성한다. 중요한 투자자와 외부 인맥들을 연결해주기도 한다. 변호사 또는 법무법인을 선택할 때 경영자에게 주어진 옵션은 다양하다. 선택의 폭은 1인 변호사 사무소부터 다국적 로펌에 이른다. 이들 선택지 중에서 자신에게 맞는 법률 자문인을 만나기 위해서는 어느 정도 시간과 에너지를 투자할 필요가 있다. 선지급금과 같은 시간과 노력의 투자를 통해서 스타트업이 공통으로 직면하는 여러 법률적 과오를 피할 수 있다.

회사의 법률 자문인을 선정할 때 자문사의 해당 업무 경험이나 자문 비용뿐만 아니라 담당 변호사의 의사소통 방식 등 여러 요소를 고려하여 쇼트리스트shortlist를 작성할 필요가 있다. 초기 단계 기업은 스타트업 업무를 했던 트랙레코드track record가 검증된 변호사나 법무법인과 협업하는 일이 특히 중요하다. 초기 단계 기업들과 관련한 업무를 성공적으로 수행한 경험이 많은 법무법인은 기업이 직면하는 법률적 문제에 이해도가 높을 뿐만 아니라 다른 초기 단계 투자자, 액셀러레이터accelerator, 그리고 스타트업의 성공에 중대한 역할을 하는 많은 기관과의 관계가 잘 형성되어 있기 때문이다.

우리는 창업가와 개인적 친분이 있는 변호사를 찾을 것을 강력하게 추천한다. 법률 자문사와는 사업의 세밀한 부분까지 공유해야 하기 때문이다. 변호사를 전적으로 신뢰해야 할 뿐만 아니라 일하는 것 자체가 즐거워야 한다. 스타트업 회사의 법률 대리인으로서 일하는 사람이라면 기업의 평판에도 영향을 주기 마련이다. 그가 대외적으로 회사를 대표하기 때문이다. 창업가는 스스로 로펌을 조사하고, 믿을 만한 여러 경로, 즉 친구나 및 동료들로부터 레퍼런스 체크도 해보길 바란다. 법률 자문사를 선택하기 전에 그들과 충분한 시간을 보내길 권한다. 능력 있는 법무법인은 다른 경쟁 업체에 비해 절반의 보수로 훌륭한 물건을 소개해주고 거래도 성사시켜주는 부동산 중개업소와 같다.

법무 자문 비용에 신경을 쓰는 것이 자연스럽고 마땅한 일이지만 시간당 보수율에 지나치게 집착하지 않는 편이 좋다. 자문 비용 청구서상의 비용은 시간당 보수율과 소요된 시간의 곱으로 구성되는데, 청구서에서 가장 중요한 요소는 언제나 그렇듯이 해당 변호사의 효율성이다. 훌륭한 변호사는 스타트업과 관련한 여러 일에서 자신의 역할을 잘 숙지하고 있다. 법률 서비스 시장에서 변호사 간의 실력 차이는 부동산 업계에서 중개 사무소들만큼이나 커서, 유능한 변호사는 그렇지 못한 변호사에 비해 시간당 효율이 두 배에 달한다.

투자 관련 실사 준비 사항

공격이야말로 최선의 방어라는 말은 이제 진부한 표현이 되었지만, 챔피언 타이틀이 걸려 있는 스포츠 경기만큼이나 벤처 금융 분야에서 이만큼 적절한 표현도 없을 것이다. 사업 아이디어를 투자자들에게 제공하고, 그들과 협상하며 벤처 투자 자금 유치를 종결하는 전 과정을 겪어본 기업가라면 딜의 모든 과정에서 예상치 못한 여러 난관들에 직면할 수 있다. 성공적인 자금 유치를 위해서 스타트업의 경영진이 텀시트를 VC와 주고받기 전에 선제적으로 해야 하는 사항들이 있다.

우선 투자자들의 회사에 대해서 기본적으로 기대하는 것들이 있다. 이것부터 준비하는 게 좋다. 그중에서도 벤처 캐피털 펀드 자금을 받는 기업의 법인 형태는 델라웨어 주법에 등록된 C-코퍼레이션C-corporatipon이어야 한다. LLC나 다른 형태로 구성된 스타트업의 경우 투자자를 만나기 전에 법률 자문사의 자문을 거쳐 회사의 법적인 형태를 C-코퍼레이션으로 변환해야 한다. VC는 LLC나 S-코퍼레이션과 같은 과세특례도관체pass through tax entities에 투자하는 것을 선호하지도 않고, 실제로 투자하지도 않는다. 그렇기에 C-코퍼레이션으로 법인을 전환하는 것은 의무 사항이다. 우리는 델라웨어주 등록 C-코퍼레이션 법인 형태에 투자하는 것을 꺼리는 투자자를 본 적이 없다. 물론 캘리포니아주, 뉴욕주, 그 밖의 여러 주에 등록된 C-코퍼레이션에 투자하는 경우를 보았지만, 델라웨어를 등록주[1]로 선택하는 것이 좋다.

스타트업은 영업하고자 하는 모든 주에서 사업할 수 있는 적법한 자격 요건과 각 주마다 사업등록을 증명할 수 있는 법적 서류들을 완비해야 한다. 창업가는 다른 주에서 영업하는 경우 법률 자문사들을 통해서 해당 주에 필요한 자격 요건들을 갖춰야 한다.

VC 투자에서 실사 과정은 매우 중요한 요소이다. 잠재적 투자자들은 실사 과정에서 회사의 법무 및 재무 자료를 검토하고, 투자에 저해되는 사항을 찾아볼 것이다. 이를 위해서 온라인 데이터룸data room을 개설하거나, 자문사와 함께 기업의 법무 및 재무 자료를 체계적으로 구비해놓음으로써 투자자가 쉽게 검토할 수 있도록 해야 한다. 데이터룸은 대형 기업의 투자 거래에서 사용하는 다소 고비용의 기업 전용 사이트를 활용할 수도 있고, 드롭박스Dropbox, 박스Box, 구글, 카르타Carta와 같

---

1   델라웨어는 전통적으로 기업 친화적인 법과 제도가 일찍이 정착되어 있고, 세금과 관련해서도 유리한 여건이 조성되어 있다. 특히 델라웨어 사법부는 기업가의 입장에서 판결을 진행할 사례가 많다. 미국의 많은 대기업, 금융기관,s 펀드 들이 델라웨어를 설립지 및 관할법원으로 선택하고 있다.

은 저렴하고 접근성이 좋은 공유 서비스를 이용해도 된다.

실사 과정에서 투자자들은 법인설립증명서certificate of incorporation, 회사 정관bylaw, 이사회나 주주총회 의사록을 포함한 모든 자료의 원본과 복사본을 열람한다. 이 과정에서 스타트업은 투자자들에게 주권발행사항과 관련한 문서도 열람할 수 있도록 해야 하는데, 이 주권발행사항에는 회사 주식을 보유한 개인 주주 및 법인 주주의 상세한 사항이 포함되고, 주주의 신주인수권과 우선권이 명시된 계약서가 들어가기도 한다.

스타트업 경영자는 '캡테이블'이라 불리는 스프레드시트에 특별한 주의를 기울여야 한다. 캡테이블은 기업의 주식 발행 현황과 주식 소유 관계를 일목요연하게 정리한 표다. 캡테이블은 법률 자문사가 IR 담당자와 함께 작성하지만, 경영자 역시 문서의 내용을 숙지해야 잠재적 투자자들과의 대화에 대처할 수 있다.

투자자들은 회사의 재무제표, 예산 관련 자료, 주요 고객 리스트, 고용 관계 문서들을 데이터룸에서 검토할 것이다. 회사의 담당 부서는 충분한 시간을 들여서 문서들이 적절히 작성되었는지 확인해야 한다. 담당자들은 회사의 직인이 찍혀 있거나 대표이사의 서명이 들어간 문서들에 문제점이 없는지를 협상 이전에 파악해야 한다.

지식재산권
투자자 입장에서 다른 경쟁사들과 비교해서 특정 스타트업 기업에게 매력을 느끼는 포인트는 지식재산권이다. 일부 경영자와 투자자는 '지식재산권'이라는 단어를 특허권에 국한해서 사용하지만, 우리는 특허권, 저작권, 상표권, 영업기밀까지 포함한다.

스타트업은 자금 유치를 준비하며 지식재산권에 대한 소유권을 문서화된 형태로 증명해야 한다. 창업 멤버들뿐만 아니라 회사의 지식재산권과 관련한 업무를 수행한 모든 사람은 비밀유지계약서nondisclosure agreement(NDA)에 서명하거나 지식재산권 사항을 고용계약서에 명시해야 한다. 법률 자문사의 도움을 받아서 지식재산권 보호 전략을 수립하여 자금 유치 전에 회사의 가장 중요한 자산을 보호해야 한다. 퇴사한 공동 창업가가 있는 경우 꼭 필요한 조치이기도 하다.

창업가는 회사의 지식재산권에 접근할 수 있는 모든 사람이 비밀유지협약서나 고용계약서상의 지식재산권 조항에 서명하도록 조치할 필요가 있다. 문서를 작성함으로써 중대한 지식재산권이 정확히 무엇인지, 지식재산권과 관련한 주요 관계자가 누구인지, 지식재산권 업무와 관련한 중대한 고려 사항이 무엇인지를 규정해야 한다. 지식재산권 계약 문서처럼 기초적인 것들을 놓침으로써 벤처 투자 프로젝트가 무산되는 경우가 생각보다 많다.

스타트업 업계에서 지식재산권 문제가 불거지는 흔한 사례로, 어느 스타트업의 창업가가 기존 회사에 고용된 채로 새로운 벤처 사업을 시작하는 경우를 들 수 있다. 창업가가 기존 회사와 체결한 '재산적 정보와 발명에 대한 계약proprietary information & invention agreement(PIIA)'은 창업가가 새로 시작한 스타트업 영업에 중대한 영향을 미칠 수 있다. PIIA 계약은 피고용인이 이전 고용주의 기존 사업 또는 합리적으로 예상되는 사업과 관련하여 업무를 수행하는 경우, 모든 지식재산권은 기존 고용주에게 귀속됨을 명시하고 있다. 피고용인이 개인적인 시간에 고용주의 문서나 자료에 의존하지 않고 지식재산을 형성하는 경우도 마찬가지이다. 투자자 입장에서는 창업가가 이전 고용주와의 관계를 확실히 절연해서 지식재산권을 둘러싼 분쟁이 발생하지 않도록 하는 것이 중요하다. 가능하다면 지식재산권을 둘러싼 분쟁을 절연하는 내용으로 이전 회사로부터 날인된 문서를 수취하는 것이 바람직하다. 날인된 계약서의 수취가 어렵다면 창업가들은 가능한 한 빨리 기존 회사에서 퇴사해야 한다.

창업가 자신과 경영진을 포함하여 스타트업의 모든 피고용인은 PIIA에 서명해서 스타트업의 지식재산권 권리를 보호해야 한다. PIIA는 채용시 패키지에 포함되는 것이 바람직하다.

스타트업은 모든 외부 업체와 협업 과정에서 창출될 수 있는 지식재산권에 대해서 명확히 권리·의무 관계를 규정하는 문서에 서명하는 것도 중요하다. 초기 단계에서 스타트업은 외부 자문사를 고용해서 제품을 개발하고 상품화하는 복잡한 과정을 검토하기도 한다. 외부 자문사들이 스타트업의 지식재산권에 접근할 수 있으므로 이들 또한 계약을 체결해서 지식재산권 비밀 유지를 준수하도록 해야 할 것이다. 자문사들이 지식재산권 문서에 서명하지 않는 경우 자문사가 공동 발명가로 인정되는 상황이 발생할 수도 있다. 창업가가 외부 자문사에 지나치게 의존하여 권리·의무 관계를 명확히 하지 않은 바람에 자문사가 지식재산권을 탈취한 후 자신의 특허권으로 등록하는 어처구니 없는 상황을 보기도 했다.

간혹 내부 직원과 동일한 지식재산권 서약에 서명하는방침을 불편해 하는 외부 자문사가 있다. 이러한 경우에는 회사 내부 변호사나 법무법인과 논의해서 외부 자문사가 불편을 느끼지 않는 조항으로 하되, 다르게 해석하지 않도록 분명한 조건이 담긴 계약서를 작성할 필요가 있다. 지식재산권을 둘러싼 이슈에 관심이 있다면 19장에서 좀더 깊게 다룰 테니 자세히 읽어보길 바란다.

3장

어떻게 자금을
조달할 것인가?

벤처 투자 자금을 모집할 때 여러 투자자로부터 텀시트를 받는 게 좋다. 투자자 간 경쟁을 유발하는 것이 유리한 조건의 텀시트를 받는 데 지렛대 역할을 할 수 있다. 텀시트를 받을 때는 다양한 전략이 있다. 자금 조달 형태도 다양한 방식으로 이루어진다. VC라는 집단은 단일한 유형의 사람들이 모인 집단이 아니다. 어떤 VC에게는 매력적인 제안이 다른 VC에게는 아무런 흥미를 끌지 못할 수도 있다. 현재 협상 중인 VC가 어떤 유형의 VC인지, 그들의 접근 방식은 어떠한지, 그리고 펀드레이징 과정에서 그들이 원하는 정보는 무엇인지를 명확히 인식해야 한다.

"하거나, 하지 않는 거지, 그냥 해본다는 건 없어."

영화 〈스타워즈〉에 등장하는 요다는 털북숭이 귀에 초록색 피부이지만 지혜로운 현인이다. 창업가들은 펀드레이징 과정에 들어가기 앞서 요다가 루크 스카이워크에게 전하는 조언을 새겨들을 필요가 있다. "하거나, 하지 않는 거지, 그냥 해보는 건 없어Do. Or Do Not. There Is No Try." 창업가는 목표를 달성할 수 있다는 마음가짐을 가져야 한다.

"자금을 모집하기 위해 노력하고 있다" "분위기를 먼저 살펴보려고 한다" "다양한 옵션을 검토 중이다"라는 이야기는 일이 생각보다 진행되지 않는다는 증거다. VC와 협상 중인 창업가라면 성공을 자신하는 태도로 대화해야 한다. 투자자들은 창업가들의 말과 행동에 배어 있는 불확실성의 냄새를 기가 막히게 맡는다.

　모든 창업가가 자금 유치를 성공적으로 이뤄내는 것은 아니다. 인생의 많은 일들이 그러하듯이 태도가 결과에 영향을 미치기 마련이다. 우리는 창업가들이 자금 모집을 진지하게 논의하는 것이 아니라 단순히 투자자들과 안면을 트기 위해 만나는 것을 수없이 봐왔다. 하지만 당신이 펀드레이징 과정에 본격적으로 들어왔다면 모든 것을 걸어야 한다.

조달 자금 규모의 결정

창업가들이 펀드레이징을 진행하며 흔히 저지르는 실수는 잘못된 잠재 투자자군에 접근하는 것이다. 자금 조달을 시작하기 전에 원하는 자금의 규모를 생각해야 한다. 모집 자금의 규모는 스타트업 경영자가 투자자를 결정하는 데 중대한 요소다. 창업가가 이번 라운드에 50만 달러를 조달하고자 한다면 엔젤 투자자, 시드 단계 VC, 슈퍼 엔젤 투자자, 마이크로 VC, 초기 단계 VC 투자회사들을 우선적으로접촉할 것이다. 이들 중에는 대형 VC 펀드에서 분파된 투자자도 있을 것이다. 하지만 1000만 달러를 투자받고자 하는 창업가라면 대형 VC 회사들과 대화를 시작해야 할 것이다. 이 정도 규모의 투자에서는 최소 500만 달러 이상을 선제적으로 투자할 수 있는 리드 투자자가 반드시 필요하기 때문이다.

　간혹 세부 항목에서 1달러 수준까지 세세하게 기술하는 복잡한 재무 모델을 작성하는 창업자가 있는데 결코 바람직하지 않다. 대신 조달한 자금으로 회사의 다음 마일스톤에 이르기까지 걸리는 시간을 신경 써야 한다. 이제 막 사업을 시작한 창업가라면 첫 제품을 상용화해 고객에게 인도하기까지 얼마나 걸릴지 고려하고, 이미 시장에 상용화된 제품이 있다면 고객을 확보하거나 목표 매출액에 도달하는 데 얼마나 걸릴지를 염두에 둬야 한다. 그다음 매출액 상승율을 0이라고 가정했을 때 매월 자금이 얼마나 소요(현금 소진 속도burn rate라고도 한다)될지 계산해야 한다. 창업 이후 8명의 팀으로 제품을 상용화하는 데 6개월이 걸릴 것으로 예상한다면 6개월 동안 매월 10만 달러 정도의 자금이 소요될 것이다. 100만 달러의 자금을 모집한다면 완충 시간time cushion(예를 들어 약 1년)도 반드시 고려해야 한다. 직원을 채용하는 데도 시간이 소요될 것이고, 현금 소진 속도가 매월 10만 달러까지 상승하는 데도 일정 시간이 소요될 것이기 때문이다.

필요한 시간은 사업의 유형에 따라 천차만별로 다양하다. 시드 단계의 소프트웨어 기업이라면 약 1년 정도의 기간이라도 실질적인 사업의 성과가 나타날 수 있다. 만약 FDA 승인을 목표로 신약을 개발하는 기업이라면 최소 수년의 시간이 소요될 수 있다. 이 수치를 절대적으로 받아들일 필요는 없다. 재무 모델 작성에서 예상 수치는 틀릴 수도 있고, 약간의 오차를 두고 맞을 수도 있다. 다만 사업의 가시적인 성과에 이르기까지 현금이 충분히 유지되는 것이 중요하다. 이 과정에서 사업의 각 마일스톤이 지나치게 세세히 설계되는 것은 아닌지 유념해야 한다. 마일스톤이 재무 모델에서 창업가가 성취해야 하는 세세한 목표까지 드러낼 필요는 없다.

창업가가 주의해야 할 점은 필요한 자금보다 훨씬 많은 자금을 요청하지 않아야 한다는 점이다. 자금 유치 과정에서 최악의 상황은 투자자들의 관심을 불러일으켰음에도 사업 준비 상태가 투자 자금의 규모에 한참 미치지 못할 때이다. 50만 달러의 자금을 필요로 하는 시드 단계 기업이 100만 달러의 자금을 요청한다고 하자. 대부분의 VC와 엔젤 투자자들은 "이번 라운드에 다른 투자자들로부터 얼마나 투자 약정을 받으셨나요?"라고 질문할 것이다. 만약 창업가가 "이번에 25만 달러 정도 투자 약정을 받았습니다"라고 답한다면 투자자는 100만 달러를 모집하지 못할 것이라는 생각에 투자 참여에 주저할 수 있다. 하지만 "이번에 50만 달러를 목표하고, 40만 달러 정도 투자 약정이 되어 있습니다. 추가로 한두 군데 투자자로부터 자금을 받을 여지는 남아 있습니다"라고 말한다면 잠재 투자자들에게 설득력 있게 들릴 것이다. 투자자는 수요가 넘쳐나는 투자 라운드에 참여하는 것을 선호하기 때문이다.

마지막으로 펀드레이징 과정에서 구체적인 금액이 아니라 범위를 이야기하면 신뢰성이 떨어진다는 점을 강조하고 싶다. 만약 창업가가 500만 달러에서 700만 달러 사이에서 자금을 모집 중이라고 하면 우리는 "정확히 500만 달러를 모집한다는 말씀이세요? 아니면 700만 달러를 염두에 둔다는 말씀인가요?"라고 물어볼 것이다. 투자를 받는 입장에서는 범위를 제시하는 것이 수치를 제시하는 것보다 부담이 덜하겠지만 최고 금액을 받지 못해도 그만이고 최소 금액만 받으면 된다는 것을 은연중에 제시하는 셈이다. 투자 금액은 정확한 숫자로 제안하는 것이 좋다. 만약 예상보다 투자자의 투자 수요가 많다면 모집 자금 규모를 늘리면 될 일이다.

유념해야 할 부분은 500만 달러와 700만 달러의 차이가 창업가에게는 의미가 없지만 VC 입장에서는 중대한 차이가 있다는 점이다. 만약 500만 달러 규모의 투자 라운드에서 어느 VC가 인수할 수 있는 지분의 최대 금액이 300만 달러 수준이라면 이 투자자는 리드 투자자가 된다. 하지만 700만 달러 규모의 투자 라운드라면 해당 투자자는 공동 리드 투자자 혹은 일개 참여 투자자로 내려간다. 창업가는 VC를 끌어들이기 위해 원래 목표로 삼았던 자금 모집 규모를 중간에 변경해서는 안 된다. 투자금의 범위를 설정하는 방식은 투자자들에게 의구심이 들게 한다는 점을 명심해야 한다.

자금 조달 관련 필요 서류

펀드레이징에 앞서 반드시 준비해야 하는 기본적인 서류들이 있다. 사업 개요, 이그제큐티브 서머리executive summary, 그리고 프레젠테이션 자료가 필요하다. 프레젠테이션은 구글닥 Google Doc을 사용해서 작성하지만, 여전히 많은 사람들이 파워포인트라고 부르기도 한다(아직 키노트를 사용하는 사람들을 많이 보지는 못했다). 일부 투자자들은 사업 계획이나 사모투자제안서 private placement memorandum(PPM)를 요청하기도 한다. 초기 단계 투자에서 PPM을 요청하는 것은 드물지만, 후기 단계 투자에서는 흔한 일이다.

한때 문서의 물리적 형식이 중요한 시절이 있었다. 1980년
대에는 사업 계획이 문서 형태로 인쇄되어 고객들에게 발송되
었다. 오늘날은 거의 모든 서류를 이메일로 보내는 만큼 질적
요소가 중요해졌다. 그렇다고 주어진 정보를 과도하게 포장할
필요는 없다. 프레젠테이션을 알차게 만들기 위해서는 내용에
집중하는 것이 중요하다.

투자자에게 발송하는 문서들은 분명하고 간결하고 흥미롭
고 가독성이 좋아서 이른 아침 침침한 사무실에서 홀로 읽는 투
자자가 내용을 이해할 수 있어야 한다. 만약 당신이 투자자와 마
주 앉아서 처음부터 끝까지 문서의 내용을 논의한다면 이미 회
의는 실패하고 말 것이다. 티저를 먼저 보내고 다음 미팅에서 대
화로 프레젠테이션을 풀어가겠다는 생각은 절대로 피해야 한다.
VC에게 보내는 문서는 당신에 대한 최초이자 마지막 인상이기
에 매 순간 최선을 다해야 한다.

투자자들은 자신이 조작할 수 있거나 느낄 수 있는 구체적
인 사물에 쉽게 반응하기 때문에 당신이 스타트업 경영자라면
프로토타입이나 데모를 준비하는 것도 바람직할 것이다.

사업 개요

이메일로 보낼 수 있는 개요를 만들어두는 것도 좋다. 개요는
종종 엘리베이터 피치elevator pitch라고도 불리는데, 잠재 투자
자와 1층에서 만나 그의 사무실까지 엘리베이터를 타고 올라가

는 시간 동안 간단히 말할 수 있는 내용을 의미한다. 이것을 이그제큐티브 서머리와 혼동해서는 안 된다. 엘리베이터 피치는 1~3개 정도의 문단으로 만들어진 것으로, 회사의 제품, 인적 구성, 사업 내용을 직접적으로 제시한다. 별도의 문서를 만들어 이메일에 첨부할 필요 없이 본문에 그냥 쓰는 게 좋다. 자신을 소개하며 시작하더라도 마지막 문단에는 당신이 원하는 분명한 요청 사항을 담아야 한다.

이그제큐티브 서머리

이그제큐티브 서머리에서는 사업의 개념, 제품에 대한 설명, 조직 개요, 사업 현황 등을 짧고 간결하고 체계적으로 서술한다. 창업가가 아무런 연고가 없는 잠재 투자자들을 대상으로 처음으로 제시하는 중요 문서로, 투자자와 창업가를 연결해준다고 할 수 있다. 이그제큐티브 서머리는 투자자들에게 창업가의 첫인상을 남기는 문서라고 할 수 있다. 창업가의 사업에 관심 있는 VC들이 두루 회람한다고 보면 된다.

창업가는 이그제큐티브 서머리 작성에 심혈을 기울여야 한다. 최대 3페이지 정도의 짧은 문서에 많은 내용을 담을수록 VC들은 창업가가 진지하게 사업에 임하고 있음을 알게 될 것이다. 문서를 엉성하게 작성하거나 주요 정보를 누락하면 VC들은 창업가가 사업의 중요한 이슈를 깊이 고민하지 않거나 사업의 불리한 부분들을 감춘다고 생각할 것이다. 창업가의 사업에 연고가 없는 제3자가 문서들을 검토하고 가다듬는 것이 필요한 이유다.

이그제큐티브 서머리에는 창업가가 해결하기 원하는 문제점과 그 이유를 기술하는 것이 좋다. 그리고 제품의 우수성과 조직의 강점을 설명할 수 있어야 한다. 말미에는 요약된 재무 정보를 담아 창업가가 공격적이지만 회사의 향후 성과에 합리적인 추정치를 가지고 있음을 제시해야 한다.

자기 소개 이메일은 창업가가 VC 투자자와 대면하는 최초의 커뮤니케이션이다. 이메일에는 사업에 대한 간단한 개요와 이그제큐티브 서머리를 첨부하기도 한다. 만약 컨퍼런스나 커피숍 또는 엘리베이터에서 만난 VC가 사업에 흥미를 느끼는 경우 "이그제큐티브 서머리를 이메일로 보내주실 수 있을까요?"라고 물어올 것이다. 그렇다면 요청받은 당일 이메일을 보내서 다음 단계로 나아가길 바란다.

프레젠테이션

당신이 VC와 본격적으로 사업을 이야기한다면 그들은 당신에게 프레젠테이션 또는 이메일로 프레젠테이션 자료를 보내달라고 요청할 것이다. 10~20페이지로 사업의 기본 내용을 담는 프레젠테이션에는 여러 스타일이 있다. 그 내용은 청중들(한 사람일 수도, VC 회사일 수도 또는 500명 이상이 모인 투자자 간담회일 수도 있다)이 어떤 사람들인지에 따라 달라진다. 프레젠테이션은 이그제큐티브 서머리와 동일한 정보를 전달하지만, 시각 자료를 동원해 많은 예시를 제시하기도 한다.

시간이 지남에 따라 다양한 프레젠테이션 스타일이 생겨났다. 3분짜리 스피치가 로드쇼에서 진행하는 8분짜리 프레젠테이션과도 다르고, VC 투자회사의 파트너들을 모시고 진행하는 30분짜리 발표와 다를 수밖에 없다. 프레젠테이션의 내용을 청중의 구성에 맞춰 조정할 필요가 있다. 사업 개요 형태로 이메일로 발송하는 투자 자료집(일명 덱deck이라고도 한다)은 유사한 주제를 다룰지라도 프레젠테이션 자료와 다를 수 있다.

프레젠테이션의 흐름과 포맷에도 고도의 신경을 써야 한다. 프레젠테이션에서 형식은 매우 중요하다. 제품에 대한 고객의 경험이 사업의 성사 여부에 큰 영향을 끼친다면 슬라이드의 디자인이 훌륭하고 구성도 좋다면 무척 긍정적일 것이다. 사내에 디자인을 전문적으로 하는 인력이 없다면 프리랜서 디자이너의 도움을 받아서라도 프레젠테이션 자료를 시각적으로 구성하는 것이 좋다.

창업가를 위한 팁

투자자 프레젠테이션에서는 '적을수록 좋다'는 원칙이 적용된다. 대부분의 VC 투자자들이 투자 거래와 관련해서 눈여겨보는 주요 사항은 다음과 같다: 스타트업이 처해 있는 문제, 거래 규모, 스타트업 팀의 강점, 해당 산업에서의 경쟁 수준, 스타트업이 가진 경쟁 우위 요소, 사업 전략 및 회사의 현재 상태, 요약 재무 정보, 자금 사용 계획, 주요 사업의 마일스톤. 훌륭한 투자자 프레젠테이션은 10장을 넘지 않는다.

사업 계획

사실 우리는 25년 동안 스타트업들의 사업계획서를 처음부터 끝까지 정독하여 읽은 적이 별로 없다. 많은 사업계획서를 받지만, 잘 알고 있는 분야에 투자하기 때문에 사업계획서에 신경을 쓰지 않는 편이다. 오히려 우리는 데모나 시제품을 실시간으로 조작해보는 것을 선호한다. 하지만 사업계획서는 진부한 자료라고 여기는 많은 사람의 생각과는 별개로 일부 VC들은 사업계획서에 큰 의미를 두기도 한다.

사업계획서는 보통 30페이지 이상의 문서인데, 사업과 관련한 모든 어젠다를 다룬다. 심지어 MBA 수업에서 이 문서를 작성하는 법을 가르치는 경우도 있다. 사업계획서는 사업 내용과 관련한 모든 측면에 세세한 디테일을 다루고, 이그제큐티브 서머리의 내용을 확대해서 시장, 제품, 타깃 고객층, 시장 전략, 인력, 재무제표에 이르기까지 모든 주제를 포괄적으로 다룬다.

최근에는 사업계획서에 대한 접근 방식이 매우 다변화되어서 사용자 또는 고객 중심으로 작성되기도 한다. 하지만 창업가가 사업에 대한 원칙을 세우는 것은 여전히 중요하다. 사업을 진행하면서 경영자와 조직의 책임 의식 문서화된 형태로 기록을 남기는 것도 중요하다.

사업계획서가 중요한 인베스터 릴레이션investor relation(IR) 문서인 것은 틀림없다. 만약 당신이 소프트웨어 회사를 창업한 기업가라면 린 스타트업 방법론 또는 린 사고방식lean thinking[1]을 활용해보는 것도 좋다. 사업의 출발점으로서 최소기능제품 minimum viable product(MVP)을 만들어서 시장에 론칭하고 결과를 테스트하는 것이다. 그렇지 않다면 방대한 보고서를 작성하기보다는 파워포인트를 사용해서 자신의 생각을 섹션으로 나누어서 정리할 필요가 있다. 투자자가 사업계획서를 요청할 경우 어떻게 대응할지, 그리고 어떤 자료를 제공할지 계획을 세워두길 바란다.

사모투자제안서

사모투자제안서private placement memorandum(PPM)는 본질적으로 전통적인 방식의 사업계획서인데, 여기에는 사업계획서만큼이나 장황한 '법적 면책조항legal disclaimer'이 들어 있다. PPM 작성은 시간이 많이 소요되고 비용도 많이 든다. 이 문서와 관련해서 향후 예상되는 법적 분쟁들을 줄이기 위해서 변호사들이 많은 법적 문서를 첨부하고, 꼼꼼히 읽은 후 교정 작업까지 하기 때문이다.

PPM을 작성하는 경우는 투자은행이 주관해서 대형 투자자들로부터 자금을 유치할 때가 거의 유일하다. 대형 투자자들이 통상 PPM을 요구하기 때문이다. 몇 년 전만 하더라도 투자은행들은 긴 글 형태가 아니라 파워포인트 형태로 PPM을 작성하는 경우가 많았다.

스타트업이 투자은행을 고용해서 PPM을 준비하는 것은 시간과 비용 낭비일 뿐이다. 투자은행이 작성한 PPM은 읽지도 않고 컴퓨터 휴지통으로 들어가는 경우가 많다.

상세재무모델

스타트업 기업의 재무 예측은 실제 사실과 달라질 수밖에 없다.

당신이 미래를 정확하게 예측할 수 있다면 창업보다 다른 일을 하는 것이 낫다. 스타트업의 단계가 초기일수록 예측의 정확도는 더욱 떨어지기 마련이다. 누구도 스타트업의 매출을 예측하지 못한다는 것을 알고 있지만 재무 계획에서 비용 부분은 경영자의 생각과 비전을 엿볼 수 있다.

매출액을 정확하게 예측할 수 없어도 비용 지출은 당초 사업 계획에 가깝게 관리할 수 있다. 투자자들이 스타트업의 재무제표를 볼 때 공통적으로 집중하는 것들이 있다. 우리는 두 가지에 집중한다. 첫째는 예상 매출과 관련한 가정들(별도의 스프레드시트까지도 필요 없고 이야기하는 것만으로도 충분하다)이고, 둘째는 사업을 운영하면서 소요되는 월간 현금 소진 속도 혹은 현금 유출액이다. 매출은 예상과 다를 수 있으므로 현금흐름 계획도 차이가 날 수 있다. 하지만 유능한 경영자라면 매출 성장률을 달성하기 어렵더라도 현금 지출을 억제함으로써 예산을 관리할 수 있다.

일부 VC는 스트레드시트에 크게 의존하기도 한다. 일부 투

---

1 제품을 개발하고 시장에 출시하기 위해 소프트웨어 회사 창업가들이 사용하는 일련의 프로세스를 정리한 방법론으로 핵심은 낭비를 줄이는 것이다. 미국의 창업가이자 저술가인 에릭 라이즈(Eric Ries)가 주창한 개념이다. 시장에 대한 가정을 테스트하기 위해 제품의 최소기능제품(minimum viable product)을 최대한 간단히, 그리고 빨리 개발해 시장에 론칭한 다음, 고객과의 교류 빈도를 높여서 시장의 반응을 통해서 가정을 검증하거나 수정하여 신사업에 소요되는 시간과 자원의 낭비를 줄이는 것이다.

자회사들(통상 자문사와 협업하는 경우)은 현금흐름 할인가치 평가방법을 통해 기업의 가치를 판단할 것이다. 스트레드시트의 모든 세부 항목을 꼼꼼히 조사하는 투자자들도 있고, 오히려 세부 항목에는 신경을 덜 쓰고 다른 중요한 항목에 집중하는 투자자들도 있기 마련이다. 고용된 직원 수는 얼마인지, 사용자 내지 고객을 얼마나 빨리 확보할 것인지와 같은 고차원 질문에 집중하는 투자자도 있다. VC 나름의 경험과 판단의 기준을 스타트업의 재무 모델에 적용하여 창업가가 사업의 재무 성과의 변동성을 얼마나 이해하고 있는지 판단하는 것이다.

후기 라운드에서는 잠재적 VC 투자자에게 기업의 실제 재무 성과, 기본적인 단위 제품당 경제성 및 원가 분석underlying unit economics, 비용 구조, 주요 재무 지표, 그리고 향후 재무 계획이 훨씬 중요하다. 이 단계에서 창업가는 어느 정도 검증된 성과를 토대로 자금을 모집하고 향후 성과를 추정해야 한다.

제품 데모

대부분의 VC는 스타트업이 시연하는 데모demo를 좋아한다. 우리 역시 산업용 로봇 시연, 체온과 흥분 지수를 기록하는 장치, 비디오를 보면서 웃는 횟수를 측정하는 소프트웨어 시연, 새로운 의학 테스트, 특정 행동을 예측하는 웹 기반 행동 예측 프로그램 등 다양한 데모에 참석했다.

데모들을 통해 받는 감성적 느낌은 문서나 서류가 전달하는 지식 그 이상이다.

스타트업에게 데모와 프로토타입(종종 알파[테스트]라고도 부른다)은 사업계획서나 재무 모델보다 훨씬 중요하다. 투자자들은 데모를 통해서 창업가와 상호 교류함으로써 창업가의 사업 비전을 명확히 알 수 있다. 중요한 점은 창업가는 이 과정을 통해서 투자자들에게 자신의 사업을 실현할 가능성을 인식시킬 수 있다는 것이다. 시제품의 사양이 원래 의도에 비해 떨어질 수도 있고, 세련되지도 않고, 작동 중에 망가질 수 있다. 최종 제품을 만드는 과정에서 시제품을 폐기하는 일도 숱하다. 투자자들이 투자하려는 제품도 진화를 계속해 원래의 프로토타입과 많이 달라진다. 하지만 어린아이처럼 가지고 노는 경험을 통해서 제품에 대한 관심과 인상을 오래 유지할 수 있다.

시제품의 데모는 상용화된 제품을 가지고 있는 기업에도 중요하다. 복잡한 제품을 파는 기업이라면 이 제품을 단시일에 시장에서 선보일 방법을 모색해야 할 것이다. 고객 입장에서는 제품의 모든 면을 알 필요가 없고, 시제품을 고객들에게 선보임으로써 이 제품을 구매한다면 고객의 어떤 문제점들이 해결될 것인지를 스토리텔링 방식으로 전달할 수 있다. 투자자들이 시제품 데모에 참석하는 것은 단순히 수동적인 관찰자로서 비켜서 있다기보다는 이 시제품을 즐기듯이 테스트하면서 알아보고자 하는 마음이 생겼다는 뜻이다. 그러니 투자자에게 시제품의 리모컨을 건네는 것도 좋다. 투자자들이 시제품 테스트를 하는 동안 창업가는 유심히 관찰해볼 필요가 있다. 투자자들이 편안한 분위기에서 시제품을 시연하는 모습을 보면서 이들에 대한 정보를 얻을 수 있기 때문이다. 투자자가 시제품을 가지고 놀면서 눈을 얼마나 깜박이는지, 그 과정에서 제품의 콘셉트는 제대로 이해하는지를 관찰함으로써 의외로 많은 것들을 알 수 있다.

실사 제공 자료

자금 유치 과정이 경과됨에 따라 VC들은 이제 많은 추가 정보들을 요청할 것이다. 만약 VC가 텀시트를 제시했다면 그들은 자신들이 고용한 전문 변호사들을 통해서 여러 가지를 물어올 것이다. 질문에는 캡 테이블에 관련된 것도 있고, 주요 고객과의 계약이나 노동 계약에 관한 사항도 있고, 이사회 관련 세부 사항에 대한 질의도 있을 것이다. 공식적인 실사 과정에서 제시되는 요청 자료 리스트(항상 그런 것은 아니지만 통상 텀시트에 서명한 후에 제시된다)는 꽤 방대하다. 참고로 이 책의 영문 웹페이지 venturedeals.com를 방문해서 상단의 'resource' 메뉴를 보는 것도 괜찮다. 회사의 연혁이 오래되었다면 회사가 제공하는 정보와 서류의 양도 그만큼 많아질 것이다. 비록 연혁이 짧은 신생 기업일지라도 모든 서류들을 바로 발송할 수 있을 정도로 일목요연하게 정리해놓은 뒤 자금 유치에 나서는 것이 좋다. 그렇게 해야 투자자가 요청해올 때 지체하지 않고 대응할 수 있다.

펀드레이징 자료는 숨기는 것이 없어야 한다. 가능하다면 긍정적인 면들을 부각시켜서 프레젠테이션을 해야 하겠지만, 사업상 존재하는 이슈가 있을 경우 분명하게 고지해야 한다. 복잡한 문제들이 있다면 미리 해결해놓을 것을 권장한다. 투자가 완료되기 전에 이에 대한 질문이 들어올 것을 예상하고 있어야 한다. 만약 중요 이슈가 운 좋게도 제기되지 않은 채 자금 유치가 완료되었더라도 창업가가 투명하지 않았다는 점이 부각될 수 있다. 훌륭한 VC는 초기에 투명하게 공개한 이슈를 매우 높게 평가하고, 창업가가 처한 문제들을 같이 해결하기 위해 적극적으로 도움을 줄 것이다. 혹은 최소한 그 문제들을 왜 해결해야 하는지에 대한 피드백을 제시할 것이다.

스타트업과 맞는 VC 찾기

스타트업과 궁합이 잘 맞는 VC를 만나기 위해서는 지인들이나 다른 창업가들에게 자문을 구해보는 것이 좋다. 이를 통해서 그들이 즐겁게 일한 VC들이나 사업에 큰 도움을 받은 VC들에 대해서 가감 없는 정보를 접할 수 있다. VC와 투자를 유치하고자 하는 창업가 모두를 잘 아는 창업가로부터 VC를 소개받는 것은 단순히 익명으로 이메일을 보내는 것보다는 확실히 효과적이다.

만약 이러한 인맥이 없다면 어떻게 해야 할까? VC가 싹트기 시작하던 초창기에는 VC의 연락처 하나 받는 것조차 힘들었다. 어떤 경우에는 VC를 찾는 것이 고리대금업자를 만나는 것보다 어려웠다. 하지만 요즘은 VC들이 웹사이트나 블로그를 가지고 있고, 트위터를 통해서 끊임없이 소통하고, 어떤 VC들은 자사 홈페이지에 이메일 주소를 공개하기도 한다.

창업가들은 일반적인 연락처 이상으로 잠재적 VC 회사의 파트너들에 대해서도 많은 정보를 얻을 수 있다. 이들이 어떤 회사들에 주로 투자하고, 어떤 단계의 기업들에 투자하는 것을 선호하는지, 과거에 어떤 투자에 성공했으며 어떤 투자에 실패했는지, 그들의 투자 접근 방식, 전략, 인적 정보, 약력 등 많은 정보를 알 수 있다. 만약 VC가 SNS를 사용한다면 파트너들이 어떤 취미를 가지고 있고, 투자에 대해서는 어떤 철학을 가지고 있으며, 술은 어떤 종류를 좋아하며, 좋아하는 음식은 무엇이며, 혹시나 음악을 취미로 한다면 어떤 악기를 주로 연주하고, 어떤 주거 환경에서 살고 있는지, 지역 대학에 어떤 건물들을 기증했는지 등을 알 수 있다. 다만 일부 VC들은 상당한 돈과 시간을 들여서 자신의 이미지를 형성하기 위한 마케팅을 한다는 점도 명심해야 한다.

개인적으로 전혀 연고가 없는 VC와 SNS를 통해서 안면을 트는 것도 관계의 시작점으로써 활용도가 높다. 만약 VC의 블로그에 당신이 잘 정리된 글을 남긴다면(참고로 우리의 트위터 계정은 @jasonmendelson, @bfeld이다. 팔로잉을 환영한다), 사람들의 관심을 갈구하는 VC들의 인정 욕구를 채워주고, 동시에 그들에게 당신에 대한 인상을 남기고 관계 형성으로까지 이어질 수 있다. 굳이 당장 사업적인 관계로까지 갈 필요는 없다. 제안하고 상호 교류하고, 여러 좋은 조언들을 따르면 된다. 받는 것 이상으로 주어라. 하지만 누군가로부터 돈을 원한다면 우선 그에게 말을 걸어야 한다. 시간이 지날수록 깊어지는 관계를 맺도록 노력해야 한다. 대신 자금 모집을 일회성의 거래 정도로 여기지 말아야 한다. 온라인으로 관계를 만드는 것은 개인별 특성과 상황에 따라 개별적이고 특별하게 커뮤니케이션을 하는 것을 의미하는 것이지 이메일 주소 리스트에 있는 모든 이들에게 대량 이메일을 발송하는 방식을 의미하는 것이 아니다.

무엇보다 사전 조사를 철저히 해야 한다. 의료기기 회사를 경영하는 어떤 벤처사업가가 우리 팀과 투자 업무 이야기를 하는 도중 비밀유지서약서에 사인해야 사업제안서를 보내줄 수 있다고 한다면 이 사람들은 우리 회사에 대해서 아무런 조사도 하지 않았구나 하는 생각이 들 것이다. 기껏해야 그 사람들이 보낸 서류는 다른 회사들이 정성 들여 제출한 자료들에 비해서 우선순위가 떨어지거나, 최악의 경우 아무런 답도 얻지 못할 것이다.

어느 VC든 1년에 수천 건의 투자 요청을 받는다. 대부분은 VC가 일면식도 없는 사람들이거나 아무런 관계도 없는 사람들이 보내는 것이다. 따라서 투자를 받고자 하는 VC들에 대한 사전 조사를 철저히 하고, 이들에게 연이 닿는 사람들을 통해서 소개를 받거나, 이들이 관심 있는 분야를 통해서 교집합을 만든다면 긍정적인 회신을 받을 확률을 높일 수 있다.

마지막으로 이러한 방식은 쌍방향으로 작동한다는 것을 알아야 한다. 만약 당신이 대단한 투자 건을 가지고 있다면 당신이 오히려 VC를 선택할 될 수도 있다. 그렇다 하더라도 투자자들에 대해서 철저히 사전 조사를 해야 한다. 어떤 투자자가 당신의 사업 성공에 도움이 될지, 어떤 투자자가 당신 회사와 개인적인 기질과 스타일이 맞을지, 어떤 VC가 장기적인 사업 파트너가 될 수 있을지 찾아보고 고민해야 한다. VC 업계에서 레퍼런스를 받아볼 필요도 있다. VC들 사이에서 어떤 회사들을 기피하는지도 살펴볼 필요도 있다. 그래야만 당신의 회사에 어떤 투자자들이 투자를 할지 전반적으로 예측할 수 있을 것이다. 잊지 말아야 할 점은 VC와 창업가가 연을 맺는 평균적인 기간은 미국에서 일반적인 커플의 결혼 지속 기관과 비슷하다는 것이다.

리드 VC 찾기

만약 투자를 받기 위해 복수의 투자자와 논의 중이라면 투자자를 3개 그룹으로 분류할 수 있다. 첫 번째는 리드 투자자이고, 두 번째는 동행 투자자follower, 그리고 세 번째는 그 외 투자자이다. 각 투자자와 어떤 방식으로 소통할지를 정확하게 인지하고 있어야 한다. 그렇지 않다면 시간만 낭비하고, 자금 유치라는 중대한 과제에도 실패할 것이다.

최우선 목표는 리드 VCLead VC를 찾는 것이다. 리드 VC는 다른 투자자들을 대표해서 피투자 회사에 텀시트를 제공하고, 투자 유치와 관련해서 주관사 역할을 하며, 해당 투자 건에 가장 적극적인 투자자가 될 가능성이 크다. 투자 유치에는 공동(리드) 투자자co-lead investor(통상 2개 회사이나 간혹 3개 회사가 참여하는 경우도 있다)를 선정하는 것도 가능하다. 투자 유치와 관련해서는 복수의 VC가 참여하게 함으로써 어느 정도 경쟁을 유발하는 것이 바람직하다. 이 경우 경쟁사들이 서로의 존재를 모르게 진행하는 것이 좋다.

잠재 투자자는 네 가지 유형으로 분류할 수 있다. 첫째는 투자 건에 대해서 분명한 관심사가 있고 딜을 리드하고 싶어 하는 투자자이다. 다음으로는 해당 딜에 관심도 없고 그냥 버리는 투자자다. 투자 건을 리드하고 싶어 하는 투자자와 적극적으로 대화에 임해야 한다. 관심을 전혀 보이지 않는 투자자라면 신경조차 쓸 필요가 없다. 줄기차게 설득하고 적극적인 마케팅으로 소극적인 투자자의 마음을 돌릴 수 있다고 생각한다면 큰 착각이다.

그다음 두 유형으로는 '메이비maybe' 유형과 '슬로 노slow no' 유형이 있다. 두 유형이 가장 상대하기가 어렵다. 메이비 유형의 투자자는 관심은 보이지만 피드백을 잘 주지 않거나 혹은 적극적으로 대화에 나서지 않는다. 이러한 VC는 주변에서 맴돌기만 하고 다른 투자자가 당신의 회사에 관심이 있는지 없는지 방관할 뿐이다. 이러한 유형의 투자자들은 자주 만나고 교류하며 관계를 지속할 필요가 있지만, 분명한 것은 이들이 당신 회사를 투자 대상으로 당장 분류하지는 않을 것이라는 점이다. 만약 당신 회사에 관심을 보이는 리드 투자자가 나서고, 이들을 중심으로 몇몇 투자회사들이 투자단을 구성한다면 이들은 여기에 동참하기에 매우 적합한 투자자이다.

슬로 노 투자자는 딱히 정의하기가 어렵다. 이들은 결코 "노"라고 거절하지는 않을 것이고 상당히 수동적인 방식으로 응할 것이다. 이들은 당신이 대화를 시도할 때만 종종 답변을 해올 뿐 적극적으로 먼저 관심을 표하며 접근하지는 않을 것이다. 당신이 생각하기에는 마치 축 늘어진 밧줄을 반대편으로 미는 듯한 느낌일 것이다. 밀면 약간의 반응은 있기는 한데 거의 아무엇도 변화가 없는 듯한 느낌 말이다. 이러한 유형의 투자자는 가능성이 없으니 시간 낭비하지 말라고 이야기하고 싶다.

중요한 점은 좌절스러운 순간들을 겪더라도 결코 낙담하지 말고 긍정적인 자세를 유지해야 한다는 것이다. 우리는 리드 VC를 만나는 것이 얼마나 힘든 과정인지 잘 알고 있다. 피드백이 솔직하지 않고, 메이비 유형 또는 슬로 노 유형으로 행동하는 투자자를 상대하는 것이 좌절스럽다는 것도 알고 있다. 이 말이 위로가 될지 모르겠지만, 우리 VC들도 기관투자자들로부터 자금을 받으려고 할 때 똑같은 감정 상태를 겪는다. 경영자로서 VC로부터 투자금을 받고자 하는 당신만큼이나 우리도 기관투자자LP 투자자로부터 투자금을 받으려 할 때 당혹스럽거나 좌절스러운 순간들을 많이 겪는다. 이 과정을 교훈으로 삼아야 한다.

VC의 투자 의사결정

이제 VC가 어떤 회사에 투자하고, 투자 결정은 어떤 방식으로 하며, 그 프로세스는 어떻게 구성되는지 본격적으로 살펴보자. VC는 모두 다르다. 그만큼 VC들의 의사결정은 제각각이라는 것을 의미한다.

스타트업의 자금 조달 프로세스는 어떤 VC를 만나느냐에 따라 결정된다. 어떤 VC들은 이전부터 잘 알고 지내는 스타트업이나 믿을 만한 지인으로부터 소개받은 회사들에만 투자한다. 일부 VC는 업계의 다른 VC들로부터 소개받은 창업가에만 투자한다. 어떤 VC는 처음으로 사업하는 스타트업 창업가들과 일하는 것을 피하고, 오히려 베테랑 경영자들이 있는 회사에 투자하는 것을 선호한다. 하지만 우리처럼 회사 경영자의 나이, 성별, 인종 및 경험 유무에 구애받지 않고, 요청이 오는 모든 투자자들에게 최소한 응답하거나 투자에 대한 기본 검토를 하는 투자자들도 있다. 어떤 경우든 믿을 수 있는 인맥을 통해서 VC를 소개받을지 또는 처음부터 모든 것을 조사해가며 투자자를 알아보고 선택할지 빨리 결정해야 한다.

다음으로 연락하고 교류하는 VC의 임직원이 있다면 그가 회사 내에서 어떤 역할을 맡고 있는지 파악해야 한다. 만약 어소시에이트 직급의 직원이 이메일로 접촉을 해왔다면, 이 직원의 주된 업무는 딜 기회를 찾기 위해서 리서치 중일 가능성이 높다. 실제 딜을 주도적으로 추진해서 성사시킬 수 있는 위치에 있지 않을 가능성이 높다는 점을 인지해야 한다. 이들과의 만남을 마다할 필요는 없지만 이들의 연락에 지나치게 흥분할 필요는 없다. 파트너나 임원 중 누군가가 관심을 보이고, 실제로 당신의 회사에 시간을 할애한다면 진지하게 투자를 검토하고 있다고 볼 수 있다.

스타트업과 VC의 첫 대면이 어떤 방식으로 이루어지느냐에 따라 스타트업과 VC와의 교류 방식은 다양하게 이루어진다. VC가 당신 회사에 대단한 관심을 보이고 어느 정도 관심이 고조되면, 통상 실사라고 불리는 프로세스를 시작할 것이다. 하지만 이 과정이 공식적인 법률 실사나 기술 실사에 국한되는 것은 아니다. 오히려 "당신 회사에 관심이 갑니다. 궁금한 점이 많군요"라고 편안하게 자신들의 의사를 전달하는 것으로 실사에 대한 의지를 전달할 수도 있다.

VC가 실사에 임하는 방식을 보면 VC의 태도와 문화를 알 수 있다. 당신이 1차 라운드에서 자금 모집을 하지만 당장은 매출액과 출시된 제품이 없는 상태라고 하자. 여기서 VC가 당신 회사의 향후 5개년 계획을 묻고, 여러 예상 수치들을 계속해서 질문한다면, 이 VC는 스타트업 투자 경험이 별로 없어서 이러한 투자에 대해서 편하게 생각하는 투자자는 아닐 것이다. 만약 스타트업이 이제 갓 사업을 시작한 상태인데, VC 심사역이 수익 창출 제품이 없다고 불평한다면 이 VC 투자자는 자신들을 초기 단계 투자자라고 광고하고 다닐지는 모르겠으나 진심으로 투자할 의지가 없다고 보아야 할 것이다.

이 단계에서 VC는 많은 질문을 하며 자료를 요청할 것이다. 프레젠테이션 자료, 추정 재무 자료, 고객 파이프라인 및 타깃 고객 리스트, 제품 개발 계획, 경쟁자 분석 및 주요 인력의 약력 등을 질문할 것이다. 어떤 투자자들은 우호적인 분위기에서 스타트업이 작성한 자료들을 그대로 받아들이지만, 일부 투자자들은 스타트업 관계자에게 엄청나게 많은 서류 작업을 시켜서 정신을 못 차리게 하기도 한다. 이 지점에서 확실히 짚고 넘어가야 하는 점은 파트너 레벨(통상 MD 또는 파트너)의 관계자가 딜에 참여하도록 해야지, 어소시에이트 직급 직원의 낚시질에 낚여서 이들의 데이터베이스에 들어갈 정보만 던져줘서는 안 된다는 것이다(최악의 경우 당신 회사의 정보가 VC가 투자한 회사 혹은 당신의 경쟁사로 샐 수도 있다).

VC의 실사가 본격적으로 시작되면, VC 담당자에게 그들이 과거 투자한 회사의 창업가들을 소개해달라고 부탁하는 것도 좋다. 잠재 투자자와 같이 일해본 다른 창업가들과 이야기를 주고받는 것만큼이나 투자자에 대해서 구체적으로 알아볼 기회는 많지 않다. VC가 투자한 스타트업이 아직 성과가 나오지 않았더라도 그들이 투자한 기업들에 대해서 물어보는 것을 망설여서는 안 된다. 유능한 VC라면 피투자 회사에 대해서 이곳저곳 평판을 확인할 것이기 때문에 당신 또한 다른 기업인들에게 그 VC를 어떻게 생각하는지 물어보는 것에 두려워할 이유는 없다.

자금 모집 과정에서는 수없이 많은 회의를 진행하고 이메일과 전화를 받을 것이다. 어느 월요일 VC의 사무실에서 전체 파트너가 모인 가운데 회사의 프레젠테이션을 진행할 것이다. 월요일에 파트너 미팅을 하는 것은 VC들의 오랜 전통이다. 우리는 스타트업과 중요한 논쟁거리가 발생한다면 전체 파트너 회의를 바로 진행하기보다 창업가가 파트너를 한 명씩 만나거나 소그룹 미팅 방식으로 의견을 교환하고 최종적으로 조율한다.

상황에 따라 투자 검토 프로세스 속도를 의도적으로 늦추기도 한다. 어떤 VC들은 처음에 높은 관심을 보이다가 점차 식고, 급기야 냉담해지는데, 그렇다고 이들이 검토를 중단하는 것은 아니다. 딱히 딜을 공식적으로 중단하지 않는 이유는 그럴 필요를 못 느끼기 때문이다. 이들 VC는 투자와 관련한 여러 옵션을 열어두고 싶어 한다. 또는 가능성을 아예 닫는 것까지는 바라지 않기에 먼저 딜을 포기하고 싶은 생각이 없기 때문이다. 어떤 투자자들은 피투자 기업에 무례하거나 존중하지 않는 태도를 취하는 경우도 있다. 첫 만남에서 종종 일어나는 일이다. 펀드레이징 과정이 조금 낯설다면 어렵게 생각하지 말고 평상시처럼 본능이 가는 대로 행동하면 된다.

궁극적으로 투자에 대한 의사결정권은 VC가 가지고 있다. 만약 그들이 투자하기로 결정한다면 다음 단계에서 텀시트를 보낼 것이다.

창업가를 위한 팁

VC로부터 투자를 거절당했다면 정중하게 피드백을 요청해보길 바란다. VC가 투자 제안을 거절할 때는 예의를 갖춰서 할 수도 있고, 단순히 이메일이나 전화에 응답하지 않는 방식을 선택할 수도 있다. 하지만 거절 방식과 상관없이 피드백을 통해서 중요한 교훈을 얻을 수도 있고, 향후 펀드레이징 과정에서 요긴하게 쓰일 수 있다. 누군가 당신의 비즈니스에 대해서 혹평을 할까 두려워해선 안 된다. 피드백을 요청하고, 받아들이고, 자기 것으로 흡수해서 배움의 계기로 삼아야 한다.

복수의 VC 간 투자 경쟁 구도를 유도하라

선택이 곧 힘이다. 여러 VC가 당신의 회사에 관심을 보일 때 관계 역학을 활용하면 여러 VC들의 각기 다른 투자 방식을 배울 수 있고, 경쟁 구도를 협상의 지렛대로 활용해서 유리한 거래 조건을 받아낼 수 있다.

VC 간의 경쟁적인 프로세스 조성을 고려한다면 자금 모집 예상 종결일까지 최소 3개월에서 6개월 정도의 시간을 가져야 한다. 이보다 빨리 프로세스를 시작하면 피투자 기업도 시간에 쫓기지 않고 잠재 투자자들도 거래 종결과 관련해서 시간적으로 편하게 검토할 수 있다. 만약 시간 여유가 없다면 자금 유치를 위한 시간이 충분치 않고, 자칫하면 자금 유치가 완료되기 전에 회사의 여유 자금이 부족해서 자금난에 처할 수도 있다. 자금 유치를 위한 시간적 여유를 많이 두지 않는다면 VC 투자자 입장에서는 회사를 검토할 시간이 부족하고, 오히려 투자 기회를 그냥 흘려버릴 가능성이 높다. 회사의 자금이 거의 고갈된 상태에서 투자자와 협상에 나서게 되면 그들은 당신의 절박함을 금세 눈치챌 것이고, 당신의 협상력을 크게 약화시킬 것이다.

특정 VC와 본격적으로 논의를 시작했다면 그들의 투자 프로세스를 잘 숙지해야 한다. 투자자들과 몇 번 회의를 진행했다면 그들을 붙잡고 다음 프로세스를 물어보아야 한다. 그들이 대답을 애매하게 하더라도 답변 속에서 다음 단계에서는 어떤 프로세스가 진행되며, 중요한 포인트는 무엇인지 짚어낼 수 있다. 만약 VC가 사전에 제시한 프로세스를 잘 지키지 않는다면 당신의 회사에 관심이 없다는 징표일 수도 있고, 정말 업무에 치여 바쁜 것일 수도 있다. 하지만 어떤 경우이든 사전에 제시한 프로세스를 지키지 못한다면 주의해야 한다.

타이밍이야말로 가장 중요하다. 프로세스의 각 단계가 제대로 진행되어야 한다. 만약 당신의 회사에 관심을 보이는 3개의 VC가 나타났지만 시간상 18개월씩 차이를 보인다면 당신에게 좋은 상황이 아니다. 여러 VC들이 거의 비슷한 시점에 텀시트를 제시하도록 프로세스가 상대적으로 긴 VC에 에너지를 집중해야 한다.

만약 VC의 프로세스가 느려지고 있다면 이들이 투자를 거절하는 데 서툴거나, 혹은 딜이 과열되는 상황에서 피투자 회사를 감질나게 해서 자신의 선택지를 유리하게 가져가기 위한 목적일 수 있다. 피투자자 입장에서는 짜증스러운 일이 아닐 수 없다. 만약 VC가 당신에게 분명하고 시의적절한 피드백을 주지 못한다면 당신은 딜을 성사시킬 정도로 회사 내에서 영향력이 별로 없는 사람과 협상하는 것이다. 가능하면 임원이나 고위 직급들과 대화하라는 이유는 여기에 있다.

어떤 VC들은 다른 투자자와 대화 중인지 물어보기도 할 것이다. 만약 당신의 목표가 경쟁적 프로세스를 만드는 것이라면 섣불리 대답해서는 안 된다. 그 VC는 투자자에게 이메일을 보내서 그들이 당신의 회사와 진행 중인 투자 건에 어떤 생각을 하고 있는지 참고할 것이다. 이러한 상황이 때때로 당신에게 유리하게 작용할 수도 있으나, 투자자 간 경쟁이 무척 치열하거나 혹은 투자자들이 밀접하게 협업하는 상황에 국한된다. 어쨌든 초기에는 필요한 대화 이외에는 조심해야 할 필요가 있고, 텀시트를 제시할 수 있는 투자자가 나타나면 그때부터 좋은 관계를 형성하도록 노력해야 한다.

당신은 비즈니스에 전략적으로 접근하듯이 투자금 모집에도 전략적이어야 한다. 당신의 회사에 투자할 수 있는 모든 투자자들과 대화의 창구를 열어놓아야 하지만, 당신 회사와 같은 단계 내지 섹터에 투자하지 않는 투자자와는 시간을 낭비하지 않는 것이 좋다.

거래의 종결

자금 모집에서 가장 중요한 부분은 딜을 클로징해서 투자를 받고 다시 본업으로 돌아가는 것이다.

딜 클로징은 두 가지 단계로 나뉜다. 첫 번째는 텀시트에 서명하는 것이고, 두 번째는 확정 계약서에 서명하고 투자 대금을 받는 것이다. 텀시트 서명에 이르면 자금 유치가 성공적으로 성사된다. 제아무리 평판이 좋은 VC 투자회사라도, 특히 초기 단계 투자사라면 텀시트를 체결한 후 이행하지 않을 경우 평판을 오래 유지할 수 없다.

하지만 후기 단계 VC들은 사정이 조금 다르다. 텀시트의 조건에 동의한다고 해서 거래 과정이 종결되는 것은 아니다. 다수의 후기 단계 VC들은 투자위원회 또는 승인위원회investment committee(IC)라고 하는 공식적인 최종 단계 승인 절차들이 있는데, 이 단계를 거쳐야 비로소 딜을 실질적으로 종결할 수 있다. 펀드의 운용역 또는 심사역이 텀시트에 서명했음에도 IC에서 통과되지 않은 사례도 있다. 이러한 경우 피투자 회사와 VC는 텀시트 서명이 거래 종결인 양 처리하고, 여러 실사 절차, 가계약서 작성 단계까지 이르렀음에도 IC에서 투자가 부결되기도 한다. VC는 거래에서 손을 떼고, 피투자 회사는 상당히 어려운 상황에 처하게 된다.

투자에 이르지 못하는 가장 흔한 상황은 VC가 텀시트에 사인한 이후 회사에 관한 예상치 못한 부정적인 사실관계를 파악한 경우이다. 텀시트에 사인한 후 스타트업의 은행 계좌에 투자금이 입금되는 과정에 이르기 위한 중요한 전제 조건은 스타트업의 과거 이력에 부정적 흠결 사항이 없어야 한다는 것이다. 투자자는 말 그대로 프로들이기 때문에 확정계약서에 서명하기 전까지 모든 과정에서 현명치 못한 행동은 절대 하지 말아야 한다.

두 번째 단계는 확정계약서를 작성하고 서명하는 프로세스이다. 일반적으로 전문 변호사들이 이 고된 작업을 담당한다. 이들은 텀시트를 토대로 작성되는 100페이지 이상의 확정계약서에 들어갈 여러 조건들을 협상한다. 실사 과정에서 나오는 질의에 응대하다 보면 어느 날 변호사가 계약서에 서명하라고 이야기할 것이다. 은행 계좌에 투자금이 입금될 것이고, 당신이 함께 일하고 싶었던 새로운 이사회 구성원들이 합류할 것이다.

비관적인 상황은 딜 자체가 날아가는 것이다. 딜은 종결되었지만 서로에게 악감정과 불신만 남는 경우도 있다. 딜 종결에 이르는 전 과정에서 하루 단위로 관리해야 한다. 절대로 당신 변호사가 거래를 엉뚱한 방향으로 끌고가지 않도록 해야 한다. 당신과 투자자 사이의 향후 관계에 악영항을 미칠 것이기 때문이다. 반드시 질문들에 성실하게 대응하고, 당신의 변호사가 화를 내며 투자자 측의 변호사가 끔찍하다(또는 멍청하거나, 사악하거나, 일을 너무 못한다)고 불평하는 경우 뭔가 잘못되고 있음을 투자자도 알고 있을 것이라 생각해서는 안 된다. 많은 경우 VC 투자회사와 피투자 회사의 법률팀은 아주 작은 문제에 집착해서 때로는 서로를 죽일 듯이 힐난하는 경우가 있는데, 오히려 VC와 회사는 전혀 신경도 쓰지 않거나 문제라고 생각하지 않는 경우가 많다. 당신도 변호사의 이야기만 듣고 감정적으로 격해지지 말고, VC에 전화하거나 이메일을 보내서 어떤 이야기가 오가는지를 확인해야 할 것이다.

4장

텀시트 개요

2005년 말이다. 그때는 벤처 금융 시장이 사람들로부터 외면받던, 말 그대로 벤처 투자의 암흑기였다. 당시 우리 회사는 지분 투자 딜에 참여하고 있었는데 거래는 필요 이상으로 난항을 겪었다. 모든 참가자가 서로를 비난하고 핵심적인 사항을 인지하지 못한 상태로 시간만 허비되고 있었다. 제이슨과 나는 블로그를 하나feld.com 개설해 우리의 생각들을 정리 했다. 우리는 벤처 투자 관련 텀시트를 세부적으로 분석해서 각 장에 설명을 달았다. 우리 회사의 영업 비밀이 바깥으로 새는 것 아니냐는 우려도 있었지만 우리는 그 선택이 옳다는 확신을 가지고 있었다.

결과적으로 블로그에 연재한 글들이 이 책의 밑바탕이 되었다. 다음 몇몇 장에서는 벤처 지분 투자 텀시트에서 가장 많이 회자되는 주요 조건들을 다룰 것이다. VC는 치열하게 협상하는 것을 병적으로 사랑하는 사람들이다. 마치 자신들의 미래가 텀시트 협상에 달려 있는 것처럼 행동하곤 한다. 때로는 이러한 모습이 VC 업계의 미숙함으로 비치지만 이 또한 협상 전술이다.

우리가 이 책에서 사용하는 특정한 용어들은 실제로 텀시트 작성에서 사용된다. 우리는 어떤 부분에 집중해야 하는지 예시를 제시하며 피투자 회사, VC 투자자들, 그리고 창업가의 관점에서 그 함의를 기술해보고자 한다.

창업가를 위한 팁

텀시트는 매우 중요하다. 텀시트에 포함된 내용이 최종 거래 구조를 결정하는 경우가 많다. 이는 (인수) 의향서와는 달리 투자자와 당신의 지속적인 관계 형성을 위한 청사진으로 생각해야 한다. 벤처 투자는 투자 거래 종결이 곧 관계의 시작이기 때문이다.

핵심 개념: 투자 수익 구조와 경영권에 대한 통제

VC 투자자들이 투자를 진행할 때 신경을 쓰는 딱 두 가지를 꼽자면 투자 수익economics 조건과 경영권에 대한 통제control 조건을 들 수 있다. 투자 수익 조건은 투자자가 자산을 유동화/현금화하는 시점에서 거둬들이는 수익과 관련된 조항을 의미하는데, 투자금을 유동화/현금화하는 방식은 보유한 기업의 매각, 청산wind down, 상장(기업공개)을 비롯해 그밖의 수익에 직접적인 영향을 주는 여러 행위를 포함한다. 경영권 통제 조건은 투자자가 적극적으로 비즈니스에 직접적 영향력을 행사할 수 있도록 하거나 기업의 여러 행위 중 일부에 대해서 투자자가 거부권을 행사하는 메커니즘을 의미한다. 만약 당신이 투자자와 협상을 진행하는데, 투자자가 수익 구조와 경영권에 별로 영향을 주지도 않는 조항에 고집을 부리고 있다면 그들이 중요한 이슈에 대해서 논의할 생각이 없거나 혹은 눈속임을 하는 것일 수 있다. 일반적으로 수익 구조와 경영권은 당신이 추진하는 투자 건이 지분 투자인지, 대출인지 혹은 고리대금업인지, 아니면 기업공개인지 등 맥락에 따라 살펴보아야 한다.

창업가를 위한 팁

텀시트에서 투자 수익 조건과 경영권 통제 조건은 매우 주의해서 살펴보아야 한다. 이와 관련한 조항들은 다른 어떤 조항들보다 중요하다. 투자 경험이 충분치 못한 VC 투자자들은 불필요하게 다른 조건들에 집착할 수도 있다. 당신은 그들의 요구에 양보할 수도 있고 그렇지 않을 수도 있다. 하지만 VC 투자자가 중요치 않은 조건에 집중하는 것은 그가 회사의 투자자, 이사회 구성원, 여러 회사의 위원회에서 중요 의사결정권자로서 어떤 사람인지를 보여주는 신호이다.

회사가 설립되면 창업가들은 주식을 취득하게 된다. 하지만 VC

가 어느 기업에 투자해 지분을 취득하는 경우 대부분은 우선주 형태로 지분을 취득하게 된다. 우리가 논의할 일부 투자 조건들은 우선주와 관련되었다. 보통주는 창업가와 직원들이 취득하게 된다. 우선주는 다소 특별한데, 우선주를 보유한 사람들은 이 클래스를 보통주로 변경하거나 특별한 권한을 포기할 수 있는 일방적인 권리를 가지고 있다. 하지만 우선주가 보통주로 전환되고 나서는 되돌릴 수 없다.

만약 당신의 회사가 전환사채(지분 투자 대신)를 발행한다면 나중에 이 사채를 지분으로 전환시키기 위함일 것이다. 발행된 사채는 목적과 의도가 무엇이든 다음 투자 라운드까지만 일시적으로 부채의 성격을 가지고, 이후에는 지분적 성격을 가지게 된다.

벤처 투자 업계에서는 순차적으로 진행되는 각각의 투자건에 시리즈 A 혹은 시리즈 B 같은 알파벳을 붙여서 명명한다. 최초 라운드를 시리즈 A 투자라고 부르는데, 최근은 시리즈 A에 앞서서 종종 시드 투자라고 불리는 단계가 있는 경우도 있다. 투자 라운드가 진행됨에 따라 순차적으로 알파벳도 다음 글자로 넘어간다. 시리즈 A 다음 투자를 시리즈 B로 부르고, 시리즈 B 다음의 후속 투자를 시리즈 C라고 부른다. 알파벳으로 명명된 투자 라운드명 뒤에 시리즈 A-1, 시리즈 B-2처럼 숫자를 붙이는 경우가 있다. 알파벳으로만 라운드를 구분할 경우 투자 라운드가 거듭되며 지나치게 복잡해지는 것을 방지하기 위한 목적도 있지만, 동일한 투자자가 동일한 회사에 투자한 이후 바로 다음 투자를 실행하는 경우 자주 사용하는 명명법이다. 우리는 시리즈 K까지 본 적이 있다.

다음 장에서는 투자와 관련한 용어 해설과 구체적인 예들을 살펴보고자 한다. 우선 투자 수익 조건과 관련 있는 세부 조건들을 살펴보자.

5장

텀시트의
투자 수익 관련 조건들

벤처 캐피털 딜의 투자 수익과 관련하면 "밸류에이션(또는 기업 가치평가)이 얼마인가?"라는 질문이 나오게 마련이다. 유명한 텔레비전 드라마 〈샤크 탱크Shark Tank〉[1]에서는 회사의 가치평가 수치가 터무니없이 낮게 나와서 보는 이들마저 불편하게 한다. 비록 밸류에이션이 투자 거래에서 매우 중요한 요소는 맞지만 딜의 수익성을 고려하였을 때 밸류에이션만 따지다가 다른 요소들을 놓치는 우를 범해서는 안 된다.

이 장에서는 투자 수익 조건을 구성하는 모든 요소를 다룰 것이다. 여기에는 텀시트에서 '가격'이라고도 표시되는 밸류에이션, 유동화 우선권, 페이투플레이, 베스팅, 스톡옵션 풀, 그리고 희석 방지 조건 등이 있다.

밸류에이션과 가격

창업가와 VC 사이에서 밸류에이션을 합의하면 대상 회사의 주식 발행 가격이 얼마인지, 결과적으로 투자 과정에서 어느 선까지 지분 희석을 감수하게 될지 결정된다. 밸류에이션이 결정되면 창업가의 기존 주식이 거래될 때의 주식 가격도 결정된다.

---

1   미국 ABC에서 2009년부터 현재까지 방영하고 있는 리얼리티 프로그램으로, 벤처 기업 사장부터 스타트업 사업자까지 다양한 개인 사업자들이 출연해 자수성가한 백만장자들인 5명의 투자자들 앞에서 사업을 설명하고 투자를 얻어내는 방송이다.

벤처기업 밸류에이션, 즉 기업가치평가 방법에는 프리머니 pre-money 방식과 포스트머니post-money 방식이 있다. 프리머니 밸류에이션은 투자자가 투자 전에 평가하는 기업의 가치를 의미한다. 포스트머니 밸류에이션은 프리머니 밸류에이션에 예상 투자금 총액을 더한 값이다. 예를 들어 600만 달러 프리머니 가치의 스타트업 회사에 200만 달러를 투자하면 대상 회사의 포스트머니 가치는 800만 달러가 된다. 200만 달러를 투자한 투자자들은 투자 후 창업 가치가 800만 달러로 상승한 대상 회사 지분의 25퍼센트(2,000,000/8,000,000)를 취득하게 된다.

VC와 밸류에이션을 논의하는 과정에서 프리머니와 포스트머니를 헷갈려서는 안 된다. VC가 "2000만 달러 밸류에이션에 500만 달러를 투자하겠다"고 했을 때 2000만 달러 밸류에이션은 포스트머니 밸류일 가능성이 높다. VC가 제시하는 회사의 프리머니 밸류가 1500만 달러라는 것이다.

위 상황에서 VC가 기대하는 것은 500만 달러를 투자하여 포스트머니 밸류가 2000만 달러인 회사 지분의 25퍼센트를 취득하는 것이다. 만약 프리머니 밸류 2000만 달러인 회사에 500만 달러를 투자받는 조건이라면 포스트머니 밸류가 2500만 달러인 회사의 지분 20퍼센트만을 얻게 된다. VC가 말하는 밸류에이션이 프리머니 밸류인지 포스트머니 밸류인지에 따라 결과가 완전히 달라지는 것이다.

텀시트에는 밸류에이션과 관련한 조건들이 상세히 정의된다. 하지만 협상 초기 시점에 VC와 프리머니/포스트머니에 대한 합의가 없다면 상당한 논쟁이 따른다. 가격과 관련하여 어떠한 접근 방식을 취하는지에 따라 협상의 분위기가 달라질 수 있다. 창업가는 VC에게 텀시트 조건이 명확하지 않다는 점을 지적하면서 텀시트 조건에 대한 기본 지식이 있다는 점을 알릴 필요가 있다. 훌륭한 스타트업 창업가들은 "귀사 측이 제시한 밸류에이션은 프리머니 기준 200만 달러로 보입니다"라고 먼저 이야기를 꺼내는 경우도 있었다. 스타트업 회사에서 먼저 추정에 의문을 제기하면 VC는 조건을 명확히 제시할 수밖에 없다. 설령 VC가 프리머니 기준 200만 달러를 의도했다고 하더라도 협상 과정에서 손해 볼 것은 없다.

밸류에이션에 대해서 양측이 합의하면 투자자가 인수할 주식의 주당가격price per share of stock을 산정하는 기준이 된다. 계산이 어떻게 이루어지는지는 9장에서 다루고, 이 장에서는 밸류에이션과 주당가격이 상호 연관되어 있다는 점만 기억하자. 전통적으로 가격이 텀시트에 표시되는 방식은 아래와 같다.

가격: 주당 ____달러(원래매수가격). 원래매수가격original purchase price은 완전희석 기준으로 프리머니 가치 ____백만 달러 및 완전희석 기준으로 포스트머니 가치 ____백만 달러를 의미한다. 상기 계산 방식과 본 건 텀시트에 명시된 '완전희석fully diluted'과 관련한 다른 조건들을 명확히 하는 취지에서 '완전희석'은 다음과 같이 정의한다. '완전희석'이란 회사의 발행된 모든 우선주가 보통주로 전환되는 것, 회사의 승인을 받아 현재 존재하는 모든 스톡옵션 및 워런트가 행사되는 것, 그리고 본건 투자 거래 전에 회사의 기존

스톡옵션 풀을 X주 만큼 증가시키는 것을 전제한다.

가격을 표시하는 다른 방법으로는 가격에 반영되는 투자 유치금의 총액을 기재하는 것이다. 예를 들면 다음과 같다.

투자 유치 총액: 총 ＿＿백만 달러로, 이는 임직원들을 대상으로 한 옵션 풀에 할당된 주식을 포함하여 완전희석 기준으로 회사 발행 주식의 ＿＿퍼센트의 지분율에 해당한다. 거래 종결에 앞서 회사는 보통주를 유보하여 시리즈 A 우선주 발행 후에 완전희석 기준으로 회사 주식의 ＿＿퍼센트가 회사의 임직원 및 외부 자문기관 등에 향후 발행되도록 한다.

텀시트는 아래와 같이 밸류에이션을 아주 단순하게 표기하기도 한다.

프리머니 밸류에이션 ＿＿＿달러

매수가격purchase price으로도 불리는 주당가격price per share of stock은 모호한 용어들로 표현되는 경우가 있다. 밸류에이션과 스톡옵션 풀에 대한 합의가 이루어지면 지분의 희석 정도가 결정되므로 주당가격은 자동으로 계산되는 숫자일 뿐 크게 중요하지 않다. 다음은 최근 텀시트에서 볼 수 있는 주당가격에 대한 예시문구이다.

우선주의 주당가격('매수가격')은 거래조건 요약Summary of Terms 에 기재된 프리머니 밸류에이션을 거래 종결 직전의 완전희석 기준 주식 총 수(스톡옵션 풀을 포함한다)로 나누어 계산한다.

여기에 두 가지 조건을 더 발견할 수 있다. 첫째는 '완전희석' 조건으로, 주당가격을 계산하며 기업의 총 발행 주식 수가 계산에 쓰인다. 즉 회사의 현재 주주가 보유하고 있는 모든 주식과 미래 주주가 주식을 취득할 수 있는 권리를 모두 포함하여 계산하는 것이다. 미래 주식의 취득 권리라 함은 투자은행이나 비즈니스 파트너에게 제공된 워런트의 행사와 임직원에게 이미 부여된 스톡옵션 및 부여 가능한 스톡옵션의 행사로 주식을 취득할 수 있는 권리를 포함한다.

둘째는 밸류에이션과 불가분의 관계에 있는 스톡옵션 풀이다.

임직원의 스톡옵션[2] 풀[3]

유동화 우선권은 중요한 개념이지만, 궁극적으로 회사의 밸류에이션에 큰 영향력을 끼치는 것은 스톡옵션 풀의 크기이다.

스톡옵션 풀stock option pool은 회사와 투자자가 임직원에게 동기를 부여하고 보상하기에 충분한 주식 내지 스톡옵션을 확보하는 장치다. 스톡옵션 풀의 범위가 크면 클수록 좋은 것 같지만 그렇지만은 않다. 스톡옵션 풀의 크기가 크면 새로운 임직원에게 제공할 수 있는 스톡옵션 보상 패키지를 쉽게 마련할 수 있겠지만, 스톡옵션 풀의 크기는 기업가치평가, 즉 밸류에이션 계산에 반영된다. 스톡옵션 풀의 범위가 크면 실질적인 프리머니 가치가 낮아질 수 있다.

앞서 예시로 든 프리머니 기준 2000만 달러 규모의 회사에 500만 달러를 투자하는 상황으로 돌아가보자. 이 스타트업 회사가 발행 주식의 10퍼센트에 해당하는 주식에 대해서 스톡옵션 풀(즉 10퍼센트에 대해서는 주식을 발행하지 않고, 미래 스톡옵션의 행사를 대비하여 유보해둔다는 뜻이다)이 설정되어 있다고 가정해보자. 그런데 VC가 20퍼센트 옵션 풀을 원한다면 추가적인 10퍼센트의 스톡옵션 풀은 프리머니 밸류에이션에서 차감되는 방식으로 할당되며 실질적인 프리머니 밸류에이션은 1800만 달러가 된다.

2 주식매수선택권이라고도 불린다. 주식매수선택권과 비슷하지만 매우 다른 의미를 지닌 주식매수청구권과 혼선을 일으키는 경우도 많아서 이 책에서는 스톡옵션이라는 명칭으로 통일했다.

3 현행 한국법상 아직 없는 개념으로 투자 계약 체결시 창업가가 투자자의 승인이나 동의 없이 임의로 스톡옵션을 발행할 수 있는 범위이다. 한국에서 스톡옵션은 주주총회의 특별결의사항(출석한 주주 의결권의 3분의 2 찬성 및 찬성 주주의 의결권이 발행 주식 총수의 3분의 1 이상)이다. 한국의 경우 상법 제340조의2에서 발행 주식 총수의 100분의 10을 초과할 수 없도록 하고 있고, 벤처기업육성에 관한 특별조치법의 시행령 제11조의3에서 발행 주식 총수의 10분의 50을 초과할 수 없도록 하고 있어서 사실상 스톡옵션 풀이 법으로 정해진 것으로 볼 수도 있다. 물론 회사의 정관으로 이보다 보수적으로 제한을 두는 것은 가능하다.

스톡옵션 풀의 범위, 특히 그 비율과 관련해서는 정답이 없다. 종종 가격 협상의 핵심이 된다. 스타트업은 전형적으로 10~20퍼센트 사이에서 스톡옵션 풀을 유지하며, 후기 단계에 있는 회사들은 더 적은 범위의 옵션 풀을 가지게 된다. 만약 투자자들이 스타트업 기업의 스톡옵션 풀이 더 커야 한다고 판단하면 투자자들은 투자가 이루어지기 전에 스톡옵션 풀을 늘리라고 주장할 것이다. 스톡옵션 행사에 따른 지분 희석이 신규 투자자들이 아닌 기존 주주들에게만 영향을 미치기 때문이다.

주의할 점은 VC는 미발행된 옵션에 관심이 있다는 점이다. 창업가는 이미 임직원에게 스톡옵션을 부여했을 수도 있다. 이미 부여된 옵션은 VC가 요구하는 스톡옵션 풀의 대상이 아니므로 스톡옵션 풀은 아직 발행되지 않은 스톡옵션에 대한 풀로 이해할 수 있다. 이때 협상 과정에서 창업가가 취할 수 있는 몇 가지 전략은 다음과 같다. (1) 협상을 통해 스톡옵션 풀의 범위를 20퍼센트 대신 15퍼센트 선에서 합의하도록 VC를 설득하거나 (2) 20퍼센트 스톡옵션 풀을 받아들이는 대신 프리머니 가치를 조정해줄 것을 요구하거나(예를 들어 2200만 달러로) (3) 스톡옵션 풀이 포스트머니 기준 밸류에이션에 추가되도록 함으로써 동일한 프리머니 기준 가치는 동일하지만 포스트머니 가치가 더 높아지도록 제안할 수 있다. 이에 대한 협상은 순전히 가격에 대한 것임을 명심해야 한다.

자금 조달이 완료되면 스톡옵션 풀에 있는 미발행 옵션들이 기존 및 신규 임직원에게 일정한 주기에 따라 부여된다. 비록 이사회 승인을 거쳐야 하지만 스톡옵션을 할당하는 의사결정권자는 대부분 회사의 CEO이다. 스톡옵션 풀의 범위가 20퍼센트일 때 회사의 CEO는 기업을 매각하는 경우라면 스톡옵션 풀로 인한 실질적인 희석 효과가 10퍼센트 수준을 넘지 않도록 임직원에 부여하는 스톡옵션의 규모를 적절히 관리해야 한다. 기업을 매각(인수자 입장에서는 인수)하는 경우, 미발행 스톡옵션은 소멸하고, 회사의 모든 주주들은 자신이 보유한 지분의 약 10퍼센트에 해당하는 비율로 추가 지분을 취득한다(회사 지분의 1.0퍼센트를 보유한 상황에서 10퍼센트 옵션이 사라졌다면 이후 1.11퍼센트의 지분을 갖게 된다).[4]

밸류에이션과 스톡옵션 풀의 크기는 하나의 패키지로 동시에 논의하는 게 좋다.

임직원 스톡옵션 풀: 투자 거래 종결 전 회사는 시리즈 A 우선주 발행 후에 완전희석 기준 자기자본의 ____퍼센트에 해당하는 보통주가 향후 회사의 임직원 및 외부 자문사 등에 발행될 수 있도록 해당 보통주를 유보한다. '임직원 스톡옵션 풀'은 앞서 명시한 바와 같이 향후 발행을 위해 유보된 스톡옵션과 현재 발행된 스톡옵션을 모두 포함하며, 스톡

---

4 단순히 계산해서 스톡옵션 풀의 범위가 20퍼센트이고 완전희석 기준 회사의 자기자본 가치가 100이라고 했을 때 1퍼센트, 즉 1주를 가진 주주의 입장에서 미발행 스톡옵션 10퍼센트가 효력을 상실하면 완전희석 기준 자기자본 가치는 90으로 재조정되고, 그에 따라 지분율은 90분의 1 = 1.11퍼센트가 된다.

옵션의 행사로 발행될 주식의 총합은 회사의 시리즈 A 우선주 발행 후 완전희석 기준 총 주식 수의 약 ＿＿퍼센트가 된다.

텀시트 양식이 발전함에 따라 오늘날 텀시트는 아래와 같이 단순하게 기술한다.

미발행된 임직원 스톡옵션 풀: ＿＿퍼센트

또 다른 예시를 통해 밸류에이션과 스톡옵션 풀이 어떤 식으로 작동하는지 알아보자. 포스트머니 기준 1000만 달러 가치의 회사에 200만 달러의 투자가 진행된다고 가정해보자. 신규 투자자들은 200만 달러로 20퍼센트의 지분을 얻게 되며, 투자 이후 실질적인 포스트머니 가치는 1000만 달러가 된다. 투자 전에는 부여되지 않은 옵션 풀 10퍼센트가 있었다. 그러나 투자자들이 텀시트에 투자 후 스톡옵션 풀이 20퍼센트가 되어야 한다는 조항을 삽입했다. 이로 인해 투자 후 회사 지분은 신규 투자자에게 20퍼센트, 기존 주주들에게 60퍼센트, 스톡옵션 풀에 20퍼센트로 나누어진다.

만약 기존에 존재하던 10퍼센트 옵션 풀의 비율이 단순히 유지된다면 신규 투자자에게 20퍼센트의 지분이 동일하게 할당되지만, 기존 주주들은 70퍼센트의 지분을 보유하며 스톡옵션 풀의 지분은 10퍼센트로 내려간다.

두 가지 상황 모두 투자자들은 20퍼센트의 지분을 취득하지만, 스톡옵션 풀이 20퍼센트일 때 기존 주주들은 스톡옵션 풀이 10퍼센트일 때와 비교하여 회사에 대한 지분율은 10퍼센트만큼 하락한다. 미래의 임직원들에게 귀속되는 추가 지분은 신규 투자자들과 기존 주주들이 공유하는 것이 아니라 기존 주주들로부터 나오는 것이다. 신규 투자자들이 인수할 주식의 주당 가격을 낮추고 실질적으로 더 낮은 프리머니 밸류에이션을 형성하는 것이다.

만일 VC가 프리머니 밸류에이션에서 스톡옵션 풀의 할당량을 늘려야 한다고 주장하고, 창업가인 당신은 현시점에서 회사에 스톡옵션 풀은 충분하다는 입장이라면 다음과 같이 투자자에게 제안하는 것도 좋다. "저희 회사가 필요로 하는 만큼 스톡옵션 풀은 충분하다고 봅니다. 일단 저희가 제안한 수준으로 스톡옵션 풀을 진행하고, 만약 후속 투자에 옵션 풀을 확대할 필요가 있다는 생각이 든다면 완전지분희석방지조항full anti-dilution protection을 넣을까 생각 중입니다."

창업가를 위한 팁

VC는 지분율 희석에 대한 미래의 위험을 최소화하기 위해 가능한 한 스톡옵션 풀의 범위를 크게 잡으려고 할 것이다. 따라서 스톡옵션 예산을 미리 마련해두는 것이 좋다. 오늘부터 다음 투자 시점까지 계획 중인 모든 채용과 각 채용에 필요한 대략적인 스톡옵션 부여 수량에 대한 리스트를 작성해보라. 스톡옵션 예산은 잠재 투자자들과의 협상 과정에서 중요한 협상 포인트가 될 수 있다.

워런트

투자 수익 조건과 관련해서 마주하는 또 다른 조건으로 워런트

warrant를 들 수 있다. 워런트는 통상 후기 단계 투자에서 등장한다. 스톡옵션 풀과 마찬가지로 워런트는 VC 투자자가 은밀하게 회사의 밸류에이션을 낮추기 위해 쓰는 방법이다. 워런트는 투자자가 정해진 몇 년의 기간 안에 특정 수량의 주식을 사전에 정해둔 가격으로 인수할 수 있는 권리로 스톡옵션과 유사하다. 예를 들어, 시리즈 A 주식 10만 주를 주당 1달러로 구매할 수 있는 행사 기간 10년짜리의 워런트가 있다고 하자. 이 워런트의 소지자는 향후 10년 이내에 원하는 시점에 주식의 실제 가치와 상관없이 대상 회사의 주식 10만 주를 주당 1달러에 매수할 수 있는 선택권이 있다. 주식 매수를 선택하는 것을 보통 '행사'한다고 한다.[5]

장기적인 관점에서 워런트는 (워런트가 거의 등장하지 않는) 초기 단계 투자에서 발행하면 처리 방식도 복잡하고, 회계 처리도 골치 아프다. 따라서 단순히 가격이 문제라면 창업가 입장에서는 프리머니 밸류를 조금 낮게 잡아서라도 워런트를 없애는 편이 좋다. 그러나 이러한 접근 방식은 가급적 높은 가치 평가를 받고 싶은 기존 투자자들의 이해관계와 맞지 않을 수 있다.

---

5 미국과 달리 한국 상법은 워런트만을 독립해서 발행하는 제도를 두고 있지 않다. 이 책에서 워런트 관련 내용은 한국에 설립된 회사가 투자를 받는 경우에는 적용되지 않는 부분이 많다. 다만, 한국에서도 신주인수권부사채(Bond with Warrant)를 발행할 때 신주인수권을 분리할 수 있도록 정하는 경우에는 신주인수권(warrant)만 독립적으로 거래할 수 있다.

워런트는 미래의 유동화 상황liquidity event(매각, 기업공개 및 청산 등)에서 수익 실현 금액에 영향을 미침에도 불구하고 그 가치가 밸류에이션에 반영되는 경우가 드물기 때문이다.

워런트가 조건으로 들어가는 투자 방식은 브리지 론bridge loan이다. 브리지 론은 다른 투자자들이 프로세스를 마치고 참여할 때까지 기다리는 상황에서 자금 수급의 불일치를 해소하는 역할을 한다. 브리지 론이 실행되면 기존 투자자는 전환사채의 형태로 투자하고, 해당 전환사채는 후속 투자 발생시 해당 시점에 형성된 주당가격에 의거하여 산정된 주식으로 전환된다. 브리지 론 투자자는 추가 위험을 감수했으므로 주당가격 할인(보통 최대 20퍼센트)을 받거나 실질적으로 주당가격 할인(가끔 예외적인 케이스를 제외하고는 최대 20퍼센트)의 효과를 가지는 워런트를 받는다. 브릿지 라운드에서 워런트가 합리적으로 구조화되어 있다면 워런트를 가지고 언쟁할 필요가 없다. 전환사채에 대해서는 8장에서 자세히 다루도록 하자.

협상에서 가격을 높게 형성하는 가장 좋은 방법은 여러 명의 VC들이 창업가의 회사에 투자하고 싶도록 만드는 것이다. 경제학의 기초 논리에 나와 있듯이 공급(매도하는 주식)보다 수요(투자자들의 관심)가 높으면 가격이 오르는 것과 같다. 초기 단계 회사에 투자하는 신규 투자자들은 창업가와 임직원에게 충분한 지분을 부여하는 한에서 최대한 낮은 가격으로 회사 주식을 인수할 수 있는 방법을 찾을 것이다. 그러나 후기 단계 회사의 경우 기존 투자자들은 자신들이 보유한 지분이 새로운 투자자들에 의해 희석되는 것을 방지하기 위해 최대한 가격을 높게 부를 것이다. 만약 투자자들이 더 이상 없다면 기존 투자자들은 이전 투자 라운드에서 형성된 가격과 비교하여 같거나(플랫 라운드flat round), 낮은(다운 라운드down round) 가격을 주장할 수 있다. 마지막으로 신규 투자자들은 기존 투자자들의 관심이 낮다면 거래 성사가 가능한 한도 내에서 가급적 낮은 가격을 주장할 것이다. 창업가들은 투자 과정에서 이러한 이해관계가 부딪히는 상황을 마주할 것이다. 투자 과정에서 회사의 기존 투자자는 실질적인 도움이 될 수도 있고 반대로 해가 될 수도 있다. 초기 투자자를 현명하게 고르는 것은 더할 나위 없이 중요하다.

창업가를 위한 팁

최고의 플랜 A는 배후에 탁월한 플랜 B를 두고 있다. 회사에 투자하고 싶어 하는 잠재적인 투자자들이 많으면 많을수록 창업가가 협상에서 우위를 점할 가능성이 높아진다. BATNA★를 확보하는 데 많은 시간을 할애할 필요가 있다.

★ Best Alternative To a Negotiated Agreement의 약자이다. 협상이 결렬될 경우 협상자가 선택할 수 있는 최선의 선택지를 의미한다.

밸류에이션은 어떻게 결정되는가

이쯤 되면 당신은 VC가 회사의 가치를 어떻게 평가하는지 궁금할 것이다. 스프레드시트 엑셀로 많은 작업을 하더라도 밸류에이션은 정확한 결과 값을 도출해내는 과학의 영역이 아니다. 투자의 가치를 결정할 때 VC는 많은 요소를 고려한다. 어떤 요소들은 정량적인 반면 다른 요소들은 극히 정성적이다.

• **회사의 성장 단계**: 초기 단계의 회사는 창업가의 경험, 투자

금의 규모, 그리고 전반적인 사업 기회에 대한 투자자의 인식에 의해 가치 평가 결과의 범위가 결정된다. 회사가 성장하면 기존의 재무 성과와 향후의 재무 전망이 밸류에이션에 영향을 미친다. 후기 단계의 회사에서는 투자자들이 머지않은 시점에 투자를 회수해야 하기 때문에 해당 투자에 대한 수요와 공급이 중요한 고려 사항이 된다.

- **다른 자금 출처와의 경쟁:** 인류의 삶을 관통하는 지혜 중 하나는 '다다익선'이다. 여러 VC가 하나의 딜을 둘러싸고 경쟁하고 있다고 느낄 때 가격은 오르는 경향이 있다. 물론 있지도 않은 경쟁을 과장해서는 안 된다. 만약 들키기라도 하면 협상에서의 지위를 잃게 될 것이며 투자자도 등을 돌릴 것이다. 협상에는 항상 정직한 자세로 임해야 한다.

- **창업가와 리더 그룹의 경험치:** 창업가의 경험이 많을수록 리스크는 낮아지며 밸류에이션은 높게 평가된다.

- **시장의 규모와 유행성:** 사업 시장의 규모가 얼마나 큰지, 사업이 얼마나 트렌디한지도 가격 형성에 영향을 준다.

- **VC의 고유의 투자 시점:** 일부 VC는 초기 단계 투자자로서 오로지 낮은 가격대에서만 투자한다. 우리는 유명한 초기 단계 투자자가 포스트머니 평가액이 1000만 달러가 넘는 투자에는 참여하지 않겠다고 공개적으로 밝힌 경우를 알고 있다. 후기 단계 투자자들은 특정 가격 수준에 구애받기보다는 회사의 구체적인 상태에 관심을 가지는 경향이 있다. VC들은 자신들만의 전략을 가지고 있지만, 시장이 과열되면 기존의 전략에서 이탈하는 경우도 있다.

- **숫자, 숫자, 그리고 숫자:** 숫자는 중요하다. 과거 성과, 향후 예측, 수익, EBITDA(이자, 세금, 감가상각 비용 차감 전 영업이익earnings before interest, taxes, depreciation and amortization의 줄임말), 현금 소진 속도, 회사의 임직원 수는 모두 평가 가치에 영향을 미치는 요소다. 당신의 MBA 교수가 강조한 현금흐름할인법discounted cash flow(DCF)을 맹종해서는 안 된다. 회사의 초기 단계에서 향후 재무 상태를 예측할 때는 '당신의 예측이 틀렸다'는 점을 명심해야 한다.
- **현재의 경제 상황:** 경제 상황은 비록 창업가의 통제 범위 밖에 있지만 가격 결정에 중대한 영향을 미친다. 거시적인 경제 상황이 침체되어 있을· 때 밸류에이션은 낮게 형성된다. 반면, 거시 경제가 빠르게 성장할 때 밸류에이션은 상승한다. 특히 향후 거시 경제가 낙관적이면 밸류에이션은 상승하는 경향이 있다. 물론 이러한 법칙이 기술 분야에서 꼭 해당되는 건 아니다.

투자자들이 밸류에이션을 어떻게 정당화하든지 여러 요소에 의해 산정된 추정치라는 점을 인식해야 한다. 후기 단계로 갈수록 숫자가 중요해지지만, VC가 평가한 밸류에이션이 당신과 다르다고 해서 기분 나쁘게 생각할 필요는 없다. 각자 다른 관점에서 다른 평가 가치를 산출하는 것은 얼마든지 가능하다. 기업 가치를 최대화하고 싶은 창업가에게 줄 수 있는 최고의 조언은 통제할 수 있는 변수들에 초점을 맞추고 많은 VC들이 투자 유치에 관심을 가지도록 해야 한다는 것이다.

밸류에이션을 개인적으로 받아들이지 않을 것을 권장한다. 창업가는 회사의 밸류에이션을 1000만 달러로 평가하는 반면 VC는 600만 달러로 평가했다고 해서 VC가 창업가의 CEO로서의 자질이나 사업의 미래 잠재력을 평가절하하는 것은 아니다. VC는 단지 자신의 이익을 위해 협상하는 것일 뿐이다.

유동화 우선권[6]

유동화 우선권Liquidation Preference은 투자 수익과 관련하여 또 다른 중요한 조건으로서 매각 등 유동화 상황이 발생할 경우 그 대금이 분배되는 방식에 영향을 준다. 여기서 '매각 등'이라 함은 회사가 매매되거나 회사 자산의 대부분이 매각되는 거래를 의미한다. 유동화 우선권은 특히 회사가 투자된 자본금 이하로 매각될 때 중요한 역할을 한다.

일반적으로 유동화 우선권이라 부르는 권리에는 두 가지 구성 요소가 있다. 실질우선권actual preference과 참여권 participation이다. 유동화 우선권 조항은 다른 시리즈에 참여한 주식 보유자의 권리에 선행하여 특정한 시리즈에 참여한 주주들에게 매각 대금을 먼저 반환하는 것을 지칭한다.

---

6 한국에서 Liquidation Preference는 보통 청산 시 우선권을 가진다는 의미로 사용한다. 그러나 한국 상법 제344조의 2에 따른 배당이나 잔여재산 분배에 대한 우선권 이외에 미국에서는 주식 매각대금 등에 대해서도 우선권을 가지는 의미로도 사용된다.

유동화 우선권: 회사에 유동화 상황liquidity event이 발생하거나
　회사가 청산되는 경우 시리즈 A 우선주의 주주는 보통주
　주주에 우선하여 원래의 매입 가격의 X배에 해당하는 금
　액 및 결의되었으나 미지급된 배당금을 더한 금액과 동일
　한 금액을 받는다.

이것이 실질적 우선권이다. 이 권리에 따라 보통주 주주가 자신
의 몫을 돌려받기 전에 우선주 주주가 자신의 원래 투자금에 곱
해지는 특정 배수에 해당하는 금액을 지급받는다. 과거 수년 동
안 1배 유동화 우선권 또는 단순한 투자 원금 수준이 시장의 표
준 관행이었다. 이 경우 유동화 우선권을 보유한 투자자는 회사
가 매각되었을 때 다른 투자자들에 앞서서 자신들의 돈 100퍼
센트를 먼저 돌려받는 것이다. 이 조항의 의미는 다음의 극단적
인 상황을 가정하면 이해가 될 것이다. 어떤 투자자가 어떤 회사
에 500만 달러를 투자했다고 하자. 하지만 유동화 우선권이 없
는 상황에서 다음날 회사가 500만 달러로 팔리면 투자자를 포
함한 모든 주주는 이 500만 달러를 골고루 동일한 조건으로 나
누고, 이는 신규 투자자 입장에서는 전혀 원하는 바가 아닐 것
이다.

　2001년 닷컴버블이 꺼졌을 때 투자자들은 10배의 투자 멀
티플(MoIC 또는 MoM이라고도 한다, 또는 단순히 배수라고도 한다)
을 유동화 우선권에 적용했다(투자 원금의 10배를 회수한다는 의
미다). 시간이 지나 사람들이 합리적인 접근을 하게 되면서 투자
멀티플은 1배 수준으로 돌아왔다. 하지만 여전히 후기 단계 기

업 또는 재무적으로 곤경에 처한 기업에서는 그보다 높은 투자 멀티플이 적용되기도 한다.

다음으로 살펴볼 것은 우선주에 참가권의 부여 여부이다. 투자자는 먼저 우선권에 해당하는 자신의 몫을 받은 후 참가권 행사를 통해서 추가적인 대금을 수취할 수 있다. 많은 사람들이 유동화 우선권을 이야기하면서 우선권과 참가권을 혼용해서 사용하지만 두 개념은 엄연히 다르다. 참가권은 비참가권, 완전참가권, 그리고 상한참가권으로 나눌 수 있다.

참가권의 세부적인 사항들을 설명하기에 앞서 전환권 conversion의 개념에 대해서 알 필요가 있다. 우선주 주주는 자신들이 보유하고 있는 우선주를 언제든 보통주로 전환할 수 있다. 우선주가 보통주로 전환되는 주식의 숫자는 전환비율 conversion ratio로 결정된다. 일반적인 전환비율은 1:1이다. 우선주 1주가 보통주 1주로 전환된다. 하지만 이 전환비율은 희석방지조항으로 인한 조정을 통해 변경 가능하다. 전환비율이 1:1인 경우에는 회사 지분의 20퍼센트를 보유한 우선주 주주는 자신의 우선주 지분을 보통주로 전환해서 여전히 20퍼센트 지분을 보유하게 된다. 하지만 우선주 주주로서 향유하던 유동화 우선권 같은 특권은 더 이상 존재하지 않게 된다. 하지만 전환권이 존재하는 것만으로도 우선주 주주는 자신들이 받을 수 있는 금액을 유동화 상황liquidation event에서 극대화할 수 있다. 이 유동화 상황에서 세 가지 유형의 참가권이 어떻게 작동하는지 살펴보자.

비참가적 유동화 우선권은 유동화 우선권에 참가권이 없다는 의미다. 단순 우선주 또는 비참가적 우선주라는 말을 들어보았을 것이다. 유동화 상황이 발생한 시점에 투자자는 유동화 우선권에 해당하는 금액(1배 조건이라면 투자 원금)을 수령한 이후에는 아무런 대가를 수령하지 못한다는 뜻이다. 뭐라고? 어느 투자자가 우선주 500만 달러어치를 매입했는데, 그 우선주에는 비참가적 유동화 우선권이 부여되어 있다고 하자. 회사가 1억 달러 가치로 매각된다면 투자자가 유동화 우선권을 행사하여 정확히 500만 달러만 돌려받게 된다.

하지만 이 속임수에 걸려들지 말자. 우선주 주주인 투자자는 자신이 소유한 우선주를 보통주로 전환할 수 있다. 만약 전환비율이 1:1인, 500만 달러의 우선주를 앞서 매입하여 회사 지분의 20퍼센트를 갖게 되었다고 가정하자. 투자자는 매각 시점에 우선주를 보통주로 전환하여 전체 매각 대금의 20퍼센트인 2000만 달러를 취할 수 있다. 우선권은 투자자들에게 투자금 환수시 자신의 우선주를 보통주로 전환할 수 있는 권리를 부여함으로써 업사이드를 제공하는 한편, 효과적인 다운사이드 방지책을 줄 수 있다(예를 들어, 지분 20퍼센트의 가치가 투자 원금보다 가치가 낮아질 경우).

이 비참가권의 정반대 개념이 우선주의 완전참가권이다. 주주는 유동화 우선권에 해당하는 금액을 받고(앞서 본 것처럼 통상 1배수이다), 그다음 청산 대금에 대한 지분은 전환비율대로 환산하여 분배된다. '전환비율대로'라 함은 우선주가 이미 약정된 전환비율에 따라 보통주로 전환되었다는 것을 가정한다는 의미다. 이 조항은 아래와 같다.

참가권: 유동화 우선권에 따라 시리즈 A 우선주 주주에게 대금 지불을 정산한 후, 잔여 자산이 있을 경우 이를 보통주 주주와 시리즈 A 주주들에게 지분율에 비례하여 분배한다. 이때 시리즈 A 우선주 주주의 몫은 보통주로 환산하여 계산한다.

간단히 말해서 '꿩 먹고 알 먹는' 시나리오인 것이다. 여기서 우선주 주주는 유동화 우선권을 행사하고, 그다음 보통주로 전환해서 마치 보통주 주주처럼 잔여 재산에 대해서도 청구권을 가지게 된다는 의미다. 상기 예에서 투자자는 500만 달러를 먼저 취하고, 남은 9500만 달러 잔여 자산의 20퍼센트를 갖게 되어 전체 2400만 달러의 금액을 수령하게 된다. 다른 상황으로 인해서 전환비율이 급격히 변동되지 않는 한 완전참여권이 부여된 우선주 주주는 보유한 우선주를 보통주로 전환할 이유가 전혀 없다.

　마지막으로 상한(제한)참가권capped participation이 있다. 우선주 주주는 유동화 우선권을 받고 청산시 그 대금을 전환비율대로 계산하여 수령하는데, 투자 원금에 대해서 사전에 특정된 배수에 도달하는 시점까지만 수령할 수 있다는 점이 다르다. 수익이 상한선을 초과하는 순간 참가권은 효력을 상실한다. 상한참가권에 대한 설명은 다음과 같다.

참가권: 시리즈 A 우선주 주주에게 유동화 우선권에 따른 대금을 지불한 후 잔여 자산은 보통주 주주와 시리즈 A 우선주

주주에게 비율에 따라 배분되는데, 그 경우 시리즈 A 우선주 주주의 지분 가치는 보통주로 환산한 금액으로 계산된다. 이때 시리즈 A 우선주 주주의 참가권은 그 주주가 투자원금의 X배에 해당하는 금액과 결의 후 미지급 배당을 받은 이후 효력을 상실한다. 이후 잔여 자산은 보통주 주주에게 지분율대로 배분된다.

흥미로운 점은 투자 원금의 배수(X배)의 진정한 의미다. 만약 참가권 배수가 3배라면 우선주 주주의 참가권(1주당 기준) 행사로 유동화 우선권과 결의 후 미지급 배당을 포함하여 회수한 금액이 투자 원금의 300퍼센트에 도달하면 참가권의 효력이 끝난다는 것이다. 추가적으로 3배의 수익을 더 얻는다는 것이 아니라 유동화 우선권이 1배 배수로 원금을 돌려받는다는 가정하에 추가적으로 2배까지 수익을 얻는다는 의미다. 만약 참여하는 시리즈의 주식이 참가권이 없는 주식이라면 조금 다르게 서술될 것이다.

자, 이러한 조항들이 실제 거래에서는 어떻게 활용되는지 살펴보자. 우선 500만 달러 규모의 1개 투자 라운드(시리즈 A)만 진행되고, 이때 프리머니 기업 가치는 1000만 달러라고 가정하자. 시리즈 A 투자자는 회사의 33퍼센트 지분을 갖고(즉, 포스트머니 기준 회사 가치 1500만 달러 중 500만 달러의 지분을 가지므로), 회사의 기존 투자자인 창업가들은 66.7퍼센트의 지분을 갖는다. 이제 4개의 시나리오를 살펴보자.

1번 케이스: 시리즈 A 주식은 1배의 유동화 우선권과 비참여권이 부여되었다.

2번 케이스: 시리즈 A 주식은 2배의 유동화 우선권과 비참여권이 부여되었다.

3번 케이스: 시리즈 A 주식은 1배의 유동화 우선권과 (상한선이 없는) 완전참여권이 부여되었다.

4번 케이스: 시리즈 A 주식은 1배의 유동화 우선권과 3배의 상한이 있는 참여권이 부여되었다.

계산의 편의를 위해서 지분율은 소수점 이하를 생략해서 각각 33퍼센트와 67퍼센트로 반올림하겠다. 실제 거래에서는 정확한 계산을 위해서 스프레드시트가 유용하게 사용된다.

어떤 회사가 500만 달러에 인수되는 제안을 받았다고 하자. 우선주 주주들은 자신들이 1배의 유동화 우선권을 가지고 있는 한(참가권의 조건과는 상관없이) 자신들이 500만 달러를 투자했고, 주식 인수 금액의 규모가 너무 작아서[7] 투자 금액을 날리지 않는 한 전체 매각 대금에 대해서 권리를 가진다. 대규모 자금을 조달한 회사를 인수·합병하는 경우 인수 금액이 기존 투자금을 상회하지만, 우선주 투자자의 유동화 우선권으로 인해

---

7 부채가 너무 많아서 회사 인수 대금이 모두 부채 상환에 쓰이는 바람에 자기 자본 가치가 거의 없는 경우를 생각하면 된다.

서 매각 대금이 보통주 주주에게는 돌아가지 않을 수 있다. '유동화 우선권 포화상태liquidation preference overhang'라는 용어를 들어보았을 것이다. 우선주 주주들의 유동화 우선권 규모가 상당히 커서 매각 대금 또는 청산 대금으로는 유동화 우선권을 변제하고도 보통주 주주에게 돌아갈 몫이 현저히 적거나 거의 없는 현상을 말한다. 회사가 1500만 달러에 매각되는 제안을 받았다고 가정해보자.

1번 케이스: 1배의 우선권과 비참가권이 부여되어 있다. 시리즈 A 투자자는 500만 달러에 해당하는 유동화 우선권을 행사하거나 보통주로 전환해 전체 대금의 33퍼센트를 가져갈 수 있다. 보통주로 전환하면 500만 달러를 수령하여 금전적 효과는 동일하다. 보통주 주주는 나머지 1000만 달러를 수취한다.

2번 케이스: 2배의 우선권과 비참가권이 부여되어 있다. 시리즈 A 투자자는 2배의 유동화 우선권을 행사해서 1000만 달러에 해당하는 금액을 수령하거나 이를 보통주로 전환해서 전체 대금의 33퍼센트, 즉 500만 달러를 가져갈 수 있다. 이 경우 시리즈 A 투자자는 보통주 전환보다는 유동화 우선권을 행사해서 1000만 달러를 취할 것이고, 결국 보통주 주주에게는 500만 달러만 남게 된다. 보통주 주주 입장에서는 1번 케이스의 절반만 가져가는 셈이다.

3번 케이스: 1배의 우선권과 참가권이 부여되어 있다. 시리즈 A 투자자는 우선 500만 달러에 해당하는 유동화 우선권을 행사하고, 잔여 자산에 대해서 참가권을 행사하여 33퍼센트, 즉 330만 달러(1000만 달러의 33퍼센트)를 얻게 되어 총 830만 달러의 수익을 거둬들이게 된다. 보통주 주주는 1000만 달러의 67퍼센트, 즉 670만 달러를 수취하게 된다. 완전참가권부 우선주를 보유한 주주 입장에서는 보통주로 전환해야 할 이유가 사실상 없는 것이다. 다시 한번 강조하지만, 꿩 먹고 알 먹는 경우이다.

4번 케이스: 1배의 우선권과 3배의 상한참가권이 부여되어 있다. 이 경우 우선주 주주는 상한선인 1500만 달러까지는 도달할 수 없기 때문에 결과는 3번 케이스와 동일하다.

이제, 회사가 3000만 달러로 인수되는 제안을 받았다고 하자.

1번 케이스: 1배의 우선권과 비참가권이 부여되어 있다. 이 경우, 시리즈 A 투자자는 자신이 보유한 우선주를 보통주로 전환하고, 매매 대금의 33퍼센트, 즉 1000만 달러를 수령한다. 보통주 주주는 67퍼센트, 즉 2000만 달러를 수취하게 된다. 만약 시리즈 A 투자자가 전환권을 행사하지 않는다면 그들이 수령하는 금액은 단지 500만 달러에 그치고 만다. 그렇기에 당연히 전환권을 행사할 것이다.

2번 케이스: 2배의 우선권과 비참가권이 부여되어 있다. 시리즈 A 투자자는 33퍼센트, 즉 1000만 달러를 수령하고, 보통주 주주는 67퍼센트에 해당하는 2000만 달러를 받는다. 특이한 점은 전환권을 행사하든 행사하지 않든 동일한 금액을 수취한다는 점이다.

3번 케이스: 1배의 우선권과 참가권이 부여되어 있다. 시리즈 A 투자자는 우선 500만 달러에 해당하는 유동화 우선권을 행사하고, 잔여 자산에 대해서 33퍼센트, 즉 약 830만 달러(2500만 달러의 33퍼센트)를 얻게 되어 총 1330만 달러의 금액을 거둬들이게 된다. 보통주 주주는 2500만 달러의 67퍼센트, 즉 1670만 달러를 수취하게 된다.

4번 케이스: 1배의 우선권과 3배 상한참가권이 부여되어 있다. 이 경우 우선주 주주는 상한선인 1500만 달러까지는 도달할 수 없기 때문에 결과는 3번 케이스와 동일하다. 우선주 주주는 전환권을 행사하지 않고, 1330만 달러를 수령하고, 보통주 주주는 1670만 달러를 수취한다.

마지막으로 인수 가격이 1억 달러인 경우를 가정해보자.

1번 케이스: 1배의 우선권과 비참가권이 부여되어 있다. 시리즈 A 투자자는 보통주로 전환하여 33퍼센트, 즉 3300만 달러를 수령하고 보통주 주주는 67퍼센트, 즉 6700만 달러를 받는다. 만약 우선주 주주가 전환권을 행사하지 않으면 우선권에 따른 500만 달러만 수령하기에 당연히 행사할 것이다.

2번 케이스: 2배의 우선권과 비참가권이 부여되어 있다. 시리즈 A 투자자는 전환권을 행사하여 전체 금액의 33퍼센트, 즉 3300만 달러를 수령하고, 창업가들(보통주 주주)은 67퍼센트, 즉 6700만 달러를 받는다. 시리즈 A 투자자는 전환권을 당연히 행사할 것이고, 유동화 우선권을 행사한다면 단지 1000만 달러만 받게 된다.

3번 케이스: 1배의 우선권과 참가권이 부여되어 있다. 시리즈 A 투자자는 우선 500만 달러에 해당하는 유동화 우선권을 행사하고, 잔여 자산에 대해서 9500만 달러의 33퍼센트인 3135만 달러를 받아서 총합계 3635만 달러를 받을 것이다. 보통주 주주는 잔여 자산 9500만 달러의 67퍼센트인 6365만 달러를 받는다.

4번 케이스: 1배의 우선권과 3배의 상한참가권이 부여되어 있다. 시리즈 A 주주는 3배(1500만 달러) 이상의 수익을 받을 수 있는 선택지가 있기 때문에 참여권은 행사하지 않고 전환권을 행사할 것이다. 그 결과는 1번 케이스 및 2번 케이스와 동일하다.

이 예시에서 볼 수 있듯이 참가권은 성과가 낮은 투자에서 상대적으로 많은 영향을 미치지만, 성과가 좋은 투자에서는 그 효과가 줄어든다. 높은 기업 가치에서는 우선주 주주가 보통주로 전환하는 것이 유리하기 때문이다.[8] 참가권 기능은 시리즈 B와 C처럼 큰 규모로 자금을 조달할 때 영향을 미친다. 마지막 예를 더 들어보겠다. 이번에는 5000만 달러의 자금을 투자자로부터 조달한 회사가 있다고 가정해보자. 투자자들이 회사의 60퍼센트를 소유하고, 창업가들이 40퍼센트를 소유한 회사가 1억 달러에 인수된다고 가정해보자.

1번 케이스: 1배의 우선권과 비참가권이 부여되어 있다. 투자자는 5000만 달러를 수령하거나 전환권을 행사할 수 있다. 투자자들은 전환권을 행사해 6000만 달러를 얻을 것이다. 보통주 주주는 4000만 달러를 수령할 것이다.

2번 케이스: 2배의 우선권과 비참가권이 부여되어 있다. 투자자는 1억 달러, 즉 매각 대금 전액을 수령할 것이다. 왜냐하면 2배 유동화 우선권 조항으로 인해 투자 원금의 2배를 받기 때문이다. 보통주 주주는 한 푼도 돌려받지 못한다. 이런!

3번 케이스: 1배의 우선권과 참가권이 부여되어 있다. 투자자는 우선 5000만 달러를 받고 그다음 잔여 자산 5000만 달러의 60퍼센트, 즉 3000만 달러를 받게 되어 총 8000만 달러를 받는다. 보통주 주주는 잔여 자산 5000만 달러의 40퍼센트, 즉 2000만 달러를 받는다. 이런!

4번 케이스: 1배의 우선권과 3배의 상한참가권이 부여되어 있다. 투자자는 이 딜에서 3배(1억 5000만 달러) 이상의 금액을 받을 수 없기 때문에 그 결과는 3번 케이스와 동일하다.

시리즈 A 투자 텀시트상의 유동화 우선권은 이해하는 데 어렵지 않다. 하지만 회사가 성숙 단계에 들어서고 추가적인 시리즈의 지분 발행을 계속하는 경우 단번에 이해하기 어려울 정도로 복잡해진다. 여러 시리즈 간에 유동화 우선권이 어떻게 작동하는지 수학적으로도, 법률 구조적으로도 매우 난해해지기 때문이다. VC와 관련한 많은 이슈에서 복수의 모집 라운드 투자자의 유동화 우선권에 대한 계산법은 라운드별로 다양하고 얽히고설켜서 난해해진다.

다른 시리즈의 주식 간 유동화 우선권 상호 관계 설정 방식은 두 가지가 있다.

1 후속 투자자follow-on investor들이 앞선 투자자보다 우선순위에 위치하는 경우(소위 순차적 우선권stacked preference이라 한다). 즉 시리즈 B 주식이 시리즈 A 주식에 비하여 우선한다는 의미다.
2 모든 시리즈가 동순위인 경우(수 동등pari passu 또는 혼합우선권blended preference이라고도 한다). 즉 시리즈 A와 시리즈 B 주식이 비율대로 배분된다.

어떤 방식을 적용할지 결정하는 것은 투자자와 피투자 회사 중

---

8 각 시나리오 별로 1번 케이스와 3번 케이스를 비교해보면 쉽게 이해할 수 있다. 1번과 3번의 유일한 차이는 참가권의 유무이다. 시나리오별 우선주 주주가 1번 케이스와 3번 케이스에서 각각 수령하는 금액의 차이를 비교해보자. 1500만 달러 인수 시나리오에서는 1번 케이스에서 우선주 주주는 500만 달러, 3번 케이스에서 830만 달러이다. 둘의 차이는 330만 달러로 효과는 66퍼센트(330만 달러/500만 달러)이다. 3000만 달러 인수 시나리오에서 1번 케이스 1000만 달러와 3번 케이스 1330만 달러의 차이는 330만 달러로, 차이의 효과는 33퍼센트(330만 달러/1000만 달러)이다. 마지막으로 1억 달러 시나리오에서는 1번 케이스 3300만 달러, 3번 케이스에서 3635만 달러로 차이는 335만 달러이며 효과는 10.15퍼센트이다. 즉 인수/매각 금액이 클수록 참가권의 상대적인 효과는 줄어든다.

누가 협상력이 상대적으로 더 센지, 회사가 다른 대안 투자자를 찾을 수 있는지, 기존 투자자가 앞선 투자로 예상하는 투자 수익 규모, 현시점의 경제 상황 등에 의해 크게 좌우된다.

이번 사례는 두 번의 투자 라운드를 진행시키는 회사이다. 우선 프리머니 가치로 1000만 달러 규모의 회사에 500만 달러 규모로 시리즈 A 우선주를 모집하고, 다음으로 3000만 달러 프리머니 가치에 2000만 달러로 시리즈 B 투자금을 모집하는 경우이다. 이 투자의 결과가 좋지 않아서 유동화 우선권이 발동되는 상황을 맞이해 회사가 1500만 달러에 매각된다고 하자.

여기서 차등우선권이 적용될 경우, 시리즈 B 투자자가 1500만 달러를 모두 가져간다. 시리즈 B 투자의 프리머니 가치가 얼마인지는 하등 중요하지 않다. 시리즈 B 투자자가 매각 대금의 100퍼센트에 대한 청구권이 있기 때문이다.

하지만 동등우선권이 적용되는 경우, 시리즈 A의 투자자는 분배받는 금액의 20퍼센트[9]를 수취하게 된다(이 경우 300만 달러에 해당된다). 시리즈 B 투자자는 이 회사에 투자된 자본의 비율에 따라 전체 분배 대금의 80퍼센트, 즉 1200만 달러에 대한 청구권이 있다.

---

9 시리즈 A 라운드 이후 시리즈 A 투자자의 지분율은 33퍼센트(포스트머니 가치 기준으로 500/1,500)이다. 시리즈 B 라운드가 진행될 때 프리머니 3000만 달러 기준으로 33퍼센트의 지분을 보유하고 있기에 시리즈 A 투자자의 지분 가치는 프리머니 기준 1000만 달러이다. 그에 따라 시리즈 B 라운드의 포스트머니 기준으로 지분율은 20퍼센트(1000/5000)이다.

만약 우선권이 2500만 달러(시리즈 A 500만 달러, 시리즈 B 2000만 달러)이고, 회사는 1500만 달러 또는 그 이하로 매각되면 유동화 우선권에 참가권이 추가로 부여되어 있는지 여부와 상관없이 창업가는 한 푼도 돌려받지 못한다.

주지할 점은 투자자는 유동화 우선권을 행사하고 참가권이 있다면 이를 행사하거나, 혹은 전환권을 행사해서 보통주를 보유하게 될 것이라는 점이다. 두 가지를 모두 취할 수는 없다. 완전참가권의 경우 투자자는 유동화 우선권을 행사하고, 그다음 우선주의 보통주 전환을 가정하여 지분 비율대로 청산 대금 잔액을 수취할 것이다.

초기 단계 기업의 투자에서는 참가권이 없는 단순 유동화 우선권이 투자자와 창업가 모두에게 실제로 이익이 된다. 향후 투자 라운드에서 초기 단계 투자시 투자 조건들이 승계된다. 투자자들은 이전 라운드의 선례를 선호하는 경향이 있기 때문이다. 만약 시드 라운드에서 우선주에 참가권이 부여되어 있다면 후속 투자 라운드의 모든 우선주에 참가권이 부여될 가능성이 높다. 이 경우 시드 투자자들이 다음 라운드에 참여하지 않는다면 이 시드 투자자들의 투자 수익성은 많은 경우 (후속 투자자들의) 참가권으로 인해서 나빠질 수 있다.[10] 초기 단계 투자자는 자신에게 유리한 거래를 협상한다고 생각할 수 있지만, 초기 투자자의 우선권 금액이 너무 적기 때문에 일반 주주와 비슷한 수익률을 얻게 된다. 우리는 창업가들과 VC 공동 투자자들에게 초기 라운드에서는 간단하고 가벼운 조건을 유지할 것을 권장한다.

대부분의 전문 투자자들은 지나치게 높은 유동화 우선권

으로 회사에 부담을 주는 것을 원하지 않는다. 유동화 우선권이 높아질수록 경영진이나 직원들의 주식 가치가 낮아지기 때문이다. 여기에는 미묘한 균형이 필요하다. 하지만 합리적인 투자자라면 최고의 가격을 얻으면서 경영진과 직원들의 동기를 최대한 유지할 것이다. 결국 최종 결과는 협상에 달려 있으며, 이는 회사의 성장 단계, 협상력, 기존 자본 구조에 따라 달라진다. 대부분의 회사와 투자자는 이러한 조항에 합리적인 타협을 이룰 것이다. 궁극적으로 능력 있는 투자자라면 법적 계약서에 어떻게 명시되든 유동화 우선권에서 보장하는 금액 이하의 유동화 상황에서 경영진에게 아무것도 남기지 않는 경우는 드물다. 경영진에게 아무것도 남기지 않는 것을 '경영진 카브아웃 management carve-out'이라고 하는데 나중에 논의할 것이다.

지금까지 유동화 우선권에 대해서 논의했는데, 이와 관련해서 중요한 개념은 유동화 상황liquidation event[11]이다. 창업가들은 유동화 상황을 파산이나 기업 실적 저하처럼 불리한 상황으로 생각한다. VC 관점에서 기업의 청산은 유동화 상황과 밀

---

10 유동화 우선권에 참가권이 부여되어 있는 상태에서 시드 라운드 투자자가 후속 투자에 참여하지 않으면 동등우선권의 경우 후속 투자자들의 지분율 증가에 따라 참가권의 비중이 크게 줄어들고, 차등우선권의 경우 후속 라운드 투자자에 의해 참여권이 후순위로 밀릴 수 있기 때문이다.

11 독자의 이해를 위해서 liquidation을 상황에 따라 '청산'으로 번역하기도 했고 '유동성'으로 번역하기도 했다. 유동화 우선권과 관련해서는 liquidation를 먼저 정의해야 한다는 의미다.

접히 연관되어 있는데, 이 상황은 인수·합병 또는 회사 경영진의 교체까지 포함하는 사건으로, 주주는 회사 주식의 정산에 따른 대금을 받게 된다. 이 장에서는 매각 또는 인수 대금을 받는 긍정적인 상황뿐만 아니라 기업을 청산하는 부정적인 상황에서 잔여 자산을 분배하는 것도 포함한다. 일반적으로 유동화 상황에 대한 정의는 아래와 같다.

유동화 상황: 합병, 인수 및 회사의 의결권 있는 지분의 매각과 같은 사건을 의미하며, 특히 지분 매각의 경우 회사의 주주가 회사 발행 주식의 과반을 더 이상 보유하지 않는 상황뿐만 아니라 회사 자산의 전부 또는 상당한 부분을 매각하여 실질적으로 회사 영업에 아무런 영향을 미칠 수 없는 사건까지 포함한다. 에스크로 조항이나 대금의 조건부 지급 조항이 있는 기업인수계약서에서는 이러한 조건부 대금의 분배가 우선주의 유동화 우선권을 적절히 반영해야 한다.

역설적이게도 변호사들은 유동화 상황의 표준 정의에 동의하지 않는다. 이 책의 공동 저자인 제이슨은 미시간대학교 법학대학원에서 초청 강연을 하던 중 시카고의 대형 로펌 파트너 변호사와 결코 유쾌하지 않은 설전을 벌인 적이 있다. 당시 그 변호사는 기업공개도 유동화 상황에 포함시켜야 한다고 주장했다. 기업공개는 합병처럼 기업의 주주 구성에 변화가 생기고, 그에 따라 투자자들이 매각에 대한 금전을 받기 때문에 기업공개와 합병은 결과적으로 동일하다는 것이었다. 비록 그의 이론에 회사로부터 기업공개 주관사 업무 수입을 간절히 원하던 모 투자은 행 담당자는 동의해주었지만(수입을 못 받았을 것이다), 기업공개는 회사 입장에서는 회사의 청산이 아니라 또 다른 자금 모집 단계이기 때문에 그의 주장은 설득력이 떨어진다. 대부분의 기업공개 시나리오에서는 VC가 보유한 우선주는 기업공개가 진행되는 과정에서 보통주로 변환되고, 유동화 상황을 둘러싼 이슈는 아예 제기되지 않는다.

창업가를 위한 팁

유동화 우선권은 소규모의 엔젤 투자 거래 이외 대부분의 벤처 금융 거래에서 중요한 조건이다. 안타깝게도 참가권이 부여된 우선주 거래는 시간이 지나면서 벤처투자 분야에서 일반적인 표준이 되었다. 이는 VC 투자자들이 회사가 매각될 때 원금 상환과 더불어 보통주와 동일한 이익 분배를 요구하는 것이 새로운 업계 관행이 되었다는 뜻이다. 1990년대 중반만 하더라도 스타트업 회사들은 VC들에게 2~3배의 합리적인 수익을 제공할 경우 참가권이 소멸되는 이른바 '킥아웃(kick-outs)'을 도입했다. 스타트업 창업가들은 이를 다시 업계 표준으로 만들기 위해 협력할 필요가 있다! 단순한 참가적 우선주 외 복수 우선권이 부여된 우선주 같은 복잡한 구조의 주식을 요구하는 것은 VC 투자자들의 욕심에 지나지 않는다.

페이투플레이 조항

페이투플레이Pay to Play 조항[12]은 주로 다운 라운드 자금 조달에서 관련 있는 투자 수익 관련 조건으로, 회사가 어려움을 겪고 추가 자금 조달이 필요할 때 창업가에게 매우 유용할 수 있다. 페이투플레이 조항에서는 투자자들이 지분율에 비례하여 회사의 미래 자금 조달에 계속 투자해야 할 의무가 있으며(페이), 그렇지 않을 경우 그들이 보유한 우선주는 보통주로 전환된다. 우선주 주주로서의 지위를 누리기 위해서는(플레이) 투자 의무를 지켜야 한다는 의미다.

　일반적인 페이투플레이 조항은 다음과 같다.

적격투자(아래에 정의됨)의 상황에서 신주를 인수할 수 있는 권리를 부여받은 시리즈 A의 우선주 투자자가 다음 라운드에서 투자에 참여(우선매수청구권Right of First Refusal[ROFR] 조항에 따라 최소 기존 비율대로 주식을 매입할 수 있다)하지 않기로 결정했다면 그 투자자가 보유한 기존 우선주 주식은 보통주로 전환된다.

적격자금조달 또는 적격투자Qualified Financing[13]란 시리즈 A 투자가 이루어진 이후 회사의 기존 주주들이 기존 지분율에 따라 새로 발행되는 주식을 후속 라운드에서 인수하는 것을 회사의 이사회에서 결의한 후 이루어지는 투자이다. 이 결의에서 신주의 주당가격은 기존 선행 우선주의 가격에 영향을 받지 않

12　기존 주주의 지분율대로 기존 주주가 투자할 수 있는 권리가 있다는 점에서 우리나라 상법에서 절차를 정의하고 있는 주주배정 유상증자와 유사하다. 다만 페이투플레이는 우선주 주주들이 적용 대상이고, 신규로 발행하는 우선주를 인수하지 못할 경우 보유한 우선주가 보통주로 전환된다는 점에서 큰 차이가 있다. 페이투플레이에 정확히 상응하는 한국어 명칭은 없지만, 한국 벤처캐피털 업계에서 일반적으로 사용한다는 점을 고려하여 영문명을 그대로 사용했다.

13　영어로는 Financing이라는 한 단어이지만, 번역하면 회사 입장에서는 '자금조달'이고 투자자 입장에서는 '투자'이다.

는다.

2000년까지만 하더라도 페이투플레이 조항은 사용되지 않았다. 하지만 2001년 닷컴버블이 꺼지면서 흔하게 사용되었다. 회사와 투자자가 이 조항을 제대로 이해한다면 양자 모두 쉽게 동의할 수 있다.

페이투플레이 조항에 따른 투자자의 투자 참여 의무 강도는 계약에 따라 다양하다. 앞서 언급한 조항은 다음의 완곡한 조항과 비교했을 때 꽤 강경한 편임을 알 수 있다.

만약 시리즈 A 우선주 주주가 다음 라운드에서 진행되는 적격투자(아래에 정의됨)에 기존 지분율에 비례하여 참여하지 못한다면 그 주주가 보유한 시리즈 A 우선주는 보통주로 전환된다. 만약 이 주주가 다음의 적격투자 건에 참여하기로 했지만 기존 지분율 대로가 아닌 그보다 낮은 비율로 참여할 경우, 시리즈 A 우선주의 일정 비율만큼은 보통주로 전환된다(앞서 설명한 동일한 조항에 의거). 전체 우선주 중 보통주로 전환되는 비율은 추가 참여를 하지 못한 비율과 동일하다.

기존 투자자가 할당받는 주식 수를 결정하거나 플레이투페이 조항의 충족 여부를 판단할 때 투자자가 운용하는 여러 펀드들의 투자를 합산하여 계산한다. 그에 따라 동일한 투자자(VC 운용사)는 적격 투자 건에 대한 참여 권리를 자신이 운용하는 다른 유관 펀드 또는 그들 유관 펀드의 최종투자자(LP)들에게도 참여 권리를 할당할 수 있고, 이러한 펀드에는 현재 회사의 주주가 아닌 펀드도 포함된다.

페이투플레이 조항은 회사뿐만 아니라 투자자 양측에 모두 유리하다. 이 조항에 따라 투자자는 초기 투자와 동일한 지분율을 유지한 채 회사가 성장하는 과정에서 회사를 지원하며 투자 가치의 상승을 꾀할 수 있다. 만약 투자자가 참여하지 않는다면 기존 우선주 주식은 보통주로 전환될 것이고, 우선주 주주로서 향유하던 권리는 소멸할 것이다. 만약 우리 투자회사의 공동 투자자가 이 조항에 딴지를 걸고 참여에 난색을 표한다면, 우리는 오히려 다른 투자자들이 동의하는데도 불구하고 그 회사가 향후 투자에 참여하지 못할 이유가 무엇인지 되물을 것이다. 중요한 점은 이 조항이 투자를 영원히 보장하는 것이 아니라는 점이다. 오히려 다른 투자자가 그 회사의 다음 투자 라운드에 참여하기로 했다면 페이투플레이 조항에 따라 이전의 모든 투자자들도 투자에 참여할 강력한 유인이 주어지며, 그렇지 않으면 그들이 보유한 우선주는 전부이든 일부이든 보통주로 전환된다는 것이다. 페이투플레이 조항은 모든 투자자들이 향후 투자 라운드 참여와 관련한 여러 규칙들을 사전에 동의하게 만드는 의의가 있다.

페이투플레이 조항은 후속 투자에 참여하지 않는 투자자들의 유동화 우선권을 줄여서 해당 투자의 수익성에 영향을 미친다. 또한 해당 투자에 대한 통제권에도 영향을 미친다. 이 조항은 회사를 믿고 회사에 헌신적인 자세를 보이는 투자자들에 대해서만 우선주 투자와 그에 따른 권한을 지속해서 누리게 함으로써 향후 우선주 주주의 구성을 재편하기 때문이다.

회사 운영이 잘 진행되는 경우 페이투플레이 조항은 보류되기도 한다. 신규 투자자 입장에서는 신규 라운드에 대규모로 참여하기를 원하고, 그 경우 기존 투자자의 참여를 강권하는 것이 무리한 요구일 수 있기 때문이다. 자금 모집을 앞둔 회사 입장에서는 업라운드(이전 라운드보다 밸류에이션이 상승한 투자 라운드) 자금 조달이기에 나쁘지 않지만, 한편으로는 골칫거리가 될 수도 있다. 기존 투자자들은 신규 라운드에서 회사에 우호적인 방향으로 여러 투자 조건들을 채택하겠지만, 한편으로는 신디케이트를 결성한 신규 투자자는 신규 자금 투입이라는 협상 지렛대를 활용해서 (아마도 공동 투자자들의 도움으로) 협상력을 강화할 것이기 때문이다.

페이투플레이 조항이 적절하지 않은 상황도 있다. 초기 투자 라운드에 참여한 투자자들 중에서 투자 방식 및 투자 전략의 이유로 후속 라운드 투자에 참여하지 않는 투자자들이 있기 마련이다. 마이크로 VC나 시드 투자자들은 통상 후기 투자 라운드에는 참여하지 않는다. 이 경우, 페이투플레이 조항은 이들을 불합리하게 대우하는 결과가 될 수도 있다. 이들이야말로 창업가가 자금이 필요했던 초창기부터 적극 지원한 사람들인데, 그들에게 벌칙을 준다면 적절하다고 할 수 없다. 스타트업 경영자는 후기 투자 라운드에 참여할 VC 투자자들 간의 역학관계를 잘 인지하고 합리적이고 공정하게 대우해야 한다.

페이투플레이 조항은 스타트업 경영자 입장에서는 상당히 유리한 조항이다. 큰 그림에서 보면 보통주로의 전환은 큰 문제가 아니다. 피해야 하는 페이투플레이 상황은 다른 투자자들이 신규 투자 라운드에 참여하지 않는 상황에서 VC가 회사의 재자본화 recapitalization(예를 들어 프리머니 가치 평가가 0 또는 매우 낮은 금액으로 투자)★에 대한 권리를 갖는 경우이다. 이와 같은 조항은 경험이 적은 엔젤 투자자(예를 들어 창업가의 지인이나 가족)에게 특히 불리하다. 그들이 후속 투자로 지원을 이어가야 하는 상황을 이해하지 못하거나 재원이 부족할 경우 가족 행사나 모임에서 불편한 대화가 오갈 수도 있다.

투자자들이 스타트업 회사를 좋아한다고 해서 신규 투자 라운드에 참여할 수 있는 것은 아니다. 펀드가 소진되었을 수도 있고, 전략적 투자자나 엔젤 투자자의 경우 자금 여력이 없거나, 혹은 후속 투자에 참여하기 위해서 LP 투자자들로부터 승인을 받아야 하는 상황이 있을 수 있다. 그렇기에 투자자들은 신규 라운드 투자에 참여하지 못했다는 이유로 과도하게 페널티를 받아서는 안 된다(회사의 자본 구조를 재조정하는 상황은 창업가에게도 좋지 않다. 창업가가 보상할 수 있는 스톡옵션이 있더라도 스톡옵션 역시 베스팅을 해야 하기 때문에 자본 구조의 재조정은 피해야 한다). 하지만 후속 투자에 참여하지 못하는 투자자의 우선주를 보통주로 전환하는 것은 적절한 조치다.

★ 프리머니 가치 평가가 0 또는 매우 낮은 상황이라면 창업가나 기존 투자자가 보유하고 있던 지분의 가치가 매우 낮다는 의미이고, 그에 따라 신규 자금이 들어온다면 상당한 희석화가 발생할 것이다. 그렇다면 신규 투자자가 회사의 경영권을 취득할 수 있을 정도로 지분율이 증가할 것이다.

베스팅

베스팅Vesting 조항은 단순하다. 다만 이 조항을 텀시트와 계약서에 넣으면 예상치 못한 결과를 회사에 미치기도 한다. 베스팅이란 임직원이 스톡옵션을 부여받았을 때 부여된 첫날부터 전체 권리를 갖지 못하고 시간의 경과에 따라 점진적으로 부여되도록 설계한 방식이다. 일반적으로 스톡옵션은 1년의 클리프 cliff 기간을 거쳐 4년간 베스팅 권리에 해당하는 금액이 대상자의 근속 기간에 비례하여 누적된다. 임직원은 최소 1년은 회사에 근속해야 베스팅 권리를 부여[14]받는데, 그날 이후 연간 전체 금액의 25퍼센트씩 남은 3년간 스톡옵션 권리가 누적(베스팅)되는 것이다. 만약 임직원이 4년의 베스팅 기간이 끝나기 전에 퇴사한다면 베스팅 공식에 따라 스톡옵션의 전체가 아닌 해당 부분에 대해서만 부여받게 된다. 회사의 창업가와 최고경영자들은 베스팅 제도를 활용해서 회사 핵심 임직원들의 장기근속을 유도할 수 있다. 기존에 외부 자금을 받지 않은 스타트업의 경우, VC 투자자는 창업가가 보유한 주식에도 베스팅 방식을 적용할 것을 요구한다. 창업가들은 베스팅 제도를 VC가 경영 사항이나 회사 지분의 소유 관계에까지 영향을 미치는 통제 장치로 여긴다. 일정 부분 맞는 말이지만 그런 것만은 아니다.

전형적인 주식 베스팅 조항은 다음과 같다.

주식 베스팅: 투자 라운드가 종결된 이후 직원, 임원, 컨설턴트 및 기타 회사의 서비스 제공자들에게[15] 발행된 모든 주식 및 유사한 유가증권은 투자자가 선임한 이사가 최소 1인이 포함된 이사회에서 과반수의 찬성에 따른 승인 결의('필수

---

14 클리프가 끝나는 시점에 25퍼센트 베스팅 자격이 부여된다. 참고로 한국에서는 주주총회 결의일로부터 2년 이상 재임 또는 재직하여야 주식매수선택권을 행사할 수 있다(상법 제 340조의 4 제1항). 따라서 스톡옵션 부여 후 이를 행사하여 주식을 취득하기 위해서는 최소 2년의 시간이 필요하다.

승인 결의'Required Approva[16])에 따라 달리 적용하는 경우가 아니라면 아래의 베스팅 조항의 적용을 받는다: 스톡옵션이 부여된 시점부터 최초 1년이 경과하는 시점에 25퍼센트가 베스팅되고, 이후 잔여 75퍼센트는 남은 3년간 월 단위로 베스팅된다. 스톡옵션 재매입 조항이 있는 경우, 베스팅의 적용을 받는 주주의 고용 계약이 주주의 귀책 사유 유무와 상관없이 끝나는 시점에 회사 또는 회사로부터 권한을 위임받은 자(법이 허용하는 한에서)는 해당 주주가 보유한 미베스팅된 주식을 원가와 시장 가격 중 낮은 가격으로 매입할 수 있는 선택권이 있다. 이사회의 필수 승인 결의를 받지 못하고 임직원에 할당된 한도를 초과하여 주식이 발행되는 경우, 즉 희석 사건이 발생하면 위에 기술한 대로 전환가격을 조정하고, 투자자의 ROFORight of Frist Offer의 적용을 받는다.

---

15 한국에서는 주식매수선택권을 받는 자의 범위가 제한된다. 일반 주식회사는 회사의 임직원에게만 부여 가능하며(상법 제304조의 2 내지 4), 상장회사는 관계회사의 임직원에게도 부여할 수 있다(상법 제542조의 3). 비상장 벤처기업은 변호사, 회계사, 의사 등 13가지 전문자격 보유자, 10년 이상의 경력자, 박사학위자, 석사학위 취득 후 5년의 실무 경력을 갖춘 외부 전문가에게 부여할 수 있다(벤처기업법 제16 조의 3 내지 6).

16 한국에서 주식매수선택권의 부여는 주주총회의 특별결의 사항이다(상법 제340조의 2).

현재 ___와 ___(창업가들)¹⁷이 보유한 발행 주식 중 보통주도 베스팅 조건에 따라야 한다. 다만 창업가들은 클로징 시점에 [1년]의 베스팅이 인정되고, 남은 미베스팅 주식은 3년 동안 매월 베스팅된다.

업계의 표준 베스팅 제도는 1년간의 클리프 기간과 총 4년의 베스팅 기간, 그리고 클리프 이후 월 단위로 정산하는 방식을 주로 채택하고 있다. 만약 임직원이 베스팅 부여일로부터 1년이 채 되기도 전에 회사를 나간다면 베스팅 권한이 사라진다. 하지만 1년이 지나면 25퍼센트를 베스팅하게 되고,¹⁸ 그 이후부터 잔여 기간 동안 월간(경우에 따라 분기별 또는 연간도 가능하다) 단위로 베스팅이 진행된다. 만약 1년간의 클리프 기간과 월 단위 베스팅 적용을 받는 어느 직원이 18개월 이후 퇴사하면 받을 수 있는 총 주식의 37.5퍼센트(18/48)를 베스팅한 셈이 된다.

창업가들의 경우 일반 임직원들과는 다른 형태의 베스팅

---

17 한국에서 10퍼센트 이상의 주식을 보유하거나 회사의 주요 경영 사항에 사실상 영향력을 행사하는 자 및 그 배우자와 직계존비속에게는 주식매수선택권을 부여할 수 없다(상법 제340조의 2 제2항). 따라서 창업주들은 대부분 주식매수선택권을 부여받을 수 없다. 창업가들이 보유한 보통주식에 대해서는 매각 시 투자자들의 동의권이나 우선매수권의 제한을 두는 경우가 많다.

18 364일까지는 베스팅 금액이 0퍼센트이나 365일째 25퍼센트가 부여되기에 그 권리가 쌓이는 모양이 절벽처럼 솟구친다는 의미에서 클리프(cliff)라 한다.

조항을 적용한다. 창업가는 투자가 종결되는 날 1년의 베스팅에서 우선 인정을 받는 부분만 임직원들과 차이가 있고, 나머지 36개월 동안 잔여 스톡옵션 권리 금액을 베스팅하는 점은 동일하다. 베스팅 권리 조정은 여러 타입이 있는데, 창업가가 VC로부터 투자받기 1년 이상 전에 회사를 설립하고, 그동안 근무했던 기간에 대해서도 인정받고자 할 때 활용된다. 창업가가 회사를 설립하고 1년이 채 안 된 상태에서 VC로부터 최초 투자를 받는 경우 회사 설립일까지 소급해서 베스팅을 인정해달라고 요구할 수 있다.

　퇴사하는 임직원의 베스팅되지 않은 주식은 보통 소멸된다. 이러한 지분은 재분배되지 않고 회사로 흡수되어 VC 투자자, 기존 주주, 스톡옵션 보유자를 포함한 모든 사람의 지분율이 비례적으로 증가하여 혜택을 받게 된다. 이를 역희석화reverse dilution라고도 한다. 창업가 주식의 경우 미베스팅 주식은 사라진다. 직원의 미베스팅 스톡옵션은 대개 임직원의 스톡옵션 풀로 재산입되어 향후 다른 임직원들에게 다시 발행된다.

　간혹 창업가들이 회사가 설립될 때 주식을 매입하여 직접 소유하는 경우도 있다. 이러한 창업가 주식을 설명할 때도 베스팅이라고 부르지만, 실제로는 이 주식은 퇴사시 회사의 재매입 권리buy-back right 대상이 된다. 기술적으로 동일한 결과가 나타나지만, 법률 용어도 다르고 세무 처리 방식도 차이가 있다.

창업가의 주식 베스팅 방법을 결정하는 것은 중요하다. 단순 베스팅 방식도 좋지만 다른 옵션도 고려할 만하다. 예를 들어 창업가 중 한 명이 퇴사한 경우, 회사는 해당 창업가가 베스팅되지 않은 주식을 직전 라운드의 주식 가격으로 살 수 있도록 허용해줄 수 있다. 이런 장치를 통해 창업가가 자신의 귀책 사유 없이 퇴사하는 경우 창업가를 보호할 수 있다. 미국연방세법상의 83(b) 선택 신고시 주식 베스팅을 클로백 claw-back(회사가 해당 개인의 주식을 강제로 되사갔다는 의미)으로 처리함으로써 장기자본이득세를 미리(회사의 주식 가치가 상승하지 않은 현시점에서) 확정함으로써 세 부담을 줄일 수도 있다.

베스팅에서 중요한 요소는 합병시 베스팅 스케줄을 결정하는 것이다. 단일 트리거 베스팅 가속화Single-trigger acceleration는 합병시 베스팅이 자동적으로 가속화되는 것을 의미하고, 이중 트리거 베스팅 가속화Double-trigger acceleration는 두 가지 조건이 충족되어야 베스팅이 가속화되는 것을 의미한다. 인수자가 특정 임직원을 파면하는 것을 전제로 인수할 경우 이중 트리거 베스팅 가속화 조항이 발동한다.

VC가 투자하는 딜에서 이중 트리거는 단일 트리거보다 훨씬 흔하게 쓰인다. 경영권의 교체로 인한 가속화는 창업가와 VC 투자자 간의 협상이 난항을 겪는 지점이기도 하다. 창업가는 거래 완료 즉시 주식을 갖길 원하기 때문이다. 창업가는 회사의 가치에 기여했음을 근거로 베스팅을 주장하고, VC는 발행 주식이 주식의 인수 가격에 영향을 미치는 것을 최소화하고 싶어 한다. 대부분의 인수자는 창업가, 경영진, 직원에게 동기를 부여하기 위해 인수 후 일정 기간 동안 회사를 떠나지 않도록 미베스팅 주식의 일부가 남아 있기를 선호한다. 미베스팅 주식이 없다면 인수자는 별도로 경영진을 유지시킬 수 있는 인센티브를 인수 가격 계산에 포함할 것이다. 경영진 유지 인센티브는 거래 가치에 포함되기 때문에 회사의 주주, VC, 회사에 적극적으로 관여하지 않는 창업가 등을 포함한 모든 주주에게 배분되는 대가를 실질적으로 감소시킨다. 이는 인수 협상에서 경영진과 VC 투자자의 목표를 엇갈리게 만들어 VC 측을 좌절하게 한다. 모두가 전체 주주 가치를 최대화하기 위해 협상 하는데 자신만을 위해 협상하는 꼴이 되기 때문이다. 실제 법적 용어는 진부하지만 아래에 예를 적어보겠다.

합병, 통합 영업양수도 또는 기타 회사 경영권의 변경이 발생하고, 해당 거래 이후 1년 내에 임직원이 정당한 이유 없이 해고되는 경우, 해당 임직원은 1년치의 추가 베스팅 권한을 가진다. 이 외에는 어떤 경우에도 베스팅 가속화는 있을 수 없다.

지분풀링법Pooling of Interest Accounting[19]이 합병 회계 처리 방식으로 허용되던 1990년대에는 경영권 변동 조건에 따른 베

---

19 기업합병 회계 처리 방식으로. 두 기업이 결합하는 것을 두 회사 간 자기자본, 즉 지분이 결합하는 것으로 회계처리한다. 그에 따라 자기자본을 장부가로 평가한다. 반면 매수법Purchase Accounting은 두 회사의 결합시 한 회사가 다른 회사를 인수하는 것으로 회계처리하며, 인수되는 회사의 자산은 시가로 평가한다. 지분풀링법에서는 지분을 장부가로 평가하며, 지분에 영향을 미치는 스톡옵션, 주식의 베스팅 등에 대해서 엄격한 규정 준수 및 회계처리 지침을 요구한다.

스팅 가속화 방식을 계약서에 넣는 것이 어려웠다. 베스팅 계약 조정에 중대한 제약사항이 있었기 때문이다. 지분풀링법은 2000년대 초반에 사라졌다. 현재의 합병회계 처리 방식(현재는 매수법을 사용한다)에서는 베스팅 가속화를 포함해서 베스팅 내용을 변경하는 것이 회계적으로 중대한 영향을 끼치지 않는다. 우리는 1년 가속화 조건이 있는 이중 트리거 가속화 방식과 같은 균형 잡힌 접근이 필요하다고 본다. 그리고 이러한 사항들이 인수 협상 과정에서 논의될 수 있다는 점을 숙지해야 한다. VC 투자가들은 이 문제에 자기 나름의 관점을 가지고 있다. 일부 VC들은 단일 트리거 가속화 조건이 있는 거래는 절대 하지 않는 반면, 어떤 VC들은 그다지 신경을 쓰지 않는다. 분명한 점은 협상으로 시장의 원칙을 거스를 수는 없다는 것이다. 당신이 협상에서 단일 가속화 방식을 고집한다면 대부분의 VC가 "법이 그렇다면 할 수 없지요. 우리라고 달리 처리할 수 있겠습니까?"라고 말할 것이다.

베스팅 제도는 창업가뿐만 아니라 VC에게도 유리한 경우가 많다. 우리는 많은 사례에서 창업가가 자신의 선택 때문이든 다른 창업가와의 갈등 때문이든 자신의 회사를 떠나는 상황을 숱하게 보아왔다. 그러한 상황에서 베스팅 조항이 없다면 회사에 남아 있지 않는 창업가는 자신의 모든 지분을 가지고 회사를 떠날 것이고, 남은 창업가들은 지금과 큰 차이가 없는 경영권을 보유할 것이다. 각각의 창업가들에게 베스팅을 적용함으로써 도덕적인 의무를 넘어 최선을 다해 일하고, 팀에 건설적으로 참여할 수 있는 분명한 동기를 부여하는 것이다. 동일한 규칙은 직원들에게도 적용된다. 회사 주식을 받는 것은 또 다른 형태의 보상이기 때문에 베스팅은 시간이 지나면서 주식을 획득하도록 보장하는 메커니즘이다.

투자 회수exit에 걸리는 시간은 베스팅 설계에 큰 영향을 미친다. 1990년대 후반, 많은 회사들이 창업된 지 2년 만에 (인수·합병 시장의 활황 등으로) 투자를 회수하는 경우가 종종 있었고, 베스팅 조항, 특히 가속화 조항은 창업가 입장에서 매우 중요했다. 당시 초기 단계 기업들의 성장 기간은 대부분 5~7년이었는데, 회사를 떠나지 않은 창업가들과 초기 직원들은 투자 회수 시점에서는 (가속화 조항에 따라) 완전히 또는 대부분 베스팅되었을 것이다.

우리는 창업가가 베스팅 프로그램을 자신과 공동 창업가, 그리고 초기 직원들과 미래 직원들 간의 이해관계를 조정하는 도구로 활용하라고 제안한다. 베스팅 프로그램이 공정하지 않게 적용된다면 누구나 반감을 가질 것이다. 균형적인 시각과 일관성이야말로 회사에서 장기적으로 베스팅 조항을 성공적으로 작동하게 만드는 핵심이다.

창업가를 위한 팁

단일 트리거 가속화가 유리하게 보일 수 있지만, 어떤 상황에서는 이중 트리거 가속화가 유리할 수도 있다. 인수자 측면에서 대상 회사의 경영진을 인수 이후에도 1년이나 2년 정도 회사 경영에 참여하게 하는 것이 인수·합병 이후 회사의 재무적 성과 관점에서 중요하다.

행사 기간[20]

행사 기간 조항은 텀시트에 자주 등장하지는 않지만 베스팅과 밀접하게 관련 있다. 일단 주식이 베스팅되면 보유자는 회사에 주식 매수 대금을 지불하고 매수 권리를 행사할 수 있다. 만약 당신이 1000주를 주당 0.1달러에 매입할 수 있는 스톡옵션이 있다면 100달러를 회사에 지불(주식의 베스팅 기간이 지나고)하고 그 주식을 온전히 매수할 수 있다. 직원들은 당장 큰돈을 들여 주식을 매입하기보다는 회사가 성장할 때까지 기다리는 경향이 있다. 직원들은 행사 가격이 매우 낮아 스톡옵션을 행사하는 것이 세무상 큰 이득[21]이 된다 하더라도 당장 스톡옵션을 행사하지 않는다. '세무상 이득'은 스톡옵션은 소득세 과세 대상이지만, 주식은 자본 이득세 과세 대상이기에 옵션을 행사해서 주식을 보유하는 것이 과세 부담이 덜하다는 의미다.

하지만 직원이 회사를 떠나면 스톡옵션의 행사 기간, 즉 이직 직원이 주식을 매입할 수 있는 기간이 정해진다. 이 기간은

20 한국에서는 스톡옵션이 부여되더라도 행사를 위해서는 최소 2년의 재직요건이 필요하다(상법 제340조의 4 제1항). 이런 점에서 미국의 베스팅(vesting) 개념은 한국법에서는 부여 후의 행사 요건과 유사한 개념이라고 볼 수 있다.

21 미국 연방일반소득세는 2023/2024년 기준 미혼 1인 기준 연소득 원화 1억 원 이상 기준 약 24~37퍼센트(소득구간별 차등)가량 부과된다. 미국 연방 자본소득세(양도세)는 최저 0퍼센트에서 최대 20퍼센트로 같은 수입이라도 일반소득이 아니라 자본소득으로 인정하여 자본소득세를 적용하는 것이 세부담이 덜하다.

통상 90일이다. 어떤 직원이 회사를 떠난다면(자발적이든 비자발적이든), 그 직원은 90일 내에 100달러를 회사에 지불하고 주식을 살 수 있다. 하지만 스톡옵션을 행사하지 않으면 주식은 몰취되고 스톡옵션 풀에 귀속되어 다른 직원들에게 분배된다.

최근 들어 이직한 직원들이 90일 이내에 스톡옵션을 매입하지 않으면 근속 기간 동안 근무한 대가로 취득한 주식이 몰취되는 것에 불만을 제기하는 사례가 늘어나고 있다.

뉴스에서도 스톡옵션이 주요 이슈로 등장하고 있다. 스톡옵션 행사 기간을 연장하는, 즉 여러 회사의 스톡옵션 기간 연장을 악용해서 이직을 거듭하며 그 회사들의 스톡옵션을 취득하여 부당 이익을 취하는 사례가 대표적이다. 임직원들의 장기 근속을 유도한다는 스톡옵션의 장점이 사라지는 것이다. 퇴사 후 10년간 스톡옵션을 보유한 창업 초기 직원들과 나중에 입사해서 장기간 근속했음에도 불구하고 스톡옵션을 상대적으로 적게 받은 직원들 사이의 지분 형평성 문제도 제기된다.

만약 이직하는 직원이 이러한 혜택을 누릴 자격이 있다면 회사는 언제든지 퇴사시 합의 사항으로 행사 기간을 늘리는 것을 고려해도 좋을 것이다.

지분희석방지조항

마지막으로 중요한 투자 수익 조항은 지분희석방지조항 Antidilution이다. 이 조항은 협상에서 자주 대립되는 이슈는 아니지만 주의를 기울여야 한다. 유동화 우선권 항목에서 언급했

듯이 이 조항에 따라 전환비율이 변경될 수도 있다. 이 조항은 투자자들의 지분율이 특정한 상황에서 희석되는 것을 방지해준다. 텀시트에서 지분희석방지조항은 다음과 같다.

희석방지조항: 회사가 추가로 주식 증권을 발행하는 상황에서 시리즈 A 우선주의 전환가격은 지분희석 효과를 줄이도록 조정될 수 있다. 전환가격 조정 방식은 [역진방지 방식full ratchet, 광의의 가중평균 방식broad-based weighted average, 협의의 가중평균 방식narrow based weighted average]에 따라 이루어진다. 단, 추가로 주식 증권을 발행하는 다음의 상황은 예외로 한다.

(i) 회사의 임직원 스톡옵션 풀에서 정한 임직원 주식으로 유보된 주식.

(ii) 이사회의 승인을 얻은 합병, 통합, 인수 또는 그와 유사한 사업 결합에 대한 대가로 현금 이외에 주식을 발행하는 경우.

(iii) 이사회의 승인을 얻은 시설에 대한 담보 대출 및 리스 계약, 부동산 임대차 계약 및 은행 등 금융기관으로부터의 차입을 통해 발행된 주식.

(iv) 발행된 시리즈 A 우선주의 과반 주주가 지분희석방지 조항에 대하여 그 권한을 포기한 경우 - 적용 가능한 전환 가격 이하의 가격으로 매입할 수 있는 권리.

주식의 발행이 트렌치tranches나 여러 번에 걸쳐 이루어지는 경우 모든 주식이 첫 번째 거래 종결시에 발행된 것으로 희석방지조항을 계산한다. 전환가격은 주식 분할, 주식 배당, 주식 병합, 자본재구성 및 그와 유사한 자본 조정의 경우에도 비례적으로 조정한다.

제대로 읽기도 힘든 용어들이 많다. 지분희석방지조항은 회사가 주식을 이전 투자 라운드보다 낮은 가치로 발행하는 상황에서 투자자를 보호하지만, 변호사들도 스프레드시트를 사용해야 하는 이유이기도 하다. 계산 방식에는 두 가지 종류가 있는데, 첫째는 가중평균 희석방지weighted average antidilution 방식이고, 둘째는 역진방지 희석방지ratchet-based antidilution 방식이다.

역진방지 희석방지 방식은 회사가 역진방지 조항이 적용되는 시리즈의 주식 가격보다 낮은 가격으로 주식을 발행한다면 앞선 라운드의 주식 발행 가격은 신규 발행 가격으로 낮아진다는 의미다. 경우에 따라 역진방지에 적용하는 가격 비율에 대해서 완전히 신규 발행 가격으로 하는 것이 아니라 주식 가격 차이의 절반으로 조절하는 방식 또는 3분의 2 수준으로 완화해서 조절하는 방식도 있지만 흔하지는 않다.

역진방지 조항은 2001년부터 2003년 사이에 유행한 적이 있다. 당시 시장은 후속 라운드로 접어들수록 혼란을 거듭했고, 대부분의 지분희석방지조항은 가중평균 가치에 근거해서 계산되었다. 가중평균 방식은 단순히 실제 가치 평가뿐만 아니라 저가로 발행된 주식의 총금액까지 고려한다. 역진방지 방식에서는 회사가 주식 한 주라도 특정인에게 이전 라운드 대비 낮은 가격으로 발행했다면 이전 모든 라운드의 주식의 가격이 신규 발행가로 재조정된다. 가중평균 방식에서는 낮아진 가격으로 발행되는 주식의 가격을 고려해서 앞선 라운드의 주식 가격을 계산한다.

가중평균 방식의 전환가격 조정에 대한 계산식은 다음과 같다.

$$NCP = OCP \times \frac{(A+B)}{(A+C)}$$

NCP = 신규 전환가격New Conversion Price

OCP = 이전 전환가격Old Conversion Price

A = 현재까지 발행된 주식 총수(완전희석 기준으로 스톡옵션, 워런트 및 전환사채 등 모든 희석화 요인을 포함하여 계산된 보통주 발행 총수)

B = 신주 발행다운 라운드으로 조달된 자금을 가장 최근 라운드의 주식 발행 가격으로 나눈 수(즉 이번 다운 라운드의 주식 발행 가격이 아닌 최근 마지막 주식 가격으로 발행되었을 경우의 주식 수)

C = 신주 발행 주식 수

우선주를 매입함에도 불구하고 보통주로 전환된 것을 가정해서 계산하는 것에 주목하라. 회사는 추가로 주식을 발행하는 것이 아니라 이전 시리즈의 주식 신규 전환가격을 결정한다. 회사는 많은 주식을 발행할 수 있지만 변호사 자문료만 늘릴 뿐이다. 결국 대부분 지분희석방지조항을 통해서 전환가격 조정을 하게 된다.

가중평균 희석방지에서는 광의의 의미를 잘 이해해야 한다. 이 조항을 광의로 해석할지, 협의로 해석할지는 기존에 발행된 보통주 수(A)에 달려 있다. 광의의 가중평균 조항은 기업이 발행한 보통주와 옵션 및 기타 유사한 권리, 증권(임직원 스톡옵션 포함) 등을 통해서 취득될 수 있는 보통주를 포함한 것이다. 협의의 조항은 보통주 이외에 전환하여 취득하는 증권은 포함하지 않고, 단지 현재 발행된 주식으로만 계산한다. 주식의 수뿐만 아니라 계산 방식도 중요하다. 따라서 서로 다르게 이해하고 있는 것은 아닌지 확인해야 한다.

우리는 지분희석방지조항의 예외사항antidilution carve-out이라는 항목을 포함했다. (i)~(iv)와 같은 예외 사항을 규정한 것이다. 낮은 가격으로 주식을 발행할 수 있는, 지분희석방지조항이 적용되지 않는 대표적인 예외 사항이다. 회사와 창업가의 관점에서는 예외가 많을수록 좋고, 대부분의 투자자는 이러한 예외 사항을 이견 없이 받아들인다.

특히 기억해야 할 것은 마지막 예외 사항이다.

(iv) 발행된 시리즈 A 우선주의 과반 주주가 지분희석방지조항에 대하여 그 권한을 포기한 주식

최근 들어 나타난 예외 사항으로 특정한 딜에서 매우 유용하다. 시리즈 A 투자자가 후속 투자에서 기업에 계속 투자하기로 합의하였으나 주식 가격이 원래 시리즈 A 가격보다 낮은 경우에

특히 유리하다. 몇몇 소수 투자자는 이러한 신규 투자에는 투자하지 않는다. 딜에 들어오지 않고 한 발 떨어져서 지분희석방지조항을 이용해서 지분율을 늘리고 싶어 하기 때문이다. 대형 투자자(해당 클래스의 대주주)가 해당 투자를 지분희석방지조항 적용에서 제외하기로 결정하면 회사의 보통주 주주와 임직원들에게는 보너스 같은 것이다. 회사에 더 이상 투자하지 않는 투자자가 지분희석방지조항을 사용해서 다른 주주의 지분을 희석시킬 수 있음에도 방지 조항을 적용하지 않으면 추가적인 희석을 방지할 수 있기 때문이다. 그리고 이는 소수 투자자가 지분 희석으로부터 스스로를 보호하기 위하여 투자 라운드에 참여하게 만드는 효과가 있다.

지분희석방지조항이 시리즈 A 텀시트에 없는 경우도 있다. 투자자들은 선례를 좋아한다(신규 투자자들은 이렇게 이야기하는 경향이 있다. "지난번 투자자들이 받아낸 조건 정도는 원합니다. 그리고 알파요?")는 것이다. 만약 시리즈 A 가격이 회사 입장에서 최저 수준의 가격이라면 지분희석방지조항은 후기 단계의 투자자들보다는 시리즈 A 투자자들에게 불리하게 작용한다. 만약 시리즈 A 주식 가격이 1달러이고, 시리즈 B 가격이 5달러, 시리즈 C 가격이 3달러라면 시리즈 B의 주주는 지분희석방지조항을 통해서 이익을 얻는데, 이는 시리즈 A 주주의 희생을 통해서 이익을 취하는 구조이다. 시리즈 A 투자자의 손해에도 불구하고 시리즈 B 투자자들은 지분희석방지조항을 요구할 가능성이 높다. 시리즈 A 투자자들이 선제적으로 지분희석방지조항을 요청하기도 한다.

지분희석방지조항은 투자 수익에도 영향을 미치지만 경영권 통제에도 영향을 미친다. 첫째, 지분희석방지조항이 존재한다는 이유만으로 신규 라운드에 주식을 높은 가격으로 발행하는 동력으로 작용한다. 지분희석방지조항이 보통주 주주에게 영향을 미치기 때문이다. 자금 조달에 대안을 가진 스타트업은 신규 자금 조달 라운드에서 밸류에이션이 낮게 나오면 딜을 아예 취소하기도 한다. 최근에는 투자자들이 지분희석방지조항을 회사의 마일스톤과 연결한다. 회사가 매출 목표, 제품 개발, 사업의 마일스톤 목표를 달성하지 못하면 투자자가 특별히 면제해주지 않는 이상 자동으로 전환가격 조정이 발생하는 것이다. 이러한 조항은 회사로 하여금 투자자가 제시한 목표를 달성하도록 노력하게 하는 강력한 동기를 제공한다. 하지만 우리는 이러한 접근법을 지양한다. 투자받는 시점에 특정 제품과 매출에 대한 마일스톤을 우격다짐으로 맞추는 것은 회사의 장기적 성장 관점에서 좋지 않기 때문이다. 특히 마일스톤을 미리 설정하는 것은 회사가 발전함에 따라 경영자와 투자자 사이에 목표가 충돌하는 결과를 초래할 수 있다.

지분희석방지조항은 자금 조달 과정에 수반되는 조항으로 보면 된다. 그 미묘한 의미를 이해하고, 어떤 부분을 집중적으로 협상할지를 알아야 한다. 지분희석방지조항을 텀시트에서 없애는 데 너무 애쓸 필요는 없다. 오히려 부작용을 최소화하고, 투자 이후 회사의 가치를 높여서 지분희석방지조항으로 인해 난처한 상황에 처하지 않도록 집중하는 것이 낫다.

6장

경영권에 대한 통제 조항

앞 장에서 논의했던 조건들은 주로 투자 수익 조건과 관계된 항목이었다. 이번 장에서 다루는 주요 조건은 경영권 통제 조항이다. 경영권 통제권 조항은 VC에게 매우 중요하다. VC가 매일 회사에 상주하지는 않지만 자신들이 투자한 자산에 중대하게 영향을 줄 수 있는 회사의 행위에 최소한의 발언권은 가져야 하기 때문이다(만약 이들이 회사에 상주한다면 또 다른 이슈가 생길 것이다). VC는 투자자들(LP 투자자limited partners라고도 한다)과 자신들이 이사회 구성원으로 참여하는 회사에 대해서 선량한 관리자의 주의의무(선관주의의무)를 갖는다. 경영권에 대한 통제 조항들은 VC가 선관주의의무를 지키는 장치로 기능한다. VC 투자자는 포트폴리오 회사의 지분을 50퍼센트 미만으로 보유하는 경우가 많은데, 이 경우 통상적으로 다양한 통제 장치를 두어서 회사의 여러 활동을 제한할 수 있는 권한을 가지게 된다.

이 장에서는 이사회Board of Directors, 보호조항protective provisions, 동반매도요구권, 전환조건conversion 등을 논의하고자 한다.

이사회

경영권 통제 장치 중 중요한 사항은 이사회 구성원들을 선임하는 권리이다. 이사회는 회사 경영 구조에서 막강한 권한을 가진 조직으로, 이사회의 결정으로 (미국 법제하에서는) 대표이사를 파면할 수 있다. 이사회는 회사가 의뢰하는 중요 안건들에 대한 승인 권한을 갖고 있다. 예산, 스톡옵션, 인수·합병, 기업공개,

신규 사무실 개설, 중요한 지출, 자금 조달 사항 및 C-레벨 경영진 고용 등 다양하다. 창업가는 투자자와 회사, 창업가와 이사회의 사외이사에 대해서 균형적인 시각을 가지고 신중하게 접근해야 한다.

창업가를 위한 팁

이사회를 선임하는 것은 중요하고 민감한 문제이다. 스타트업에서 이사회는 전략 기획을 담당하지만, 법정에서의 판사 혹은 배심원에 해당하는 역할을 하고, 때로는 집행 기관의 역할도 한다. 어떤 VC 투자자들은 투자자로서는 좋은 투자자이고 좋은 사람들일 수 있으나 이사회 구성원으로서는 엉망인 경우도 있다.

전형적인 이사회 구성 조항은 다음과 같다.

이사회: 회사의 이사회는 ___명의 이사로 구성된다. 본건 투자 이후 최초 이사회는 ___, 투자자 대표(들)로서 ___, ___와 ___로 구성된다. 이사 선출을 위한 각 회의에서 시리즈 A 우선주 보유 주주는 별도의 클래스로 투표하여 ___명의 이사를 선출할 권리가 있으며, 이사는 투자자가 지정한다. 보통주 보유 주주는 별도의 클래스로 투표하여 ___명의 이사를 선출할 권리가 있다. 나머지 이사(들)는(은) 다음 중 하나를 선택해 선출한다. [방안 1: 보통주와 우선주가 함께 투표해 상호 합의하여 선출] 또는 [방안 2: 이사회 내에서 상호 동의하여 선출]

위 문구는 협상에 따라 언제든지 변경할 수 있다. 우선 협상에 따라 이사회 구성원의 수가 바뀔 것이다. 이사회 구성원이 많다고 좋은 것은 아니다. 다른 협의체와 마찬가지로 한 공간에 다수의 사람이 모이면 장점과 단점이 병존한다.

'나머지 이사(들)' 관련 사항은 협상 과정에서 종종 첨예하게 대립하는 항목이다. 두 가지 선택지가 있는데, 우선주와 보통주 투표권을 단일 클래스로 묶어서 투표하거나 상호 동의 방식이 있다. 전자의 경우 회사의 보통주와 우선주를 단일 클래스로 하여 총 지분의 과반수 이상의 동의로 '나머지 이사'를 선출하고, 후자는 전원 합의제로 '나머지 이사'를 선출한다.

이 나머지 이사라는 개념이 중요한데, 한 명 한 명이 독립된 사외이사를 구성한다. 이들은 투자자 또는 회사의 상근 임원이 아닌 사람들로서 주로 관련 업종에 종사하거나 회사의 대외 관계에 도움을 주거나 회사가 처한 영업 환경과 관련하여 조언을 제공하는 사람들이다. 사외이사는 전직 또는 현직의 다른 회사 대표이사로서 회사 경영진의 멘토 역할을 한다. 경험이 많은 사외이사라면 회사와 투자자가 선출한 이사회 구성원들 사이에 분쟁이 발생하면 중재자 역할도 수행한다.

VC 투자자는 이사회 이사를 대신하거나 혹은 이사회 참관인(또는 옵저버) 파견 권리를 투자계약서에 중요 항목으로 넣고자 한다. 이 장치는 참관인이 누구인지에 따라 크게 발휘되기도 하고 그렇지 않기도 한다. 참관인은 VC 소속 어소시에이트 직급의 직원으로 한다. 단순히 직원 교육을 위해서 파견하는 경우도 있다. 그러다 보니 직원들이 이사회의 주요 내용을 사적인 자리에서 무심코 떠벌리는 경우도 있다. 물론 이들이 이사회의 진행에 보탬이 되고, 드물지만 이사회에서 파트너 이상으로 큰 역할을 하는 경우도 있다.

투자자는 이사회 구성원 중 보통주 주주가 선정한 한 명은 회사의 현직 대표이사여야 한다는 것을 요구한다. 대표이사가 핵심 창업가일 경우 처리가 까다로운 상황이 발생할 수 있다(어떤 계약서는 이사회 한 석을 창업가 중 한 명에게 배당하고, 다른 한 석을 당시의 대표이사에게 배당하는데, 이 경우 보통주 주주 측 이사회로 두 석을 차지하게 된다). 이 경우 대표이사가 변경되었을 때 이사회 구성원도 바뀌게 된다.

첫 번째 라운드 자금 모집을 마친 초기 단계 기업의 이사회는 3명에서 5명 정도의 이사로 구성된다. 통상적으로 세 명의 이사는 아래와 같다.

창업가/대표이사(CEO)
VC 측에서 파견한 인원
사외이사 혹은 대표이사가 아닌 창업가

5인 이사회의 구성은 다음과 같다.

창업가

대표이사(CEO)

VC 측에서 파견한 인원

2대 주주 VC에서 파견한 인원

사외이사

이러한 균형 잡힌 이사회 구성을 통해서 VC는 이사회 전체를 통제하지 않고도 회사에 영향력을 행사할 수 있다. 그에 대응하여 창업가와 대표이사로 대표되는 회사 측 인원이 VC 측과 동일한 수를 구성하고, 사외이사는 적법하게 독립적인 이사회의 구성원으로서 양측의 이견을 해결하는 것이다.

기업 공개를 계획하는 성숙 단계에 접어든 회사의 이사회는 초기 단계 기업 이사회보다 많은 7인에서 9인 사이의 사외이사로 구성된다. 대표이사와 창업가 중 1인이 이사회 구성원에 포함되고, 몇몇 VC가 참여한다(VC 측 참가인의 수는 투자금의 규모에 따라 다르다). 그 외 이사회 구성원들은 대부분 사외이사로서, 주로 업계에서 경험이 많은 창업가나 기업의 임원들이다.

이사회 이사와 참관인들에게 이사회 참석과 관련해서 발생한 비용을 실비로 정산해주는 것은 적합하다. 그러나 비공개 기업의 이사회 이사에게 금전적으로 보상하는 경우는 많지 않다. 외부 이사들은 회사의 핵심 직원들과 마찬가지로 스톡옵션으로 보상을 받기도 한다. 일부는 VC와 공동 투자 방식으로 회사에 투자할 수 있는 권리를 부여받기도 한다. 외부인은 2~4년 동안 해당 회사 지분의 0.2~0.5퍼센트 사이의 주식을 살 수 있는 스톡옵션을 받는다.

VC들은 포트폴리오 회사의 경영권을 가지는 것을 선호하지 않는다. 이사회에서 어떤 안건에 대한 투표가 양측으로 갈라진다면 회사가 큰 문제에 봉착해 있음을 의미한다. VC는 이사회를 통제하기보다 회사 경영권에 대한 통제력을 행사할 수 있는 여러 보호 조항들을 계약서에 삽입하는 방식으로 자신들의 권리를 보호받길 원한다.

창업가들 또한 이사회를 통제하지 않는 것이 이롭다. 외부 이사회 구성원은 기업 지배 구조상 공정한 의결권이 필요한 경우 의미 있다. 외부 이사를 통해 경영 판단과 관련해서 다양한 의견을 참조할 수 있는 장점도 무시할 수 없다.

이사회가 어떻게 진행되는지, 이사회를 유익한 방향으로 이끌고 싶다면 『스타트업 이사회: 이사회를 최대한 활용하는 법 Startup Boards: Getting the Most Out of Your Board of Directors』을 참고하길 바란다.

보호조항

보호조항의 주요 내용은 기업의 특정 활동에 대해 투자자 측이 거부할 수 있는 권리로 구성된다. 이 조항은 VC의 권리를 보호하는 것으로, VC의 활동으로부터 회사를 보호하는 조항은 아니다.

과거에는 보호조항이 논쟁의 중심이 되는 경우가 있었으나 이제는 표준화된 형태로 정착되었다. 창업가들은 보호조항이 투자계약서에 등장하는 것을 선호하지 않는다. 하지만 VC들은 거부권 또는 그에 준하는 회사의 경영 활동에 통제권을 가지고자 한다. 통제 장치가 VC의 투자 수익에 영향을 줄 경우 특히 그러하다.

전형적인 보호조항의 문구는 다음과 같다.

우선주의 권리를 유효하게 행사할 수 있는 한, 다음의 사항에 대해서는 우선주 주주의 동의가 필요하다.

(i) 우선주의 권리, 우선권preferences 및 특권을 변경하는 행위

(ii) 보통주 및 우선주의 수권주식수를 증가시키거나 감소시키는 행위

(iii) 우선주와 동등하거나 혹은 선순위의 권리를 지닌 주식 권종을 신규로 발행하는 행위

(iv) 보통주를 되사거나 상각하는 행위(직원에 대한 인센티브 프로그램와 관련한 계약에 따른 사항은 제외)

(v) 회사의 경영권의 변동 또는 기타 청산에 관한 의사결정

(vi) 회사의 법인설립증명서 또는 정관을 개정하거나 내용 중 일부의 효력을 정지시키는 행위

(vii) 회사 이사회의 규모를 변경하는 결정

(viii) 보통주 주주 또는 우선주 주주에 대한 배당 지급에 대한 의결

(ix) 회사 또는 회사의 계열 법인 명의로 10만 달러를 초과하는 부채의 발행

(x) 파산 신청 또는 자발적으로 채권자에게 자산을 양도하

는 행위

(xi) 회사 제품이나 지식재산에 대한 독점적인 라이선스를 제공·임대·판매·배포 또는 그 밖의 처분 행위에 대한 결정

(xii) (a) 회사가 생성한 디지털 토큰, 코인 또는 암호화폐 등을 발행 및 판매하거나 배포하는 행위 또는 (b) 토큰을 포함하거나 혹은 토큰의 생성을 허용하는 컴퓨터 네트워크를 개발하는 행위

이 조항들은 간단히 이야기해서 VC의 동의 없이 회사가 일방적으로 할 수 없는 항목들이다.

- VC가 보유한 주식과 관련한 조건의 변경
- 추가 주식을 발행하는 행위
- VC가 보유한 주식과 동일한 권리 내지 선순위 권리를 가진 주식의 발행
- 회사의 자사주(보통주) 매입
- 회사의 매각
- 법인설립증명서 또는 정관의 변경
- 이사회 구성원 수의 변경
- 배당 선언 또는 지급
- 금전 차입
- VC의 동의 없는 파산선고
- VC의 동의 없는 회사의 지식재산권 매각 처분
- ICO 또는 그와 유사한 자금 융통 행위

• 회사 자산 또는 이익을 담보한 토큰 발행

보호조항의 (ix) 항목은 회사가 초기 단계 스타트업에서 벗어나 실질적으로 수익이 발생하는 기업으로 성장할 때 제일 먼저 변경되는 항목인데, 부채 금지 조항을 풀거나 부채 한도의 상한선을 올리는 방식으로 이루어진다. 양측이 쉽게 변경에 동의하는 또 다른 항목은 보호조항이 적용되는 발행 우선주의 최저 한도를 부과하는 것으로, 최저 한도를 설정함으로써 장차 회사의 자본 구조가 변경될 경우 보호 장치를 남겨서 투자자들의 이익을 침해하는 것을 방지하는 것[1]이다.

기업 경영 자문사 또는 법무법인은 중요성 조건materiality qualifier을 텀시트의 주요 조항에 적용할 것을 강조한다. '중대한' 또는 '중대하게'라는 수식어를 (i), (ii), (iii) 같은 특정 세부 항목 앞에 붙이는 식이다. 그러나 우리는 '중대하다material'라는 표현이 무엇을 의미하는지 애매하다고 여겨 이 요구를 완곡하게 거절하는 편이다. 판사에게 물어보거나 판례를 살펴본다 한들 도움되지 않을 것이다. 합리성 여부를 논쟁하는 것보다 구체

---

1   보호조항이 적용되는 우선주 발행 수에 대해서 최저선을 설정하는 것은 발행 우선주 수가 어느 선 이하로 하락할 경우 보호조항의 효력이 상실된다는 것을 의미한다. 회사가 성장하여 기업공개가 되는 경우를 가정하면 대부분의 우선주는 보통주로 전환될 것이고, 그런 상황에서 얼마 남지 않은 우선주 주주가 다른 투자자(과거 우선주 주주들)들과 회사의 이익에 반하는 결정을 하지 못하기 때문이다.

적으로 적시하는 것이 중요하다. 이 조항은 말 그대로 보호 장치다: 이 조항은 어떤 행위의 능력을 말소시키지는 않고 단순히 투자자의 동의를 필요로 한다. VC의 관점에서 어떤 행위가 회사에 손해를 끼치지 않으려면 이 행위에 대해서 VC에게 동의권을 부여하면 된다. 보호조항이 필요한 상황이 발생하면 그 상황을 논쟁하는 것보다 사전에 어느 수준으로 개입할지 선명하게 명시하기를 바란다. 최근 10년간 업계를 관찰한 결과, 계약서에 문구를 명확하게 반영하지 않아서 여러 가지 문제가 발생하여 VC들에게 불리하게 적용되는 판례들이 여럿 있었다.

창업가를 위한 팁

보호조항 예시 가운데 (i)~(iii) 항목은 적절한 장치이다. (iv) 항목은 VC들에게 유리하지만 창업가에게도 문제가 되는 항목은 아니다. (v) 항목은 시리즈 A 우선주 주주들의 지분이 캡 테이블에서 의미 있는 지분율을 가지고 있을 때 중요하다. (vi) 항목은 외부 투자자가 주장할 수 있는 항목이다. (vii) 항목은 (v) 항목과 마찬가지로 시리즈 A 우선주 주주 지분율이 어느 정도 이상의 비중일 때 의미있다. (viii) 항목은 걱정할 필요가 없다. (ix) 항목은 합당한 항목이지만 부채 한도를 높이거나 통상적인 영업 목적의 설비 구입을 위한 경우에 대해서는 예외 규정을 두는 것이 좋다. (x)와 (xi) 항목은 나쁘지 않은 항목이다. (xii) ICOs? 그걸 누가 알겠는가.

다음 투자 라운드, 이를테면 시리즈 B 라운드에서 우선주를 새로이 발행하는 경우 보호조항을 어떻게 설계해야할까. 두 가지 경우를 생각해볼 수 있다: 시리즈 B 우선주는 이전 라운드에서 발행된 클래스와 다른 고유한 보호조항을 설계할 수 있고, 혹은 시리즈 B의 투자자들이 이전 투자자들과 단일한 주주단으로서 동일한 권리를 가질 수도 있다. 창업가는 모든 투자자가 하나의 동일한 종류의 투표권을 보유하기를 원한다. 각기 다른 투자자가 각각의 보호조항을 가진다는 말은 회사 입장에서는 각기 다른 종류의 거부권을 행사할 수 있는 구성원이 있다는 것이고, 각각 개별적으로 다루어야 한다는 것을 의미한다. 보통 신규 투자자는 별도의 투표권을 요구한다. 투자자가 보유한 주권의 가격과 리스크 프로파일이 기존 투자자와는 다르고, 경영권에 대한 통제 권한에서도 접근 방식이 달라서 이해관계가 일치하지 않기 때문이다. 다수의 노련한 투자자들은 창업가들이 각기 다른 투표권을 바라지 않는 입장을 견지한다. 특정 주주들이 회사의 중요한 경영 활동에 거부권을 행사하는 골칫거리가 생기는 일을 바라지 않기 때문이다. 만약 시리즈 B 투자자가 시리즈 A 투자자와 동일인이라면 무의미한 논쟁거리일 수 있다. 모든 투자자들이 동일한 클래스로서 투표권을 행사하는 것이 쉬울 수도 있다. 만약 당신이 시리즈 B 라운드에서 새로운 투자자를 맞이했다면 소액 투자자들이 무분별하게 거부권을 행사할 수 있음을 명심해야 한다. 어떤 안건에 대해서 주주의 과반수가 아닌 90퍼센트 이상의 동의가 필요하다면 신규 라운드에서 투자한 투자자들이 10.1퍼센트 지분만 가지더라도, 이들이 보호조항의 거부권을 통해서 회사에 실질적인 통제력을 행사할 수 있다.

창업가를 위한 팁

누가 투자자로 참여하든 회사 입장에서는 단일 클래스를 유지하는 것이 창업가의 정신 건강에 좋다. 투자자들의 이해관계가 일치되고, 투자 이후 지분율 계산만 합리적으로 된다면(즉 특정 투자자에게 불리한 지분희석화만 없다면) 큰 문제는 없을 것이다.

일부 투자자들은 회사가 투자자의 이해에 반하는 행위를 하지 못하도록 이사회를 장악하지만 정작 보호조항을 주목하지 않는다. 회사 측 대변인이 VC 투자자에게 일부 또는 전체 보호조항을 양보해줄 것을 요청하거나 논쟁하는 모습을 종종 볼 수 있다. 투자자들과의 관계를 근시안적으로 생각하는 접근 방식이 아닐 수 없다. 이사회 구성원으로서 투자자로부터 위임받은 사람은 회사의 이익을 위해 최선을 다할 법적 의무(선관주의의무)를 가지고 있다. 동시에 VC 투자자들은 자신의 투자자(LP)들에게 선관주의의무를 지고 있다. 이 지점에서 회사의 이익과 일부 주주의 이익이 서로 충돌할 수 있다. 개인이 회사의 이익을 위해서 이사회 이사로서 의견을 표하는 법적 의무가 있지만 주주로서 행사해야 할 보호조항이 없는 경우가 있다. 이러한 역학관계가 창업가에게 유리하지 않지만, 이사회 이사로서의 의무와 주주로서의 의무를 기능적으로 분리하는 것은 잠재적인 이해관계 충돌을 미리 드러내는 것이기에 회사의 지배 구조(거버넌스) 관점에서는 나쁘지 않다.

　　몇몇 사람들은 보호조항이 VC와 창업가의 신뢰 문제라고 말하기도 한다. 공허하고 순진한 생각이다. 창업가가 투자자에게 다가와 "파트너님은 저희를 믿지 못하시나요? 왜 이러한 조항이 필요하죠?"라고 묻는다면, 그것은 신뢰의 문제가 아니라고 딱 잘라 말할 수 있다. 오히려 이러한 조항들을 통해서 딜을 본격적으로 진행하기에 앞서 누가 어떤 결정을 할 것인지에 대해서 논쟁하며 시간을 허비하는 것을 막을 수 있다. 역할, 통제권, 그리고 분업 방식에서 모호함을 없애는 것은 어떤 종류의 금융 행위를 막론하고 중요한 요소이다. 보호조항은 그 모호함을 제거하는 데 핵심 역할을 한다. 이러한 종류의 법적 장치들은 분업 방식을 분명히 하고, 나아가 투자자와 창업가 간의 이해관계를 일치시키는 역할을 한다.

때로는 보호조항들이 창업가들에게 유익한 상황도 발생하는데, 인수·합병과 관련된 상황에서 특히 그러하다. 투자자들이 회사의 매각에 반대하는 상황에서 창업가는 인수자와의 협상시 기존 VC 투자자들의 동의를 구한다는 명분으로 매도 가격을 올릴 수 있는 지렛대로서 이 조항을 활용할 수 있다.

10년 전만 하더라도 보호조항과 관련해서 협상을 통해 합의를 이끌어내는 데 수일이 걸렸다. 시간이 지남에 따라 이 조항들과 관련한 여러 논쟁거리들이 법정에서 판례로 결정되었고, '중대한'이라는 수식어를 둘러싼 논쟁거리를 빼고는 오늘날 대부분 정형화되었다.

창업가를 위한 팁

당신은 회사(향후 누가 회사를 경영하든)를 대표하여 투자자(향후 누가 회사의 지분을 소유하든)와 협상하고 있다. 투자 조건을 결정하는 것은 협상 상대방인 VC와의 관계를 설정하는 그 이상의 의미를 가진다.

동반매도요구권[2]

중요한 경영권 통제 조항 중 하나는 동반매도요구권drag-along이다. A라는 주주가 주주권 행사를 통해서 회사로 하여금 어떤

---

2 동반매각청구권이라고도 한다. 투자 업계에서는 드래그얼롱이라고 영문 그대로 부르기도 한다. 여기서는 동반매도요구권으로 통일한다.

경영 행위를 요구하는데, 회사 입장에서는 원하지 않는 경우가 있다. 회사는 오히려 반대편 주주나 투자자(B라고 하자)의 의견을 옹호할 것이다. A가 이사회의 구성원이 아닐 경우, A는 회사의 이익에 부합해서 자신의 주주권을 행사해야겠다는 법적 의무감보다는 자신의 이익을 위해서 주주권을 행사할 가능성이 높다.

동반매도요구권 조항에는 두 가지 특징이 있다. 첫째, 우선주 주주는 보통주 주주에게 동반 매각을 요청할 수 있다. 이 조항에 따라 회사에 인수·합병 제안이 왔을 경우 우선주 주주는 모든 주주와 창업가들이 해당 매각 거래에 대한 호불호와 상관없이 회사의 매각을 강제하거나 매각에 동참할 것을 요청할 수 있다.

일반적인 동반매도요구권 조항은 다음과 같다.

[보통주 주주] 또는 [창업가]와 시리즈 A 우선주 주주는 동반매도요구권에 동의하며, 만약 시리즈 A 우선주의 과반수 주주가 회사의 매각 또는 청산에 동의할 경우, 나머지 시리즈 A 우선주 주주 및 보통주 주주도 이에 동의하고 해당 매각 거래에 반대하지 않는다.

2000년대 초 인터넷 버블이 꺼지자 많은 기업들이 유동화 우선권 이하의 가격으로 팔렸다. 이 시기에 성사된 많은 인수·합병 과정에서 창업가와 기업가들은 자신들의 이익이 거의 없다고 느꼈고, 자연스럽게 자신들이 보유한 회사 지분을 매각하는 것을 꺼렸다. 유동화 우선권 이하로 매각될 경우 매각 대금을 분배하는 것과 관련한 여러 장치들(이후 살펴볼 카브아웃carve-outs 조항이 대표적이다)이 나타났지만, 근본적인 문제는 유동화 우선권 이하로 매각되면 일부 또는 많은 VC들이 매각 과정에서 손실을 입는다는 점이다. VC들은 어떤 상황에 처해 있는지가 중요한 변수로 작용한다. 어떤 VC들은 반대하지 않고 경영진에게 매각 성사를 위한 성공 보수까지 지급하고, 다른 투자자들은 자신들이 감내할 손실을 이유로 회사의 경영진이나 창업가가 매각하지 말아야 한다는 입장을 고수하기도 한다.

VC들은 다른 주주들로 하여금 매각에 동참하도록 강제할 수 있는 권한을 놓치지 않으려 한다. 이와 같은 상황이 자주 발생함에 따라 보통주 대주주들(우선주 포함한 회사 전체 지분율 기준으로는 소수 지분일지라도)은 우선주 주주가 유동화 우선권을 포기해서 보통주 주주에게 유리한 상황이 전개되지 않는다면 매각에 반대했다. 이러한 버티기 전략은 벤처 업계에서 환영받지 못했고, 그 결과 동반매도요구권은 과거보다 많이 받아들여지게 되었다.

동반매도요구권 조항의 두 번째 특징은 시장에서 이 특징이 받아들여진 것은 바람직한 현상이다. 창업가가 회사를 떠나는 경우, 창업가가 보유했던 지분의 투표권이 모든 클래스의 지분 보유자들의 결정과 같은 방향으로 행사된다는 것이다. 퇴사하는 창업가(회사에 적개심을 가지고 퇴사하는 것과 상관없이)가 투표권과 관련해서 버티기를 하지 못한다는 점에서 바람직한 일이다. 두 번째 특징이 반영된 동반매도요구권과 관련한 문구는 다음과 같다.

창업가는 퇴사시 자신의 보통주(또는 시리즈 A 우선주의 전환권 행사를 통해 취득한 보통주를 포함한다) 또는 시리즈 A 우선주의 투표권과 관련해서는 다른 모든 주식이 투표되는 비율에 맞춰 투표권이 행사되는 것에 동의한다.

동반매도요구권 대상이 되는 주식의 투표권은 다른 모든 주식의 투표권에 비례하여 행사된다. 만약 어떤 안건에 대해서 90퍼센트가 찬성, 10퍼센트가 반대했다면 퇴사한 창업가의 주식은 90/10 비율로 찬성과 반대로 분리되어 다른 지분의 의사결정과 동일한 비율로 행사된다.

　　동반매도요구권은 인수·합병을 둘러싼 상황에서 중요하다. 여기에는 주주의 지분율이 중요한 변수로 작용한다. 인수 거래의 경우 기존 주주의 만장일치가 필요하지 않다. 미국은 각 주의 법에 따라 다르게 적용되는데, 대표적인 주로 캘리포니아와 델라웨어를 들 수 있다. 캘리포니아에서는 각 주권 클래스별 과반수가 거래에 찬성해야만 인수 거래가 성립되는 반면, 델라웨어에서는 우선주의 보통주 전액 전환을 가정한 후 보통주 주권 과반수의 찬성이 필요하다. 하지만 대부분의 인수자는 85~90퍼센트의 주주가 인수 거래에 동의하기를 바란다. 만약 회사의 1퍼센트 지분을 보유한 소액 주주에게 VC 측이 동반매도요구권 조항에 따라 회사 매각에 동참하기를 요청하는 경우, 소액 주주의 존재 자체가 전혀 문제되지 않는다. 하지만 소액 주주가 30명을 넘는다면 이야기는 달라진다. 협상에서 쟁취하고자 하는 것이 무엇인지 알고 있어야 하고, 중요하지 않은 조건에 과도하게 많은 에너지를 소비하지 말아야 한다는 점을 명시해야 한다.

VC 투자 계약에서 첫 번째 동반매도요구권의 특징과 관련해서 창업가와 투자자 사이에 이견이 있는 경우, 일반적인 타협안은 우선주 주주가 매각을 결정할 때가 아니라 보통주의 과반수가 매각을 결정할 때 동반매도요구권을 따르는 것이다. 이 방식을 따르면 보통주 주주 입장에서는 보통주 주주의 절반 이상이 매각에 동의할 때만 동반매도요구권 조항의 적용을 받게 된다. 소수 지분 투자자 입장에서는 나쁘지 않은 상황이고(보통주 주주의 과반수가 동의할 때만 결정하면 되기 때문이다), 회사의 보통주 주식을 보유한 주주라면 기꺼이 받아들여야 하는 조건이다 (우리는 보통주 주주의 과반수의 입장에 반대하지 않는다). 물론 우선주 주주는 자신이 소유한 우선주를 보통주로 항시 변경할 수 있다. 하지만 유동화 우선권의 한도를 낮추는 게 보통주 주주에게 이익이다.

텀시트 협상 과정에서 당신의 변호사가 투자자에게 동반매도요구권 조항과 관련해서 어떤 것을 언급하는지 유심히 살펴야 한다. 많은 변호사들이 테이블을 주먹으로 내리치며 동반매도요구권을 거부하는 경우를 봐왔다. 동반매도요구권 조항이 개별 주주에게는 이익이 되지 않지만 회사 입장에서는 이익이 될 수 있다. 투자자에게 분노하는 변호사들이 고객의 이익을 잘 대변하는지 의문이 든다. 이해관계의 미묘한 역학관계는 중요

해서, 창업가와 회사의 이해관계가 충돌할 때 결정적인 변수가
될 수 있다.

창업가를 위한 팁

동반매도요구권은 경영이 악화된 상황에서 중요한 역할을 한다. 회사에 투자자들이
많은 상황에서 일대 주주는 동반매도요구권 조건으로 소란과 잡음 없이 지분 매각에
의견을 모을 수 있고(이 조건이 없다면 소수 주주들의 이견으로 혼란이 가중될 수 있
다), 당신 입장에서는 큰 부담을 덜 수 있다. 창업가인 당신이 지분을 황급히 팔아야
할 상황에 처하지 않는 것이 좋지만, 그런 일이 발생한다면 당신과 같은 편에 설 수
있는 이사회 구성원들을 확보하는 것이 중요하다. 회사의 매각과 인수·합병에 이사
회의 승인이 필요하고, 매각 거래에서 대주주가 이사회의 승인과 지원이 있다는 것은
매각 대금 및 조건 협상 과정에서 지렛대로 쓸 수 있다.

전환조건

많은 VC들이 텀시트 협상과 관련해서 "이 조건은 협상 불가 영
역입니다"라고 완고한 입장을 고수하지만, 사실 그런 조항은 드
물다. 간혹 협상이 불가능한 조항이 있는데, 전환 관련 조건이
그것이다.

창업가를 위한 팁

"이 부분은 협상이 불가능합니다"라고 말하는 사람은 대부분 주니어 직원이거나 딜
을 모르는 사람이다. "우리는 이 방식으로 투자합니다"라거나 "표준적인 조건입니다"
라며 고집스러운 태도를 보인다면 VC 투자에 무지하다는 증거 그 이상도 이하도 아
니다.

우리가 진행한 모든 VC 투자 거래에서 우선주 주주는 자신들의
우선주 지분을 보통주 지분으로 전환할 수 있는, 거의 무제한에
가까운 권리가 있었다. 다음은 일반적인 전환 관련 조항의 문구

이다.

시리즈 A 우선주 주주는 언제든지 시리즈 A 우선주를 보통주로 전환할 권리가 있다. 초기 전환비율은 1:1이며, 아래에 명시된 바에 따라 조정될 수 있다.

우선주 주주는 청산 시점에서 유동화 우선권에 따른 정산 금액을 받는 것보다 우선주를 전환비율에 따라 보통주로 환산하여 대금을 수령하는 것이 낫다고 판단하면 자신의 우선주 지분을 보통주로 전환할 수 있다. 이 권리는 우선주 주주가 특정 사안에 대해서 보통주 주주의 주권 행사에 통제를 가할 필요가 있다고 느끼는 예외적인 상황에도 사용할 수 있다. 우선주가 보통주로 전환되면 전환된 보통주를 다시 우선주로 되돌릴 수 없다.
　흥미로운 조항은 자동전환 조항으로, 몇 가지 항목에 협상의 여지가 있다.

모든 시리즈 A 우선주는 적격기업공개 완료 즉시 적용 가능한 전환가격에 따라 보통주로 자동전환된다. 적격기업공개 Qualified IPO란 발행하는 보통주의 주당가격이 원매입 가격(주식분할, 배당 및 유사한 자본 거래를 반영하여 조정한 가격)의 3배보다 낮지 않고, 총 공모 금액이 1500만 달러(발행 주관사의 커미션과 비용을 공제하기 전 기준)보다 적지 않은 금액으로 유가증권 시장에 주식을 상장하는 거래를 의미한다. 이 경우 시리즈 A 우선주의 전체 또는 일부는 발행된 시리즈 A 우선주의 주주 과반수가 동의할 경우 적용 가능한 전환가격으로 자동으로 보통주로 전환된다.

벤처 캐피털이 투자한 회사의 기업공개 딜에서 투자은행(주관사)은 모든 주주가 기업공개 시점에 보유 주식을 보통주로 전환할 것으로 기대한다. 과거에는 VC가 투자한 회사가 복수의 주식 클래스를 주식 시장에 상장시키는 것이 드물었지만 지금은 흔하다. 자동전환조건의 기준점threshold은 협상에서 매우 중요하다. 외부 투자자는 기업공개의 시기와 조건에 통제권을 가지고 싶기 때문에 기준점이 높은 것을 선호하고, 창업가는 거래의 유연성을 갖고자 낮은 기준점을 선호한다.

　중요한 점은 실제 기준점과 상관없이 외부 투자자가 각기 다른 시리즈의 우선주에 대해서 각기 다른 자동전환 기준점을 확약하지 않는 것이다. 시장에서 발생하는 공포스러운 상황은 기업공개 진행시 특정 클래스의 우선주 주주들이 원래 제안받은 기준점보다 높은 기준점을 받고, 결국 기업공개에 거부권을 행사할 때다.

　예를 들어, 초기 단계 투자자의 자동전환조건 기준점을 3000만 달러라 하고, 후기 단계 투자자의 자동전환 기준점을 6000만 달러라고 하자. 기업공개 시점에서 당시의 유가증권 시장 상황 수요에 근거해서 5000만 달러가 되었다고 하자. 초기 단계 투자자는 기업공개 진행을 원하겠지만, 후기 단계 투자자는 "저희 회사는 다른 조건이 필요합니다. 이 기업공개 딜을 제약할 권리가 있으니까요. 회장님이 기업공개를 위해서 열심히 노력한 건 잘 알지만 제 생각엔 (어떠어떠한) 조건이 충족되지 않으면 동의할 수 없습니다"라며 제동을 걸 수도 있다. 회사의 각기 다른 주주들의 이해관계가 달라서 딜의 막바지에 법적·금전적 갈등 상황이 발생할 수 있다. 이러한 상황을 피하려면 각기 다른 투자 라운드에서 참여한 주권 클래스 간의 자동전환 기준점을 통일시켜야 한다.

창업가를 위한 팁

전환권에 대해 입장을 정하기 전에 기업공개에 대한 시장 현황과 관행을 이해할 필요가 있다. 시장에서 일반적으로 통용되는 기업공개 최저 가치(threshold)가 5000만 달러인데, 가치가 2000만 달러인지 3000만 달러인지를 가지고 시간을 허비하거나 다른 사소한 조건에 대한 이견으로 논쟁할 필요는 없다. 기업공개가 진행된다면 회사와 투자자, 창업가와 직원 모두에게 이익이므로 VC 입장에서는 다른 사소한 조건을 포기할 수밖에 없는 압박 요인이 생길 것이다.

7장

텀시트의 다른 조건들

지금까지 텀시트와 관련해서 투자 수익 구조 및 경영권 통제 항목을 살펴보았다. 이번 장에서는 심도 있는 논의를 위해 다운사이드 시나리오에서 중요한 조건을 살펴보자.

이 장에서는 배당, 상환권, 투자의 선행 조건, 정보요구권, 주식등록요구권, 우선매수청구권, 주주의 의결권, 주식매도제한, PIIA, 공동매각조항, 창업가의 근무 시간, 기업공개 공모주식 매입 조건, 노숍 조항, 면책 조항, 그리고 양도 조항 등을 포함한 조건을 살펴보자.

배당

PE 업계에서는 배당을 선호하지만, 초기 단계 VC 업계는 배당에 신경을 쓰지 않는다. 배당에 예민한 VC 투자자들은 대부분 PE 업계 출신이거나 큰 규모의 딜에서 다운사이드 상황일 때 손실을 막고자 하는 투자자일 가능성이 높다.

배당과 관련된 조항은 텀시트에서 아래와 같이 서술된다.

시리즈 A 우선주 주주들은 [이사회 결의를 득한 경우] 연간 투자 원금의 8퍼센트 수익률로, 보통주 배당에 우선하여 [비누적적] 배당을 받을 권리가 있다. 시리즈 A 우선주 투자자는 또한 보통주 주주가 받는 배당에 대하여 우선주의 보통주 전환을 가정하여 계산한 방법as-if-converted으로 보유 지분율에 비례하여 받을 권리가 있다.

초기 단계 투자에 배당만으로 수익을 만족시키기는 어렵다. 배당은 투자에 덤으로 받는 사은품 정도로 생각해야 한다. 투자자의 투자 성향에 따라 다르지만 배당률은 5~15퍼센트 수준이다.

어느 VC가 협상해서 누적 기준 연간 10퍼센트의 배당 조건을 받아냈다고 하자. 이 경우 VC는 자동으로 매년 이 수준의 배당을 받게 된다. 계산의 편의를 위해서 배당률을 복리가 아닌 단리로 정하고, 매년 VC가 투자금의 10퍼센트를 배당으로 받고 투자가 대박을 쳤다고 가정해보자. 투자 원금 1000만 달러에 대해서 50배 수익을 5년 안에 거둬들였다고 치자. 이 경우 연 10퍼센트 누적 수익률임에도 VC의 투자 자산 가치는 5억 달러에서 5억 500만 달러 정도로 상승했을 뿐이다(연간 배당은 100만 달러, 즉 1000만 달러의 10퍼센트로 5년 동안 다섯 번 배당을 받아서 500만 달러가 추가된 것뿐이다. 5억 달러라는 금액에 비하면 상대적으로 매우 적은 금액이다).

배당을 통해서 일부 현금이 유입되는 것이 나쁘지는 않지만, 이 배당 수익으로는 VC 투자에서 성공이라고 말할 수 없다. 벤처 펀드는 통상 10년 정도의 만기를 갖는데, 펀드 설정 1일째부터 만기 10년까지 배당금을 합산해봐야 원금의 1배 수준에 지나지 않기 때문이다.

여기서 회사는 실제 배당금을 지불할 정도는 된다고 가정하자. 배당은 주식배당과 현금배당이 있는데, 배당 방법은 주로 회사가 결정한다. 주식배당 방식을 취한다면 배당은 잠재적인 희석화 요인이 된다. 투자자가 현금배당이 아닌 주식배당을 권고하는 경우 잠재적으로 지분이 희석될 수 있음을 알아야 한다. 이 경우 배당은 시간의 흐름에 연동되어 자동으로 작동되는 희석 방지 조항이 되기도 한다.

지금까지는 투자금 회수에 낙관적인 시나리오를 가정했다. 부정적인 시나리오에서는 투자 원금이 증가할수록 배당이 문제가 될 수 있다. 투자 원금 4000만 달러에 대해서 연 10퍼센트의 누적 배당 조건으로 투자했다고 하자. 그 회사가 5년째 되는 날 다른 회사에 8000만 달러에 매각되었다고 하자. 이 경우 단순 유동화 우선권이 부여되어 있고, 그에 따라 참가권은 없으며 투자자는 4000만 달러(1억 달러의 포스트머니 가치로 매각될 경우 그 대금의 40퍼센트에 대해 유동화 우선권이 산정된다는 가정 아래)를 가져갈 수 있다고 하자. 매각 가격이 투자에 대한 포스트머니 가치 이하(손해 보는 투자이나 재앙 수준은 아니다)이기 때문에 투자자는 유동화 우선권을 행사할 것이고, 그에 따라 4000만 달러와 배당(5년 동안 연간 400만 달러를 수취해서 총 2000만 달러를 받는다)을 받게 된다. 이 경우 배당이 전혀 없는 경우의 회수하는 금액(4000만 달러)과 배당이 있는 경우의 총 회수 금액(6000만 달러)의 차이는 꽤 유의미하다.

수학적으로 설명하면 투자 금액이 크고, 매도시 적용되는 예상 멀티플이 낮을수록 배당은 더욱 중요해진다. 큰 돈(통상 5000만 달러 이상)이 투자되고, 투자 원금 대비 회수 금액의 멀티플을 보수적으로 예상하는 사모펀드 투자 혹은 바이아웃 딜에서 배당해야 하는 이유다.

자동적으로 의무 배당을 지급하는 것은 부작용이 생길 수 있다. 특히 회사의 경영 사정이 좋지 않을 때 심각한 문제가 될 수 있다. 회사의 지급 여력 분석시 의무 배당은 부채에 대한 이자처럼 필수 현금 지출 항목으로 취급되기 때문이다. 당신이 의무 배당에 주의를 기울이지 않는다면 배당은 부지불식간에 당신의 회사를 지급 불능 상태에 빠트리게 된다. 자동 누적 배당 방식은 배당을 주식이나 현금 또는 전환가격 조정 방식으로 선택적으로 지급하는 경우 회계적으로도 문제가 될 수 있다. 다만 회사의 외부 회계 감사법인 입장에서는 연말에 회사의 재무제표를 깔끔하게 만들어주고 한몫 챙기는 기회일 것이다.

비누적적 배당[1]은 누적 배당에 비해 의무 강도가 약하지만, 스타트업 이사회에서 좀처럼 지급 결정을 하지 않아서 구시대 유물이 되어버렸다. 하지만 변호사들도 밥값을 해야 하는 입장에서 텀시트에서 수정하고 삭제할 것이 분명하므로 우리 역시 굳이 빼진 않는다. 어쨌거나 회사가 배당을 지급하는 것이 쉽지 않은 상황에서 무리하면서까지 배당을 선언하는 경우를 보지는 못했다.

창업가를 위한 팁

배당 지급에 대해서 이사회의 과반수 또는 심지어 특별 과반수의 승인을 받아야 한다.

---

1   당기에 배당하지 못할 경우 다음 기로 배당을 누적하여 이월시키지 않는 배당을 의미한다. 회사 입장에서는 누적 배당에 비하여 부담감이 적다.

상환권

상환권Redemption Rights은 근래에 거의 쓰이지 않지만, 일부 VC들은 이 조항에 과도하게 신경을 쓰기도 한다. 이 조항이 다운사이드 상황에서 보완적으로 보호장치를 제공하기 때문이다. 상환권은 투자자가 자신이 보유한 주식을 사전에 정한 수익률을 보장받고 회사에 되팔 수 있는 권한을 의미한다. 일반적인 상환권 조항은 다음과 같다.

투자자의 선택에 따른 상환: 최소 과반수 이상의 시리즈 A 우선주 주주의 선택에 따라 회사는 발행된 시리즈 A 우선주를 거래 종결일로부터 5년째 되는 날부터 시작하여 3년 동안 분할하여 상환해야 할 의무가 있다. 이 때 상환가액은 최초 매입 가격에 미지급 배당금을 더한 금액으로 한다.

상환권에는 나름대로 논리적 근거가 있다. 첫째, (VC 입장에서는) 회사의 사업이 성공적으로 안착되었지만 상장되거나 제3자에 좋은 가격에 매각되지 못할 수 있다는 두려움이 있다. 이 경우 상환권을 통해서 확실한 투자 출구 방안을 가질 수 있다. 하지만 회사가 사업을 계속해나가고 있지만, 여전히 기업공개나 외부에 매각할 정도로 성장하지 못할 경우에는 투자자의 상환 요구에 응할 정도로 현금이 부족한 경우가 많다.

상환권이 존재하는 또 다른 이유는 벤처 펀드의 만기와도 밀접한 관련이 있다. 벤처 펀드는 펀드 청산까지 10년 정도의 만기를 가지고 있다. 만약 VC 펀드가 펀드 만기 5년째 해에 투자했다면 펀드 매니저 입장에서는 그 투자 건 상환권을 확보하는 것이 중요하다. 펀드가 청산되기 전에 유동성을 확보할 수 있는 방안을 확보해야 하기 때문이다. 회사가 지불할 능력이 있느냐는 별개의 문제이다.

간혹 기업 입장에서 상환권으로 인해 장부에 부채가 증가하고, 사업의 전망이 어두워지는 것이 아닌가 하는 걱정이 들 것이다. 굳이 전망이라고 표현한 것은 투자은행의 투자 전문가나 고객들, 그리고 직원들을 포함한 외부인들이 바라보는 시각을 의미하기 때문이다. 최근 회계법인을 중심으로 상환우선주는 자기자본이 아니라 부채로 분류해야 한다는 주장이 강하게 제기되고 있다. 만약 상환우선주의 상환이 의무적이지 않다면 그들의 주장은 틀렸고, 유능한 회계사라면 그 차이를 찾아낼 것이다.[2]

최근에 등장한 '중대한 부정적 변화에 따른 상환권adverse change redemption'은 다소 지나친 조건이 아닌가 싶다. 다음 내용처럼 중대한 부정적 변화에 따른 상환권에 대해서는 텀시트에 삽입하지 말 것을 권고한다.

중대한 부정적 변화에 따른 상환권: 회사의 전망, 사업 및 재무

---

2 한국채택국제회계기준(K-IFRS)에서는 투자자의 상환 권리가 있는 상환우선주에 대해 부채로 처리하도록 요구하고 있다. 만약 상환권이 발행 회사에 부여되어 있다면 자본으로서의 성격에 부합할 것이다.

적 상황과 관련하여 중대한 부정적 변화가 있는 경우, 시리즈 A 우선주의 과반수 이상을 보유한 주주는 회사가 발행된 시리즈 A 우선주를 상환하도록 할 수 있는 권리를 갖는다. 이때 상환가액은 최초 매입 가격에 미지급 배당금을 더한 금액으로 한다.

이 조항에 따르면 '회사에 중대한 부정적 변화가 발생한' 경우에 VC에게 상환권이 부여된다. 문제는 '중대한 부정적 변화'라는 문구의 정확한 정의가 없다는 것이다. 이 문구는 모호하고, 회사 측에 지나치게 징벌적으로 작용할 수 있어서 투자자의 자의적인 판단에 근거하여 회사 경영권을 제한하거나 경영에 대한 통제 권한을 투자자가 부당하게 강탈할 수 있는 위험성을 내포한다. 만약 당신이 투자를 받는 상황에서 이러한 불편한 조항이 눈앞에 놓여 있다면 투자자가 사채업자인지 전문 투자자인지 확인하기 바란다.

VC 투자자는 상환권을 잘 이해하고 있어서 문제되지는 않을 것이다. 물론 논쟁을 좋아하는 양측 변호사가 이론적으로 다툴 수는 있겠지만 말이다.

창업가를 위한 팁

상환권에 대해서는 걱정할 필요 없다. 하지만 '불리한 변화에 의한 상환권' 조항은 조심해야 한다. 배당금 지급 결정과 마찬가지로 상환권에 대해서는 이사회를 통해서 제동 장치를 마련해야 하고, 상환권과 관련한 중대한 의사결정에 대해서는 모든 클래스의 우선주가 단일 주주총회를 통해서 진행해야 한다. 특정 클래스 우선주만의 단순 과반수로 의사결정이 이루어지면 특정 주주의 이익이 침해되고, 심각한 갈등이 초래될 수 있다.

투자선행조건

텀시트는 투자로 가기 위한 첫 단계일 뿐이다. 텀시트는 구속력이 없어서(대부분 구속력이 없다), 대부분의 VC 투자회사들은 텀시트에 '투자선행조건conditions precedent to financing'을 첨가한다. 창업가들은 이 조항이 텀시트의 후반부에 있고, 별로 해를 끼치치 않는다고 여겨서 곁눈질로 힐끗 넘기기 일쑤다. 하지만 투자자가 일방적으로 딜을 깨트릴 수 있는 세부 항목이 있어서 주의를 기울여서 살펴야 한다.

창업가를 위한 팁

자금 조달이 완료되기 전에 투자에 여러 조건이 추가되는 것은 피해야 한다. 최고의 플랜 A는 강력한 플랜 B가 뒷받침이 되는 플랜이다. 투자자로부터 무리한 조건이 추가되어 플랜 A의 성사 가능성이 낮아진다면 플랜 B로 빨리 선회하는 것이 좋다. 반대로 VC 입장에서는 약정서에 대해 회사와 약정서를 사측과 논의하기 시작했다면 딜에 대해 기꺼이 적정한 조건으로 합의하고 승인할 준비가 되어 있어야 한다. 그리고 최소한 창업가가 명심해야 할 것은 거래가 완료되지 않는 한 VC의 법률 비용을 지불하는 데 동의할 필요가 없다는 것이다(투자 거래를 취소할 경우 실사와 협상으로 발생한 법률 비용에 대해 회사가 지불하지 않는다는 예외 조항을 두는 것은 얼마든지 가능하다).

일반적인 투자선행조건 조항은 다음과 같다.

텀시트가 체결되면 투자자와 회사는 '법률 자문 수수료 및 소요 경비'와 관련한 조항, '노숍 조항No-Shop Agreement'[3], '준거법 Governing Law' 조항은 구속력을 가진다는 것에 명시적으로 합의한다.

이 조항을 제외하고는 텀시트에 기재된 투자 조건은 투자자에 대한 법적 구속력이 있는 약정으로 간주되지 않는다.

투자자의 의무사항은 다음 각호의 조건이 충족되는 것을 그 이행의 선행조건으로 한다. 1. 잠재 투자자를 만족시키는 법적 서류의 완성; 2. 잠재적 투자자가 만족할 만한 수준의 실사의 완료; 3. 통상적인 수준의 메니지먼트 라이트 레터Management Right Letter(MRL)[4]를 투자자에게 전달; 4. 투자자가 만족할 만한 수준의 향후 12개월 동안의 예산에 대한 세부 항목 제공.

투자자들은 몇 가지 사항을 의무 규정으로 지정한다. 특히 딜의 성사 여부와 상관없이 법무 자문 수수료는 반드시 지급되는 조항, 텀시트 사인이 완료된 후부터는 텀시트에 날인한 VC를 제외하고 다른 투자 조건들을 저울질하며 다른 투자자와 협상하지 못하도록 강제하는 조항, 준거법 및 관할 법원과 관련한 조

3 매도인 또는 피투자 회사가 계약이나 구속력 있는 약정 체결 이후 외부의 제3자에게 투자를 권유하거나 유사한 협상에 임하지 못하도록 금지하는 규정이다. 한국어 명칭이 없어 원문 그대로 사용했다.

4 VCOC(Venture Capital Operating Company) 레터라고도 불리며, VC 투자사와 피투자 회사가 맺는 약정서다. VC 회사가 피투자 회사의 경영과 관련하여 의견을 제시하거나 경영에 일부 참여할 수 있는 권한이 적시되어 있다. 미국의 직원퇴직소득보장법(Employee Retirement Income Security Act of 1974)(ERISA라고도 한다)은 펀드 매니저에게 많은 의무를 지우고 있는데, 벤처 자산에 50퍼센트 이상을 투자하고 MRL를 피투자 회사로부터 획득한 벤처 펀드는 VCOC로 인정받고, 그 경우 펀드 매니저의 의무는 완화된다. MRL이 없다면 벤처 펀드 매니저는 포트폴리오 회사의 경영에 참여하거나 정보에 접근할 수 없고, 벤처 펀드의 자산은 신탁기구에 맡겨서 운용해야 한다. 우리말로 정확히 대응하는 단어가 없어 MRL로 표기했다.

항이 그것이다. 동시에 이 조항은 명시적으로 몇 가지 다른 조건을 거래 완료 전 선행되도록 규정하고, 이 사항을 준수하지 않을 경우 VC가 일방적으로 딜을 깰 수 있도록 허용하고 있다.

피투자 회사 입장에서 예의 주시해야 할 세 가지 조건은 VC 투자자가 명시적으로 제시하지 않지만, 딜의 성사 여부 또는 거래 종결 이후에도 이슈화될 수 있다. 세 가지 조건은 다음과 같다.

1. **VC 투자자 내부 파트너 회의에서의 승인 절차:** VC 또는 투자 업계에서는 당연하게 받아들이지만 외부인들은 이해하지 못하는 부분이다. "투자회사가 텀시트를 보내놓고 투자 건을 부결했다고요?" 흔히 있는 일이다. 당신이 투자 유치와 관련한 텀시트를 받아서 고무되었다 하더라도 아직 딜이 끝난 것이 아니다. VC 내부에서 이러한 상황이 발생할 수 있다는 사실을 텀시트에 명시적으로 적시하지는 않지만 골칫거리가 될 수 있는 상황임을 인지할 필요가 있다. 텀시트에 사인할 때, 이 텀시트가 VC 파트너 회의에서 승인되었는지 혹은 투자 종결까지 중요한 절차가 남아 있는지 VC 측에 꼭 질문해야 한다. 만약 VC가 여전히 중요한 내부 승인 절차, 특히 VC 파트너들의 의결 절차가 남아 있다면 단독으로 투자 논의를 진척시키는 것에 신중할 필요가 있다.

2. **기존 주주의 투자 참여 제안 절차의 완료:** VC 투자자는 회사에 투자한 투자자 모두에게 현재 진행되고 있는 투자에 참여할 기회를 제공하고자 한다. 이 조건이 VC와 회사 입장

에서 나쁜 것만은 아니다. 모든 투자자를 불필요한 우발성 부채로부터 보호하기 때문이다.[5] 하지만 이 절차를 진행하면 시간과 비용이 증가하는 단점이 있다.

3. **계약에 서명하기 전에 계약의 전체 조건을 숙지해야 한다:** 창업가로서 당신은 투자 논의 단계 초기에 고용 관계 사항을 VC 측과 협상하고 논의 내용을 이해하고 있어야 한다. 가급적 텀시트에 사인하기 전, 특히 노숍 조항에 동의하기 전에 더욱 그러하다. 물론 VC가 회의를 끝내고 헤어지는 순간 대수롭지 않게 이렇게 이야기할 수도 있다. "대표님 그 부분은 걱정하지 마세요. 저희는 모든 사람에게 불편하지 않을 제안 사항을 잘 준비해보겠습니다." 꼭 눈여겨봐야 할 항목은 보상 및 해고에 관한 노동 관계 조항이다.

창업가를 위한 팁

만약 텀시트에 노숍 조항이 있다면 서명하기 전에 주요 조건을 상대편과 상세히 논의해야 한다. 초기부터 VC 투자자가 주요 고용 조건을 제대로 설명하지 않고 대답을 회피한다면 적색 경고등이 켜진 것이다.

텀시트에 사인했다고 반드시 투자를 받는 게 아님을 명심해야 한다.

---

5   이 절차를 준수함으로써 기존 주주들에게 공정한 투자 참여 기회를 제공하고 신뢰를 쌓아서 주주들로부터 법정 소송이나 문제 제기의 가능성을 줄이는 효과를 가져온다.

정보요구권

다음 항목은 모든 텀시트와 계약서에 들어가는 항목이다. VC 투자자 입장에서는 중요하지만, 회사 입장에서는 그다지 중요하지 않을 수 있다. 정보요구권Information Rights은 VC 투자자가 합법적으로 접근할 수 있는 정보의 유형을 규정하고, 회사가 VC 측에 언제까지 정보를 제공해야 하는지를 정의한다.

정보요구권: 투자자가 시리즈 A 우선주 또는 시리즈 A 우선주의 전환권 행사로 보통주 지분을 보유하는 한, 회사는 투자자에게 회사의 감사를 받은 연간 결산 자료, 비감사 대상 분기 단위 재무제표를 포함하여 연간 예산 자료를 제공할 의무가 있다. 덧붙여 합리적으로 가능한 범위에서 회사는 투자자에게 매년 예산을 연간 과거 결산 자료와 비교하여 제공해야 한다. 각 투자자는 회사의 업무에 대한 기본적인 감사 권리와 감사를 위해 방문할 수 있는 권리를 가진다. 이 조항은 적격기업공개 이후 소멸된다.

이런 의문이 들 수 있다. "만약 정보요구권이 별로 중요하지 않다면 왜 굳이 신경을 써야 할까?" 당신이 텀시트에 있는 조건들을 다루는 입장이라면 정보요구권과 관련하여 투자자와 대화하고, 그들로부터 정보요구권이 중요하지 않다는 답변을 직접 듣는 편이 낫다. VC 투자자 입장에서는 "별로 중요하지 않습니다"라는 말이 "대표님, 이 조항을 신경 쓰지 않아도 되니 이대로 하시죠"라는 의미일 수도 있다. 만약 투자자 혹은 회사가 이 조건을 놓고 열띠게 논쟁하고 있다면 시간과 변호사 비용만 소요되는 것이다.

정보요구권은 회사가 투자 자금을 얻기 위해 감수하는 것이다. 유일하게 계약서마다 바뀌는 부분은 정보요구권이 부여되는 투자자들의 보유 주식 수에 대한 기준이다(어떤 특정 수량이거나 '모든' 주식을 의미할 수 있다).

창업가를 위한 팁

주주들의 정보요구권에 예민하게 구는 것은 바보 같은 짓이다. 21세기에는 가능한 한 투명하게 조직을 운영하는 것이 좋다. 주주들에게 예산 내역과 재무제표를 보내지 못하겠다면 외부 투자를 받지 말아야 한다. 만약 당신이 편집증적인 경영자라면(내가 꽤 좋아하는 유형이다) 주주의 정보요구권에 상응해서 엄격한 기밀 유지를 조건으로 삼아도 좋다.

주식등록요구권

주식등록요구권registration right 또는 demand right을 가진 투자자는 회사로 하여금 기업공개시 자신들이 보유한 회사 주식을 등록하도록 요구할 수 있다. 기업공개 이후 추가적으로 증권신고서registration statement를 제출하는 경우 회사는 언제든 VC 투자자들의 요구에 응할 의무가 있다. 이 조항은 딱히 중요하지는 않지만 텀시트의 한 페이지 또는 경우에 따라 여러 페이지를 차지하는 지루한 조항이긴 하다. 다음에 나올 장황한 서술에 질릴수도 있으니 마음을 단단히 먹자. 만약 당신의 자문 변호사를 신뢰할 수 있다면 다음 장으로 넘어가도 좋다.

만약 시리즈 A 발행 우선주의 50퍼센트 이상을 보유한 투자자 (시리즈 A 우선주의 전환권 행사로 보통주로 전환된 경우 그 보통주[등록가능주식Registrable Securities]도 계산에 포함한다) 혹은 그보다 낮은 지분율이지만 상장시 예상되는 보유 주식의 총합이 500만 달러 이상인 주주가 회사로 하여금 증권신고서를 관계당국에 제출할 것을 요청한다면 회사는 이 주식이 등록되도록 최선을 다해야 한다. 다만 회사는 종결일로부터 3년째 되는 날 이전까지는 등록 의무를 완료할 필요는 없다. 회사는 특정한 상황에서 12개월 이내에 최대 90일까지 등록을 연기할 권리가 있다.

회사는 주식등록요구권 조항에 따른 등록을 2회 이상 할 의무는 없다. 회사는 (i) 회사의 상장일로부터 시작하여 이후 180일 이내에 등록을 완료할 의무는 없으며, (ii) 회사가 90일 이내에 기업공개를 위한 증권신고서를 제출할 의도가 있다는 것을 등록가능주식 보유자에게 등록 요청을 받은 날로부터 30일이 경과하기 전에 통지한 경우에도 등록을 완료할 의무는 없다.

투자자/주주는 회사가 주식을 등록하거나 또는 다른 투자자/주주가 주식등록요구권에 따라 주식 등록을 요구할 때 그에 편승해서 자신의 주식에 대해서도 등록을 요구할 권리가 있다 (편승 주식등록요구권). 다만 이 경우는 회사와 인수 금융기관이 시장 상황에 따라 투자자의 지분율에 비례하여 등록되는 주식의 수를 줄일 수 있다. 만약 투자자/주주가 등록할 수 있는 주식이 제한된다면 회사와 처음 주식 등록을 요구한 투자자 이외의 누구도 등록된 주식을 팔아서는 안 된다. 만약 주식 등록이 회사의 기업공개로 인한 것이 아니라면 어떠한 경우에도 투자자/주주가 매도하는 주식은 등록된 주식 총 금액의 30퍼센트보다 적어서는 안 된다. 어떤 주주도 등록 가능한 주식의 최소 과반수의 동의 없이는 등록가능주식에 포함될 수 있는 주식 수를 줄이는 편승 주식등록요구권을 얻을 수 없다.

S-3 권리[6]: 투자자들은 회사가 S-3 서식Form S-3을 통한 발행 주식의 추가 등록이 가능한 경우 주식 등록을 제한 없이 요구할 수 있는 권리를 의미한다. 단 등록을 위한 주식 금액은 100만 달러 이상이어야 한다.

경비: 회사는 주식 등록과 관련된 비용(언더라이팅 할인 및 수수료 제외)을 부담하며, 이 등록은 주식등록요구권에 의한 것이든 편승 주식등록권에 의한 것이든 S-3 권리에 의한 것이든 불문한다(매도 주주 측 특별 자문사로서 1개 자문사에 대해서 비용은 2만 5000달러 한도 내에서 포함한다).

권리: 이전 주식등록요구권은 (i) 파트너십의 전현직 파트너 및 직원 또는 그들이 운용하는 펀드; (ii) LLC의 전현직 임직

---

6   S-3는 미국의 증권거래법 제3조에 근거한 규정에 따른 권리를 의미하며, 상장된 기업이 추가적으로 주식을 발행하거나 기존 주식을 판매할 때 정식절차인 Form S-1(우리나라의 유가증권신고서에 해당)이 아닌 약식으로 신고할 수 있도록 구비된 서류를 의미한다. 여기서 S는 '증권'을, 3은 해당 규정의 번호를 의미한다.

원; (iii) 개별 소유주의 가족 구성원 또는 이들을 수익자로 한 신탁; 또는 (iv) 주요 투자자 기준(아래에 후술함)을 충족하는 모든 양수인에게 이전 가능하다. 다만, 이 경우 회사에 서면 통지되어야 한다.

록업 조항 Lockup Provision: 각 투자자는 회사의 기업공개일로부터 대표 주관사가 지정하는 기간(최대 180일) 동안은 해당 주식을 매도하지 않겠다는 데 동의한다. 모든 임직원 및 기타 1퍼센트 이상의 지분을 소유한 주주는 동일한 제한을 받도록 한다. 록업 조항은 회사나 주관사를 대표하는 자가 임의로 록업을 면제하거나 해제될 경우 주요 투자자에게 보유한 주식 보유량에 비례하여 적용된다는 단서 사항을 포함해야 한다.

기타 조항: 주식등록요구권과 관련해서 기타 조항들이 합리적인 범위 내에서 투자자 간 권리 계약에 포함되어야 하는데, 여기에는 상호 면책, 등록신고서Registration Statement의 유효기간 및 인수(언더라이팅) 관련 조정 항목이 포함된다. 회사는 주식의 이전을 허용하거나 SEC 규정 144호 레전드 Rule 144 legend를 제거[7]하기 전에 투자자 측 법률대리인의 의견을 필요로 하지는 않는다. 규정 144호 승인서가 제거되면 정상적이고 반복적인 주식 거래가 가능하고, 투자자 또는 파트너에게 주식 분배도 가능하다.

주식등록요구권은 회사에서 투자자에게 권유해야 하는 의무가 있다. 변호사들은 선천적으로 이 조항을 손대지 않고는 넘어가지 못하는 DNA를 가진 걸까? 그들은 늘 이 조항을 협상하려 든다. 법무 자문 수수료를 내는 입장이 아니라면 참 재밌는 광경이다. 결국 수정 작업으로 대부분 무해하게 조항이 마무리된다. 만약 당신이 주식등록요구권이 발동하는 시점에 도달하면(즉 기업공개), 그때는 당신 회사가 선정한 기업공개 주관사가 딜에 참여해서 거래 구조의 새 판을 짜기 시작할 것이다. 몇 년 전, 초기 단계에 서명한 계약은 상관없는 일이 된다.

창업가를 위한 팁

등록요구권에 너무 많은 에너지를 소비하지 말라. 차라리 큰 이익이 될 만한 것을 협상하라. 어쨌건 상장하면 좋지 아니한가?

우선매수청구권[8]

우선매수청구권right of first refusal을 가진 투자자는 투자 라운드에서 주식을 다른 투자자에 앞서 살 수 있는 권리를 갖는다. 우선매수청구권은 주식등록요구권만큼이나 단번에 이해하기 힘

---

7   144 레전드는 해당 증권에 부착된 경고 문구로 해당 증권이 즉시 자유롭게 판매될 수 없고, 이 규정에 명시된 조건을 충족해야만 판매가 가능하다는 것을 고지한다. 규정 144호 승인서를 제거한다는 것은 등록 주식에 부착된 문서(해당 주식은 SEC 규정 144호에 의해서만 거래가 가능하다는 문구가 적혀 있다. 규정 144호는 사모 시장을 통해서 발행 및 유통되는 거래가 제한된 주식의 거래에 대한 규정이다)를 제거한다는 의미로, 해당 주식은 거래 제한이 풀려 주식 시장에서 자유로이 거래가 가능하다.

든 조항으로 텀시트에서 꽤 많은 지면을 차지한다. 회사 입장에서 이 조항을 거절하거나 바꾸기는 어렵다. 다음은 우선매수청구권에 대한 설명이다.

적격기업공개 전에 회사의 지분을 이미 보유하고 있는 주요 투자자들은 향후 회사의 주식이 추가로 발행될 때 자신들의 지분율에 비례(전환권이나 옵션이 있는 경우 보통주로 전액 전환 및 매입 행사된 것을 가정하여 계산)하여 주식을 매입할 권리가 있다(주요 주주가 할당받은 주식 물량을 매입하지 않을 경우 회사는 정해진 비율 이상의 물량을 특정 주주에게 할당할 수 있는 권리가 있다). 다만 다음의 경우는 제외한다. (i) 이사회의 결의에 의하여 회사의 임직원, 컨설턴트 등에게 발행된 주식 또는 스톡옵션; (ii) 이사회의 결의에 의하여 회사의 합병, 병합, 인수 또는 그와 유사한 사업 결합을 하는 과정에서 현금 대신 회사의 주식을 발행하여 지급하는 경우 그 주식; (iii) 이사회의 결의에 의하여 회사의 시설 담보 대출 또는 리스 계약, 부동산 임대차계약 또는 은행 및 다른 금융기관으로부터 차입하는 경우와 관련하여 주식

---

8   실무에서 간혹 right of first offer를 right of first refusal과 혼동해서 우선매수청구권이라고 하거나, 둘 다 우선매수권이라고 부르는 경우가 많다. 하지만 right of first refusal(ROFR)과 first right of offer(ROFO)는 엄연히 성격이 다른 권리이다. right of first offer는 한국어로 우선협상권으로도 불리는데, 이것이 좀더 정확할 것 같다. ROFR는 우선매수청구권, ROFO는 우선협상권으로 번역했다.

을 발행하는 경우 그 주식; (iv) 시리즈 A 발행 우선주의 의무 지분율 유지 규정에 의해 승인되어 수시로 주식을 발행하는 경우 그 주식.

우선매수청구권은 다른 용어로 지분율유지권pro rata right으로도 불린다. 대부분의 VC 투자자들이 우선매수청구권을 요구하는데, 다음 두 가지를 주의해야 한다. 물론 협상으로 조정이 가능하다. 첫째는 '주요 주주' 또는 '주요 투자자'를 규정짓는 보유 주식 기준이다. 기준은 협상으로 정의를 달리할 수 있다. 특히 다수의 소액투자자에게 이 권리를 부여하는 것이 적절치 않다고 여길 때 유용하다. 하지만 앞으로 진행될 투자 라운드에서 창업가들이 기존 투자자로부터 많은 투자 참여를 끌어내고 싶다면 주요 주주를 정의하는 보유 주식 기준을 정하는 데 너무 많은 에너지를 낭비할 필요는 없다.

　　주의를 기울여야 할 또 다른 사항은 '특별지분율유지권 super pro rata right'으로도 불리는, 현재 지분율의 배수(혹은 멀티플이라고도 한다)만큼을 더 인수할 수 있는 권리다(현재 지분율의 [X]배에 해당하는 지분율을 유지할 수 있도록 주식을 매수할 수 있는 권리다). 하지만 이 권리는 초기 단계 회사에 투자할 경우 다른 주주나 신규 투자자들 입장에서는 지나친 요구가 될 수 있다.

창업가를 위한 팁

우선매수청구권은 중요하지 않을 수도 있고, 경우에 따라서는 회사에 유리할 수 있다. 그러나 주요 투자자가 누구인지 정의하고 그들에게만 권리를 부여해야 한다. 최소한 후속 라운드에 참여하는 주주들에게만 이 권리를 부여하는 것이 좋다.

주주의 의결권

우선주 주주와 보통주 주주는 주주의 의결권 행사를 매개로 서로에게 영향을 미친다. 주주의 의결권Voting Right 조항은 그다지 중요하지 않다. 일반적인 설명은 다음과 같다.

시리즈 A 우선주는 보통주와 함께 투표하지만, 본 건 계약서 혹은 법에 의해 달리 정해지지 않는다면 별개의 클래스로 분리되어 단독 투표하지는 않는다. 보통주는 보통주와 시리즈 A 우선주 주주(전환되는 보통주 주식 수를 기준으로 환산하여)의 과반수의 의결(별개 클래스로 분리하여 투표하지 않는다)에 의해서 증가하기도 하고 감소하기도 한다. 시리즈 A 우선주 한 주는 사전에 정해진 전환비율에 따라 보통주로 전환되며, 해당되는 보통주 주식 수만큼 회사가 해당 보통주를 신규 발행한다.

대부분 주주의 의결권 조항은 단순 참고 조항이지만, 다른 모든 항목에서도 의결권에 대한 설명이 등장한다. 보호조항을 포함한 다른 모든 중요한 권리도 마찬가지다.

주식매도제한

주식매도제한restriction on sales 조항은 보통주에 대한 우선매수 청구권 조항(혹은 보통주의 FOFR)이라고도 불린다. 이 조항은 비상장회사의 보통주 지분을 파는 경우에 관계된 제한 사항이다. 일반적인 문구는 다음과 같다.

회사의 정관에서는 일반적인 예외를 제외하고는 보통주의 모든 형태의 거래에 대한 우선매수청구권이 적시되어 있다. 만약 회사가 이 권리를 행사하지 않는다면 회사는 이 권리를 기존 주주에게 배정해야 한다.

과거에는 창업가와 전문경영인 사이에 이 문제를 두고 크게 다툴 일이 없었다. 회사 입장에서는 주식매도제한 규정을 통해서 주주 구성을 통제할 수 있었고, 기존 주주 모두에게 이익이 되는 방향으로 작용했기 때문이다. 예외가 있다면 주주가 비상장주식을 별도로 처분할 때 정도였다. 하지만 기업 전문 변호사들이 이 조항을 어떻게 행사할지를 놓고 논쟁하는 경우도 있다. 이 조항을 회사의 정관에 넣을지 혹은 회사의 스톡옵션 계약서나 주식매매계약서에 삽입할지를 두고 여전히 논쟁 중이다. 우리는 이 조항을 정관에 삽입하는 것이 편리하다는 입장이다. 정관에만 삽입하면 다른 문서에 넣을 필요도 없고, 깜박하고 넘길 일도 없기 때문이다.

　　벤처 캐피털의 초기(2007년 이전)에는 창업가와 회사 경영진은 기업공개든 인수·합병 거래든 외부 투자자가 회사 지분을 팔고 나서 자신들의 주식을 팔아야 한다는 사회적 통념이 있었다. 그러나 비상장회사에 대한 유동성이 공급되는 시점이 이전보다 길어지고, 기업공개를 통한 유동성 공급이 그만큼 줄어들자 이에 대한 접근법도 변화하기 시작했다. 창업가와 창업 초기 멤버들의 투자 출구를 위한 건전한 세컨더리 시장(2차 시장 또는 유통시장)이 나타난 것이다. 이 시장의 성장은 페이스북Facebook

이나 우버Uber, 에어비앤비AirBnB와 트위터Twitter 같은 비상장 기업의 가치가 빠르게 상승한 것과 더불어 세컨드마켓Second Market과 세어즈포스트SharesPost 같은 민간 세컨더리 시장의 등장에 힘입은 바가 크다. 오늘날에는 많은 벤처 펀드들이 세컨더리 시장에서 유통 주식을 직접 매매하기도 한다. 그 결과, 더 많은 비상장기업 주식이 신규 투자자나 기존 투자자에게 팔리고, 보통주의 우선매수청구권, 즉 주식 매매 제한 규정을 까다롭게 들여다보고 논의 과정도 치열해졌다.

이처럼 보통주에 대한 우선매수청구권을 행사하는 사례들이 빈번해지면서 보통주 주주의 우선매수청구권이 회사 입장에서는 유리한 조건일 뿐아니라 창업가나 경영자, 그리고 투자자도 반대할 필요가 없다는 생각이 들었다. 비상장기업에서 회사의 경영권에 대한 지분을 확보하는 것은 중요하다. 보통주에 대한 우선매수청구권이 있음으로써 회사는 최소한 주주들에게 문제가 생길 경우 사전에 탐지하고, 여러 대안 사이에서 최적의 방법을 찾을 수 있는 옵션을 제공한다.

재산적 정보와 발명에 대한 계약[9]

회사의 지식재산권 관리 능력은 매우 중요하다. 우리가 검토했던 모든 텀시트는 '재산적 정보와 발명에 대한 계약proprietary information and inventions agreement(PIIA)' 조항이 들어 있었다.

회사의 전현직 임직원, 컨설턴트는 개별적으로 만족할 만한 수준의 PIIA를 체결해야 한다.

이 조항(또는 계약)은 회사와 투자자 모두에게 도움되는 조항으로, 투자자는 이 계약을 통해서 회사가 지식재산권을 적법하게 소유하고 있다는 법적 진술 보장을 받아내는 효과가 있다. 많은 시리즈 A 단계 이전의 기업들은 이와 관련한 이슈를 가지고 있다. 특히 회사가 최초 벤처 라운드 투자 이전에 중대한 법적 진술 보장을 하지 않고 있다면 문제가 된다. 여러 투자 라운드를 진행하며 이 부분을 간과하는 경우(대부분의 경우 회사들은 심각성을 알고 놀란다)를 많이 보았다. 벤처 캐피털 투자를 받기 위해 PIIA에 서명해야 한다는 이야기를 들은 직원들이 불편함을 호소하는 경우도 있다. 만약 회사를 매각하는 입장이라면 인수자는 회사가 지식재산권을 소유하고 있는지를 중점적으로 확인할 것이므로 PIIA 체결은 중요하나 회사는 PIIA 서약에 서명하는 것을 신규 직원을 채용하는 초기부터 의무 사항으로 제도화(이 과정에서 괜찮은 법무법인의 자문을 받으며)하는 것이 좋다. VC 투자자들은 PIIA을 항상 예의 주시한다.

창업가를 위한 팁

PIIA 조항은 회사 입장에서 나쁠 게 없다. 외부의 VC로부터 자금 조달을 하기 전에 창업가를 포함한 모든 임직원이 이 조항에 서명해야 한다. 다만 임직원 중 PIIA가 적용되는 사업과 관계가 없다면 예외를 허용해주어야 한다.

---

9 우리말로 '재산적 정보와 발명에 대한 계약'으로 번역하는데, 이 책에서는 편의상 PIIA라고 부르겠다.

공동매각 조항

대부분의 투자자들은 공동매각co-sale 조항에 서명할 것을 주장한다. 이 조항은 창업가가 지분을 매각하는 경우 기존 투자자도 보유 주식을 비율에 따라 매각할 기회를 가질 수 있다는 것이다. 계약의 일반적인 내용은 다음과 같다.

창업가가 보유한 회사의 주식은 투자자와 맺은 공동매각 조항의 구속을 받는다. 다만 합리적인 예외 사항이 있을 경우 적용하지 아니한다. 그에 따라 각 투자자들이 회사의 매각 시 지분율에 비례하여 자신들의 지분을 팔 기회를 제공받지 못한다면 창업가는 자신의 주식을 매도, 양도 또는 교환할 수 없다. 다만 공동매각에 대한 권리는 적격기업공개시 적용되지 아니하고 소멸한다.

외부 투자자로부터 투자받을 때 이 조항을 뺄 수 있는 확률은 거의 없으므로 큰 의미가 없다. 다만 비상장회사일 경우 이 조항이 중요하게 작용할 수 있다. 만약 회사가 상장되면 이 조항은 더 이상 적용되지 않는다.

창업가를 위한 팁

공동매각과 관련한 조항을 완전히 없앨 가능성은 매우 낮지만 제한을 두는 것은 나쁘지 않다. 당신이나 공동 창업가가 부동산을 사기 위해 소량의 주식을 판매할 때마다 VC 투자자의 허락을 받을 필요는 없는 게 좋다. 외부 투자자로부터 주식 매각 제안이 왔다면 인수 가격과 같은 가격으로 우선매수청구권을 공동 투자자가 행사 하는 것이 중요하다. 이에 대해서 적절하게 예외 규정을 두는 것도 필요하다.

창업가의 근무 시간

텀시트를 검토하다 보면 창업가의 근무 시간과 관련한 짧은 조항을 보게 될 것이다. 내용은 다음과 같다.

각 창업가는 근무 시간의 100퍼센트를 회사의 경영 활동에 할애해야 한다. 회사의 경영과 관련 없는 다른 활동에 시간을 쓰는 경우 이사회의 동의를 얻어야 한다.

VC 투자자가 창업가가 근무 시간의 100퍼센트를 회사의 경영 활동에 집중하기를 원하는 것은 당연한 일이다. 만약 이 조항이 슬그머니 텀시트에 들어와 있다면 VC는 당신에게 감정이 상했거나, 아니면 창업가 중 한두 명이 다른 일에 몰두하고 있는지 의심 또는 걱정하고 있다는 뜻이다. 간혹 우리는 협상 중에 이 조항을 텀시트에 넣고 나서 상대편의 반응을 살펴보기도 한다.

물론 창업가 입장에서는 도움이 될 것이 없다. 만약 창업가가 다른 일을 하고 있고, 제대로 고지하지 않았다면 계약을 위반하는 것이다. 창업가가 다른 활동을 하고 있다는 것을 밝히거나, 이 조항에 거부 반응을 보인다면 VC 투자자의 우려를 강화할 뿐이다. 당신이 텀시트에서 이 조항을 봤다면 신중하게 처신하라고 말하고 싶다. 다른 일에 몰두하는 것이 아니라면 동의하는 게 낫다.

몇몇 VC 투자자는 창업가들이 복수의 사업을 추진하는 데 불편함을 느끼지 않기도 한다(매우 경험이 많은 사업가이거나 VC 투자자와 창업가가 오랜 기간 같이 일한 경우다). 하지만 이는 매우 드문 예외다.

기업공개 공모주식 매입 조건

기업공개 공모주식 매입 조건은 말 그대로 '빛 좋은 개살구'라고 할 수 있다. VC 투자자들이 공모가에 주식을 매입할 수 있도록 허용하는 이 조건은 다음과 같이 기재된다.

회사가 적격기업공개를 진행하는 경우, 회사는 해당 기업공개의 대표주관사managing underwriter 또는 주관사로 하여금 '특수관계인 주식 매입 프로그램friends and family shares' 또는 '지정주식 프로그램directed shares program'**10**으로 발행하는 주식의 최소 5퍼센트를 (기존 VC) 투자자에게 매수 청약할 수 있도록 최선을 다해야 한다. 이 조항에도 불구하고 위와 같이 행해진 모든 조치는 1933년 미국증권법 개정안의 제134조 및 국가증권거래

---

10   소규모 신생 기업의 경우 재원이 부족한 탓에 창업가 또는 주요 임원의 가족과 지인들이 회사의 주식을 매입하는 경우가 많다. 사업이 성장하여 기업공개를 진행하는 경우, 상장 주관사들이 고객사에 대한 서비스의 일종으로 이들의 주식도 함께 등록해주는 제도이다.

협회(NASD)에서 제정한 규칙 및 기타 감독기구에서 제정한 모든 연방 및 주 법률을 준수해야 한다.

이 조항은 VC가 투자한 모든 기업이 상장될 거라는 믿음이 팽배했던 1990년대 후반에 확산되었다. 당시 대부분의 투자은행(주관사)은 기업공개가 성공할 것으로 예상하는 경우 이 조건에 반대했다. 주식을 기관투자자(그들의 고객사)들에게 배정하고 싶었기 때문이다. VC들은 반대에 직면하면 대부분 회사공개를 기뻐하며 투자은행과 다투지 않았다. 만약 투자은행 또는 주관사들의 반대가 없거나, 기업공개 준비 작업이 마무리되는 시점에 투자은행 또는 주관사 담당자가 주식을 매입해달라고 요청한다면 기존 투자자 및 주주는 당황해하며 공모주 매입을 망설일 것이다. 주식 시장에서 회사의 주식이 그렇게 매력적이지 않기 때문이다.

노숍[11]조항

창업가로서 투자 라운드에서 최상의 조건을 받아내려면 여러 옵션을 가져야 한다. 하지만 딜을 진행하다 보면 특정 투자자를

---

11 한국 자본시장 제도에서 마땅한 조항을 찾기 어려워 원문 그대로 노숍 조항으로 번역했다

선택해야 하고, '투자자 찾기' 모드에서 '딜 클로징' 모드로 전환해야 한다. 이 단계에서는 리드 투자자를 선택하여 최종 투자 조건을 협상해야 한다.

노숍 조항은 최종 텀시트에 등장한다. 여러 사람과 동시에 혼인 관계를 유지하는 것이 불가능한 것과 같다. 투자 계약을 체결할 투자자 입장에서는 회사가 여전히 여러 VC 투자회사를 기웃대는 것이 마땅치 않을 테니까 말이다. 노숍 조항은 다음과 같다.

회사는 신속한 딜 클로징을 위해서 선의의 노력을 다하는 것에 동의한다. 회사와 창업가는 직접적이든 간접적이든 다음의 행위를 하지 않을 것을 동의한다. (i) 투자자/주주 이외의 자 또는 단체에 회사 자본의 매매 및 발행 또는 회사 또는 회사 자산의 인수, 매각, 리스 계약, 라이선스 제공 및 처분과 관련한 제안, 협상, 인수 제의를 청탁하거나, 투자 논의를 시작하거나, 투자를 권유하거나 혹은 관련 서류의 제출을 지원하는 모든 행위; (ii) 상술한 행위와 관련하여 논의 또는 협상을 하거나 이와 관련한 협약을 제3자와 하는 행위. 회사는 제3자로부터 상술한 사항과 관련하여 문의를 받은 경우 투자자에게 즉시 통지해야 한다. 다만 양 당사자가 이 계약 조건term sheet에 따라 최종 문서를 체결하지 않기로 합의하는 경우, 회사는 더 이상 본 조에 따른 의무를 부담하지 않는다.

어떤 면에서 노숍 조항은 법적인 의무 사항이라기보다는 정서적 책임감에 가깝다. 때로는 텀시트에서 구속력을 갖는 사항이기도 하다. 투자 시 노숍 조항을 강제하는 것이 어렵지만 불가능한 일은 아니고, 만약 창업가가 투자자를 속이고 제3의 투자자와 논의하는 행위가 알려질 경우 해당 투자 딜은 약혼자가 외도를 하다 걸려서 명예가 실추되는 것과 유사하다.

노숍 조항은 상호 협약에 대한 신뢰의 강도를 강화하는 효과가 있다. "좋습니다. 이제 드디어 딜을 하게 되었군요. 더 이상 제3의 다른 대안을 찾아다니지 않겠습니다"라고 말하는 것이나 다름없다. 노숍 조항과 관련해 창업가와 회사는 기간을 명시해야 한다. 기간은 통상 45~60일 이내이나, VC 투자자에게 30일 정도를 요구하여 딜에 대한 책임감 있는 자세를 보여주는 것도 나쁘지 않다. 창업가는 그 기간 동안 다른 투자자를 찾아다니지 않겠다고 동의하고, 반대로 투자자는 합리적인 기간에 딜을 종결시키는 것에 동의하는 것이다.

일부 창업가들은 일방적인 계약이라고 생각할 수도 있다. 창업가는 노숍 조항에 동의하지만, VC 투자자는 아무것도 동의해준 게 없다고 말이다. 우리 역시 노숍 조항을 중요하다고 여기지 않는다. 어느 정도 시간이 지나면 효력을 상실하기 때문이다. 대신, 창업가 측에서 투자자가 서명하고 나서 해당 투자 건에 얼마나 책임감과 열성을 가지고 진척을 보이는지를 점검하는 것이 중요하다.

과거에는 벤처 투자 기업들이 내부 투자협의회(IC)에서 투자 결정을 하기 전에 텀시트를 보내주기도 했다. 하지만 오늘날에는 많은 초기 단계 VC 투자자들이 투자를 확신하지 않는 이상 고생해가며 텀시트를 작성하거나 협상하지 않는다. 어느 VC 투자자가 텀시트를 교환했지만 딜을 성사시키지 못했다는 소문이 돌면 VC 투자자의 평판에 금이 간다. 오늘날에는 이러한 평판이 전염병처럼 퍼질 수 있다.

우리는 수백 건의 투자를 진행했음에도 노숍 조항이 투자 딜에 실질적인 영향을 미친 경우를 거의 보지 못했다. 노숍 조항이 없어서 부정적인 영향을 받은 경우(노숍 조항 없이 텀시트에 사인한 회사가 다른 투자자와 거래하거나)나 노숍 조항에 서명했는데 오히려 딜에 부정적인 영향을 미친 경우(인수자가 노숍 조항이 있는 텀시트를 체결하고도 최종적으로 거래를 마무리하지 않았을 때)를 복기해보아도 그다지 부정적인 시각을 가질 필요는 없다고 생각한다. 다음 두 가지 사례를 참고하자.

스타트업 회사 투자 건과 관련해서 우리 팀은 투자 텀시트에 서명한 적이 있었다. 우리는 텀시트에 노숍 조항을 포함시키지 않았다. 투자를 마무리하는 단계에 있었고, 약 30일 정도 소요가 예상되는 투자 일정 중 15일이 경과하고 있었다. 양측 변호사 간에 법적 문서를 주고받으며 협상 중이었는데, 창업가 한 명이 우리에게 전화를 걸어 방금 인수 제안을 받았고 승인한다고 했다. 우리는 동의한다고 답하고, 그들이 그 인수 딜을 성사시키지 못하더라도 투자 완료까지 인내심을 가지고 기다릴 것이라고 했다. 우리는 그들에게 거래의 장단점에 대해 매우 열린 태도로 이야기했고, 수익성 측면에서 인수 제안을 받아들일 것을 권유했다. 그들에게는 훌륭한 거래였다. 그들은 결국 거래를 성사시켰고, 우리의 조력과 협조에 대한 대가로 우리에게 회사 지분의 일부를 제공했다.

　또 다른 상황은 우리가 주주로 참여한 회사의 일화이다. 그 회사는 외부 투자자가 주도하는 투자 라운드를 진행하고 있었고, 외부 투자자는 회사의 가치를 높게 평가하고 있었다. 회사는 새로운 VC와 노숍 협약을 맺고 있었다. 딜 클로징 일주일 전, 우리 팀은 전략적 투자자 한 곳으로부터 회사 인수 제의를 받았다. 우리 팀은 즉시 신규 리드 투자자에게 그 제안을 전했고, 그들은 고맙게도 노숍 협약을 잠시 유예하고 우리(기존 투자자인 우리 팀과 회사 측)가 인수 또는 자금 조달 중 어느 쪽으로 결정하든 기다리기로 동의했다. 우리는 몇 주 동안 전략적 인수자와 협상을 진행하면서 신규 투자자가 투자 라운드를 마무리하는 데 여전히 관심을 갖고 있는지 주기적으로 확인했다. 그들은 우리에게 무척 협조적이었고, 인내심을 가지고 기다리고 있었다. 회사는 그때까지 발생한 법률 자문 비용을 부담했는데(아마도 회사 측이 비용을 부담할 것이라는 조건이 텀시트에 있었겠지만 기억나지는 않는다), 우리는 결국 인수로 가닥을 잡았다. 신규 투자자는 결과에 실망했지만 회사의 인수 딜을 기뻐하며 협조적인 입장을 보여줬다.

　두 가지 모두 극단적인 경우이지만, 우리의 경험상 노숍 조항은 그다지 중요하지 않았다. 사람들의 자질과 성품에 따라 딜은 큰 차이를 보였으며, 이는 법률적 조항보다 훨씬 중요하다.

투자를 검토하던 VC가 투자를 포기하면 즉시 노숍 조항을 종료시킬 것을 요청해야 한다. 인수 제안을 받을 경우 노숍 조항의 적용을 받지 않도록 예외 규정을 둘 필요가 있다. 자금 조달 거래와 인수 거래는 종종 비슷한 시기에 이루어지기도 한다. 당장 회사의 매각을 원하지 않는다 하더라도 VC와 투자 협상을 하고 있다는 이유만으로 인수·합병 기회를 제한하지 않아야 한다.

면책 조항

면책indemnification 조항은 회사가 법률이 허용하는 한 최대한의 범위로 투자자와 이사회 구성원을 면책할 것을 명시한다. 이것은 창업가가 받아들여야 할 또 다른 조항이다.

회사의 정관 또는 회사의 다른 공식 규정에 따라 이사회 구성원의 책임과 이들의 손실에 따른 배상 범위를 법률이 허용하는 한도 이내로 제한한다. 회사는 이사회 구성원을 면책하고, 이번 자금 조달로 제3자(회사의 다른 주주 포함)가 투자자를 상대로 제기하는 모든 청claim구에 대해 각 투자자를 면책한다.

최근 몇 년 사이 회사를 상대로 한 주주의 소송이 증가한 점을 고려할 때 회사가 이사회를 면책 조항으로 보호하지 않은 상태에서 자금 조달 딜을 추진하는 것은 불가능하다. 앞 문단에서 첫 번째 문장은 회사와 이사회 간의 계약상 의무일 뿐이다. 두 번째 문장은 간혹 협상으로 조정할 수 있다. 이러한 문장이 텀시트에 있으면 회사가 공식적으로 책임 보험에 가입할 의지가 있다는 뜻이다. 일반적으로 A 라운드에서는 협상에 따라 보험 가입을 포기할 수 있지만, 후속 투자에 대해서는 임원배상책임보험directors and officer insurance(D&O 보험)에 가입하는 것이 추세이다. 회사는 이사회 구성원에게 기꺼이 면책해야 하며, 외부에서 사외이사를 수혈하기 위해서라도 임원배상책임보험에 가입하는 것이 필요하다.

양도 조항

이 장의 마지막 주제는 양도assignment 조항이다. 텀시트에 등장하는 전형적인 조항으로, 변호사를 쓰면서까지 시간과 돈을 허비할 필요는 없다.

각 투자자는 자신이 인수한 시리즈 A 우선주 주식의 일부 또는 전부를 자신이 관리하는 하나 이상의 파트너십이나 펀드 또는 그에 소속된 이사, 임원, 파트너에게 양도할 권리를 가진다. 다만, 해당 양수인이 서면으로 주식매매계약서 및 부속 서류의 조건들과 관련해서 자신이 매수인의 권리와 의무를 가진다는 것에 동의를 표시해야 한다.

양도 조항은 VC 투자자들에게 보유 주식 이전과 관련해서 유연성을 제공한다. 투자자가 투자 사업을 운영하는 데 필요한 조건이기도 하다. VC 투자자는 양수인이 여러 투자 계약에 구속된다는 것에 동의할 경우 회사는 이 권리를 VC에게 부여해야 할 의무가 있다. 주의할 점은 "계약에 따른 의무의 이전도 수반되어야지 그렇지 않으면 빈틈투성이 양도 조건이 될 수 있다는 것"이다. 어떠한 양수인도 주식 인수 계약서의 원래 인수인이 동의한 내용과 동일한 규칙과 조건을 준수해야 한다는 것을 명심하라.

8장

전환사채

지금까지 벤처 캐피털 자본 유치와 관련한 조건들을 자세히 살펴보았다. 근래 들어 전환사채의 인기는 꽤 높아졌다. 오늘날 많은 엔젤 투자자들과 액셀러레이터accelerator[1]들이 전환사채를 활용하여 투자하고 있다. 전환사채는 대부분 임시 증권으로, 나중에 자본금으로 전환될 수 있다.

전환사채는 말 그대로 사채이다. 대출과 같다. 대출을 받을 때 기업 가치에 대해서는 왈가왈부할 필요가 없다. 하지만 미래의 잠재적 가치에 대해서는 밸류에이션 캡과 관련지어 논의할 필요가 있다. 밸류에이션 캡에 대해서는 추후 다시 논의하겠다. 기본 개념은 회사가 자본 조달과 관련해서 전환사채 발행을 통해서 투자받은 자금은 향후 주식으로 변환될 수 있다는 것이다. 전환시 사채를 대체하는 주식은 어떠한 주식도 가능하고, 발행 조건 또한 회사가 동의하는 한 모두 가능하다. 전환사채를 인수하기 위해 투자자들은 적정한 선에서 회사가 제시한 이자율을 받아들이고, 전환가격은 다음 라운드의 주식 가격보다 할인된 가격에 형성된다.

당신이 엔젤 투자자들로부터 다음 라운드 발행 주식 대비 20퍼센트 할인된 전환가격 조건으로 전환사채 50만 달러를 모집한다고 하자. 6개월 후, 어느 VC 투자자가 시리즈 A 라운드

---

1 최근 한국 정부는 벤처 투자 촉진에 관한 법(이하 '벤처투자법')에서 액셀러레이터, 즉 창업 기획자에 대한 자격 요건을 제도화한 바 있다. 이 책에서는 액셀러레이터라는 영어를 그대로 사용했다.

에서 주당 1달러에 100만 달러 투자를 제시했다고 치자. 당신이 조달한 자금은 실제로는 총 150만 달러가 될 것이다. 하지만 VC 투자자는 시리즈 A 주식(주당 1달러의 조건으로 100만 달러를 조달한다) 100만 주를 받을 것이고, 엔젤 투자자는 62.5만 주의 시리즈 A 주식(주당 0.80달러에 50만 달러)을 받게 된다. 초기 투자자들은 시리즈 A 투자 라운드가 도래하기 전에 위험을 무릅쓰고 투자한 것이므로 일종의 보상 차원으로 할인율을 적용하는 것이 합리적이다.

이 장에서는 전환사채의 장단점을 논의하고, 전환사채 거래의 여러 조건을 살펴볼 것이다. 조건에는 할인율, 밸류에이션 캡, 이자율, 전환 메커니즘, 회사 매각시의 전환, 워런트, 그 외 조건이 있다. 그리고 초기 단계와 후기 단계 투자 다이내믹의 차이를 살펴보고, 마지막으로 전환사채를 사용하는 것이 해가 되는 시점은 언제인지 설명할 것이다.

전환사채의 찬반론

전환사채를 선호하는 사람들은 자본금 형태로 자금을 조달하는 것보다 훨씬 쉬운 거래라고 주장한다. 전환사채를 통한 자금 조달을 위해 해당 기업의 가치 평가를 확정할 필요가 없기 때문에 회사의 가치 평가와 관련한 논쟁을 피해갈 수 있다. 또한 부채이기 때문에 우선주 주식 발행시 주주들에게 부여해야만 하는 권리를 사채권자에게 제공할 필요도 없고, 주식 발행시 수반되는 수많은 문서 작업과 법률 비용을 훨씬 줄일 수 있다.

그러나 최근에는 주식 발행이든 사채 발행이든, 대부분의 거래에서 다양하게 존재하던 수많은 문서가 표준화되면서 법무 비용이 전환사채 발행에서 적게 든다는 주장은 설득력을 잃었다. 10년 전만 하더라도 시드 라운드의 우선주 발행과 전환사채 발행 사이에 법무 비용 차이가 5만 달러 정도였다. 요즘에는 그 차이가 1만 달러 이하로 줄었는데, 많은 법무법인이 시드 라운드의 우선주 발행과 관련해서 기업들로부터 수임을 받기 위해 자문 수수료를 크게 할인하고 있기 때문이다.

어떤 방식으로 자금을 조달하는 것이 회사나 투자자에게 유리한지 혹은 불리한지에 대한 논쟁은 끊임없이 이어져왔다. 한 가지 확신할 수 있는 것은 명확한 답이 있다고 확신하는 사람들이야 말로 잘못된 생각을 가지고 있다는 점이다.

보통은 투자자들이 자본금으로 투자할지 혹은 채무증권 형태로 진행할지에 대한 의사결정을 주도하기 때문에 투자자들의 동기부터 살펴보고자 한다. 초기 단계 투자자가 지분을 인수하는 주요한 이유는 해당 라운드에서 발행되는 주식의 가격을 자신들이 주도적으로 책정할 수 있기 때문이다. 초기 단계 투자는 위험한 속성을 수반하기에 낮은 가격으로 투자하고자 한다. 하지만 현명한 투자자라면 창업가들에게 동기부여가 되지 않을 정도로 낮은 가격으로 투자하지는 않을 것이다. 결과적으로 대부분의 초기 단계 투자에서는 거래 가격이 상당히 좁은 범위에서 결정된다.

전환사채로 자금을 조달할 때 주식 가격은 책정할 필요가 없다. 오히려 더 큰 규모의 자금 조달이 발생하는 후기 라운드에서 주식 가격을 결정하면 된다. 회사가 초기 라운드를 넘어 후기 라운드 투자를 진행한다면 회사가 사업을 제대로 하고 있다는 의미이다. 전환사채를 투자하면 할인 적용을 받기 때문에 전환사채 투자자 입장에서 나쁠 게 없지만, 전환사채 투자자들에게 적용되는 최종 가격은 처음부터 주식으로 투자했더라면 지불했을 가격보다 높을 수 있다. 일부 투자자들은 다음 라운드에서 지불할 가격에 대해서 밸류에이션 캡, 즉 인수하는 주식 가격에 상한선을 설정함으로써 이 문제를 해결하고자 한다. 전환사채 투자자는 다음 라운드에서 회사 가치가 X달러를 넘지 않는 범위에서 주식 가격에서 20퍼센트 할인된 가격으로 투자하고자 한다. 만약 회사의 가치가 X달러 이상으로 평가된다면 전환사채권자 입장에서 회사 가치는 X달러이다(따라서 가치 평가의 상한선이라는 의미로 밸류에이션 캡이라는 개념을 사용한다).

얼핏 문제가 해결된 듯 보인다. 과연? 기존 투자자에게는 도움이 되겠지만 회사와 창업가에게는 그렇지 않을 수도 있다. 다음 라운드에 참여하는 투자자들은 전환사채 투자자가 지불한 것보다 훨씬 많은 금액을 지불하는 것을 반기지 않을 수 있다. 기존 투자자가 투자한 기존 주식은 한번 발행하면 좀처럼 조건이 변하지 않겠지만, 신규 우선주 투자자는 사채권자가 밸류에이션 캡을 없애거나 변경하지 않는다면 투자하는 것을 거부할 수도 있다. 투자 유치(또는 자금 조달) 과정 중에 VC 투자자들은 회사의 전환사채 조건에 대해서도 질문할 것이다. "아, 저희 회사는 X달러까지 밸류에이션 캡이 설정되어 있습니다"라는 당신의 대답에 VC 투자자는 밸류에이션 캡(상한선)의 언저리에서 기업 가치를 짐작할 것이다. 그렇다면 실질적으로 당신은 모래사장에 선을 긋는 것(작은 선이지만, 어떤 경우에는 최종 가치에 영향을 미치지 않을 수 있음)처럼 회사의 미래 기업 가치에 의미 없는 계산을 하는 것일 수도 있다.

창업가의 관점에서도 선택은 명확하지 않다. 어떤 사람들은 전환사채로 자금을 조달하면 첫 라운드에서의 기업 가치를 높이는 것이 자명하다고 주장한다. 그들이 완전히 옳지는 않겠지만 전환사채의 특성상 시간이 지남에 따라 가치는 올라가고, 과거 투자자 입장에서 밸류에이션에 긍정적으로 작용할 것이라는 주장은 어느 정도 근거가 있다. 회사 입장에서 첫 투자자가 가장 중요하다는 점에서 절반은 맞고 절반은 틀린 이야기다. 그들은 누구도 투자하지 않을 가장 위험한 단계에 당신의 사업에 투자한 사람들이다. 당신 또한 그들을 신뢰했고 존중했다. 때로는 그들과 사적인 관계로 얽혀 있을 수도 있다. 시간이 지나 당신의 사업이 번창하고, 그다음 투자자가 당신이 애초에 예상했던 것보다 훨씬 높은 가격으로 투자했다고 하자. 하지만 당신을 도와준 사람들은 손에 쥐는 것이 예상보다 적어졌다. 당신의 가장 열렬한 지지자들은 투자 유치에 매우 기뻐하겠지만 그들에게 돌아갈 몫은 적어지는 것이다.

정말 전환사채가 기업 가치를 높여줄까? 밸류에이션 캡이 있던 전환사채 투자 라운드로 돌아가자. 만약 전환사채 투자자가 이 거래에 동의했다면, 전환사채 투자자는 다음 라운드의 지분 투자에서 기업 가치가 밸류에이션 캡 수준으로 평가되는 것에 동의한다는 것이다. 회사는 전환사채 투자자에게 동일한 평가 금액으로 지분을 발행한 셈이다. 그러나 전환사채 투자자는 제시했던 가격보다 낮은 가격으로 주식으로 전환할 수 있는 선택권이 있다. 주식 가치가 밸류에이션 캡보다 낮은 여러 가지 시나리오가 가능하기 때문이다. 그런 상황에서 전환사채 투자자는 현재 자신이 수용할 수 있는 주식 가격(전환가격)보다 높게 밸류에이션 캡을 설정하는 것에 동의해야 할 이유가 있을까? 밸류에이션 캡은 회사가 받을 수 있는 기업 가치에 대한 상한선으로 작용한다. VC 투자자 역시 밸류에이션 캡에 집중할 것이다. VC 투자자는 주당 X달러를 지불할 의사가 있겠지만, 텀시트 제시 전에 실사 과정에서 밸류에이션 캡을 확인하고 나서는 밸류에이션 캡보다 낮은 가격인 Y달러(X달러 보다 낮은 가격)를 제시할 것이다. 따라서 시드 라운드에서의 투자가 좋은 거래였다 하더라도 시리즈 A 라운드 투자(물론 시리즈 A 투자는 시드 라운드보다 많은 자금을 모집하지만)는 받을 수 있는 최대치는 받지 못하는 거래, 즉 저평가된 딜이 될 수 있다. 요약하자면 이 시나리오에서 회사는 자기 자신을 평가절하한 것이다.

창업가를 위한 팁

시드 단계에서 전환사채 투자자를 유치할 때는 두 가지 추가 조건이 있는 전환사채를 고려하길 바란다. 첫째는 주식 자금 조달에 합리적이 기한이 정해져 있고, 이 기한이 충족되지 않을 경우 강제적으로 전환되는 조건이다. 정해진 기한 내에 주식 발행을 통한 자금 조달이 되지 않을 경우 전환사채가 주식으로 전환되도록 하여 회사 입장에서는 정해진 기한 내 주식 자금 조달에 대한 적극적인 동기 부여를 하고, 투자자 입장에서는 일정 시점 이후에는 전환사채가 주식으로 전환되게 함으로써 사채로서 무기한으로 만기가 연장되지 않는 것이다. 두 번째는 전환 관련 가치 평가에서 상한선이 아니라 하한선에 대한 설정을 두어 사채권자의 금전적 가치를 보호하는 것이다.

VC 투자자가 회사의 가치 평가와 인수 가격에 대한 협상을 하는 데 상당한 시간을 쓰고서도 양자 간의 의견 불일치가 생길 가능성은 항상 있다. 만약 VC 투자자가 딜을 할 수 없거나 하지 않게 된다면 무엇을 의미할까? 당신과 VC 투자자가 회사가 창출해낸 기업 가치에 완전히 다른 시각을 갖고 있다는 것이 아닐까? 회사와 당신의 관계나 회사에 대한 전략적 판단에 당연히 영향을 미치지 않을까?

할인율

전환사채 투자자는 회사의 지분을 인수하지는 않는다. 전환사채는 단순한 형태의 대출 또는 채권의 일종이지만, 한편으로는 미래에 어떤 자금 조달 거래(주식 발행)에 근거해서 지분증권으로 전환될 수 있는 채무 증권이다. 이제 전환사채의 조건을 설명하고자 한다. 그중에서도 가장 중요한 요소인 할인율을 먼저 살펴보자.

최근까지 다음 자금 조달 라운드의 주식 가격에 대비해서 할인 조건 없이 주식으로 전환되는 전환사채를 본 적이 없다. 과열된 시드 스테이지에서 시장 상황으로 인해서 할인을 적용하지 않은 전환사채 거래도 있었다는 이야기는 들었지만 정상적이거나 장기적으로 지속 가능한 거래 형태라고 보지는 않는다.

할인의 근거는 투자자들이 초기에 투자를 함으로써 감내하는 리스크에 대해서는 단순한 채권 이자 이상의 대가를 투자자에게 줄 필요가 있다는 것이다. 투자자들은 은행이 아니다. 그들은 회사의 지분을 인수할 계획도 있지만, 지분 인수시 수반되는 피투자 회사의 기업 가치에 대한 논의를 다음 자금 조달 단계로 미루었을 뿐이다.

그렇다면 할인은 어떤 방식으로 적용할까? 두 가지 접근 방식이 있다. 다음 라운드 주식 가격에서 할인하는 방식과 워런트를 부여하는 방식이다. 이 장에서는 시드 라운드 투자에 적합하고 훨씬 간단한 할인 가격 방식을 다루려고 한다.

계약서에서 다음 라운드 주식 가격에 할인율을 적용하는 방식은 다음과 같다.

이 채권은 소지인의 별도 행위 없이 전체 금액이 자동으로 주식으로 전환되며, 전환시의 주식 가격은 지분 주식을 인수한 투자자들이 지급하는 주식 가격의 80퍼센트와 동일하며, 그 외 주식 인수 조건은 지분 투자자에게 제시된 조건과 동일하다.

다음 라운드 투자자들이 주당 1달러에 주식을 인수한다면 전환사채 보유자들은 전환사채를 동일한 주식으로 20퍼센트 할인된 가격인 주당 0.80달러에 전환할 수 있다는 것을 의미한다. 10만 달러의 전환사채를 가지고 있다면 12만 5000주(10만 달러/ 0.80달러)를 사채 전환으로 취득할 수 있고, 새로운 자본 투자자는 10만 달러를 투자하고, 10만 주를 받는다(10만 달러/1달러).

일반적인 할인율의 범위는 10~30퍼센트 사이이고, 20퍼센트가 가장 흔히 적용된다. 가끔 할인율이 시간이 지남에 따라 증가하는 경우도 있으나(해당 투자 라운드가 90일 안에 마감되면

10퍼센트가 적용되고, 딜 마무리에 시간이 더 걸린다면 20퍼센트로 상승한다) 시드 라운드에서는 할인율을 일관되게 유지하는 것을 권장한다.

밸류에이션 캡

밸류에이션 캡valuation cap은 앞에서 간단히 다루었지만, 이 장에서는 좀 더 깊게 다루어보겠다. 밸류에이션 캡은 캡, 즉 전환가격에 상한선을 둠으로써 투자자에게 유리한 조건을 제시한다. 밸류에이션 캡은 시드 라운드에서만 볼 수 있는데, 시드 라운드 투자자의 경우 사업의 실체도 분명치 않은 상당히 이른 시점에 투자함으로써 상당한 위험을 감내했음에도 불구하고 다음 라운드에서 회사의 가치가 올라가면 위험 감수에 대한 보상이 충분히 반영되지 않은 상태로 기업 가치가 매겨지고, 그에 따라 주식 인수가격/전환가격이 책정될 수도 있다는 데 대한 불안감이 있기 때문이다.

어떤 투자자가 회사에 10만 달러를 투자하고, 회사의 프리머니 기업 가치는 200만~400만 달러 사이로 추정된다고 하자. 창업가는 기업 가치가 높아야 한다고 생각한다. 경우에 따라 투자자와 창업가는 기업 가치에 대한 논의를 멈추고 다음 라운드에서 결정되는 기업 가치가 얼마가 되든 그때의 주식 발행 가격 대비 20퍼센트 할인된 전환가격을 조건으로 하는 전환사채 투자 계약을 체결하기로 결정한다.

9개월이 지나고 회사의 사업이 잘 진행되어 창업가와 투자자 모두 기뻐한다고 가정하자. 이제 회사는 우선주 투자 라운드를 진행한다. 그리고 2000만 달러의 프리머니 기업 가치를 전제하는 텀시트를 다른 투자자로부터 받게 되었다. 이 경우 20퍼센트 할인 조건으로 인해서 투자자가 9개월 전에 투자한 금액에 대해서 2000만 달러가 아닌 20퍼센트 할인된 1600만 달러의 밸류에이션을 기준으로 사채를 주식으로 전환할 수 있는 권리를 갖게 된다.

투자자는 창업가에게 기쁜 마음도 들지만, 한편으로는 자신의 투자에 대한 높은 밸류에이션에 충격을 받을 수 있다. 그리고 처음부터 거래 가격을 결정하지 않은 선택이 나쁜 결정이었음을 뒤늦게 깨달을 것이다. 만약 1600만 달러 미만의 가격이었다면 전환사채 투자자 입장에서는 더 좋았을 것이다. 그 가격 또한 투자자가 전환사채를 투자할 때 회사의 가치로 생각했던 200만~400만 달러보다 무척 큰 금액이지만 말이다.

밸류에이션 캡은 이러한 문제를 해결하기 위해 사용된다. 상한선을 합의함으로써 창업가와 투자자는 여전히 가격 논의를 미루는 대신 전환가격의 상한선을 미리 설정할 수 있다.

앞 사례에서 창업가와 투자자는 400만 달러의 밸류에이션 캡에 동의했다. 거래에 20퍼센트 할인이 있으므로, 기업 가치가 500만 달러에 달할 때까지는 전환가격 계산에서 20퍼센트 할인을 받을 것이다. 할인된 가치가 이 캡을 초과하면 이후로는 캡이 적용될 것이다. 따라서 2000만 달러의 프리머니 밸류에이션의 경우, 투자자는 400만 달러의 가격으로 주식을 전환받을 것이다.

어떤 경우에는 밸류에이션 캡이 다음 라운드의 가치에 영향을 미칠 수 있다. 일부 VC들은 캡을 보고 시드 투자자와 창업가의 협상 과정에서 합의한 최고 가격이라고 생각해 다음 라운드 가격에 대한 가격 상한선으로 간주할 수 있다. 이를 완화하기 위해 창업가는 새로운 VC 투자자와 가격을 합의할 때까지 시드 라운드 조건을 공개하지 않아야 한다. 그러나 지금은 VC 투자자들이 텀시트를 송부하기 전에 전환사채 라운드의 투자조건을 요구하는 것이 꽤 흔해졌다. 투자를 받는 회사와 창업가 입장에서 자금을 제공할 수 있는 잠재적인 사업 파트너의 요청을 거절하기 어려운 것도 사실이다.

분명한 점은 창업가들은 밸류에이션 캡이 없는 것을 선호한다. 그러나 많은 시드 투자자들은 밸류에이션 캡이 설정되지 않은 전환사채는 어느 정도 거품을 수반하는 초기 단계의 벤처 딜에서 투자자와 회사 사이에 수익/위험에 대한 인식의 차이로 인한 갈등을 만들어낼 소지가 있음을 잘 알고 있다.

따라서 회사의 성장 단계를 고려해서 양자 간에 진중하게 협상하여 장기적으로 밸류에이션 캡을 설정하는 것이 창업가와 시드 투자자 간의 이해관계를 일치시키는 데 도움이 될 것이다.

이자율

전환사채도 채무증권의 일종이어서 지급해야 할 이자율이 표기되어 있다. 이자율은 채무증권에 투자한 투자자 입장에서는 최소한의 기대 수익이다.

전환사채 이자율은 가급적 낮아야 한다. 전환사채는 은행 대출과는 엄연히 다르며, 투자자들은 어떤 유형이 되었든 할인이라는 방식으로 충분히 보상을 받기 때문이다. 창업가라면 법적으로 허용되는 최저 이자율을 확인하기 위해 적용가능 연방 이자율applicable federal rates(AFRs)을 확인해야 한다. 그리고 변동성을 감안해서 약간의 프리미엄을 붙여서 제안하길 권장한다. 할인율과 이자율이 종종 서로 영향을 주고받음을 고려할 때 일반적으로 5~12퍼센트(평균은 8퍼센트) 사이의 이자율과 10~30퍼센트(평균은 20퍼센트) 사이의 할인율이 적절하지 않을까 한다.

전환사채의 전환 구조

전환사채는 결국 자본으로 전환된다. 전환사채가 주식으로 전환되는 방식 및 시점과 관련해서는 몇 가지 차이가 존재한다. 전환사채의 전환 구조는 사전에 서로 만족할 수 있는 방식으로 조건들을 정의하여 결정한다.

일반적으로 채권자들은 우월한 입장에서 기업에 대한 통제권을 가지고 있고, 파산 및 강제 청산과 같은 달갑지 않은 사항을 강제할 수 있는 권한이 있다. 따라서 전환되지 않는 미지급 채무를 보유하고 있는 채권자와 창업가 사이에 불화가 생길 경우 창업가 입장에서는 좋을 것이 없다. 그런 일이 실제로 발생하고, 채권자가 협상에서 과도한 권력을 갖는 상황도 존재한다.

일반적인 전환 관련 조항은 다음과 같다.

다음에 기재된 날로부터 [180]일째 되는 날(이하 '만기일') 이전에 발행인이 투자자들에게 지분 증권(주식)을 발행 및 판매(채권이나 기타 부채의 전환으로 인한 자본은 제외)하고 그 지급 대금으로 총 100만 달러 이상 금액을 발행인이 수취하는 경우('적격 자본 조달'), 이 채권의 미지급 잔액은 채권 보유인의 별도의 행위 없이도 자동으로 지분 증권으로 전환되며, 그때 전환되는 주식은 지분 투자자가 지불한 주당가격 및 지분 투자자가 제시받은 조건과 동일한 가격과 조건으로 전환된다.

이 단락에서 중요한 사항은 전환사채가 자동으로 전환되기 위해서는 제시된 모든 조건이 충족되어야 한다는 것이다. 그렇지 않으면 자동전환이 이루어지지 않는다.

기간: 회사는 6개월(180일) 이내에 전환사채가 자동으로 전환됨에 따라 주식을 부여해야 한다. 이 기간이 충분한지 판단해야 한다. 창업가라면 이 기간을 가능한 길게 하는 것이 좋다. 많은 벤처 기업들은 투자자와의 계약에 따라 만기일이 1년 이상인 채무를 발행할 수 없으므로 VC 투자자와 협상 중이라면 1년이 최대 채권의 기간이다.

금액: 전환사채 잔액의 주식 전환으로 인한 주식 발행은 제외하고, 이 경우 회사는 전환사채를 주식으로 전환하기 위해 최소 100만 달러를 조달해야 한다. 창업가는 종종 회사가 조달하고자 하는 최소 금액을 기준으로 금액을 결정하게 된다. 이 금액을 결정할 때는 남아 있는 기간과 그 기간 동안

조달 가능한 금액을 생각해야 한다.

회사가 전환사채를 자동 전환하기 위한 마일스톤(신규 적격 자본 조달)을 달성하지 못하면 어떻게 될까? 전환사채는 채권자들이 보유한 사채를 주식으로 전환하기로 합의하지 않는 한 계속 유지된다. 이때 투표권과 전환사채에 대한 수정 조항을 유심히 살펴보는 것이 중요하다.

전환사채의 어떤 조항이든 발행인과 채권자 과반수의 서면 동의에 따라 수정되거나 면제될 수 있다. 이 계약의 11조(예시)에 따라 그와 같은 면제나 수정의 효력이 발생하는 경우, 발행인은 이전에 서면으로 동의하지 않은 채권자에게 즉시 서면으로 통지해야 한다.

수정을 위해서는 사채권자 과반 또는 그 이상의 동의가 필요하므로(주식 전환을 위한 또 다른 기준) 이 기준을 충족할 수 있는지 반드시 확인해야 한다. 100만 달러 전환사채를 60 대 40 비율로 두 채권자가 나누어 가지고 있다고 가정하면, 보통 결의로 주식 전환을 결정하는 경우 채권자의 과반수 찬성 원칙에 따라 60퍼센트를 보유한 한 명의 채권자만 동의하면 되지만, 특별 결의가 필요한 경우 3분의 2의 동의가 필요하기 때문에 두 당사자가 모두 동의해야 한다. 당신과 원만하게 지내고 있지 않은 사람이 40퍼센트를 보유한 작은 사항이 큰 차이를 만들 수 있다.

회사 매각시의 전환권 행사

전환사채가 있는 회사가 주식 발행을 통한 자본 조달과 전환권 행사가 이루어지기 전에 외부 인수자에게 인수되는 경우 전환권은 어떻게 작동할까? 여기에는 몇 가지 시나리오가 있다.

첫째, 전환사채의 채권자가 원금과 대출 기간 중 발생한 이자를 돌려 받는 경우이다. 계약서에 명시되지 않은 상황에서는 어떤 것으로도 전환되는 것을 허용하지 않지만, 동시에 인수가 이루어지면 사채를 상환해야 한다고 규정하는 것이다. 따라서 채권자들은 인수시 어떠한 혜택도 받지 못한다. 유감스럽게도 인수·합병이 모두 지분으로 이루어진 거래인 경우 회사는 대출을 상환하기 위해 현금을 확보하거나 인수자가 사채권을 처리하도록 협상해야 한다.

둘째, 채권자가 원금과 이자, 그리고 원금의 몇 배수에 해당하는 금액을 돌려받는 경우이다. 이 경우 계약서에 따라 회사는 미지급 투자 원금과 이자에 더해 초기 투자액의 몇 배수에 해당하는 금액을 지불한다. 보통 적용되는 배수는 2~3배가 사용되지만, 후기 단계의 회사에서는 이 배수가 더 높을 수 있다. 일반적인 설명은 다음과 같다.

회사의 매각: 적격투자가 발생하지 않은 상황에서 회사가 사채권의 만기일 이전에 회사의 외부 매각을 결정하는 경우에는 전환사채 투자계약서에서 명시된 사항에도 불구하고 회사는 채권자에게 (i) 회사의 매각 종결 예상일로부터 최소 5일 전에 해당 매각 건에 대해서 서면으로 통지하며, (ii)

회사는 채권자들에게 각 채권에 대한 원금 잔액과 미지급 이자 총합의 ____배에 해당하는 금액을 지불함으로써 회사의 전환사채 투자계약상의 의무를 완전히 이행할 수 있다.

셋째, 인수 회사의 주식으로 전환되는 경우이다. 초기 단계의 회사가 아직 우선주를 발행하지 않은 경우 전환사채는 (인수·합병이 주식 거래로 이루어지는 경우) 밸류에이션 캡을 고려한 인수 시에 평가한 가격으로 인수 회사의 주식으로 전환된다. 주식 거래가 아닌 경우 앞에서 언급한 시나리오 중 하나가 적용된다.

후기 단계 회사에서 채권자들은 보유한 전환사채를 매우 유연한 방식으로 변제받을 수 있다. 그들은 채권에 대해서 몇 배수의 환급을 받거나 직전 우선주 라운드 가격을 기준으로 주식의 상승분으로 보상받을 수 있다. 주의할 점은 인수 가격이 낮은 경우 채권자는 종종 전환권을 포기하고 전환사채에 대해서 현금 상환을 요구할 수 있다는 것이다.

전환사채를 발행하는 것이 자기자본을 발행하는 것보다 쉽게 처리할 수 있지만, 채권이 미상환인 상태에서 인수가 이루어지는 경우는 상황이 복잡해진다. 계약서에 인수·합병시 전환사채를 어떻게 처리할지 확정해놓는 것이 좋다.

워런트

지금까지 전환사채 할인과 관련해서 '다음 라운드의 발행 주식 가격 대비 할인' 방식을 설명했다. 할인에 대한 또 다른 접근 방식은 워런트를 발행하는 것이다. 이 방법은 더 복잡하여 회사가 이미 주식 라운드 투자 유치로 자금을 조달한 경우에만 적용되지만, 때때로 초기 단계 거래에서도 사용하기도 한다. 시드 라운드를 진행 중이라면 이 방식을 사용하지 않고 변호사 수수료를 절약할 것을 권장한다. 하지만 후기 단계에서 전환사채를 진행하거나 투자자가 오히려 워런트 발행을 요구하는 경우 워런트의 작동 방식은 다음과 같다.

투자자가 10만 달러를 투자하고 전환사채 금액의 20퍼센트에 해당하는 워런트를 받는다고 가정해보자. 이 경우 투자자는 2만 달러에 해당하는 워런트를 받게 된다.

여기서 약간 까다로워진다. 2만 달러의 워런트는 무엇을 의미일까? 워런트는 미리 결정된 가격에 일정 수의 주식을 구매할 수 있는 옵션이다. 그렇다면 워런트의 수량과 가격은 어떻게 결정할까? 다양한 계산법이 있다.

보통주나 우선주의 직전 주당 가치로 환산한 보통주 2만 달러.
직전 우선주 투자 라운드에서 결정된 주당가격을 기준으로 한 우선주 2만 달러.
다음 우선주 투자 라운드에서 결정될 주당가격을 기준으로 한 우선주 2만 달러.

워런트를 통해서 취득할 수 있는 회사 주식에 대한 지분율은 워런트가 연동된 라운드의 주식의 가격에 따라 상당히 달라질 수 있다. 특정 클래스의 지분율은 해당 클래스의 주식 의결권에 영향을 줄 수 있다.

일반적으로 많이 사용하는 방식은 워런트가 이전 우선주 라운드 주식 발행과 연동되는 두 번째 방식이다. 이전 라운드 우선주 발행이 없는 경우 워런트 행사 가격은 다음 우선주 라운드 주식 발행 가격에 연동된다. 그러나 다음 우선주 투자 라운드가 완료되기 전에 회사가 인수되는 경우에는 보통주로 받는다.

라운드가 주당 1달러로 진행된다고 가정해보자. 10만 달러의 전환사채를 보유한 채권자는 전환시 10만 주의 주식으로 전환할 수 있는 권리와 함께 2만 달러어치의 워런트, 즉 행사 가격이 1달러인 2만 개의 워런트를 인수한다.

워런트에는 몇 가지 추가 조항이 있다.

행사 기간: 워런트를 행사할 수 있는 기간으로, 일반적으로 5~10년이다. 짧을수록 창업가와 회사에 유리하다. 길게 설정할수록 투자자에게 더 유리하다.

합병시 고려 사항: 회사가 인수될 경우 워런트는 어떻게 처리해야 할까? 인수·합병 거래 전에 워런트를 행사한 것이 아니라면 합병 거래시 모든 워런트가 소멸해야 한다는 데 전적으로 동의한다. 회사가 인수되면 워런트 소지자는 워런트를 행사하거나 포기해야 한다. 인수하는 회사 입장에서는 워런트 권리가 합병 이후에도 유효하여 워런트 소지자가 인수 회사 지분을 취득하는 것을 선호하지 않기 때문이다. 이 권한이 부여된 워런트가 있는 경우 인수자는 반발하는 일이 많고, 인수자는 거래 종결의 조건으로 피인수 회사가

워런트를 매입하거나 혹은 워런트 조건을 변경할 것을 요구함에 따라 인수·합병 거래가 지연되기도 한다. 회사 입장에서 이러한 협상 상황에 놓이면 좋을 것이 없다. 합병 가능성을 공개하면서 동시에 해당 이슈가 종결될 때까지 인수자에게 목줄이 잡혀 있는 상황이 되고(회사 입장에서는 협상시 지렛대로 삼을 만한 것들이 사라진다), 회사는 워런트 소지자들에게 대가를 지불해야 하기 때문이다.

원본발행할인original issue discount(OID): OID는 재미없는 회계상 개념이긴 한데 중요한 사항이다. 전환사채에 워런트가 포함된 경우 OID 문제를 피하려면 워런트에 별도로 대가를 지불해야 한다. 전환사채 금액이 10만 달러이고, 여기에 20퍼센트의 워런트가 포함된 경우 미국연방국세청 Internal Revenue Service(IRS)은 워런트 자체가 금액적 가치를 가지고 있다고 판단한다. 채권자가 워런트를 받았지만 계약서에 워런트의 실제 매입에 대한 별도 규정이 없는 경우 IRS에서는 채권자는 10만 달러 전환사채에 대해서 워런트 가치만큼의 OID를 받았다고 본다. 문제는 채권자가 돌려받을 10만 달러의 일부는 채권자에게 지급될 이자로 취급된다는 점인데, 더 나쁜 경우는 채권자 입장에서는 이자든 원금이든 돈을 받기도 전에 전환사채 기간 동안 수익으로 계상된다는 점이다. 간단한 해결책은 워런트에 어떤 대가를 지불하는 것이며, 그 금액은 대략 일반적으로 1000~5000달러 미만의 금액이다.

투자자 입장에서 워런트와 할인의 차이는 중요하지 않다. 보통주를 인수할 수 있는 워런트를 받을 수 있다면 워런트의 최종 가치가 할인으로 혜택받는 금액을 상회할 수도 있겠지만 명확하지는 않다. 우리가 이 주제에 많은 분량을 할애하는 까닭은 그만큼 워런트가 복잡하고 변호사 자문 비용이 상당히 들기 때문이다. 그러나 일부 할인 방식에는 밸류에이션 캡이 포함될 수 있으며, 그로 인해 회사의 기업가치평가에 부정적인 영향을 미칠 수 있다. 워런트는 기업가치평가와 관련한 논의와는 완전히 별개이다. 할인 방식과 달리 워런트는 많이 활용되지 않는다.

마지막으로, 회사는 어떤 경우에도 투자자가 매입 할인과 워런트를 이중으로 받는 것을 허용해줄 필요는 없다. 투자자에게 합리적인 수준을 넘는 혜택일 뿐이다. 투자자는 매입 할인 또는 워런트 중 양자택일을 하는 것이 바람직하다.

기타 조건

전환사채 투자에서 종종 볼 수 있는 몇 가지 다른 조건이 있다. 주식 투자 라운드를 진행할 때 계약서의 앞단에서 보게 되는 조건들이다. 세심한 엔젤 투자자나 시드 투자자가 이후 진행하는 투자 라운드에서 자신들의 권리를 보호하기 위해 투자계약서에 기재하는 조건이다.

전환사채 투자에서 가끔 볼 수 있는 첫 번째 조건은 지분율 유지권pro rata right이다. 전환사채 투자자가 추후 투자금 조달 거래시 지분율에 비례하여 투자에 참여할 수 있는 권리이다. 전환사채 투자금은 규모가 작기 때문에 채권 투자자는 특별 지분율유지권super pro rata right을 요청하는 경우가 있다. 전환채권 투자자가 전환사채에 50만 달러를 투자하고, 회사가 후에 700만 달러를 조달한다면 투자자는 단순 지분율유지권만으로는 다음 라운드에서 큰 금액으로 투자에 참여할 수 없다. 따라서 시드 투자자는 현재 소유 비율의 2배에서 4배까지의 멀티플이 적용되는 특별 지분율유지권이나 혹은 다음 자금 조달 규모에 대한 특정 비율(예를 들어 5~20퍼센트)만큼 투자에 참여할 권리를 요구할 수 있다. 누군가가 특별 지분율유지권이나 다음 자금 조달의 특정 금액 이상을 요청하고, 이를 허용하면 회사의 장기 자금 조달에 장애가 될 수 있다.

가끔 전환사채 거래에서 유동화 우선권을 보는 경우도 있다. 이것은 우선주 주식 거래와 동일한 방식으로 작동한다. 투자자들은 다른 사람에게 수익이 분배되기 전에 먼저 투자금을 회수하거나 투자금의 몇 배수를 받는다. 회사가 자본을 조달하기 어려운 상황에서 현재 투자자들이 회사에 전환사채(브리지 대출이라고도 함)를 제공할 때 주로 발생한다. 예전에는 고리대금 방지 관련 법이 이러한 조항을 금지시키기도 했다. 하지만 미국의 경우 대부분의 주에서 문제가 되지 않으며, 투자자들은 채권을 보유하여 투자 안전성을 보장받을 뿐만 아니라 청산시 우선주의 이익도 가질 수 있다.

전환사채 자금 조달을 하는 기업의 단계

일반적으로 중기 및 후기 단계 스타트업이 전환사채를 발행하는 경우는 자금을 많이 조달할 수 있다는 확신이 있을 때이다. 이러한 거래는 브리지 자금 조달로 알려져 있다. "이 투자는 다음 라운드로 건너가는 다리인가요, 바닷속으로 뛰어드는 부두인가요?"라는 질문을 들어본 적이 있을 것이다.

회사의 성과가 좋지 않아 신규 자금 조달 능력이 의심 되는 경우가 아니거나, 브리지 대출권자가 회사를 외부에 매각하거나 청산하는 것이 아니라면 이러한 거래 조건은 초기 단계 기업에 투자할 때의 조건과 유사하다. 이러한 부정적 상황을 대비해 유동화 우선권과 같은 조항이 있고, 경우에 따라 이사회 구성원 변경이나 경영권 교체가 발생하기도 한다. 이 경우를 대비한 브리지 대출 중 일부는 5장에서 논의한 페이투플레이와 같은 조건도 포함하고 있다.

전환사채는 우선주 투자와 관련하여 기존의 복잡한 속성과 높은 법률 비용으로 인해 초기 단계 기업에 대한 투자 방식으로 일반적이었다. 전환사채가 법적 측면에서 간단하고 저렴하기 때문이다. 시간이 지나 자기자본 조달 라운드가 비용 측면에서 저렴해짐에 따라 요즘에는 법률 자문 비용을 고려하지 않고 있다. 결국 초기 단계 회사에서 전환사채를 사용하는 주된 이유는 당사자 간의 기업가치평가를 둘러싼 여러 분쟁을 피하기 위함이다.

전환사채는 과연 위험한가?

전환사채와 관련한 마지막 주제는 법적인 이슈다.

회사가 자기자본을 통해 현금을 조달하면 재무 구조가 크게 개선된다. 회사는 유동성이 크게 증가하고, 새로이 선임된 이사회와 임원들은 기업 가치를 높이기 위해 노력하고, 주주에 대한 선량한 관리자의 의무를 다한다. 주주들은 대부분 직원들과 벤처 투자자들이다. 모든 것이 순조롭고 평온하다.

그러나 회사가 지급 불능 상태인 경우 이사회와 회사는 회사의 채권자들에게 선관주의의무를 가지게 된다. 이런 상황에서 전환사채를 통해 자금을 조달하면 회사는 더욱 지급 불능 상태에 처할 가능성이 높다. 현금이 있지만 부채로 갚아야 할 돈이 자산보다 커진다. 회사 입장에서 채권자는 사무실이 있는 건물의 건물주, 어떠한 형태든 금전 대여자(불만을 품은 이전 직원들을 포함하여) 및 변호사를 고용해서 회사와 대립하는 다른 창업가 등 회사에 잠재적으로 금전적 권리를 요구할 수 있는 모든 이해관계자를 포함한다.

불편한 상황을 상상하는 것은 어렵지 않다. 회사가 실패한다고 가정해보자. 자본을 조달하는 경우, 임원과 이사들은 현금이 부족하여 부채를 상환할 수 없을 때는 채권자들(예를 들어, 임차인)에 대해서만 선관주의의무를 지게 된다. 회사의 운영이 잘된다면 채권자의 채권은 역설적으로 하락 시나리오에서도 순조롭게 상환된다. 그러나 때로는 소송이 발생할 수 있다. 변호사들이 개입하면 회사가 언제 재무 상태가 나빠졌는지를 찾아낼 것이고, 그 기간 동안 이사회의 결정에 문제가 많았음을 입증할 것이다. 그 기간이 짧으면 회사에 소송을 제기하기는 어렵다.

그러나 부채로 자금을 조달하면 회사의 지급 불능 기간은 채권이 자본으로 전환될 때까지 지속될 수 있다. 결과적으로 회사의 경영이 실패하고 채권자의 채권을 상환할 수 없는 경우, 원고 측 변호사가 회사의 행위에 잘못을 찾아낼 확률이 크게 증가한다. 미결된 고용 관련 소송이 있다면 이와 관련된 모든 사람이 회사의 채권자로 간주된다는것도 잊어서는 안 된다.

가장 나쁜 점은 미국의 많은 주에서 지급 불능 상태에서 발생하는 사항들에 대해서 회사의 이사들에게 개인적 책임을 묻는다는 점이다. 일부 주에서는 채권자가 회사로부터 변제받지 못한 금액에 대해서 이사들에게 소송을 걸수도 있다.

우리는 여기에 과도하게 몰입하고 싶지는 않다. 초기 단계 및 시드 단계 기업을 이야기하고 있으니 최악의 상황이 발생하지 않길 바랄 뿐이다. 문제는 전환사채 투자 라운드에 참여하는 사람들 중 극히 일부만이 이러한 이슈를 진지하게 생각한다는 것이다.

전환사채의 대안

여러 해 동안 초기 단계 자금 조달 관련 계약서를 표준화하기 위한 노력과 더불어 자본과 부채의 장점을 결합한 초기 단계 기업을 위한 하이브리드 자금 조달 방식을 창안하기 위한 시도가 있었다. 최근 가장 인기 있는 투자 방식은 와이컴비네이터Y Combinator[2]가 창안한 세이프Simple Agreement for Future

Equity(SAFE)[3]이다. 그다음 세이프의 500스타트업500 Startups[4] 버전인 키스Keep It Simple Security(KISS)[5]가 뒤를 따르고 있다.

세이프('the safe'라는 이름은 의도적으로 만든 것인데, 전환사채를 노트Note로 언급하는 것과 비슷하다)의 아이디어는 투자자가 전환사채를 사는 것이 아니라 가격이 결정되지 않은 워런트를 매입한다는 것이다. 전환사채의 법적 지위를 둘러싼 첨예한 논쟁을 비롯해 전환사채에 대한 우려 사항을 제거하고, 이자와 같은 부채 속성을 없앨 수 있다.

전환사채와 마찬가지로 세이프에도 밸류에이션 캡 또는 할인이 있다. 최혜국 조항most favored nation(MFN 조항)도 포함되어서 향후 투자자에게 나은 조건이 제공되면 기존 세이프 투자자들도 자동으로 혜택을 받을 수 있다.

투자자들에게 세이프는 전환사채와 비교해서 몇 가지 단점이 있다. 다음 라운드 투자에서 명시적인 지분율유지권이 없다는 것이 대표적이다.

만기일이 없다는 것은 장점이자 단점이다. 회사 입장에서 채권의 만기일과 관련된 부채 상환 위험을 없애주지만, 동시에 창업가가 투자자와 만기일이 도래할 즈음에 서로 의사소통하는 최소한의 의무를 없애기도 한다. 전환사채 만기와 관련해서 투자자들은 별 요구 없이 전환사채의 만기를 연장해주기도 한다. 하지만 스타트업이 재무적 곤경에 처한 상황에서 창업가나 경영자가 투자자와 의사소통이나 교류를 하지 않는다면 만기일을 없애는 것은 투자자 관점에서 지렛대로 쓸 수 있는 무기들을ー최소 논의를 제기하는 것조차ー없애는 결과를 가져온다.

전환사채와 마찬가지로, 세이프는 많은 중요한 이슈들을 무시하고 넘어가는데(그중 가장 중요한 것은 기업가치평가 관련 사항이다), 창업가와 투자자는 이러한 이슈들을 합의하여 다음 라운드 투자까지 연기하거나 혹은 소극으로 애써 무시하기도 한다.

비록 이러한 투자 구조가 낯설더라도 자기자본과 전환사채를 이해하려면 이러한 융합적인 접근법을 숙지해야 한다. 무엇보다 프로세스 초기에 자격을 갖춘 괜찮은 변호사를 참여시키는 것이 중요하다.

2   2005년에 설립된 미국 최대 규모의 스타트업 액셀러레이터 기업으로, 수천 개 스타트업의 초기 라운드 투자를 진행했다. 오피스 아워를 주최하여 창업가 간 교류와 소통을 활성화하고, 스타트업을 위해 저명한 사업가들의 강연과 컨설팅 자문을 제공한다.

3   2013년 말 와이컴비네이터가 도입한 초기 단계 스타트업에 대한 투자 프로그램이다. 일종의 전환사채 성격의 투자 프로그램이다. 세이프는 기업 가치를 확정지을 필요나 당장 주식을 발행할 필요 없이 투자를 진행할 수 있다는 장점 때문에 많이 활용된다. 사전에 확장된 조건이 충족되면 세이프 투자금은 주식으로 전환된다.

4   현재 이름은 500글로벌이다. 와이컴비네이터와 유사한 초기 단계/시드 스테이지 벤처 펀드 내지 엑셀러레이터로 2010년에 설립되었다.

5   와이컴비네이터의 세이프와 경쟁 관계에 있는 초기 단계 스타트업 투자 프로그램으로, 세이프와 동일한 전환사채적 성격과 밸류에이션 캡과 할인, 그리고 MFN 조건이 있다.

9장

캡 테이블

텀시트의 구체적인 조항을 모두 살펴보았으니 캡 테이블을 살펴보자. 텀시트에는 일반적으로 캡 테이블이 포함되어 있다. 업무적으로 쓰이는 상세한 캡 테이블은 창업가와 투자자 및 변호사가 작성한다.

캡 테이블은 자금 조달 전후 회사의 지분 관계 변화를 요약해서 보여준다. 캡 테이블을 다룬 경험이 없는 일부 창업가들은 종종 불편함을 느끼기도 한다. 하지만 누가 회사의 지분을 얼마나 소유하고 있고, 향후 진행될 투자 라운드에서 그 의미가 어떻게 되는지를 이해하는 것은 매우 중요하다.

회사를 처음 설립할 때는 창업가와 직원들이 회사 지분의 100퍼센트를 소유하며, 각 개인에게 특정 수의 주식이 할당된다. "만약 VC 투자자가 우리 회사를 Y라는 금액으로 평가하고, 그중 X만큼을 투자한다면 내가 가진 지분의 가치는 얼마일까?"라는 질문에 대한 답은 간단하지 않다. 답하려면 캡 테이블을 작성해서 텀시트에서 제시된 거래를 정확하게 분석할 수 있어야 한다. 일반적인 텀시트 모델은 아래와 같다.

- VC로부터 투자받기 전 창업가는 200만 주를 소유하고 있다.
- 프리머니 기업 가치는 1000만 달러이다.
- VC는 500만 달러를 투자한다.

예시에서 포스트머니 평가액은 1500만 달러이다(1000만 달러 프리머니+500만 달러 VC 투자). 따라서 VC는 자금 조달 이후 회사의 33.33퍼센트를 소유한다(500만 달러 투자/1500만 달러 포스트머니 평가액). 여기까지는 쉽게 따라올 것이다.

이제, 텀시트에 포스트머니 기준으로 새로운 직원들의 스톡옵션 풀이 20퍼센트 포함되었다고 가정해보자. 자금 조달 이후 회사 지분의 20퍼센트에 해당하는, 아직 임직원에게 제공되지 않은 스톡옵션을 의미한다.

포스트머니 평가액은 1500만 달러로 여전히 동일하지만, 20퍼센트의 스톡옵션 풀을 위한 필요 요건들로 인해서 창업가의 회사 소유권에 상당한 영향을 미칠 수 있다. 다음 캡 테이블에서 주식 소유자의 각 클래스별 지분율과 우선주의 가격을 계산하는 방법을 볼 수 있다. 우선, 주어진 숫자는 채워졌고, 이제 빈 곳들(A, B, C, D 및 E)을 채워보자.

주식 클래스	주식 수	우선주 가격/주	기업 가치	지분율
창업가	2,000,000			A
임직원 스톡옵션 풀	B			20%
VC 투자자	C	D	$5,000,000	33.33%
총합	E	D	$15,000,000	100%

먼저, 창업가 소유 지분인 A를 구해보자. A=100퍼센트-VC 지분 퍼센트-임직원 스톡옵션 풀퍼센트이므로 100퍼센트-33.33퍼센트-20퍼센트=46.67퍼센트이다. 200만 주의 창업가 보유 주식이 전체 주식의 46.67퍼센트이기에, 총 주식 수(E=200만 주/0.4667)는 4,285,408이다. 따라서 총 4,285,408주가 있는

경우, 직원 스톡옵션 풀의 주식 수는 B=E × 0.20. 즉 857,081 이다.

C, 즉 VC가 보유한 우선주 주식 수에도 동일한 계산이 적용된다. C=E×0.3333 즉 1,428,326이다. 500만 달러가 1,428,326주의 우선주를 구매했기 때문에 우선주 주당가격 (D=500만 달러/1,428,326)은 3.50달러이다.

계산은 늘 확인해야 한다. 프리머니 평가액이 1000만 달러이기 때문에 자금 조달 이전의 주식(창업가 주식 200만 주와 20퍼센트 스톡옵션 풀)을 주당가격에 곱한 것이 1000만 달러와 같아야 한다. 이런! 이렇게 계산하면 (200만 주 + 857,081주)×3.50 달러=9,999,783.50달러가 된다. 216.50달러(즉 61.857주)가 부족하다.

이 정도 숫자 차이는 무시하고 넘어가도 괜찮겠지만, 대부분의 VC나 변호사에게는 괜찮지 않다. 당신도 그냥 넘어가지 않아야 한다. 대부분의 캡 테이블은 소숫점 두 자리까지 계산한다(또는 분수로 표시하기도 한다). 중간 단계에서 반올림하지 않지만 최종 단계에서는 반올림을 해야 한다.

창업가는 계약서 등 법률적 문서를 작성할 때 변호사에게만 맹목적으로 의존해서는 안 된다. 좋은 변호사도 많지만 계산 능력이 부족한 사람도 있다. 변호사는 캡 테이블을 만지면 대체로 혼란스러워한다. 일부는 능숙하게 처리하겠지만, 회사의 캡 테이블을 이해하는지 확인하는 것은 전적으로 당신의 책임이다. 특히 임직원 스톡옵션 풀을 펼쳐서 이사회에서 스톡옵션의 영향을 능숙하게 설명할 수 있으려면 철저히 이해해야 한다.

전환사채가 방정식의 주요 변수로 들어오면 어떻게 될까? 조금 더 복잡해질 수 있다. 우리 두 사람의 친구 법무법인 쿨리Cooley는 창업가들을 위한 유용하고 방대한 자료를 쿨리고 cooleygo.com에 저장해두었다. 여기에는 캡 테이블에서 전환사채를 처리하는 방법에 대한 꽤 괜찮은 글이 포스팅되어 있는데, 감사하게도 이 책에 인용할 수 있도록 기꺼이 허용해주었다.

전환사채가 있는 경우의 주당가격

전환사채가 자본으로 전환되면 캡 테이블 계산은 더 복잡해진다. 자금 조달 및 전환사채 조건에 대해서 다음의 가정을 들어 보겠다.

합의된 프리머니 가치: 800만 달러

합의된 포스트머니 가치: 1000만 달러

새로운 A 시리즈 투자자가 투자하는 금액: 200만 달러

미상환 전환사채에 대한 원금 및 이자: 100만 달러

전환사채의 할인율: 30퍼센트

투자 전 완전희석 기준으로 발행된 주식 수: 100만 주

전환사채의 전환으로 주식이 발행되고, 채권 보유자들이 회사 지분의 일부를 소유하면 거래가 완료된 후 기존 주주들이 회사 지분의 80퍼센트 미만을 소유하거나 혹은 투자자들이 회사의 20퍼센트 미만을 소유할 것이다. 실제 프리머니 기업 가치는

800만 달러보다 작거나 거래가 완료된 후에 신규 투자자가 회사의 20퍼센트 미만을 소유할 것이다. 중요한 질문은 (i) 전환사채의 전환으로 인한 주식 발행으로 누구의 지분율이 희석되는가, 그리고 (ii) 어느 정도로 희석되는가이다.

경영자와 투자자는 이 문제를 해결하는 방법에 이견을 갖는다. 대표적인 해결법으로 세 가지 전환사채 전환 방법이 있는데 (i) 프리머니 접근법Pre-Money Method, (ii) 지분율 접근법Percentage-Ownership Method, 그리고 (iii) 투자 금액 접근법Dollars-Invested Method이 그것이다.

프리머니 가치 평가 방법

프리머니 가치 평가 방법에서는 회사의 프리머니 기업 가치가 고정되고, 전환사채의 전환가격은 이를 기반으로 결정된다. 위의 가정을 사용하면 신규 투자자의 주당가격은 8.00달러가 될 것이며(800만 달러/100만 주), 전환가격은 주당 5.60달러가 될 것이다(8.00달러에서 30퍼센트 할인을 제외한 가격). 투자 전과 후 회사에 대한 지분율은 다음과 같다.

주주 구분	프리 머니		포스트머니	
	주식 수	지분율	주식 수	지분율
창업가	1,000,000	100%	1,000,000	70%
전환사채 투자자	0	0.00%	178,571	12.50%
시리즈 A 투자자	0	0.00%	250,000	17.50%
총합	1,000,000	100%	1,428,571	100%

프리머니 방법을 사용하면 전환사채의 전환으로 발행되는 주식에 의해 창업가와 시리즈 A 투자자의 지분율이 보유한 주식 비율에 비례하여 희석되는 결과가 초래된다. 프리머니 기업 가치는 800만 달러로 고정되지만, 시리즈 A 투자자의 투자 후 지분율은 17.5퍼센트이며, 이 방법에 따라 유추된 포스트머니 기업 가치는 1143만 달러가 된다. 물론 이 방법에 이의를 제기하는 투자자들도 있다. 그들이 얻고자 했던 지분율보다 적게 가지는 결과가 나오기 때문이다.

지분율 가치 평가 방법

지분율 가치 평가 방법percentage-ownership method에서는 투자자가 인수하는 회사의 지분율이 고정되고, 다른 변수들이 이에 근거해서 계산된다. 만약 포스트머니 가치를 고정한다면 동일한 결과를 얻을 수 있다. 이 방식을 사용하면 신규 투자자의 주당가격은 6.57달러[1]이고(20퍼센트 소유권을 얻기 위해서 단순 수

식으로 도출), 전환가격은 4.60달러가 될 것이다(6.57달러에서 30
퍼센트 할인한 값). 투자 전후 회사에 대한 주주별 자기자본 보유
지분은 다음과 같다.

주주 구분	프리 머니		포스트 머니	
	주식 수	지분율	주식 수	지분율
창업가	1,000,000	100%	1,000,000	65.71%
전환사채 투자자	0	0.00%	217,391	14.29%
시리즈 A 투자자	0	0.00%	304,348	20%
총합	1,000,000	100%	1,521,739	100%

지분율 기준 가치 평가 방법에서는 전환사채의 주식 전환으로
인해 발생하는 모든 희석 효과를 창업가들이 부담하는 것을 전
제로 계산한다. 시리즈 A 투자자의 소유 지분은 20퍼센트로 고
정되며 포스트머니 기업 가치는 1000만 달러로 고정된다. 이
방법으로 계산되는 프리머니 기업 가치는 657만 달러이며, 창
업가들의 지분율은 프리머니 방법을 사용할 때보다 적다. 텀시

---

1   (1) 전환사채 지분율 100만/ 0.7=142.9만 →14.29%
            (2) 창업가 지분율 100%-20%-14.29%=65.71%
                 즉 창업가 보유 가치는 657.1만
            (3) 주당가치(창업가 보유)=657.1만/100만=6.57달러.

트에 명시적으로 적시되지 않는다면 대부분의 창업가들은 이 방법을 사용하는 것은 텀시트에서 합의된 사항에서 크게 벗어나는 것이라 주장하며 반대할 것이다.

투자 금액 기준 가치 평가 방법

투자 금액 기준 가치 평가 방법dollar-invested method은 프리머니 방법과 지분율 가치 평가 방법의 절충안으로 자주 사용된다. 이 방법에서 회사의 포스트머니 가치는 고정되는데, 그 값은 합의된 프리머니 가치와 새로운 투자자들이 투자한 금액 및 전환사채의 원금 및 발생 이자를 더한 금액이다. 이와 같이 계산하면 포스트머니 가치는 1100만 달러로 고정되며, 다른 변수들은 이를 기준으로 계산된다. 이 예에서는 시리즈 A 투자자의 주당 가격이 7.57달러[2]이며, 전환사채의 전환가격은 5.30달러이다 (7.57달러에서 30퍼센트 할인된 가격). 회사의 투자 전후 지분 소유율은 다음과 같다.

2　(1) 포스트머니 가치가 1,100만이기 때문에 시리즈 A 투자자 지분은 200/1100=18.18%
　　(2) 전환사채 지분은 (100/1000)10.7=12.99%
　　(3) 창업가 지분은 100-18.18-12.99=68.83%
　　(4) (창업가) 주당가치는(1100x68.83%)11,000,000=7.57달러.

주주 구분	프리 머니		포스트 머니	
	주식 수	지분율	주식 수	지분율
창업가	1,000,000	100%	1,000,000	68.83%
전환사채 투자자	0	0.00%	188,679	12.99%
시리즈 A 투자자	0	0.00%	264,151	18.18%
총합	1,000,000	100%	1,452,830	100%

투자금액 기준 방법은 전환사채의 원금 및 발생 이자에 해당하는 금액에 대해서 마치 새로운 투자금처럼 간주하여 창업가 기여분에 포함시킨다. 하지만 전환사채의 전환시 적용되는 할인에 의해서 전환사채 투자자가 받게 되는 추가 주식으로 인해 발생하는 지분 희석은 창업가가 모두 부담한다. 전환사채를 전환할 경우 시리즈 A 투자자가 자신들의 지분율이 전환사채 할인 여부에 영향을 받지 않을 것을 요구하기 때문이다. 창업가들은 절충안을 찾기 위해서라도 어느 정도의 추가 희석을 받아들여야 하지만, 이때의 희석 효과는 지분율 가치 평가 방법에서 발생하는 희석 효과보다는 현저히 적다.

전환사채를 할인율을 적용해서 주식으로 전환하는 경우, 시리즈 A 투자 금액의 주당가격을 계산하는 것과 관련하여 가장 힘든 점은 회사의 가치 평가에 대한 논의를 반복해야 한다는 것이다. 각 당사자는 합의를 끝냈다고 생각하는 상황에서 어느 한쪽(혹은 모두)이 거래의 성사를 위해서 타협해야 하는 상황이 생긴다.

창업가를 위한 팁

창업가 곁에 숫자와 재무에 밝은 동료가 없다면 캡 테이블 정도는 이해할 수 있는 사람을 찾아보는 것을 추천한다. 단순히 수학을 잘하는 사람(물론 좋은 고려 사항이긴 하다)을 말하는 것이 아니라 캡 테이블에 능숙하고 벤처 금융의 생리를 잘 이해하는 사람이 있다면 큰 도움이 될 것이다.

10장

크라우드펀딩

이 책의 첫 판을 집필했던 2011년만 하더라도 크라우드펀딩 crowdfunding으로 자금을 조달한다는 개념은 아이디어에 수준에 머물러 있었다. 그 이후 크라우드펀딩은 신제품 개발을 위한 자금 조달과 관련해서 강력한 대안으로 부상했다. 이 장에서는 다양한 크라우드펀딩 방법과 법률적인 의미, 그리고 크라우드펀딩과 과거의 전통적인 자금 조달 방식의 차이를 논의한다.

제품개발 크라우드펀딩

크라우드펀딩에는 두 가지 접근 방식이 있다. 킥스타터 Kickstarter와 인디에고고Indiegogo에 의해 보편화된 제품개발 크라우드펀딩product crowdfunding이다.

제품개발 크라우드펀딩은 기업이 제품에 대한 아이디어를 킥스타터에 올리고, 제품의 예상 형태를 보여주는 콘텐츠와 상품의 후원자들을 위한 다양한 보상 방안을 제시한다. 제품은 초기 설계 단계에 있으며 출시 준비가 덜 된 상태이다. 보상 금액은 천차만별이고, 실제 제품과 관련해서 로고가 박힌 스티커나 티셔츠 혹은 후원 인증서를 제공하거나, 제품 출시 이벤트 참석과 같은 경험을 제공한다.

대부분의 캠페인은 30일의 자금 조달 목표를 가지며, 이를 달성하지 못하면 캠페인에 실패하고 자금 조달이 이루어지지 않는다. 소프트웨어의 최소기능제품 개발과 유사한 개념이다. 캠페인에 성공하면 흥미로운 최소기능제품을 갖는 것이고, 자금 조달 목표에 도달하지 못하면 잠재적인 고객이 최소기능제품에 흥미를 보이지 않는 것과 같다.

여러 유명한 제품들이 킥스타터를 통해 처음으로 시장에 선보였다. 페블워치Pebble Watch(30일 동안 1020만 달러 모금)나, 오큘러스 리프트Oculus Rift(30일 동안 250만 달러 모금), 오키피털Occipital(30일 동안 130만 달러 모금)이 대표적이다. 그 외 많은 기업이 인디고고 등의 크라우드펀딩 사이트에서 유사한 성과를 거두었다. 트랙RTrackR이라는 회사는 인디고고를 통해서 170만 달러를 모금했다.

이를 '사전 판매' 또는 '선주문'이라고도 부른다. 킥스타터, 인디고고 및 기타 크라우드펀딩 사이트가 급속히 성장하는 동안 글로우포지Glowforge와 같은 일부 기업들은 자체 사전 주문 캠페인을 진행하기도 했다. 글로우포지는 30일 동안 2790만 달러를 모금했다. 글로우포지의 사례는 흥미로운 제품을 보유하고 있고, 마케팅과 제품 홍보에 능숙한 기업이라면 성공적인 사전 주문 캠페인을 스스로 진행할 수 있음을 입증했다.

크라우드펀딩 접근 방식은 비즈니스 모델에도 적용할 수 있다. 우리 회사가 베타브랜드Betabrand에 투자할 때 그들은 크라우드펀딩 개념을 디자인 프로세스에 통합한 이중 복합 의류 시장이라는 개념을 만들었다. 개별 디자이너들은 새로운 디자인을 만들어 베타브랜드 웹사이트에서 홍보한다. 고객들은 디자인을 사전 주문하며, 특정 사전 주문 목표치에 도달하면 디자인이 제작되어 베타브랜드 카탈로그에서 장기간 홍보된다.

이 방식의 장점은 크라우드 방식으로 조달하는 자금이 주주들의 자본을 희석하지 않는다는 것이다. 자기자본 투자가 수반되지 않기 때문이다. 자기자본이나 부채를 발행하는 것이 아니라 제품을 사전에 판매하고 대금을 미리 징수할 뿐이다. 크라우드펀딩 후원자들은 회사의 주주가 되지 않는다.

제품 크라우드펀딩의 단점은 캠페인에 성공했지만 회사가 제품을 완성하지 못하는 경우다. 경우에 따라 회사가 추가 자금을 (주로 자기자본을) 조달하여 제품을 완성하고 사전 주문을 충족시킬 수도 있다. 회사가 제품을 출하하지 않거나 캠페인의 일부만 충족시키는 경우도 있다. 제품 크라우드펀딩 분야에 널리 퍼져 있는 문화는 이러한 실패를 프로세스의 일부로 받아들인다. 투자자가 회사의 자기자본으로 투자한다고 해서 회사가 성공하거나 투자자가 수익을 가져가는 게 아니듯이 말이다.

자기자본조달 크라우드펀딩

두 번째 크라우드펀딩 방식은 엔젤리스트를 통해 유명해진 방식으로 자기자본조달 크라우드펀딩equity crowdfunding이다. 금융 중개 프로세스를 통해 회사에 자금을 제공하고 증권(부채 또는 자본)을 받는 방식이다. 중개 프로세스는 종종 온라인 펀딩 플랫폼을 기반으로 삼는다. 엔젤리스트와 같은 플랫폼은 회사가 펀딩 프로그램을 홍보하거나 소셜 네트워크의 힘을 활용하여 추가 투자자들의 관심을 유도할 수 있도록 해준다. 엔젤리스트 신디케이트AngelList Syndicates와 같은 진화된 방식은 개별 투자자가 자신들이 주도하는 신디케이트에 다른 투자자들이 참여하도록 도움을 주는데, 마치 소규모의 벤처 캐피털 투자 펀드처럼 활동한다.

크라우드펀딩이 보편화되면서 2012년 미국 의회를 통과한 잡스 법안JOBS Act(정식 명칭은 Jumpstart Our Business Startups Act)에 따라 크라우드펀딩에 엄격한 법적 규제가 적용되기 시작했다. 엔젤리스트와 같은 플랫폼에서 자금을 조달하는 몇 가지 금융 행위가 크라우드펀딩으로 불리지만, 회사와 잠재적 투자자를 연결하기 위해 온라인 플랫폼을 사용한다는 것 말고는 사실상 새로운 것은 없다.

미국에서는 증권을 판매할 경우, 예외 사항이 없는 한 SEC에 해당 증권을 등록해야 한다. 증권은 어떤 회사에 대한 소유권을 표시하고, 금전적 이익을 제공하는 모든 금융 상품으로서 보통주, 우선주 또는 전환부채를 포함한다. 여기에는 제품개발 크라우드펀딩이나 사전 주문 캠페인에서 얻은 판매 수익이 포함되지 않는다. 증권 등록과 관련한 규정은 1933년 증권법the Securities Act of 1933에서 정의된 이래 여러 변화를 거치며 발전해왔지만, 큰 틀은 약 90년 전에 미국 의회에서 결정된 원칙에 기초하고 있다.

다행히도 SEC 등록을 회피할 수 있는 여러 가지 예외가 있다. 기업공개를 통한 것이 아니라면 SEC 등록을 걱정할 필요가 없다. 그러나 예외를 무리 없이 적용하기 위해서는 준수해야 할 중요한 지침이 있다. 가장 중요한 지침은 적격투자자accredited investors에 대한 자격 요건과 일반청약권유general solicitation 절차에 대한 규정이다.

적격투자자는 SEC 규정에 따라 상당한 순자산 및 소득을 가진 자여야 한다. 대부분 VC, 상당한 자산을 보유한 기업 또는 등록된 은행과 같은 단체들은 자동으로 자격이 부여된다. 개인은 매년 20만 달러를 벌거나 배우자와의 합산 소득이 30만 달러 이상이어야 하며, 이 소득 수준이 최근 2년 동안 유지되고 앞으로도 유지될 것이 합리적으로 예상되는 경우다. 이 정도 수준의 소득이 없는 경우에도 단독으로 또는 배우자와 합산하여 순자산이 100만 달러를 초과하면 자격이 부여된다.

적격투자자 규정과는 달리 SEC에서 일반청약 권유에 대해서는 명확한 정의가 없고, 이에 대해서는 해석의 여지를 두고 있다. 일반청약 권유는 광고나 자금 모집의 공개적인 홍보를 의미했는데, 특히 액셀러레이터들이 주최하는 데모 데이demo day에서 공개적으로 투자를 권유하는 것이 대표적이다. 일반청약 권유는 법의 해석에 따라 정의가 달라질 수 있지만 간단한 방법이 있다. 청약 대상인과 사전에 아무런 연고가 없고, 광고 행위(1:1 미팅이 아닌 대량 이메일을 발송하는 경우를 포함)를 통해서 그 사람을 만나는 것이라면 일반청약 권유 행위의 범주에 들어갈 확률이 높다.

JOBS 법안이 통과되기 이전에는 자금을 모금할 때 적격투자자가 아닌 자에게 투자를 권유하는 것을 기피하거나 일반청약 권유 절차를 피하는 것이 바람직했다. 그러나 JOBS 법안이 시행되면서 규정이 어느 정도 변경되었다.

콜로라도 볼더대학교의 법학 교수인 우리의 친구 브래드 번솔Brad Bernthal은 JOBS 법안에서 규정하는 세 가지 크라우드 펀딩 방식의 중요한 특징을 정의했다. 세 가지 방식은 표에 나와 있듯이 Rule 506(b), Rule 506(c)/타이틀 II, 타이틀 III이다.

JOBS 법안의 타이틀 II 이전에는 일반청약 권유가 있는 경우 법을 어긴 것으로 간주되어 자금을 모금할 수 없었다. 그리고 JOBS 법안의 타이틀 III 이전에는 적격투자자가 아닌 자에게 일정 수 이상의 유가증권을 판매하는 것이 거의 불가능했다.

	Rule 506(b)	Rule 506(c)/타이틀 II	타이틀 III
총 모집 자금에 대한 상한선이 있는가	없음	없음	있음 (12개월 내 100만 달러)
일반청약 권유가 허용되는가?	없음	있음	없음 (예외적으로 단일 펀딩 포털 및 단일 중개인 허용)
누가 투자하는가?	적격 투자자	적격 투자자	적격 비적격 모두
중개인이 필요한가?	없음	없음	있음
규제로 인한 부담	적음	중간	많음

법률적인 관점에서 적격투자자뿐만 아니라 비적격투자자도 참여할 수 있는 자기자본 크라우드펀딩은 사실상 타이틀 III뿐이다. 당연히 이 방법이 가장 엄격하게 규제된다. 자금을 조달하는 회사에 허용되는 것은 12개월 동안 100만 달러를 모금할 수

있는 수준이며, 온라인 펀딩 포털 한 곳 혹은 중개인을 통해서만 청약을 권유할 수 있다. 비적격투자자는 타이틀 III 투자에 참여할 수 있지만, 투자자별로 투자 금액에 제한이 있다. 그마저도 투자자의 순자산에 따라 2000달러 정도로 축소될 수 있다. 마지막으로 회사 입장에서는 SEC에서 요구하는 정보 공개 의무를 이행하는 데 수만 달러의 비용이 소요될 수 있다.

크라우드펀딩은 엔젤리스트 및 기타 온라인 플랫폼에서 일어나는 투자 건들을 일컫는 말이지만, 사실상 주로 온라인 플랫폼의 마케팅을 위한 용어로 해당 투자의 내용과는 관련성이 적다. 506(b) 규정하에서 엔젤리스트에서 수행되는 자금 조달 또는 투자 건은 전통적인 VC 자금 조달 및 투자와 유사하다. 경우에 따라 기업들은 506(c) 규정을 활용해서 엔젤리스트 같은 사이트에서 광범위하게 광고할 수 있지만, 여전히 적격투자자만을 받을 수 있다. 이러한 상황에서는 투자자가 실제 적격투자자인지 아닌지 확인하는 추가 규정이 있다.

자기자본 크라우드펀딩과
전통적 자금 조달 방식의 차이

자기자본 크라우드펀딩과 전통적인 자금 조달 간의 차이점이라면 크라우드펀딩에서는 회사가 종종 투자 조건을 설정한다는 것이다. 대부분의 사이트에서는 회사가 발행할 증권 유형(자본 또는 부채)과 모든 주요 조건을 설정할 수 있다. 때때로 리드 투자자와 협상해야 하는 상황도 있지만 대부분의 회사들이 합리적인 조건을 제시하면 큰 저항을 받지 않는다.

크라우드펀딩을 통한 전환사채 자금 조달은 대체로 간단하지만 특정 상한선이 포함된다. 자기자본 조달의 경우, 최소한의 보호조항이 포함된 아주 단순한 구조의 우선주가 자주 사용된다. 크라우드펀딩 투자시 이사 임명권을 부여하는 경우도 거의 없다.

창업가가 준비해야 하는 자료에는 이그제큐티브 서머리와 파워포인트 프레젠테이션이 포함된다. 온라인으로 자금을 조달할 때는 화려한 비디오 클립이나 최근 성과에 관한 구체적인 데이터를 업로드하고, 자금 조달 기간 동안 지속적으로 업데이트하는 것이 좋다.

VC가 주도하는 자금 조달에서는 한 곳 이상의 투자 전문가(VC)가 회사 경영에 참여하는데, 멘토링을 하거나, 외부 네트워크를 보강하거나 혹은 이사로서 활발하게 관여한다. 반면 크라우드펀딩에서는 일반 대중을 상대한다. 크라우드펀딩에서는 수많은 소액 투자자가 참여하는데, 이들은 회사의 사업에는 그다지 관심이 없다. 투자 금액은 경우에 따라 푼돈일 수도 있으며, 어쩌면 여러 개의 다른 소액 투자를 하고 있는지도 모른다. 따라서 소통과 참여의 책임은 창업가에게 있다. 수많은 새로운 투자자들이 창업가에게 적극적으로 다가가서 도움을 줄 가능성은 적기 때문이다. 과거 다수의 엔젤 투자자로부터 자금을 받던 상황과 흡사한 셈이다.

일부 회사들이 크라우드펀딩 라운드 이후 이러지도 저러지도 못하는 상황에 처하는 경우를 보기도 했다. 크라우드펀딩 라운드에서 충분한 자금을 조달하지 못해서 자금이 부족해지고, 투자자들도 회사의 사정에 관심을 보이지 않게 된 것이다. 이러한 회사들은 VC 자금을 유치하기에 충분히 성숙하지 않아서 VC로부터 자금을 유치할 수도 없는 상황에 놓인다. 이 경우 기존의 크라우드펀딩 참여자들로부터도 의미 있는 지원을 받지 못한다.

마지막으로 불순한 크라우드펀딩 투자를 가려내야 한다. 크라우드펀딩 이후 몇몇 사람들에 의해 회사가 잘못된 방향으로 가는 경우를 보아왔다. 한 명 또는 복수의 크라우드펀딩 투자자들이 투자 이후 회사에 지나치게 영향력을 행사하거나, 회사 내에 건전하지 못한 신념을 주입하는 경우도 보았다. 투자를 후회하며 부적절한 방식으로 창업가들에게 영향력을 행사하는 사람들도 있었다. 일부 엔젤 투자자들은 회사에 말 그대로 '천사' 역할을 해야 한다는 사실을 망각하고 '악마'처럼 지배하려고 한다. 어떤 크라우드펀딩 참여자들은 애초에 자신들이 천사처럼 행동해야 한다는 생각도 하지 않는다. 이러한 현상은 크라우드펀딩에 참여하는 일부 투자자들의 성숙도가 부족해서 발생하는 것이지만, 한편으로는 크라우드펀딩의 생태적 특성상 엔젤투자나 또는 벤처투자와 비교할 때 평판이 나빠지는 것에 경계심이 크지 않기 때문이다. 크라우드펀딩 플랫폼과 관련해서 마지막으로 하고 싶은 말은 크라우드crowd, 즉 불특정 다수에 상세한 심사를 하는 것은 엔젤투자나 벤처투자와 비교해서 훨씬 어렵기 때문에 우는 아이 떡 하나 더 준다는 속담처럼 요란하게 요구만 하는 크라우드펀딩 투자자에게 공정치 못한 특혜를 주

는 우를 범해서는 안 된다는 것이다. 이들은 나중에 큰 해악이
될 수 있다.

토큰 크라우드펀딩

ICO는 회사, 프로젝트 또는 심지어 단일 개인이 암호화 토큰을
새로이 만들어 판매해서 그 대가로 비트코인과 같은 암호화 화폐
나 실제 금전으로 자금 조달을 하는 금융 행위를 말한다. 어쨌든
사람들은 ICO 또는 증권형 토큰 발행token offering을 사용하여
기업의 자금 조달에 활용하고, 이러한 추세는 2017년에 인기(및
거품)가 폭발해서 지금까지 이어지고 있다.

　이러한 열기에도 ICO는 다른 자금 조달 거래에 비해 여전
히 활성화되어 있지는 않다. 많은 ICO 거래가 단순한 아이디
어와 페이퍼 수준의 사업 구상만으로 많은 자금을 모금했지만,
ICO의 장기적인 지속 가능성에 대해서는 회의적인 시각이 많
은 것도 사실이다. 게다가 현재 규정대로라면, 많은 ICO가 한
건 또는 복수의 건으로 증권거래법에 저촉될 가능성이 농후해
서 SEC가 심도 있게 조사하고 있다. ICO를 통해 자금을 모금한
회사들의 명백한 부정행위 사례도 발생했으니 투자자들은 각별
히 주의해야 한다.

　ICO가 언젠가 벤처 투자를 대체할 것이라는, 근거가 희박
한 다수의 전망이 시장에 나돌고 있다. USV(usv.com) 및 안드
리센 호로비츠Andreessen Horowitz(a16z.com)와 같은 많은 VC
들이 이 분야에 발을 깊이 들여놓았지만, 토큰 크라우드펀딩은

자금 조달 방법으로서는 미성숙한 것이 현실이다. 하지만 당신이 암호화에 관심이 있다면 벤처 캐피털 회사인 안드리센 호로비츠의 홈페이지[1]를 참조하기 바란다. 만약 당신이 ICO 자금을 조달하기 위해 이 책을 구매했다면 브래드한테 불만을 토로하기 바란다.

---

[1]   https://a16z.com/2018/02/10/crypto-readings-resources

11장

벤처 부채

"벤처 투자 자금을 모집한다"라는 슬로건은 자기자본을 모집한 다는 말과 동의어로 사용된다. 우리는 전환사채와 크라우드펀 딩 같은 다른 자금 조달 방식도 살펴보았다. 하지만 벤처 부채 venture debt라고 불리는 자금 조달 방식은 다른 범주에 속한다. 스타트업은 어느 시점이 되면 실리콘밸리뱅크(SVB)와 같은 벤 처 금융에 전문화된 금융기관으로부터 벤처 부채를 조달한다. SVB는 친절하게도 벤처 부채로 자금을 조달하는 내부 가이드 를 작성해두고 있다.

부채와 자기자본의 역할

기업을 성장시키고 사업을 확장하기 위해 금융기관으로부터 벤 처 투자 자금을 받는다면 모집한 자기자본을 보완하기 위해 벤 처 부채를 고려하는 것이 가치가 있다. 벤처 부채는 일종의 대 출인데, 은행이나 비은행 대출 기관으로부터 받을 수 있고, 특 히 벤처 캐피털 투자를 받은 초기 단계의 고성장 기업들을 위해 고안되었다. 이 장에서는 미국의 벤처 기업에게 제공되는 대출 유형, 회사에 적합한 대출 업체 선정 방법, 벤처 부채의 일반적 인 혜택, 텀시트에서 벤처 부채와 관련하여 예상되는 사항, 그 리고 성공적인 거래를 위한 협상 팁 등을 제시하고자 한다. 또 한 벤처 부채 투자 생태계에서의 투자 프로세스와 이 시장의 참 여자에 대해서도 소개하고, 이 유형의 투자와 관련한 혜택과 위 험을 이야기하려 한다.

　자본과 부채 사이의 적절한 균형을 찾는 것은 전반적인 재무 전략에서 중요한 부분이다. 3장에서 우리는 기업의 장기적인 성공 가능성을 높이기 위한 자본 조달 과정의 출발점으로 자기자본이 얼마나 필요한지를 파악하는 것이 중요하다고 강조한 바 있다. 벤처 부채에도 동일한 사고방식이 적용된다.

부채와 자본 사이의 근본적인 차이를 이해하는 것은 중요하다. 자본의 경우 일반적으로 투자금의 상환이 계약적으로 요구되지 않는다. 약 10년 이내에 어떤 형태의 청산과 같은 이벤트가 발생할 수도 있고, 창업가가 사업을 제시한 계획대로 끌고 가지 못한다면 상환 요구가 있겠지만, 어쨌건 자기자본은 장기 자본이다. 자기자본은 사용자 측면에서 매우 유연하다. 자기자본으로는 거의 모든 합법적인 사업을 목적으로 하는 자금 조달이 가능하다. 그러나 사업의 진행이 애초의 계획에서 어긋난다면 자기자본의 가치를 재조정하거나 구조를 바꾸는 것은 매우 어렵다.

부채는 단기 또는 장기 자본을 모두 제공할 수 있다. 구조, 가격, 기간은 부채로 조달될 자금의 목적과 밀접하게 관련되어 있다. 부채에는 재무약정이 포함될 수도 있고, 확정 만기와 다른 조건들이 첨부될 수도 있는데, 이는 대출 기관이 부담해야 하는 신용위험 및 다른 위험을 완화해주는 역할을 한다. 이러한 특성은 차입자의 관점에서 부채의 용도를 사전에 정의된 사업 목적으로 제한하지만, 한편으로는 대출 기관이 차입자의 현재 상황에 맞게 대출을 구조화하고 가격을 책정하는 역할을 한다.

벤처 부채의 첫 번째 규칙은 자기자본이 투자된 이후에 투자된다는 것이다. 자기자본을 부채가 대체할 수는 없다는 의미다. 벤처 대출 기관은 벤처 캐피털이 자기자본으로 투자했다는 점을 해당 투자가 합당하다는 근거로 삼고, 나아가 자신들의 대출을 실행시키기 위한 주된 조건으로 제시한다. 초기 단계 기업에 효과적인 대출 투자를 하기 위해서는 몇 가지 사항들을 정확하게 파악해야 한다. 첫째, 직전 자기자본 투자 라운드에서 제시된 목표와 그 성과. 둘째, 다음 라운드 투자의 예상 시기 및 전략. 셋째, 해당 대출금을 통해서 회사가 제시한 사업계획을 추진할 방법이다. 벤처 부채에 대한 접근성과 조건은 항상 맥락에 따라 다르다. 대출 유형과 규모는 사업의 규모, 현재까지 조달된 자기자본의 금액과 성향, 그리고 대출 목적에 따라 크게 달라진다. 조달 가능한 벤처 부채의 금액은 회사가 조달한 자기자본의 금액에 맞춰 조정되는데, 대출 규모는 직전 라운드의 자기자본 금액의 25~50퍼센트 사이에서 결정된다. 매출 실적이 없거나 제품을 검증하는 단계의 초기 단계 기업에는 후기 단계에 접어들어 성장세에 있는 기업보다 훨씬 적은 금액으로 대출금이 제공된다. 또한 VC 투자자가 없는 회사는 벤처 부채 자금을 유치하는 데 상당한 어려움을 겪는다.

가격만을 고려한다면 창업가는 지분 희석을 피하기 위해 부채만을 자금 조달 수단으로 고려할 수도 있다. 그러나 이러한 접근 방식은 빠르게 성장하는 사업에는 효과적이지 않다. 벤처 대출의 속성 때문이다. VC로부터 투자를 받지 않고 스타트업을 일으킬 수는 있지만, 그렇게 되면 벤처 대출은 자금 조달 수단으로써 선택지가 아니다(VC 투자가 있는 스타트업이어야 벤처 대출을 통한 자금 융통이 가능하다). 전통적인 채무, 예를 들어 현금흐름 기반 텀론term loan 혹은 자산 담보 대출이 선택지가 될 수 있지만, 일단 차주가 현금흐름을 창출할 수 있어야 한다는 조건이 붙는다.

벤처 대출은 회사의 수익성보다 성장을 우선시하는 기업을 위해 고안된 금융 조달 수단이기 때문에, 벤처 대출 기관은 VC 투자자로부터 투자받지 못한 회사에 대출하는 위험을 감수하기보다는 자신들이 신뢰하는 VC 투자자가 투자하는 스타트업에 같이 투자하는 것을 선호한다.

참가자

SVB는 스타트업을 위한 대출 상품을 최초로 만든 은행이다. SVB는 실리콘밸리 기업들에 금융 서비스를 제공하며 발전해왔다. 스타트업의 자금을 조달하기 위한 여러 대출 프로그램을 탐색하다 보면 SVB만의 중요한 특징을 발견할 수 있다. SVB만큼 벤처 대출을 깊이 있게 이해하는 은행은 많지 않다. 벤처 부채 시장에는 많은 투자자들이 진입과 철수를 반복하는데, 만약 벤처 대출을 진지하게 고려한다면 해당 대출 제공 업체가 이 시장에서 장기적으로 사업을 하는 곳인지 꼭 확인하기 바란다. 어느 날, 거래하던 대출은행이 벤처 부채 대출 사업에 관심이 없다며 거래를 축소하거나 대출 연장을 해주지 않는다면 경영자 입장에서 큰 낭패가 아닐 수 없다.

적절한 은행 파트너를 찾으면 여러 가지 잠재적 이점이 있다. 혁신 경제에 중점을 둔 은행은 스타트업 중심의 재무 상담, 투자 및 결제 솔루션, 산업에 대한 통찰력 있는 조언 및 인맥 소개와 같은 서비스를 제공한다. 벤처 업력이 긴 은행은 스타트업에 금융기관 차원의 자원을 제공하며, 경우에 따라서는 금융 파트너가 당신의 사업을 적극적으로 옹호하는 지지자가 될 수도 있다.

(벤처 대출 펀드라고도 불리는) 비은행 대출 투자 기구들은 다양한 재원을 통해서 자금을 모집한다. 벤처 대출을 받는 입장에서는 대출처로 고려할 만한 가치가 있다. 이들은 VC들의 방식인 사모 방식으로 펀드 자금을 모집하며, 그 자금으로 대출을 실행한다. 일부 펀드들은 공모 시장에서 자금을 모집하고, 기업성장형 집합투자기구business development company(BDC) 방식으로 설립되기도 한다. 다른 펀드들은 중소기업투자기구small business investment Company(SBIC) 방식으로 운용되는데, 이 기구는 미국 중소기업청Small Business Administration(SBA)으로부터 지원받는 자금과 함께 사모 시장에서 지분 투자자들로부터 자금을 모아서 중소기업과 벤처기업에 투자한다. 일부 펀드들은 특정 산업에 특화되어 있지만, 대부분의 대출 펀드들은 대출 규모와 차입하는 회사들의 성장 단계에 따라 세분화되어 있다.

대출을 진지하게 고려한다면 대출 기관의 재무 구조와 근거법을 제대로 이해해야 한다. 대출 기관의 자본 비용에 지대한 영향을 미치기 때문이다. 과거부터 현재까지 벤처 대출 펀드는 대출 규모와 재무 구조에 대한 요구 수익률 등에서 은행과 많은 차이가 있었다. 예금을 유치해서 대출을 실행하는 은행과 달리 벤처 대출 펀드는 일반적으로 더 높은 자본 비용을 요구한다. 결과적으로 대출 펀드는 더 큰 현금 수익과 보상을 위해 더 많은 위험을 감수한다. 반대로 은행은 수익성보다는 재무약정과 투자 구조를 중점적으로 살피고, 대출 규모도 엄격히 제한한다. 벤처 대출의 경우 차입하는 사업자는 자산을 대출 기관에 담보로 제공하는 것이 일반적이며, 차입자가 대출 계약을 위반할 경우를 대비해 대출 기관은 강력한 법적 대응책을 가지고 있다. 하지만 벤처 대출 펀드로부터 투자를 받든 다른 대출을 받든, 대출을 금융기관으로부터 받는다는 것은 일회성 거래가 아닌 관계의 시작이며 장기적인 파트너십을 맺는 것이다.

벤처 대출은 여러 목적과 용도로 활용할 수 있다. 일종의 이행보증보험처럼 활용될 수도 있고, 자기자본 대비 낮은 자본 비용(금융 이론상 부채가 자본보다 조달 비용이 저렴하므로)으로 운영할 수 있는 기간을 확보해주기도 한다. 인수·합병 또는 설비 확장과 재고 비축에 대한 재원을 제공하고, 다음 라운드의 자기자본 조달 때까지 브리지 대출 역할도 한다. 벤처 대출을 받기 전에 이사회 및 VC 투자자와 다양한 자금 조달 방안을 논의하길 권한다. 그들은 벤처 대출 활용에 폭넓은 시각을 갖고 있으며 주요 인맥들을 소개해줄 수도 있다.

대출 기관이 바라보는 대출 유형

벤처 대출 프로그램에 대한 적합 여부와 상대적인 대출 금리를 파악하려면 대출 기관들이 벤처 대출과 다른 유형의 대출을 어떻게 취급하는지를 알아야 한다.

대출 기관 입장에서 대출 상환 원천을 어떻게 평가하는지 살펴보자. 은행과 같은 정부 규제를 받는 금융기관은 금융당국에 의해 대출 언더라이팅 절차로 대출의 주요상환재원과 보조상환재원을 확인하도록 요구받는다. 주요상환재원이 약화되면 많은 위험을 인식해야 한다(대출에 할당된 신용등급의 하향 조정). 대출금을 완전히 회수하지 못할 경우에 대비하여 자기자본 중 일부를 충당금으로 쌓아야 하므로 사실상 대출의 수익성이 감소한다. 대출 기관은 대출의 주요상환재원primary source of repayment(PSOR)에 따라 대출을 분류하며, 이러한 대출의 주요상환재원이 약화되면 해당 대출에 대한 수익성이 감소한다.

기업 대출은 기업의 현금흐름을 기반으로 한 텀론term loan(장기 대출)이다. 그다음으로 흔한 대출 유형은 한도대출revolving credit line인데, 이 대출 프로그램은 차주 기업이 제공한 특정 담보물의 가치의 일정 비율로 차주가 수시로 자금을 인출할 수 있다. 그리고 매출채권이나 재고자산이 현금으로 전환될 때까지 담보물로 활용된다. 이러한 신용대출을 자산담보부대출asset-based loans(ABL)로 분류하는데, 현금이 아니라 담보자산을 주요한 상환재원으로 삼기 때문이다.

이 두 가지 유형의 대출이 대부분의 기업 대출을 차지한다. 두 가지 유형의 대출은 제품을 아직 출시하지 않은 스타트업이나 갓 매출을 기록한 기업에는 적합하지 않다. 현금흐름을 기반으로 한 대출은 수익을 희생하면서 성장을 가속화하려는 기업에는 유효하지 않다. 결과적으로 전통적인 상업 대출 시장은 초고속으로 성장하는 스타트업에는 적합하지 않다.

벤처 대출은 벤처 캐피털 산업이 탄생한 직후에 만들어진 대출이다. 벤처 대출은 대출의 주요상환재원으로 해당 기업의 벤처 캐피털 시장에 대한 접근성을 중요하게 여긴다. 벤처 대출은 역사적 현금흐름이나 운전 자본에 중점을 두지 않고, 차입하는 기업이 성장과 부채상환을 위해 추가로 자기자본을 조달할 수 있는 능력이 얼마만큼 되는지를 중요한 지표로 삼는다.

대부분의 벤처 대출은 성장형 장기대출growth capital term loan이다. 이러한 대출은 보통 3~4년 안에 상환되지만, 종종 6~12개월의 I/O 기간(이자만 지불하는 기간)으로 시작된다. I/O 기간 동안 회사는 발생한 이자를 상환하지만 원금은 상환하지 않는다. I/O 기간이 끝나면 회사는 대출의 원금 잔액을 상환한다. I/O 기간과 대출 조건은 협상 과정에서 중요한 포인트이다.

최근 들어 세간의 이목을 끈 또 다른 벤처 대출은 바로 반복수익대출recurring revenue loan이다. 반복수익대출은 소프트웨어 또는 미디어 구독 서비스와 같은 표준화된 제품이나 서비스를 제공하며, 고객들에게 일정한 구독료를 정기적으로 청구하는 기업들을 위해서 고안된 대출 상품이다. 이러한 기업들이 지닌 특성을 감안하여 해당 사업에서의 제품당 단위 경제성(예를 들어 SaaS 지표)[1]을 직접적으로 평가할 수 있다. 이러한 지표를 통해 대출 기관은 시장에 대한 직관적인 가정을 기반으로 모델을 개발하여 회사의 필요 자본, 수익 실현 방법 및 상환 능력을 정밀하게 예측할 수 있다.

많은 대출 기관들은 벤처 텀론 대출 심사시 벤처기업의 성과 측정 지표로 ARR을 사용한다. 일부 대출자들은 MRR과 상품 단위당 수익성 비율unit economics ratios을 사용하여 한도대출의 대출 한도를 계산해낸다.

벤처 대출의 가용성, 대출 규모, 거래 조건은 차주 회사의 추가 자본 조달 능력을 대출 기관이 어떻게 평가하고 바라보는지와 관련이 있다. 이 관점에서 벤처 캐피털이 투자하는 투자 자금은 매우 투명하고 예측 가능한 자본 원천이다. 대출 기관은 다른 기업이나 기관들보다는 VC 투자회사들의 투자 활동과 과거 실적을 잘 이해하고, 그에 따라 평가도 더욱 쉽게 할 수 있다. 업력이 오래된 대출 기관들은 VC 투자회사들과 이미 관계를 맺고 있어서 VC들의 투자 방식이나 행태에 당황하거나 오해할 가능성이 적다. 다만, 대출 기관은 VC로부터 받은 투자약정서나 금융기관과의 거래 기록 또는 기존 관계 및 업계 실적이 없는 회사에 대해서는 대출 상환에 필요한 자금이 충분한지 판단하기가 어렵다.

---

1 소프트웨어 서비스(software as a service) 분야의 성과, 성장성, 잠재력을 평가하는 데 사용되는 주요 성과 지표(KPI)로, 월간 반복 수익monthly recurring revenue(구독 서비스로부터 매달 예상되는 수익), 연간 반복 수익annual recurring revene(구독 서비스로부터 매년 예상되는 수익, 이탈률 churn rate(일정 기간 동안 구독을 취소하는 고객의 비율) 등이 있다.

'벤처 대출'은 엔젤 투자자 혹은 지인을 통해서 투자를 받은 사업자가 아닌, VC 투자자로부터 (주식 발행을 통한) 자금을 조달한 스타트업 기업을 위한 대출을 의미한다. 그에 따라 벤처 대출은 보통 시드 단계의 회사에 제공되지 않는다. 대부분의 엔젤 투자자와 달리 대부분의 벤처 캐피털 투자자는 (투자 단계와 상관없이) 여러 차례의 주식 라운드에 투자하고 유보 자본을 펀드 내에서 유지한다. 만약 엔젤 투자자로부터 자금 지원을 받은 상태에서 대출을 받는다고 해도 시드 단계에서 상당한 부채를 지는 것은 좋은 선택은 아니다. 스타트업의 운영을 위해 추가적인 자본이 많이 필요하기 때문이다. 또한 VC 투자자들은 새로 받은 주식을 과거의 부채 상환에 사용하는 것을 원하지 않기 때문이기도 하다.

참, 부채는 언젠가는 상환해야 하며, 부채 상환일은 때에 따라 예상하기 힘든 불편한 일이 생길 수 있다는 점을 잊지 말자.

대출 기관이 차주 회사의 상환재원을 판단하는 방법을 알면 대출 기관이 대출 실행 후 차주 회사의 성과를 측정하는 방식도 이해할 수 있다. 대출 기관의 차주 대출에 대한 심사 승인은 차주 회사의 미래 자본 조달 능력에 기반하고 있어서 벤처 대출 제공 업체들은 VC들이 스타트업의 성과를 측정할 때 주목하는 지표와 동일한 성과 지표에 주목한다. 대출 기관의 최우선 관심사는 회사의 성과가 투자자의 투자 동기를 불러일으켜서 궁극적으로 실제 투자로 이어질 수 있느냐는 것이다. 대출 기관들은 투자자들의 피투자 회사에 대한 투자 가능성을 판단할 때 주요 근거로 차주와 VC의 관계를 눈여겨본다. 신중한 대출 기관들은 차주 회사에 대한 VC 투자자들의 추가 투자 가능성을 판단하기 위해 그들의 미묘한 움직임에도 주의를 기울인다.

벤처 전문 대출 기관들은 지분율 희석을 방지하는 것이 창업가들 입장에서 벤처 대출을 이용하는 강한 동기부여가 된다는 사실을 잘 알고 있다. 벤처 대출의 핵심적인 가치는 창업가와 경영진의 지분이 희석되는 것을 줄이는 것이다. 미래의 자기 자본 조달 능력이 주요 상환재원인 만큼 벤처 대출 기관들은 투자자들과 비슷한 시각으로 회사를 평가한다. 예를 들면 다음과 같다.

- 추가 자본이 필요한가?
- 어떤 지표들이 다음 라운드의 기업가치평가에 영향을 미칠 것인가?
- 지분율의 희석 없이 자금을 조달하기 위해서 회사는 어느 정도의 성과를 내야 하는가?

대출 기관들은 회사의 현금소진속도와 유동성을 면밀히 모니터링하여 가용 자본이 몇 개월 남았는지(종종 런웨이runway[2]라고 한다)를 결정한다. 다음 라운드에서 자금 조달의 성과를 낼 수 있을 만큼의 충분한 성장 동력을 보여주거나 유동성(현금)을 보유하고 있는 회사는 외부 투자자로부터 다음 라운드의 지분의 희석 정도가 낮은 조건으로 텀시트를 제안받을 가능성이 훨씬 높다. 반면, 어느 한쪽(성장성과 유동성)이라도 실현하기 어

---

2 원래는 비행기 활주로를 의미하나 스타트업의 성과 측정 지표로 쓸 때는 회사의 유동성 내지 현금 잔액이 소진되기 전까지의 남은 시간을 의미한다. 활주로가 끝나는 지점에 닿기 전에는 비행기가 이륙해야 한다는 의미에서 차용한 용어이다.

려운 회사는 신규 투자자를 유치하는 데 어려움을 겪을 가능성이 크며, 자금을 계속 조달하기 위해 기존 투자자 내지 그간의 인맥을 중심으로 희석화 증권 발행 라운드를 선택해야 할 수도 있다.

이 요소들을 종합하면 벤처 전문 대출 기관들이 어떻게 투자 의사결정을 하고, 어떤 요소들을 중요하게 생각하는지를 아는 데 도움이 될 것이다.

대출 기관들은 당신의 투자자가 누구인지, 투자자들이 회사의 진척 상황을 평가하는 데 사용하는 지표가 무엇인지, 비희석 자본에 대한 접근 가능성을 높이기 위해 얼마나 많은 진척이 필요한지, 그리고 이러한 성과 목표와 관련하여 회사의 유동성이 언제 부족해질지를 중요하게 생각한다.

투자 수익 조건

대출의 텀시트는 자기자본 텀시트와는 구조 면에서 차이가 나지만, 자기자본 텀시트와 마찬가지로 투자 수익 조건과 경영권에 대한 통제 조건이 매우 중요한 항목인 것은 마찬가지이다. 원금상각조건amortization terms이라고 불리는 새로운 항목이 있는데, 이와 관련해서 대출은행 입장에서는 여러 부대 조건과 장치들이 필요하다. 또한 대출을 통한 자금 조달에서는 보통 총 자금 조달 비용을 결정하기 위해 분석하고 종합적으로 고려해야 할 여러 변수가 존재한다.

이자율은 대출의 가격을 결정하는 가장 단순한 요소이다.

대부분의 벤처 대출 기관은 성장형 대출에는 변동 이자율만을 적용한다. 따라서 이자율은 특정한 기준에 일정한 스프레드(예를 들어, 2.00퍼센트)를 가산하는 형태로 적용된다. 대부분의 벤처 대출은 프라임 레이트Prime Rate에 연동된다. 변동 금리 구조는 차입자가 이자율 변동의 위험을 감수해야 함을 의미한다. 대기업 대출 시장에서 흔히 사용되는 LIBOR 연동 대출은 벤처 대출 시장의 소규모 대출에는 사용되지 않는다. 마찬가지로 스타트업 입장에서 대출 기관으로부터 고정 금리 대출을 받기는 어렵다. 이자율 변동의 위험을 대출 기관에 전가하기 때문이다.

대출 수수료는 대출의 가격을 결정하는 두 번째 요소이다. 대출 수수료의 요율과 구조는 대출마다 제각각이지만, 대부분의 경우 대출 상환 시점이나 대출 사용액(차입 인출액)이 정의된 기준을 초과할 때 발생한다. 벤처 대출 수수료는 전통적인 현금흐름 대출 수수료보다 낮다(대출 금액의 0.25퍼센트에서 0.75퍼센트 범위). 스타트업은 현금소진속도를 감소시키는 데 중점을 두기 마련이다. 가능하다면 대출 약정 시점이 아닌 실제 대출 실행일을 기준으로 수수료를 부과하는 조건으로 대출을 받으려 한다.

워런트는 대출 기관 입장에서 위험을 감수하는 데 따른 보상의 일환으로 포함되는 요소이다. 비희석성을 이유로 창업가와 기존 투자자 모두 워런트가 없는 대출을 선호하지만, 초기 단계 기업 관련한 자본 시장에서는 재무약정이 없는 성장형 자금 대출의 경우 대부분의 대출 기관에 워런트가 부여되고, 워런트의 가격 책정이 중요한 요소로 간주된다. 일부 은행은 성과가 뛰어난 기업에 무워런트 대출을 제공하지만, 이러한 대출에는 워런트가 없는 대신 재무약정이 부과되는 것이 일반적이다. 벤처 대출 펀드는 높은 수익성을 추구하기 때문에 워런트를 거의 포기하지 않는다.

워런트의 가격을 결정하는 것은 다소 복잡하다. 텀시트에는 종종 워런트가 대출 약정 금액의 일정 비율로 대출 기관에 부여된다고 명시되어 있다. 예를 들어 200만 달러의 성장 자본 대출에 대한 텀시트가 있다고 하자. 그 텀시트에는 '워런트 커버리지warrant coverage'가 2퍼센트(예시)라고 명시된다고 하자. 워런트의 가치가 4만 달러로 책정되었다는 의미이다. 텀시트에서 대출 기관이 원하는 워런트의 화폐 가치를 직접적인 금액으로 표시하거나, 화폐 가치를 완전희석 소유권의 백분율(또는 베이시스 포인트basis point로 표시되기도 한다. 여기서 100베이시스 포인트는 1퍼센트에 해당)로 표현할 수도 있다. 이와 같이 완전희석화를 기준해서 계산하는 방식은 주식 클래스(보통주 또는 우선주)에 관계없이 워런트 가격에 일관된 기준을 적용한다. 은행이 제시하는 벤처 대출 제안서에서 워런트의 가격은 이러한 계산 방식을 따라 초기 단계 회사의 경우 10~15베이시스 포인트, 후기 단계 회사의 경우 2~5베이시스 포인트 범위에서 책정된다. 벤처 대출 펀드의 텀시트에서 제시되는 워런트 가격은 은행보다 높은데, 이는 대출 펀드가 수익에 더 민감하기 때문이다.

가격 협상에서 다음 단계는 워런트가 전환될 주식의 종류와 해당 행사 가격을 결정하는 것이다. 벤처 대출 기관들은 우선주 주주에게 부여되는 다양한 보호 장치 및 우선주 주주의 권한을 이해하고 있지만, 워런트 행사로 받을 주식을 보통주로 할지 우선주로 할지는 대출 기관과 상황에 따라 다르게 판단한다. 다만 대출 기관의 관점에서 우선주 워런트가 가지는 주요 가치는 가격 보호에 있다. 우선주 워런트 보유자는 실제 우선주 주주가 누리는 것과 동일한 희석 방지 조항을 요구한다. 은행은 워런트를 현금화하는 데 제한이 있다. 은행은 유동성 이벤트가 발생할 때까지 워런트를 행사하지 않다가, 유동성 이벤트가 발생하는 당일 워런트를 행사하고 우선주를 매도한다. 은행은 주식을 보유하는 것을 원하지 않기 때문이다. 대출 펀드는 워런트 보유자로서 많은 선택권을 가지고 있는데, 특히 워런트 만기가 가까워질 경우 예상되는 유동성 이벤트 전에 워런트를 행사하기도 한다. 워런트를 행사한 후에도 오랫동안 주식을 보유하기도 한다. 은행 대출자보다 펀드 대출자에게 우선주의 구조적 이점이 있다.

워런트의 행사 가격은 협상의 주요 쟁점이다. 창업가들은 대출 실행 직후 도래하는 라운드에서 발행하는 주식 가격에 근거해서 행사 가격을 정한다. 반면 대출 기관들은 직전 라운드의 주식 가치에 기반해서 행사 가격을 정한다. 만약 회사 측에서 다음 라운드에서의 기업 가치가 직전 라운드의 약 두 배가 될 것이라고 확신한다면, 직전 라운드에 근거한 행사 가격이 주당 0.50달러이고 워런트가 4만 달러에 책정되었을 때 대출 기관은 발행 주식 8만 주를 제공받는다. 만약 행사 가격이 다음 라운드 가치 평가에 연동된다면 주식 가격은 주당 1달러이고, 대출 기관은 단지 4만 주를 받게 된다.

또 다른 협상 쟁점 항목은 워런트의 기간이다. 대부분의 벤처 대출 텀시트에서는 워런트 부여일로부터 7~10년 사이에 워런트가 만료된다. GAAP 규정에 따르면 워런트 부여로 인해 발생하는 비용은 워런트 기간에 비례하기 때문에 회사 측에서는 만기를 단축하고 싶어 한다. 대출 기관들은 초기 단계 회사의 경우, 회사가 유동성 이벤트에 도달하는 데 걸리는 시간을 예측하는 데 한계가 있기 때문에 더 긴 만기를 요구할 것이다.

최종지급final payment은 벤처 대출 시장, 특히 생명과학, 헬스케어, 후기 단계 기업에서 흔히 사용되는 또 다른 가격 책정 메커니즘이다. 최종지급은 대출 만기일에 지급되는 대출 수수료와 유사하며, 일반적으로 약정 금액의 백분율로 적시된다(예를 들면, 200만 달러 대출의 경우 8퍼센트가 최종지급으로 표시된다면 최종지급 금액은 16만 달러가 된다). 최종지급은 대출 관련 비용에 대한 현금 지급이 가능하다면 먼 훗날로 지연시켜주는 기능을 하기에 회사 입장에서는 이득이 된다. 시간이 지남에 따라 회사의 기업 가치가 상승하는 경우 대출 기관만 동의해준다면 원리금의 상환을 최대한 지연하고 싶을 것이다. 최종지급은 대출 기관 입장에서도 혜택인데, 최종지급으로 금융 비용을 낮출 수 있었던 차주 회사는 다른 경쟁 금융기관과 대출 협상을 하기보다는 기존의 동일한 대출 기관으로부터 재융자를 받는 것을 선택할 가능성이 높기 때문이다. 하지만 최종지급 조건에 따라 납부가 지연된 금액이 얼마인지와는 상관없이 총 대출 금액을 계산하는 데에는 지출된 현금의 총 가치가 합산되어야 한다.

마지막으로, 벤처 대출을 포함한 모든 대출 거래에서 조기 상환을 자주 볼 수 있다. 일반적인 조기 상환 수수료 조건은 '3-2-1'이라고 불리는데, 최초 대출 실행일로부터 해가 넘어감에 따라 조기 상환 수수료가 매년 감소하는 것을 의미한다. 첫 해에 대출금을 상환하면 조기 상환 수수료는 상환되는 금액의 3퍼센트에 해당되고, 두 번째 해에는 2퍼센트로, 세 번째 해에는 1퍼센트로 떨어진다. 대출이 정해진 만기 이전에 상환될 경우 대출 기관에 미칠 경제적 손실에 대한 명확한 가치를 정의하는 것이다. 대출 기관 입장에서 조기 상환 수수료는 차주의 대출을 유지시킬 수 있는 무기가 된다. 수수료 체계는 오랜 거래 관계가 있는 경우 낮아지기 때문에 차주가 다른 금융기관으로 대출을 갈아타지 않고 기존 대출 기관과 다시 거래할 수 있는 추가적인 유인이 된다.

원금상각조건

경영자들은 대출의 가격(이자율과 수수료 등)에만 신경을 쓰지만 원금상각조건amortization term이 더욱 중요하다. 원금을 시간의 흐름에 따라 상각시킴(대출 원금이 매년 줄어드는 구조)으로써 애초에 계획했던 자본 구조 목표를 달성하는 데 도움을 주기 때문이다.

대출인출기간draw period(가용기간availability period이라고도 한다)은 대출 계약에 따라 현금을 인출할 수 있는 기간을 의미한다. 이 구조는 텀론(장기 대출)에 적용되며, 마찬가지로 한도대출계약revolving lines of credit에서는 언제든지 현금을 인출 및 상환할 수 있다. 벤처 대출 기관들은 대출 거래 클로징 이후에도 6~12개월가량 인출 기간을 기꺼이 연장해주겠지만, 추가로 자기자본 조달을 진행하기 전에 해당 대출이 다음 라운드 자본 조달 라운드를 끝내기 전에 사용되도록 차주들에게 약속을 받아내고자 한다. 대출 기관들로부터 인출 기간 연장에 대한 승인을 얻어냈을 때 차주들에게 도움이 되는 점은 기존의 대출 계약 아래서 (실제 대출금을 기존 인출 기간 내에 무리하게 인출할 필요 없이 인출을 시기적으로 연기할 수 있기에) 이자 비용을 줄일 수 있다는 점이다. 반면에 대출 기관 입장에서는 대출 약정을 체결했음에도 이자로 인한 수입이 발생하지 못하므로 불리하다.[3] 따라서 모든 텀론(장기 대출)이 인출 기간 연장을 허용해주지는 않으며, 대출 조건에 따라 사용되지 않은 약정에 대한 수수료가 부과될 수도 있다. 일부 대출 기관은 대출 계약 체결 시점에 전체 대출금의 인출을 요구하기도 한다.

I/O 기간도 벤처 대출의 일반적인 특성이며, 인출 기간과 밀접한 관련이 있다. 종종 텀시트에는 차입자가 대출 계약 체결 직후 6~12개월 동안 이자만 상환하고 원금 상환은 하지 않는 기간이 명시된다. 인출 기간의 길이는 대출의 유지 비용과 관련하여 시기적으로 조정할 수 있는 선택권을 차주에게 제공하는

---

3 은행들은 실제 자금 인출이 아니라 약정을 체결하는 순간부터 차주에 대한 신용 위험을 감수하기 때문이다.

반면, I/O 기간은 자본 전략에 훨씬 큰 영향을 미친다. 현금소진비율과 런웨이 계산에 직접적인 영향을 미치기 때문이다. 차주 회사와 차주 회사의 기존 투자자 모두 원금상각을 연기하고 싶어 한다. 원금 상환에 사용되지 않는 자금이 사업 성장을 위해 사용될 수 있기 때문이다. 이와 관련한 이익이 매우 커서 I/O 기간은 대출 비용 및 워런트 가격과 연계되는 경우가 많다.

대출 승인 시점에 I/O 기간을 확정하지만, 일부 대출 기관은 회사가 사전에 약속한 성과 마일스톤을 충족하는 경우 추가적으로 3, 6, 9개월 동안 조건부로 I/O 연장을 해주기도 한다. 이러한 구조는 복잡성을 증가시키고 차주 회사 입장에서 불확실성이 생기기도 하지만, 양 당사자 모두 '윈윈'할 수 있다. 대출 기관에게는 I/O 기간을 늘려서 차주 회사가 기업 가치를 증대시킬 수 있는 목표들을 달성하게 함으로써 회사의 자기자본 조달 능력을 제고하고, 궁극에는 대출금의 상환 가능성을 높이는 장점이 있다. 차주에게는 대출 비용을 크게 증가시키지 않고도 추가 자금 조달 없이 자금을 운용할 수 있는 기간, 즉 런웨이를 늘릴 수 있다는 장점이 있다. 그러나 성과 목표를 달성하지 못할 경우 원금 상환을 위해 현금이 사외로 지출되기 때문에 회사 입장에서는 상당한 고통이다.

I/O 기간이 끝나면 원래 계획한 대로 원금상각이 시작된다. 벤처 텀론(장기 대출)은 일반적으로 대출 기간이 36~48개월이며, 여기에는 I/O 기간이 포함된다. 그 결과, 일반적인 대출 구조는 12개월의 I/O 기간에 이어 36개월의 상환 기간이 뒤따른다. 원금상각이 시작되면 대부분의 벤처 대출은 정액상각법

straight-line amortization에 따라 원금 잔액을 상각 처리하는데, 이 방법은 원금 잔액을 원리금 총 지급일 수로 동일하게 나누어서 정기적인 원리금 지급일에 동일한 금액만큼 대출 원금에서 상각되도록 설계한 방법이다. 12개월의 I/O 기간과 36개월의 상환 기간이 부여된 200만 달러 대출의 경우, 첫 12개월 동안은 이자만 발생하고, 그 이후부터 차주는 36개월 동안 매달 5만 5500달러의 원금과 함께 이자를 상환하게 된다.

상환 일정을 유연하게 조정할 수 있는 여지는 은행과 대출 펀드 사이에 차이가 있다. 은행은 규제 대상 금융 기관이므로 대출 발생 후의 상환 일정을 변경하는 것에 대출 펀드보다 훨씬 민감하다. 은행은 기존 대출의 상환 일정을 수정하는 대신, 기존 대출을 새로운 대출로 차환하는 것을 오히려 선호한다. 신규 대출이 시장에서 통용되는 조건에 맞고, 차주 신용도가 대출 조건에 부합하며, 차주가 기존 조건과 새로운 조건 모두에서 대출을 상환할 수 있음을 규제 당국에 입증해야 한다.

은행 규제 당국은 차주 기업이 합리적인 기간 내에 대출을 상환할 수 없는 경우를 대비해서 은행이 규제 당국 제제로부터 자신을 방어하기 위해서 기존 대출 조건을 임의로 수정하는 것은 아닌지 촉각을 곤두세운다. 은행 입장에서 대출 건을 부실자산으로 처리하지 않고 차주 기업에 원리금 조정을 제공해주는 규제 당국의 지침도 존재하는데, 특히 원금상각이 이미 시작된 대출에 대해서 원리금 상환을 연기해주는 제도(일명 '상환 유예 payment holiday')도 있다. 규제 당국은 또한 대출 건의 원금상각이 어느 수준으로 발생하고 있는지도 주시하는데, 현금으로 대출 원금의 상각 여부가 선순위 대출과 후순위 대출을 구분하는 명확한 기준이 되기 때문이다.

벤처 대출 펀드는 GAAP에 따라 각 대출 채권이 정상 채권임을 입증해야 하지만 전반적으로 규제 제한에 덜 민감하다. 따라서 펀드와 같은 비은행권 대출 기관은 기존 대출을 차환하는 방식보다는 기존 대출의 상환 조건을 수정하는 것을 편하게 생각한다. 벤처 대출 펀드는 대출 구조를 조정하는 것보다는 대출 수익률을 높이는 데 우선순위를 두고 있다.

통제 조건

초기 단계 기술 기업에 대한 성장형 자금 대출과 다른 대출의 중요한 차이는 재무약정이 없다는 점이다. 재무약정은 차주 기업의 재무 성과가 설정된 기준을 충족하지 못할 경우 대출 기관이 해당 대출 약정을 취소하거나, 원금 상환 일정을 앞당기거나, 담보 자산을 압류하고 청산할 수 있도록 하는 계약 조건을 의미한다. 초기 단계 기업의 예측 불가능한 특성으로 인해 많은 경우 재무약정을 설정하는 것이 실질적으로 어려운 경우가 많다. 종종 회사의 지분을 보유한 기존 VC 투자자들은 대출 기관이 제시한 대출에 재무약정이 조건으로 제시된 경우 해당 스타트업이 대출받는 것에 반대할 수 있다.

대출 기관은 대출과 관련하여 차주 회사의 위험 정도에 따라 벤처 대출의 조건에 워런트를 포함시키기도 한다. 초기 단계 기업에 대한 대출 손실률은 우호적인 시장 상황에서도 전통적인 대출의 손실률에 비해 두 배 정도가 되므로, 재무약정이 없는 경우 대출 기관이 전적으로 차주 기업의 성장 잠재력에 의존하게 된다. 이러한 위험에 대한 보상을 균형 있게 제공하기 위해 워런트가 필요한 것이다.

초기 단계 기업에 대한 벤처 대출은 일반적으로 워런트는 포함되어 있는 반면 재무약정은 없는 대출이 많다. 후기 단계 기업은 무워런트 대출을 통해서 자금을 조달하는데, 이러한 대출 거래에 금융기관은 일관되게 재무약정을 요구한다. 재무약정은 대출 기관 입장에서 상환에 대한 위험을 줄여준다. 재무약정에는 주로 유동성 커버리지 비율[4]을 일정 정도 이상 유지하거나 기업 가치 증가를 검증하기 위한 수단으로 매출 성장률 목표를 설정하기도 한다.

대출 기관은 차주의 상환 위험을 관리하기 위해 여러 장치를 계약서에 포함시키는데, 재무약정은 그 장치 중 일부이다. 텀시트에는 적극적 재무약정affirmative covenants에 대한 언급이 있지만 구체적으로 설명되지 않는 경우가 많다. 대부분의 텀시트에는 "최종 대출 계약서에는 표준 거래 관행 및 본 거래에서 필요한 특정 요건에 따라 적극적 재무약정이 포함될 예정이다"와 같은 문구가 포함된다. 재무약정에 관한 세부사항은 대출 계약서 초안에 포함되며, 대출에 대한 협상이 진행되면서 확정된다.

---

4 유동성 커버리지 비율liquidity coverage ratio=(유동성 자산)/단기부채.

일반적으로 재무약정은 적극적 재무약정과 소극적 재무약정negative covenants으로 나눌 수 있다. 적극적 재무약정은 계약상 정의된 특정 기간 동안 회사가 어떤 행위를 이행하기로 하는 일련의 약속을 말한다. 재무약정으로 제시할 수 있는 조건 목록은 긴 편인데, 제시하는 약정은 대출의 맥락과 구조에 따라 다르다. 일반적인 적극적 재무약정은 다음과 같다.

관련 법령 및 규제 준수: 회사가 영업 활동을 하고 있는 국가의 법령, 해당 지역의 지자체 및 시장과 관련한 규정을 준수하고 규제 당국과의 우호적 관계를 유지해야 한다.

정부 승인: 사업 운영에 필요한 모든 승인 및 면허를 득한다.

보고 의무: 대출 기관에 적시에 정확한 재무제표 및 기타 중요한 정보를 제공한다.

조세 납부: 모든 조세 의무를 적시에 이행하고 해당 기록을 보관한다.

보험 가입: 회사의 영업과 관련한 상해보상보험 및 대출의 담보 자산에 대한 재산보험에 가입하고 이를 유지한다.

계좌: 차주는 해당 대출 기관 또는 수탁인(대출 펀드의 경우)이 개설한 모든 은행 및 담보 계좌를 유지해야 한다. 본 대출 기관 이외의 금융기관에 개설되어 있는 계좌는 공개해야 하며, 본 대출 계약과 관련하여 담보로써 해당 계좌에 대한 통제권을 본 대출 기관에 제공하기 위해 별도의 서류를 작성할 수도 있다.

재무약정: 텀시트에 따라 성과 충족 의무 사항으로 제시된 재

무적 기준 및 재무 비율을 준수해야 한다.

지식재산권: 회사가 보유한 모든 지식재산권을 등록하고 방어하고, 지식재산권의 효력을 유지하며, 중요한 손상이나 침해가 발생할 경우 이를 즉시 대출 기관에게 고지한다.

대출 기관은 소극적 재무약정에 차주의 대출 조건으로 해서는 안 될 행위를 정의해놓는다. 소극적 재무약정은 차주 회사가 회사의 중요한 특정 사항을 변경하거나 어떤 행위를 할 경우 대주인 대출 기관의 동의를 받도록 요구한다. 소극적 약정에는 중요성 기준 원칙(모호할 수 있으며, 경우에 따라 차주와 대주 간 협의에 따라 변경도 가능함)이 포함되는데, 그 중요성 기준에 저촉되지 않는다면(즉 중요하지 않다면) 대주의 공식적인 동의 없이도 일상적인 영업 활동이 가능하다.

다음은 일반적인 소극적 약정의 주요 내용이다.

양도 제한: 대주의 동의 없이 사업, 자산, 특히 담보(일상적인 영업 과정에서 발생하는 재고 자산 제외)를 매도하거나 이전 또는 는 양도하지 않는다.

경영권 및 사업 지역의 변경 제한: 대주의 동의 없이 사업의 근본적인 속성, 사업장의 위치 및 지분 구조를 변경하지 않는다.

인수 및 합병 제한: 대주의 동의 없이 다른 회사를 인수하거나 사업의 전체 또는 일부를 매각하지 않는다.

추가 부채 제한: 계약서에 '허용된 채무'로 정의된 통상적인 부

채의 범위를 벗어나는 채무를 타인으로부터 지지 않는다.

담보 제한: 타인에게 영업과 관련한 자산을 담보로 제공하지 않는다. 단, 허용된 채무 리스트에서 정의된 경우는 제외된다.

배당 및 투자 제한: '허용된 투자' 및 '허용된 배당'으로 정의된 범위를 벗어나서 배당금이나 분배금을 지급하거나 중대한 투자를 하지 않는다.

후순위 부채 제한: 별도의 '채권자 간 계약서'에서 정의된 허용된 채무 이외에 후순위로 대출을 일으키거나 또는 채권을 발행할 수 없다.

벤처 대출 시장에서 통제 관련 사항 중 가장 논란이 많은 조건은 '중대한 불리한 변화material adverse change(MAC)'와 관련한 조항이다. 이 MAC 조항은 일반적으로 대출 거래 이전에 MAC가 발생하지 않아야 한다는 조건을 제시하고, 이를 어길 경우 최종 대출 계약서에 명시된 '채무불이행event of the default(EOD)'으로 간주될 수 있음을 적시한다. MAC 조항과 관련해서 대출 기관이 바라는 의도가 텀시트에 명시될 수도 있고 명시되지 않을 수도 있다. 텀시트에서 MAC 언급이 없으면 사안에 따라 차주가 대주에게 문의해야 하는 사항이 될 수 있다. MAC는 경영권 통제와 관련한 조항에서 모든 것을 포괄하는 항목이기 때문이다. 즉 MAC 항목은 해석하기에 따라, 심지어 사전에 정의되지 않은 사항에 대해서까지 대출 계약서상의 채무불이행으로 확대 해석될 수 있다.

기존 지분 투자자들이 벤처 대출 거래에서 MAC 조항에 민감한 것은 충분히 이해할 만하다. 해당 조항이 대출 기관의 재량적 해석에 전적으로 달려 있기 때문이다. 이 조항은 시장이나 차입자의 특정 상황이 당사자들이 예측할 수 없는 방향으로 변화했을 경우, 이를 인지하지 못한 대출 기관이 의도하지 않은 대출을 실행하거나 대출을 유지하는 상황에서 보호 장치 역할을 한다. 이 조항은 대주인 대출 기관이 최근 발생한 변화를 '채무불이행'으로 선언할 수 있는 권한을 부여한다. 대출 계약서의 MAC 조항에 따라 대주는 변화의 중대성의 정도, 그 변화가 차주 회사의 성과에 미치는 영향에 대해서까지 자신의 재량으로 해석할 수 있다. 최종 대출 계약서에서 대부분의 MAC 조항은 다음과 같은 문구를 포함한다.

'중대 불리한 변화'라 함은 (a) 담보자산에 대한 은행의 담보권 완결성이나 우선순위에 중대한 손상이 발생하거나, 해당 담보자산의 가치에 중대한 불리한 변화가 발생하는 경우; (b) 차주의 사업, 운영 또는 상태(재정 상태 또는 기타)에 중대한 불리한 변화가 발생하는 경우; [또는] (c) 차주가 원금과 이자의 일부를 상환할 수 있는 전망에 중대한 불리한 변화가 발생하는 경우; [또는] (d) 대주 은행이 자신이 취득한 정보와 합리적인 추론에 근거하여 차주가 다음 회계년도 동안 __장에서 서술된 재무약정 중 한 가지 이상을 준수하지 못할 것이라는 가능성이 있다고 판단되는 경우를 의미한다.

창업가가 이해해야 할 가장 중요한 점은 MAC의 규정 범위가 매우 넓지만, 이 조항이 대출 유연성을 제한할 목적으로 만들어지지 않았다는 것이다. 물론 재무약정이 없는 대출의 경우 상당한 유연성을 가질 수 있다. 대신 이 조항은 가능성이 희박한 사건을 걱정할 필요 없이 예상되는 상황에 맞게 대출의 안정성을 보장하는 장치로 작용하며, 대출 기관으로 하여금 정확하고 적은 비용으로 대출의 가치를 가늠하게 해준다.

MAC 조항은 극도로 불리한 상황에서만 활용될 수 있도록 설계되었다. 그러나 많은 차주 기업들은 대주 기관이 MAC를 근거로 회사의 잔여 현금을 압류할 수 있다는 우려를 가지고 있는데, 근거가 없는 것은 아니다. 대부분의 스타트업에는 회사의 지식재산 다음으로 현금 유동성이 가장 가치 있는 자산이다. 그런데 채무불이행의 원인이 MAC인지 다른 재무약정 위반인지 여부와 상관없이 채무불이행이 우려되는 경우 대출 기관은 자신들의 대출 자산의 가치를 보존하기 위해 필요한 경우 현금을 압류할 수 있는 권리를 행사할 수 있기 때문이다.

창업가는 대출 기관의 과거 대출 사례들(소위 트랙레코드 track record)과 산업 평판을 어느 정도 알고 있어야 한다. 대출 기관에 따라 요구하는 MAC의 정의와 수준이 달라질 수 있기 때문이다. 대출 거래를 논하고 있는 상대편 은행이 차주 회사의 경영진과 투자자의 이의 제기에도 불구하고 MAC 조항이나 대출 계약의 다른 통제 조항을 무기로 채무불이행 선언을 한 전력이 있었는지 확인해야 한다. 대주가 MAC 조항을 무리하게 적용한 적이 있다면 해당 회사에 투자한 벤처 투자자들이 해당 대출 기관과 다시 협업할 가능성은 매우 희박하다.

MAC 조항을 대출 계약서에서 제거하는 것이 좋지 않겠느냐는 의견은 꽤 그럴듯하게 들릴 수 있지만 그다지 실용적이지는 않다. 많은 벤처 대출 펀드는 MAC 조항이 없는 대출 계약에는 약정하지 않을 것이다. 은행 역시 대부분의 벤처 대출 거래, 특히 고위험 시나리오에서는 MAC를 요구할 것이다. 대출 계약서에서 MAC를 제거하거나 수정할 수 있는 여지는 주로 세 가지 요소에 의해 결정된다: 회사의 상황(회사의 성장성, 재무 건전성 등), 대출 거래의 맥락(대출 거래의 규모와 이자율 및 다른 부대 조건의 유무 등), 그리고 투자자와 대출자 간의 관계이다.

마지막 통제 조항은 차주의 자산에 대한 담보와 관련된 조항으로, 특히 지식재산권이 대출 기관의 담보로 포함될지 여부가 중요하다. 기존 지분 투자자와 회사 측에서는 분명히 지식재산권이 대출 거래의 담보로 사용되지 않는 것을 선호한다. 그러나 대출 기관들은 고위험군에 속한 기업이나 기업 가치가 지식재산권에 크게 좌우되는 상황에서 대규모 대출을 하게 될 경우 해당 회사의 지식재산권에 대해서 철저한 담보권을 요구할 것이다.

지식재산권에 대한 담보 설정을 하지 않고도 지식재산권의 처분을 제한할 수 있는 권한을 대주에게 제공하는 다양한 방식이 존재하기도 한다. 가장 일반적인 것은 '비담보화 조항 negative pledge'이다. 이 경우 대출 기관은 지식재산권에 대한 담보를 설정하지 않는다. 대신 회사는 다른 당사자에게 지식재산권을 담보로 제공하지 않기로 약속한다.

이 조항에 따르면, 제3자가 회사의 가장 중요한 자산에 기존 대주의 동의 없이 최우선순위 담보권을 설정할 수 없기 때문에 기존 대주에게 조건부 통제권을 부여한 것이다. 이 비담보화 조항으로 인해 담보권 설정에 대한 협상은 추후로 연기될 수 있다. 회사가 제안할 수 있는 (또는 대출 기관이 요구할 수 있는) 협상 카드를 후일에 쓰기 위해 아끼는 것과 같다.

협상 작전

평판 가치는 아무리 강조해도 지나치지 않다. 벤처 캐피털 산업은 관계 중심적이며 벤처 대출 시장과 벤처 자기자본 시장 모두에 적용된다. VC 투자를 받은 기업은 자기자본 조달과 부채 조달을 거치면서 성장하며 여러 번의 터닝 포인트를 맞이한다. 벤처 대출 투자와 관련해 매 라운드에서 금융기관과 협상할 때 최상의 거래 조건을 얻는 것과 최고의 관계 파트너를 얻는 것 사이에는 긴장이 존재한다. 자기자본 투자 라운드와 다를 바 없다. 대출 협상에서 가장 유리한 조건을 얻고자 하는 욕구는 당연히 있겠지만 장기간에 걸쳐 더 큰 전략적 틀 안에서 유연하게 접근해야 한다. 최고의 파트너가 되어줄 수 있는 대출 기관과 협업하며 상생하는 이점도 크기 때문에 유리한 조건을 얻어내는 것과 사업 파트너와의 관계를 구축하는 것 사이에서 균형점을 찾아야 한다.

차주가 단기적으로 거래만을 중심에 놓고 협상을 진행하면, 특히 대출 규모가 다른 것보다 중요한 경우에 대출 기관 입장에서는 차주 기업이 자신들을 단순한 공급 업체로 바라보고 있다고 느낄 것이다. 장기적 관계보다는 단기적 조건에만 집중하는 대출 기관을 만날 가능성이 크다. 그와 같은 기관들은 좋은 조건으로 차주 기관에게 접근하겠지만 대출 계약서 초안에 합의하면 조건들을 계속해서 수정하려고 들 것이다. 대출 기관의 태도는 기회주의로 보여지기도 하고, 차주가 대출 조건을 크게 변경해야 할 경우 회사의 전략적 선택에 직접적인 영향을 미칠 수도 있다. 어떤 특성을 암시하는 단서가 보일 때도 있다. 텀 시트에서 합의를 끝내고 최종 대출 계약서 서명만 남겨둔 가운데 중요한 거래 조건을 변경하자고 하는 대출 기관이 있다면 경계해야 한다. 거래 조건을 변동시키는 대출 기관이 있다면, 이 기관은 승자독식 사고방식 또는 계약 중심적 사고방식을 대출 정책으로 삼고 있을 가능성이 매우 농후하다.

반대로, 관계를 중심에 놓고 대출 기관을 선정하는 경우에는 모든 계약 조건에서 유리한 조건을 얻지 못할 수도 있다. 시간이 지남에 따라 회사는 필연적으로 회사의 재무적 성과와 전략에 지대한 영향을 미칠 많은 풍파를 만날 텐데, 그 순간마다 회사와 생사고락을 기꺼이 감수할 수 있는 믿을 만한 금융 파트너를 만날 수 있다. 대출의 규모와 구조는 비즈니스의 필요와 사업 전략과 일치하기 때문에 거래 조건이 중요하지 않다는 것을 의미하지는 않는다. 그러나 파트너십 중심의 대출 기관은 회사와 투자자와의 장기적인 관계에서 유연성을 가지는 것을 매우 가치 있게 여긴다.

대출 기관을 단순한 공급 업체로 볼 것이냐 혹은 사업 파트너로 볼 것이냐에 대한 트레이드 오프가 존재한다. 최적의 벤처 대출 거래를 성사시킬 수 있는 가장 효과적인 방법은 경쟁 관계에 있는 대출 기관 사이에서 '경쟁'을 부추기는 것이다. 여러 대출 기관들로부터 텀시트를 여러 차례 받아내는 방법으로 경쟁을 끌어낼 수 있다. 이 과정을 능숙하게 관리할 수만 있다면 각 대출 기관으로부터 피드백을 받고, 비교하고 역제안하는 방식으로 유리한 조건을 받아낼 수 있다.

경쟁을 부추겨서 거래 조건을 개선할 수 있는 여러 시나리오가 있겠지만, 그렇게까지 할 필요는 없을 수도 있다. 회사의 주요 투자자가 특정 대출 기관과 친밀한 관계에 있을 때는 특히나 그렇다. 여러 선택지를 탐색하고 비교하면 분명 금전적·전략적 이득이 있겠지만, 그 선택지를 탐색하는 데 상당한 시간이 소요된다는 점도 고려해야 한다. 회사의 기존 투자자들도 회사의 단계와 회사가 조달하는 대출의 규모를 고려해서 판단하고 조언해줄 것이다.

대출 조건의 재조정

스타트업의 사업 예측과 관련해서 확실히 말할 수 있는 것은 사업 예측은 100퍼센트 틀릴 수밖에 없다는 것이다. 노련한 벤처 전문 대출 기관들은 이를 잘 알고 있으며, 회사의 사업 예측을 감안해서 대출을 실행하다 보면 회사의 실적을 다소 낮춰 잡게 된다. 그럼에도 스타트업의 사업 실적을 관리하는 것이 극도로 어렵다는 점을 감안할 때 대출의 만기일 전에 대출 조건을 변경할 가능성은 매우 높다.

대출 조건을 재협상하는 상황에 어떻게 대처하느냐가 매우 중요하다. 회사가 잘 대처하면 관리팀은 신뢰를 얻고, 대주 은행과도 우호적인 관계를 쌓을 수 있다. 하지만 회사 측이 잘못 대처하면 대출 기관은 현재 차주의 조정 요청을 받아들이기 전에 대출 비용을 인상할 수 있으며, 회사와의 대출 계약에 기회주의적인 방식으로 접근하고, 향후 차주 회사와 협상하는 순간마다 신뢰를 높이기보다는 자신들의 이익을 꾀할 수도 있다.

시중에 흔하게 나와 있는 위기 관리 책을 살펴보길 권한다. 한결같이 상황이 좋지 않은 방향으로 진행될 때는 문제를 숨기지 말라고 권고할 것이다. 회사의 실적이 원래 계획에서 벗어났을 때는 대출 기관에 즉시 통지하고 자주 소통하는 것이 바람직하다. 놀라게 하는 것은 적을 만들고, 투명하게 공개하는 것은 친구를 만든다.

대출 조건을 변경해야 한다는 인식이 쌍방 간에 생기면 해결책을 찾기 위해 협상하는 어려운 작업이 시작된다. '윈윈'하는 해결책을 찾기 위해서는 대출 기관의 입장을 잘 이해해야 한다. 초기 심사가 완료된 이후에는 대출 기관의 주된 관심사(특히 은행의 경우)는 회사의 사업 계획과 필요 자금을 평가하는 것에서 회사가 사업 계획을 얼마나 잘 수행하는지로 이동해간다. 대출 기관의 사고방식은 초기 대출 심사 프로세스가 진행될 때는 판매자 모드에서 시작해 대출이 만기가 도래하기 전까지는 구매자 모드로 전환된다. 판매자 모드에서 대출 기관의 주된 관심사는 회사의 구미에 맞게 대출 기관들의 제안을 조정하는 것이다.

대출 기관은 딜을 따기 위해 다른 대출 제공 업체들과 경쟁하는 입장이기 때문이다. 하지만 구매자 모드가 되면 대출 기관이 협상을 주도하고, 자신들의 선호에 맞춰 조건을 내거는 입장이 되기 마련이다. 대출 기관은 자신들의 위험 관리 및 포트폴리오 관리 방식에 따라 회사가 요구하는 재협상 사항들을 분석할 것이다.

모든 대출 기관, 특히 은행의 최우선 과제는 대출 채권의 구조 조정이나 수정이 가져올 수 있는 위험의 영향을 파악하는 것이다. 은행 감독 기관이 사용하는 위험 평가 용어를 이용해 설명하자면, 대부분의 대출은 처음에는 정상채권pass credit으로 분류된다. 이 초기 채권 등급에 책정되는 충당금은 최소한으로 책정되며, 주요 상환재원에 중대한 문제가 발생하지 않는 한 변동되지 않는다. 주요 상환재원에 이상 징후가 발견되면 위험 상황의 범위와 정도에 따라 요주의, 고정, 회수의문 등급으로 하향 조정[5]될 수 있다. 주요 상환재원 또는 2차 상환재원에 큰 문제가 드러나거나 불확실성이 너무 커서 전액 상환이 가능하지 않을 때 해당 대출 채권은 위험 등급의 최하위, 즉 회수의문 및 추정손실로 재분류된다.

---

5   한국 금융감독원에서 정한 자산건전성 분류 체계를 따랐다. 자산의 건전성 정도에 따라 정상, 요주의, 고정, 회수의문, 추정손실의 5단계로 분류했다. 원문에서는 미국의 은행 대출자산 건전성 기준에 따라 Pass Credit, Criticized, Classified의 3단계 분류 체계로 설명하고 있다.

대출의 신용 등급이 낮아질수록 은행 입장에서 쌓아야 하는 대손 충당금은 증가한다. 요주의 또는 고정 이하 수준에서 대출 채권은 수익성이 적은 채권으로 분류된다. 그러나 대출이 추정손실 또는 손상 자산으로 분류되면 일반회계원칙(GAAP) 아래서는 더 이상 수익 창출 자산으로 취급되지 않는다.

벤처 대출에서 주요 상환재원은 자본 시장에 대한 접근성이다. VC로부터 자금을 받는 회사들이 자금 조달 사이클을 진행하는 동안 벤처 대출 기관은 회사의 보유 유동성이 낮고 새로운 자기자본 투자자가 아직 나타나지 않았을 때 위험 등급을 하향 조정한다. 대출 조건이나 재무약정이 처음 설정된 기준에 비해 크게 느슨해지면 그에 맞춰서 신용 등급을 낮추기도 한다. 신용 등급을 하향 조정하거나 상향 조정하는 과정은 벤처 대출 업력이 높은 금융기관에게는 정상적인 운영 절차이다.

벤처 전문 대출 기관과 대출 계약서를 체결할 때 이들에게 다양한 통제권을 주는 것을 피할 방법은 없다. MAC를 고려하지 않더라도 금융기관들은 채무불이행event of default(EOD)을 선언할 수 있다. 채무불이행 선언 권한은 모든 통제 조건을 지배하는 주된 통제 조항, 즉 절대 반지와 같다. 문제는 회사가 언젠가는 채무불이행에 빠질 수 있다는 것이 아니다. 일반적인 벤처 기업의 성장 주기를 따르는 스타트업이라면 대출의 재무약정을 어기는 상황이 발생할 수도 있다. 벤처 대출을 받은 기업 가운데 상당한 비율의 업체들이 어느 시점에는 실제로 채무불이행 상태에 놓인다. 중요한 문제는 회사와 대출 기관이 그 상황에 어떻게 대처하느냐이다. 우수한 벤처 대출 기관과 평범한 대출 기관의 차이는 이러한 상황에서 대출 조건을 재조정하는 능력에서 차이가 드러난다.

불가피하게도 많은 스타트업이 실패한다. 회사가 계속기업 going concern으로서 사업을 지속할 수 있는 능력에 의문이 제기될 때 생각해볼 수 있는 여러 관례적인 선택지들(재자본화, 회사 매각, 자산 매각)이 있다. 여러 대안을 검토하고 평가하는 과정은 투자와 사업의 실패를 '연착륙'시키는 데 필요한 것들로, 회사, 투자자, 대출자 간의 전문성과 협력이 필요하다. 연착륙을 마련하기 위한 첫 번째 단계는 객관적인 자기 인식이다. 회사가 취할 수 있는 선택지가 좁아지고, 비희석 자금(예를 들어, 추가적인 벤처 대출)에 대한 접근성이 낮아질 때 회사와 투자자들은 비상 계획을 포함한 사업 전략을 짜두는 것이 중요하다.

플랜 A(추가 주식 발행)에서 플랜 B(매각에 집중)로의 전환은 회사에 중요한 전환점이다. 성과를 끌어올리고 기업 가치를 상향하기 위해 고군분투하는 스타트업이 투자자들과 자금 모집을 위해 논의하다가 플랜 B로서 회사를 매각하는 것을 조심스럽게 고민하게 된다.

어떤 경우에는 매각이 성사되지 않아 플랜 B(매각)에서 플랜 C(청산)로 방향을 틀기도 하는데, 경영자 입장에서는 더욱 고통스러운 변곡점이다. 창업가와 경영진, 그리고 투자자들 입장에서는 자신들의 회사가 경쟁자나 다른 잠재 인수자의 눈에 가치가 거의 없다는 사실을 받아들이기가 어렵기 때문이다. 하지만 현금이 부족한 회사 입장에서는, 특히 부채가 있는 상황에서는 매각과 청산의 당위성을 이해하는 것이 중요하다.

최악의 상황에서도 청산 절차의 당위성과 메커니즘을 잘 이해하고 있어야 한다. 벤처 시장은 인간관계가 매우 중요한 산업이며, 기관들은 인간관계와 업계 평판에 대해서는 매우 긴 기억을 가지고 있다. 투자를 받는 창업가 입장에서는 한 번쯤은 기적을 기대하며 회사와 직원들을 다그쳐서 큰돈을 투자받을 수 있는 모처럼의 기회를 만들어낼 수도 있다. 하지만 그것이 큰 도박이 되고, 대출 기관 입장에서 손실을 내는 결과를 초래한다면 대출 기관이 다음에도 자금을 빌려주면서 똑같은 위험을 감수할 가능성은 제로에 가깝다.

12장

벤처 캐피털 펀드의
업무 방식

이제 당신은 우선주 투자와 전환사채 및 벤처 대출에 이르기까지 다양한 자금 조달 방식과 일반적인 조건에 어느 정도 친숙해졌을 것이다. 투자자들로부터 어떻게 하면 텀시트 단계까지 협상을 진척시킬 수 있을지에 대해서도 어느 정도 감을 잡았을 것이다. 다음 장에서는 다양한 협상 전략을 알아보려고 한다. 이에 앞서 VC 투자자들의 투자에 대한 동기를 이해하는 것도 도움이 될 것이다.

우리는 VC 업계 사람들이 어떤 방식으로 일하는지를 비롯해 외부에 알려지지 않은 그들만의 이야기를 해달라는 요청을 받는다. 어느 날, 경험이 많은 경영자와 이야기를 나눈 적이 있다. 그는 자신이 경영하는 후기 단계 스타트업의 투자 라운드를 진행하며 투자자들과 논의하던 중이었다. 대화가 끝날 무렵, 그는 내가 아는 VC 업계의 이야기를 책으로 써보면 어떻겠냐고 권유했다. 그는 나름대로 경험도 많고 VC가 투자한 회사를 경영하던 대표이사였지만, 나와 이야기를 나누기 전까지만 하더라도 VC 투자와 관련한 이슈로 혼란을 겪고 있었다. 그날의 대화가 손에 잡히지 않던 VC 업계의 작동 원리를 이해하는 데 큰 도움이 되었다며 글로 남기기를 원했던 것이다.

현재와 미래의 투자자들을 움직이게 하는 투자 동기를 이해하는 것이 중요하다. 그들의 투자 동기가 당신의 비즈니스에 영향을 주기 때문이다. 벤처 펀드가 어떻게 일하는지에 대한 기본적인 사항은 알려져 있겠지만, 이 장에서는 VC들이 생각하고 행동하는 방식에 영향을 미치는 거의 모든 이슈까지 다루려고 한다. 이를 위해 VC 펀드들이 설립되는 방식뿐만 아니라 VC들이 직면한 내부적·외부적 위기까지 이야기하고자 한다.

일반적인 VC 펀드 구조

일반적인 VC 펀드 구조는 3개의 주요 당사자가 등장한다. 첫 번째는 운용사management company(또는 매니저manager)이다. 운용사는 보통 VC 회사의 시니어 파트너들이 지분을 소유하고 있다. 운용사에는 파트너, 어소시에이트, 지원 인력 등 피투자 회사와 협업하는 사람들이 소속되어 있다. 운용사는 펀드의 운용과 관련하여 간접적으로 소요되는 영업 비용, 이를테면 운용사의 사무실 임대료, 소모품비, 전기료 및 인터넷 사용료 등을 부담한다.

운용사는 VC 회사의 투자의 핵심 회사(프랜차이즈franchise) 역할을 한다. 오래된 펀드가 종료되고 새로운 펀드가 조성되더라도 운용사는 계속해서 조성된 각 펀드를 관리한다. VC 회사의 명함에는 보통 운용사의 이름이 기재되어 있으며, 이 운용사의 사명은 직원들이 텀시트에 날인할 때 기재하는 회사명과는 다르다. 이때는 펀드 이름을 쓴다(아래 후술하는 도관체를 의미한다). 우리가 소속된 파운드리그룹이 운용사인데, 이는 우리 팀이 조성하고 투자하는 실제 펀드의 이름과는 다른 것과 같다.

다음에 등장하는 당사자는 펀드 도관체 또는 리미티드 파트너십 도관체limited partnership(LP) vehicle이다. VC가 자신의 '펀드'나 회사가 "2억 2500만 달러의 펀드를 조성했다"고 말할 때, 실제로는 펀드의 투자자들(유한책임사원 또는 LP라고도 함)이

자금을 투자한 리미티드 파트너십 또는 펀드 도관체가 자금을 모집했다는 뜻이다.

마지막 당사자는 무한책임사원회사 또는 제너럴 파트너십 general partnership(GP)이라고 불리는 법인이다. 실생활에서 접하기 어려운 단어일 것이다. 펀드의 실제 책임사원 역할을 하는 법인이다. 일부에서는 자연인으로서 개별 임원들이 이 역할을 맡았지만, 시간이 지나면서 펀드별로 임원이나 파트너들이 지분을 보유한 별도의 법인이 역할을 대신하는 방식으로 발전해왔다.

법학대학원에서 공부한 사람이 아니라면 여기까지의 설명이 매우 어렵게 느껴질 것이다. 반대로 법학대학원에서 공부했던 사람들이라면 법적으로 복잡한 설명들이 오히려 흥미를 유발할지도 모르겠다. 기억해야 할 점은 운용사(프랜차이즈)와 실제로 조성된 펀드(LP 도관체)가 별도 법인으로 분리되어야 한다는 것이다. 각각의 법인은 종종 서로 다른 이해관계와 동기를 가지며, 특히 담당 임원이 새로이 벤처 캐피털 회사에 합류하거나 떠날 때 그러한 상황이 발생한다. 현재 당신과 연락을 주고받는 VC 담당 임원이 당신 회사에 영향을 줄 수 있는 여러 조직에서 다양하고 때로는 상반된 이해관계를 가질 수도 있다.

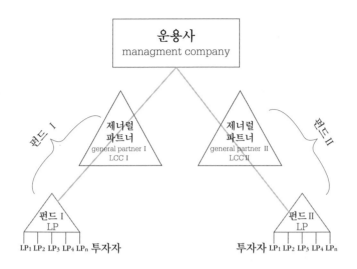

운용사
managment company

제너럴
파트너
general partner I
LCC I

제너럴
파트너
general partner II
LCC II

펀드 I

펀드 II

펀드 I
LP

펀드 II
LP

LP₁ LP₂ LP₃ LP₄ LPₙ 투자자

투자자 LP₁ LP₂ LP₃ LP₄ LPₙ

운용사의 구조 제너럴 파트너쉽과 리미티드 파트너쉽

스타트업 창업가가 VC 투자자들에게 비즈니스 성장 전망이 얼마나 대단한지 설득하기 위해 머리를 싸매고 고민하고 있다면 마찬가지로 기억해야 할 것이 있다. VC 투자자들도 LP들로부터 자금을 모집하기 위해 똑같은 과정을 거친다는 점이다. 우리는 창업가들의 고통을 잘 이해하지만, 한편으로는 많은 VC들이 자신들의 고통스러운 과정을 금세 잊어버리고 자금을 조달하려는 스타트업 창업가들에게 고통을 주고 있다는 것도 인정한다. 게다가 한 회사에 많은 VC들이 투자하고 있다면 누구도 회사의 자금 조달에 상당한 책임감을 느끼지 않을 것이기에 창업가의 고통에 공감하지 않을 것이다. 이 이야기가 자금 조달 딜을 끝내고 호텔에 홀로 덩그러니 남겨져 공허함을 달래는 당신에게 위로가 될지 모르겠지만, 위스키 한 잔 정도의 위안은 되리라

생각한다.

　VC들은 정부 및 일반 기업의 퇴직연금, 대기업들의 자금 담당 부서, 시중 은행, 전문 기관투자자, 대학교 기금, 고액 자산가, 패밀리 오피스, 재간접펀드(펀드오브펀드funds of funds 또는 종종 모펀드라고도 한다), 자선 단체, 보험 회사 등 다양한 단체로부터 자금을 조달한다. VC와 그들의 투자자 간의 계약은 유한 파트너십 계약limited partnership agreement(LPA)이라는, 다소 길고 복잡한 문서를 따르는데 한 가지는 분명하다: VC들도 그들의 투자자인 LP 투자자들이라는 시어머니가 있다는 사실이다.

VC의 자금 모집

VC 투자회사가 1억 달러 펀드를 조성했다고 발표할 때 VC가 1억 달러를 은행에 예치해두고 똑똑한 스타트업 창업가가 떡하니 나타나기를 기다린다는 뜻은 아니다. VC는 LP 투자자들과 LPA 체결은 하였지만 당장 현금을 가지고 있는 것은 아니며, 따라서 투자하는 시점마다 LP 투자자에게 자금을 요청해야 한다. 이를 캐피털 콜capital call이라고 하는데, 자금을 요청한 순간부터 LP 투자자들의 자금이 VC의 계좌로 도착하기까지는 보통 2주 정도 걸린다. LP 투자자는 LPA에 따라 VC로부터 캐피털 콜을 받을 때마다 VC에게 자금을 보내야 할 법적 의무가 있다.

　벤처 캐피털 회사가 자금을 요청했는데 투자자들이 거절하면 상황이 복잡해진다. 오늘날의 VC는 LPA에 따라 캐피털 콜을 강제할 수 있는 매우 강력한 권리를 가지고 있지만, 과거에는 VC가 캐피털 콜을 하고 나서 예상보다 적은 액수의 금액이 들어오는 경우도 있었다. 이러한 상황이 발생하면 VC와 자금 조달 거래를 하는 스타트업에게는 결코 좋지 않다. 다행히도 요즘은 드문 일이 되었다.

투자자들이 캐피털 콜을 거부하는 이유는 무엇일까? 첫째, LP들이 VC가 잘못된 결정을 내리고 있다고 생각하여 펀드에서 빠져나가고 싶을 수 있다. LP에 외부적인 문제가 발생해 현금이 부족해져서 캐피탈 콜에 응할 수 없거나 응하고 싶지 않은 상황이 발생한 경우이다. 실제로 2008년 가을의 세계 경제 위기(그리고 2001년에도)에 대거 발생했다. 당시 사례들을 보면 세 가지 범주에 속하는 LP들이 큰 영향을 받았다:

1. 당시 보유 자산 가치가 하락한 고액 자산가들.
2. 현금이 부족해진 은행들(그리고 다른 은행에 흡수된 은행들).
3. 높은 비중으로 비유동성 자산에 투자하여 심각한 현금흐름 상의 위기를 겪은 연기금, 재단, 자선 단체들.

이러한 상황을 맞이하면 많은 경우 VC는 기존 LP의 지분을 사줄 새로운 LP를 찾는다. 이러한 지분을 LP들끼리 활발하게 사고파는 시장을 세컨더리 시장secondary market[1]이라고 한다. 어쨌든 LP 입장에서는 아주 극단적인 회사의 한계 상황이 아니고서야 캐피털 콜에 응해서 현금을 마련해서 투자하는 것이 경제적으로는 더욱 낫다.

VC의 수익 창출

이제 VC 투자회사들이 어떻게 돈을 버는지 살펴보자. 펀드의 금전적 보상 방식은 VC 투자회사의 투자 운영 방식에 영향을 미친다. 투자받는 기업이 초기 단계에 있든 혹은 후기 단계에 접어들어 성공 가도를 달리든 추가 자금 모집에 들어간 피투자 회사에도 영향을 주게 된다.

운용보수

VC 투자회사 직원들의 급여는 운용하는 펀드의 운용보수에서 나온다. 운용보수는 펀드에 약정된 총금액의 일정 비율(보통 1.5퍼센트에서 2.5퍼센트 사이)로 표시된다. 이 보수는 매년(분기별 또는 반기별로 지급) 지급되며, 이 운용보수로 파트너와 직원들의 급여를 포함한 VC 회사의 운영 비용을 부담한다. VC 투자회사가 1억 달러 규모의 펀드를 조성하고 운용보수가 2퍼센트로 책정되었다면 매년 200만 달러의 운용보수를 수령하게 된다. 이 금액이 많은 것처럼 보이지만, VC 회사의 모든 비용을 충당하는 데 사용된다. 급여, 사무실 임대료, 출장비, 인쇄 및 복사비,

---

1 이차 시장 또는 유통 시장이라고도 하나 유통 시장 또는 이차 시장의 경우 공모주식시장에서 발행 시장 또는 일차 시장에 대한 상대적 개념으로 사용되는 의미가 강하여 사모 시장에서 많이 쓰는 세컨더리 시장이라는 용어를 쓰겠다.

직원 복지 비용, 컴퓨터나 전산장비 구매 및 유지보수 비용도 포함된다.

펀드 규모가 커지면 운용보수의 비율은 대체로 작아진다. 펀드가 작을수록 보수율은 커지지만, 대부분의 펀드는 평균적으로 약 2퍼센트의 수수료를 부과한다. 펀드가 신규 투자를 진행하는 약정 기간(보통 첫 5년) 동안의 보수와 그 이후의 보수 체계가 다소 다른 경우가 있다. 보수율은 보통 2~2.5퍼센트 사이에서 시작하는데, 약정 기간이 끝난 후 감소하기 시작한다. 대부분 회사에서 10년 동안 받는 총 보수는 평균적으로 약정 자본의 15퍼센트 정도이다. 1억 달러 규모 펀드라 펀드 운영과 인건비를 충당하기 위해 1500만 달러의 운용보수를 수취하는 것이다.

대부분의 벤처 캐피털 회사는 복수의 펀드를 운용한다. 평균적으로 VC 회사는 3~4년마다 새로운 펀드를 조성하지만, 일부 회사는 자주 펀드를 모집하고, VC 회사에 따라 초기 단계 펀드, 성장 단계 펀드, 최신 암호화폐 펀드 등 여러 종류의 펀드를 운용한다. 이런 경우 여러 펀드들의 수수료를 중첩해서 수취하게 된다. 회사가 3년마다 펀드를 조성하면 새로운 펀드의 운용 보수가 기존 펀드의 운용보수에 추가된다. 이를 간단히 계산하는 방법은 다음과 같다. 운용보수는 각각의 펀드 총 약정 자본의 2퍼센트 정도이다. 1호 펀드가 1억 달러 규모이고 2호 펀드가 2억 달러 규모라면, 관리 수수료는 연간 약 600만 달러가 된다(1호 펀드에 대한 운용보수 200만 달러와 2호 펀드에 대한 운용보수 400만 달러를 합산하여).

벤처 캐피털 회사는 새로운 펀드를 조성할 때마다 인원(파트너 및 직원)을 늘리는 경향이 있지만, 항상 그런 것은 아니며 운용보수 증가에 직접적으로 비례해서 인원을 늘리지도 않는다. 그 결과, 벤처 캐피털 회사의 시니어 파트너(또는 임원 직급)들이 받는 기본급은 펀드가 추가될 때마다 증가한다. 회사마다 기본급을 산정하는 방식은 차이가 있겠지만, 회사의 수탁고가 증가할수록 운용보수도 증가하고, 그 결과 임원들의 급여도 증가한다.

VC 회사는 투자 성공 여부와 별개로 운용보수를 받는다. 하지만 VC 회사는 투자에 성공해야 장기적으로 추가 펀드를 조성할 수 있고, 이를 통해 운용보수도 늘릴 수 있다. 회사가 의미 있는 긍정적 수익을 창출하지 못한다면 시간이 지나면서 추가적으로 펀드를 모집하는 데 어려움을 겪을 것이다.

그러나 각 펀드에 대한 보수는 펀드의 생존 기간 10년 동안 보장되기 때문에 VC의 성패가 하룻밤 사이에 나타나지는 않는다. 업계 사람들은 종종 "벤처 캐피털 회사가 망하는 데 10년은 족히 걸린다"고 말하는데, 여기서는 장기간에 걸쳐 수취되는 운용보수가 중요한 역할을 한다.

성과보수

펀드 성과로 VC가 벌어들이는 실질적인 수익원인 성과보수 carried interest 또는 carry에 비하면 운용보수 수익은 다소 초라한 감이 없지 않다. 성과보수는 투자 회수 후 투자자들(LP)에게 정해진 원금과 배당을 돌려주고 나서 자신들에게 배분하는 이익을 의미한다. 앞선 사례의 1억 달러 규모 펀드에서 VC는 LP에게 1억 달러를 반환한 후 성과보수를 받는다. 대부분의 VC는 투자 원금을 LP에 반환한 후 발생하는 이익의 20퍼센트(업계에서는 20퍼센트 카carr라고 한다)를 가져가지만, 일부 역사가 깊은 펀드나 성과가 극단적으로 좋은 펀드는 이익의 최대 30퍼센트까지 받기도 한다.

앞서 설명한 1억 달러 펀드가 성공적으로 원금의 3배, 즉 총 3억 달러를 투자자에게 반환한다고 가정해보자. 이 경우, 우선 1억 달러가 LP 투자자의 몫으로 돌아가고, 남은 2억 달러의 이익은 LP와 GP(VC 투자자) 간에 80퍼센트 대 20퍼센트 비율로 나누게 된다. 벤처 캐피털 회사는 4000만 달러의 성과보수를 얻고, LP 투자자는 나머지 1억 6000만 달러를 가져간다. 모두가 매우 만족하게 된다.

이 VC 회사는 10년 동안 약 1500만 달러의 운용보수를 수취하게 된다. 여기에는 흥미롭지만 미묘한 문제가 있다. 만약 펀드가 1억 달러 규모이고 1500만 달러가 운용보수로 사용된다면, 투자에 사용하기 위해 남은 재원은 고작 8500만 달러가 아니겠냐는 의문이 생길 수 있다. VC는 운용보수를 투자에 재활용하여 펀드에 다시 투자함으로써 최대 1억 달러 규모로 펀드를 운용할 수 있다. 펀드 생애 초기에 수익이 발생하면 재투자하고, 동시에 신중하게 펀드의 현금흐름을 관리한다면 가능한 일이다. 이를 위해서는 VC 회사가 1억 달러 전액을 (중간 배당으로 돌려받지 않고) 펀드에 재투자로 쏟아부을 정도로 펀드의 성과에 대한 동기부여가 되어 있어야 한다. 이 경우 1500만 달러의 운용보수는 실제로 (원금에서 차감하는 것이 아니라) 펀드 투자 성과로 받게 되고, 그것을 펀드에 재투자하는 셈이기 때문에 펀드의 성과보수에 대한 선지급금으로 생각할 수 있다. LP 투자자는 현금 기준 수익률cash-on-cash return 달성을 목표로 삼기 때문에 재투자를 선호한다. 8500만 달러 대신 전체 1억 달러를 운용하면 총 수익의 규모가 증가하기 때문이다.

지금까지 벤처 캐피털 회사 전반을 살펴보았지만 개별 파트너나 다른 투자 전문가에 대해서는 이야기하지 않았다. 개별 VC는 특정 회사에 투자한 금액을 네 배로 늘릴 수 있지만, 다른 파트너의 잘못된 투자 결정으로 인해 펀드에서 성과보수를 받지 못할 수도 있다. 대부분의 회사는 파트너 간 성과보수를 동일하게 배분하지 않으며, 시니어 파트너가 주니어 파트너보다 불균형적으로 성과보수를 많이 받는 경향이 있다. 만약 시니어 파트너가 직원들에게 베푸는 처우가 공정치 못하거나, 타사가 회사의 젊은 스타 매니저들에게 상당한 경제적 인센티브를 제시해서 스카우트한다면 공정하지 못한 성과급 배분은 회사 내 갈등의 원인으로 작용할 수 있다. VC가 운용하는 여러 펀드가 저조한 성과를 내는 반면, 한두 명의 파트너가 운용하는 펀드만 상당한 성과를 내고 있다면 갈등은 더욱 깊어질 것이다.

LP 투자자들은 대놓고 강요하지는 않겠지만 VC도 각 펀드에 투자해주기를 기대한다. VC의 경제적 이해관계가 LP의 투자 수익 목표와 일치하는 경우 투자 성과가 더 우수하다는 이론에 기반한다. 전통적으로 LP와 GP 간의 투자 비율은 99퍼센트 대 1퍼센트로, 즉 VC 파트너들이 펀드의 1퍼센트에 자신의 돈을 투자한다(예를 들어, 1억 달러 펀드에서는 LP가 9900만 달러를 투자하고 GP가 100만 달러를 투자하는데, 보통 이 GP의 투자금은 GP 의무투자 또는 GP 코미트먼트commitment라고도 한다). GP의 의무투자는 1퍼센트였지만, 시간이 지남에 따라 상승해 때로는 5퍼센트에 이르기도 한다.

성과보수는 VC 투자회사 입장에서는 환영할 만한 일이지만, 성과보수 환수조건clawback 조항이 발동되는 불편한 상황도 있다. 1억 달러 펀드 사례로 돌아가보자. 지금까지 VC가 펀드의 절반인 5000만 달러만을 LP 투자자들에게 캐피털 콜을 했다고 가정해보자. 그 후 현재까지 투자한 5000만 달러에 대해서 8000만 달러를 회수했다면, 펀드는 5000만 달러 원금을 반환하고, 이를 초과하는 3000만 달러는 이익으로 처리되어 VC는 성과보수를 수취할 권리가 생긴다. VC의 성과보수율을 20퍼센트라고 가정하면 600만 달러를 수취할 수 있다. 하지만 나머지 약정 잔액에 대해서 LP 투자자들로부터 추가 캐피털 콜을 해서 그 자금으로 투자했지만 투자 성과는 성공적이지 못해 전체 총 1억 달러만(누적 기준)을 반환한다면 어떻게 될까? 결국 펀드 만기 시점에 VC는 총 1억 달러를 투자했지만, 1억 달러만 회수하게 되어 성과보수 자격 요건은 사라진다.

펀드 기간 중간에 VC가 받은 600만 달러는 어떻게 될까? 이 600만 달러는 VC로부터 환수되어 LP에 반환된다. 이론적으로는 합리적이지만, 실제로는 매우 복잡하다. 해당 벤처 캐피털 펀드에 네 명의 동등한 권리를 가진 파트너가 있어 각각 150만 달러의 성과보수를 받았다고 가정해보자. 이들은 펀드 성과가 괜찮은 시기에는 즐거운 날을 보냈겠지만, 펀드가 저조한 성과를 낸 후 우울한 날을 보낼 것이다. 두 명의 파트너는 다른 회사로 떠났고, 남은 두 명의 파트너는 그들과 연락도 하지 않는다. 실제로 남은 파트너 중 한 명은 이혼하여 돈의 절반을 전 배우자에게 위자료로 주어야 했고, 다른 한 명은 다른 사업을 하다가 파산을 선언했다. 네 명 모두 성과보수로 받은 돈에 세금을 납부한 상태이다.

하지만 LP 투자자들은 파트너들의 개인사 따위에는 신경 쓰지 않는다. LP들은 자기들이 응당 받아야 할 600만 달러를 회수하고자 하며, 실제로 많은 펀드 투자 계약서에는 각 파트너가 실제로 받은 이익 배분에 상관없이 전체 펀드 투자 금액에 책임이 있다고 명시되어 있다. 일부 파트너가 LP에게 돈을 갚아야 하고, 현재 파트너와 이전 파트너들 사이에서 법적 다툼을 벌이는 상황도 발생할 수 있다. 엄연히 현실에서 발생하는 이야기들이다.

업무 비용 환급

VC 투자회사들의 입장에서 금액은 소소하지만 자신들이 투자한 회사들의 이사회와 관련하여 지출한 비용에 대한 환급이라는 다른 수입원이 있다. VC들은 피투자 회사의 이사회 회의에 참석하며 업무적으로 사용된 비용을 청구할 수 있다. 만약 VC 투자자가 자신의 전용기를 타고 다니고, 최고급 호텔의 특급 스위트룸에 묵은 비용을 회사에 청구한다면 논란이 되겠지만, 그런 경우가 아니라면 큰 문제는 아니다. 만약 VC가 과도하게 지출하고 모든 비용을 회사에 청구하는 것이 불편하다면 솔직하게 이야기해야 한다. 그렇게 할 수 없다면 검소한 사람들로 이사회를 구성하는 것을 추천한다.

시간의 경과와 VC 펀드의 활동

시간의 경과에 따라 벤처 캐피털 펀드 협약과 관련하여 두 가지 제약 사항이 있다. 첫 번째 사항은 약정 기간(또는 투자 기간 investment period)으로, 보통 5년이다. 이 기간 동안 VC는 펀드 투자를 위해서 새로운 회사들을 찾아내고 투자할 수 있다. 약정 기간이 끝나면 펀드는 더 이상 새로운 회사에 투자할 수 없지만, 기존 포트폴리오 회사들에 추가 자금을 투자할 수는 있다(LPA상의 약정 기간이 끝나더라도 포트폴리오 기업에 일정한 조건 아래 투자할 수 있다는 조건이 통상 적시된다). 벤처 캐피털 회사들이 3~5년마다 새로운 펀드를 조성하는 주요 이유다. 그들은 모든 회사에 투자금을 약정한 후 새로운 회사에 투자를 계속하기 위해 새로운 펀드를 조성해야 한다.

간혹 겪는 슬픈 사실은 약정 기간이 끝나고 새로운 펀드를 조성하지 못한 일부 VC들이 여전히 투자 자금을 필요로 하는 스타트업들을 만난다는 것이다. 해당 VC들이 투자할 가능성이 전혀 없지만 피투자 회사에서는 눈치채지 못한다. 하지만 VC들은 여전히 활발히 투자하는 척하며 현재 펀드에서 새로운 회사에 투자할 수 없는데도 관계를 유지하려고 노력한다. 이러한 VC 투자사들을 '워킹 데드'라고 부른다. 좀비 같은 VC들로서, 여전히 VC처럼 행동하면서도 기존 펀드에서 운용보수를 취하고, 오래된 포트폴리오 기업들을 적극 관리하지만 새로운 투자는 하지 않는다.

좀비 VC 중에도 좋은 좀비와 그렇지 않은 좀비들이 있다. 좋은 좀비들은 그들의 상태를 솔직히 말하지만, 그렇지 않은 좀비들은 신규 투자를 할 수 없다는 사실을 숨기고 새로운 회사들과 미팅을 이어간다. 좀비 VC를 구별하는 것은 어렵지 않다. 그들에게 마지막으로 투자를 언제 했는지 물어보라. 만약 마지막 투자가 1년 이상 지났다면 좀비 VC일 가능성이 크다. 혹은 "현재 펀드에는 몇 개의 투자 건을 담을 계획인가요?" 아니면 "언제 새로운 펀드를 모집할 계획인가요?"와 같은 간단하지만 약간은 다른 질문을 해보라. 질문을 받은 VC들이 모호한 대답으로 일관한다면 이들 역시 좀비 VC일 가능성이 높다.

투자를 제한하는 또 다른 사항은 펀드존속기간investment term[2]이라고 불리는, 펀드가 활동할 수 있는 기간이다. 신규 투자는 약정 기간 또는 투자 기간 동안에만 가능하지만 후속 투자follow-on investments는 펀드존속기간 동안 가능하다. 벤처 캐피

---

2   영어로 앞서 설명한 약정 기간/투자 기간을 의미하는 investment period와 혼동하기 쉬우나 엄연히 다른 개념이다.

털 펀드는 10년 정도의 펀드존속기간과 이를 1년씩 두 번 연장할 수 있는 옵션을 가지고 있다. 그러나 일부 펀드는 1년씩 3회에 걸쳐 연장할 수 있는 옵션이 있거나, 2년 1회 연장 옵션이 있다. 12년은 긴 시간처럼 보인다. 하지만 초기 단계 펀드가 펀드 개시 5년차에 시드 투자를 하고, 투자 회수에 10년이 걸린다면 12년도 빠듯한 시간이 될 수 있다. 많은 초기 단계 펀드들은 12년을 넘어서도 존속하며 20년 이상 존속하기도 한다.

펀드가 정해진 만기 12년을 넘기면 LP 투자자들은 GP(VC 투자회사)가 펀드를 지속해서 운용하는 것을 매년 승인해야 한다. 만약 VC가 후속 펀드를 계속해서 모집하고 있다면 LP들은 기존 펀드의 연장에 우호적인 입장일 것이다. 펀드를 관리하기 위해 청구되는 운용보수는 종종 협상의 대상이 되는데, 연장되는 펀드의 보수에 대해서는 전액을 면제하거나 혹은 잔여 자산의 1퍼센트 정도로 낮은 요율로 정해지기도 한다. 계속해서 펀드를 모집하는 투자회사의 경우, 다른 펀드들로부터 운용보수를 계속해서 수취하기 때문에 회사의 운영에 소요될 경비를 감당하는 것이 문제가 되지 않는다. 하지만 연간 운용보수가 크게 줄어드는 좀비 VC 회사들에는 큰 문제가 발생할 수 있다. 시간은 좀비 회사에 결코 아군이 아니다. 파트너들은 더 좋은 기회를 찾아 떠나고, 남은 파트너들도 투자한 회사들을 돕는 데 열정적이지 않으며, 혹은 현금 배당을 앞당기고자 피투자 회사들의 매각을 무리하게 압박하기 때문이다.

때로는 VC 투자회사가 보유한 전체 포트폴리오 자산을 새로운 VC 회사에 매각하기도 하는데, 이러한 거래를 세컨더리 매각secondary sale[3]이라고도 한다. 이 거래를 통해서 제3자(다른 VC 또는 세컨더리 투자 전문 자산운용사)가 기존 VC에게는 유동성 현금을 공급하고, 포트폴리오 회사들을 관리하게 된다. 이런 상황이 되면 창업가들이 상대해야 하는 사람들, 이를테면 이사회의 구성원 등이 완전히 바뀔 수 있다. 세컨더리 시장에서의 인수자들은 기존 투자자들과는 다른 목표를 가지고 있는데, 이들은 통상적으로 회사의 가치를 조금 낮추더라도 빠르게 회사를 매각하는 데 중점을 둔다.

창업가를 위한 팁

VC 펀드에서 반드시 알아야 하는 것은 펀드의 기간이다. 펀드가 만기에 가까워질수록 펀드가 가진 문제들로 인해 VC의 유동성 창출에 대한 압박감이 커질 수 있고, 회사에 영향을 줄 수 있다(회사의 이해관계와 투자자의 이해관계가 일치하지 않을 수 있다는 말이다). 만약 해당 VC 펀드의 LP 수익자의 수가 많다면 VC 투자자는 회사의 지분 투자에서 발생하는 수익(배당 또는 지분 매각을 통한 투자금 회수)을 VC의 LP 투자자들에게 분배해서 돌려줘야 하는 압박이 훨씬 크게 다가올 수 있다. 펀드가 회사의 주식을 현금으로 정산하기 전에 청산된다면 펀드의 LP 투자자들은 회사의 주식을 현물로 배당받아서 직접 주주가 되는 난처한 상황이 생길 수도 있다.

유보 자본

유보 자본Reserves은 VC가 투자하는 각 포트폴리오 회사에 할당되는 투자금을 의미한다. 대부분의 창업가들이 신경을 쓰지

---

3   앞서 설명한 세컨더리 시장에서의 매각을 의미한다.

않지만 매우 중요한 개념이다. VC 투자회사가 당신 회사에 첫 라운드에서 100만 달러를 투자한다고 가정해보자. VC가 투자 의사결정을 할 때는 후속 라운드에 투자할 미래 금액을 해당 펀드에서 일정 부분 유보해놓는다. 대부분의 VC는 이 금액을 알려주지 않지만 회사 내에서 체계적으로 책정한다.

일반적으로 피투자 회사가 초기 단계일수록 VC는 많은 유보 자본을 할당한다. 기업공개 직전에 진행되는 후기 단계 투자 건에서 VC가 피투자 회사에 할당한 유보 자본이 전혀 없을 수도 있지만, 첫 라운드 투자를 받는 회사에서는 유보 자본을 1000만 달러 이상 책정해놓을 수도 있다.

대부분의 VC는 투자하기 전에 창업가에게 향후 어떤 부분에서 자금이 필요하고 얼마나 들어갈지 질문한다. 하지만 많은 VC는 창업가들이 제시한 수치를 무시하고 자본 시장의 전망과 역학을 생각해서 자기 나름의 유보 금액을 책정한다. 피투자 회사는 자신들의 사업을 낙관적으로 전망하는 경향이 있어서 부족한 자금을 낮게 추정하는 경우가 많다. VC는 유보 자본을 계산할 때 자신들의 업계 경험을 바탕으로 초기 투자 단계에서는 보수적으로 높게 추정하되, 회사가 성장함에 따라 금액을 줄이는 경향이 있다.

이번에는 유보 자본이 회사에 미치는 영향을 살펴보자. 벤처 캐피털 회사가 1억 달러 펀드를 가지고 있고 10개 회사에 총 5000만 달러를 투자한다고 가정해보자. VC는 10개 회사에 총 5000만 달러의 유보 자본을 책정했다고 하자. 초기에는 회사별로 유보 자본을 정확하게 책정하는지가 중요하지 않지만, 시간이 지남에 따라 총 유보 자본의 금액이 어떤 방식으로 배분되는 가는 매우 중요해진다. 만약 VC가 유보 자본을 적게 책정해서 총 7000만 달러가 실질적으로 필요한 상황이 된다면 VC는 투자한 모든 회사에 지속적으로 자금을 지원할 여유가 없게 된다. VC가 몇몇 회사만 지원해주고, 나머지 회사들을 지원하지 못하는 결과가 초래된다. 일부 VC는 투자를 포기하거나, 어떤 VC는 추가 투자 여력이 없음을 직접적으로 밝히기도 한다. 이러한 VC의 행동은 신뢰를 잃을 수 있다. 솔직하지 않은 VC는 오히려 피투자 회사들의 추가 자금 조달을 적극적으로 저지하거나, 자금 조달 규모를 제한하며, 결국에는 회사를 매각하도록 압박할 수도 있다. 페이투플레이 조항이 적용되는 경우, VC가 피투자 회사 내에서 자신들의 입지를 지키기 위해서 피투자 기업의 추가 자금 조달을 거칠게 저지할 수 있다. 물론 이러한 행동은 상도가 아니다.

과도하게 유보 자본을 설정하는 결정, 예를 들어 실제로는 3000만 달러면 족한 상황에서 5000만 달러를 유보하는 것도 문제가 되지만, 이는 회사 입장에서는 큰 영향이 없다. 과도한 유보 자본 설정은 VC가 펀드를 과소 투자하며, LP 투자자와 VC의 수익에 불리하게 작용한다. LP 투자자는 펀드 약정에 따라 투자금이 모두 인출되어서 약정이 모두 소진되기를 원한다. 더 많은 투자 수익을 얻기 때문이다. VC 또한 모든 자금을 운용하길 원하는데, 펀드가 수익을 내면 절대 수익이 클수록 VC가 가져갈 성과보수도 커지기 때문이다.

벤처 캐피털 펀드의 투자계약서(LPA)는 총 펀드 약정의 70

퍼센트가 피투자 회사에 투자 계약이 되어 있거나 혹은 유보 자본으로 책정했을 때 새로운 펀드를 모집할 수 있도록 허용한다. 이 기준은 회사마다 혹은 펀드마다 다르지만 일반적으로는 그 정도 수준이다. 유보 자본을 높게 설정해서 70퍼센트 기준에 도달하려는 동기가 있지만, 그렇다 하더라도 펀드 약정을 실제로 소진하지 못하면 VC의 수익성을 떨어뜨리는 결과로 이어지기에 무리해서 유보 자본 설정을 높일 가능성은 낮다. 약정의 70퍼센트라는 소진율 기준과는 별개로 VC는 여전히 좋은 성과를 내야 하고, 이를 통해 기존 LP 투자자들의 지원을 얻어야 새로운 펀드를 조성할 수 있다.

창업가를 위한 팁

VC 투자회사가 후속 투자를 위해 유보 자본을 어느 정도 보유하고 있는지 알고 있어야 한다. 만약 회사에 여러 차례(라운드) 자금 조달이 필요하다고 생각되면 VC가 회사를 위해 충분한 '유보 자본'을 보유하고 있는지 확인해야 한다. 그렇지 않으면 나중에 VC가 투자할 자금이 남아 있지 않아 회사와 VC 간에 갈등의 소지가 될 수 있다.

현금흐름

펀드에 문제가 발생하기 전까지 신경 쓰지 않는 VC들도 있으나 VC는 기업 경영자들만큼이나 펀드의 현금흐름에 주의를 기울여야 한다. 벤처 캐피털이 모집한 자금은 포트폴리오 회사에 투자하거나 운용보수, 연간 회계 감사 비용 및 세무 신고 비용, 소송 관련 변호사 비용 등 펀드 운영 비용으로 사용된다. LP 투자자들은 VC가 펀드 자금의 100퍼센트를 기업에 투자할 것을 원한다는 점도 유념해야 한다.

만약 어느 VC가 1억 달러 펀드를 운영하면서 일반적인 운용보수를 받고 있다면 펀드 존속 기간 동안 약 1500만 달러가 비투자 활동에 사용될 것이다. 1억 달러를 모두 투자하려면 펀드 운영 기간 동안 1500만 달러의 수익을 창출하여 재투자할 수 있어야 한다는 의미이다. 여기서 타이밍이 중요한데, 투자 기간이 종료되면 추가적인 현금 유입은 투자 건의 매각 시점에서야 이루어지는데, 그 매각 시점이 예측이 불가능하기 때문이다. 펀드가 만기에 접어들수록 혹은 투자 기간이 종료되면 재투자를 할 수 없다.

VC 회사가 현금흐름을 효과적으로 관리하지 못하면 펀드 내 현금 부족으로 문제가 발생할 수 있다. VC는 양방향에서 압박을 받는다. 투자를 지원할 충분한 유보 자금을 갖지 못하고, 설사 유보 자금이 있더라도 운용보수로 수취한 자금을 관리하지 못해서 직원들에게 임금을 지급할 수 있는 현금이 부족해질 수도 있다. 이러한 상황은 후속 펀드 모집에 성공하더라도 발생할 수 있는데, 재투자와 관련한 현금흐름 관리는 VC 회사(운용사)가 아니라 각각의 펀드의 관리에 관련되기 때문이다.[4]

---

4   펀드는 제각각 법인격을 가지고 있고, 피투자 회사와의 투자 계약도 펀드마다 고유하다. 따라서 후속 펀드나 이전 펀드의 여유 자금을 각 펀드의 투자위원회(IC)의 결정 없이 임의로 현재 펀드의 운용 목적으로 전용하는 것은 문제가 될 수 있다.

교차펀드투자

많은 VC 투자회사들은 자신들이 운용하는 여러 계열의 펀드를 통해 투자한다. 한 벤처 회사가 1억 달러의 펀드를 모집할 때 9000만 달러는 '주' 펀드로 모집하고, 1000만 달러는 '부속' 또는 '사이드' 펀드[5]로 모집할 수 있다. 사이드 펀드에는 주 펀드와는 다른 조건들이 부과되는 경우가 있다. 외국인 투자자에 대한 과세 처리와 같은 단순한 이유일 수도 있고, 전략적 투자자나 창업가들이 LP 투자자로 참여하는 경우 운용보수나 성과보수를 달리 적용하기 위한 이유일 수도 있다. VC와 거래할 때는 이러한 다른 법인들이 서명란에 등장하는 것을 자주 보게 된다. VC 펀드 III(주 펀드)와 VC 기업가Entrepreneurs/사이드 펀드 III(사이드 펀드)가 서명란에 위아래로 등장하는 식이다.

벤처 자본 회사들이 완전히 별개인 2개 펀드, 예를 들어 VC 펀드 III와 VC 펀드 IV에 동시에 투자하는 경우도 있다. 이를 교차펀드투자cross-fund investment라고 한다. 첫 번째 펀드(펀드 III)가 충분한 자금을 보유하지 못하고, 피투자 회사에 투자할 자금 여력이 없을 때 발생한다. VC 회사는 두 번째 펀드(펀드 IV)를 통해서 부족한 자금을 조달해 피투자 회사에 투자하는데, 이를 통해 VC는 피투자 회사에 대한 자신들의 지분율과 영향력을 유지하는 한편 해당 기업을 지원할 수 있다.

5　사이드카(side car)라고도 한다.

교차 펀드로 투자하는 방식은 VC와 LP 투자자들 사이에 여러 문제를 야기할 수 있다. 교차펀드투자는 처음부터 이루어지는 경우가 드물다. 후반 라운드에 투자되는 경우 전반 라운드와는 다른 가격(후반 라운드가 항상 가격이 높지는 않다)으로 진행되는 경우가 있다. 펀드마다 거의 다른 LP 투자자들이 투자자로 참여하고, 각각의 펀드는 투자 건을 매각할 때 각기 다른 목표 수익률과 투자 듀레이션을 가지고 있어서 교차펀드로 투자할 때 동일한 투자에 대해서도 LP 투자자들의 수익성이 동일할 수가 없다. 피투자 회사의 기업 가치가 점진적으로 상승하는 긍정적 시나리오에서는 모든 이들이 긍정적인 투자 수익률에 만족하기에 큰 문제는 되지 않는다. 그러나 가치가 하락하는 부정적인 시나리오가 펼쳐지거나, 혹은 긍정적 시나리오임에도 후속 펀드가 투자하는 라운드의 가격이 이전 펀드가 투자했던 라운드의 가격보다 낮은 경우에는 VC 입장에서는 웃고 있을 상황은 아니다. 한 펀드가 다른 펀드보다 불리한 대우를 받거나, 일부 LP 투자자들 입장에서는 교차펀드투자가 행해지지 않았더라면 더 나은 상황일 수도 있다. 이러한 상황에서 VC가 생각이 너무 많으면 경제적 이해관계 충돌로 뇌가 녹아 없어질지도 모른다.

일부 펀드들은 다른 펀드 도관체를 통해서 교차펀드투자를 진행할 때 후기 단계에 접어든 포트폴리오 회사(피투자 회사) 중 성과가 탁월한 기업들에만 집중하는 전략을 구사한다. '셀렉트 펀드select fund' 혹은 '오퍼튜니티 펀드opportunity fund'라고 명명한다.[6] 이때 두 번째 펀드의 임무는 VC 회사의 초기 단계 포트폴리오 회사 가운데 성과가 가장 좋은 기업들을 선별해서 투자하는 것이다.

펀드마다 전략과 속성에 따라 동일한 피투자 회사에 서로 다른 인센티브와 동기를 가지고 있다. 초기 단계 펀드는 자금과 시간이 부족해 후기 단계의 소위 오퍼튜니티 펀드보다 빠른 투자 회수를 원하기도 한다. 동일한 대표 펀드매니저가 두 펀드를 운용할 수도 있겠지만, 각 펀드의 인센티브와 동기는 다를 수 있다.

파트너의 퇴사

대부분의 VC는 일정한 수의 파트너를 정해놓거나, 특정 파트너가 회사를 떠날 경우를 대비해 핵심인물유지조항key person clause을 LPA에서 규정하고 있다. 이 조항이 발동할 경우 LP 투자자들은 펀드의 신규 투자 행위를 중단시키거나 펀드를 폐쇄할 권리를 갖는다. 파트너가 회사를 떠나더라도 핵심인물유지조항을 발동시키지 않는 경우도 있는데, 내부적으로 VC의 성과 분배를 놓고 첨예한 논쟁이 발생할 수도 있다. 회사의 성과 보상 구조가 잘못 설계되었거나, 적절한 베스팅이 없거나, 아니면 퇴사하는 파트너가 상당한 경제적 이익을 차지해서 남은 파트

---

6   실제로 미국 투자운용사들이 많이 사용하는 명명법이다. 북미 자산운용업에서의 관행적인 영문 표기법이기 때문에 굳이 한글로 번역하지 않았다.

너들이 회사를 적극적으로 관리할 동기(적어도 그들의 생각에는)가 없는 경우가 대표적이다. 투자를 받는 창업가 입장에서는 회사의 이사회 구성원이거나 회사를 지원하던 파트너가 VC를 떠나는 경우 회사의 구조에 상당한 변화가 있을 수 있음을 예민하게 주시해야 한다.

VC 파트너가 회사를 떠나 포트폴리오 회사의 이사회에서 물러날 때 회사에 좋은 영향을 미치지는 않는 것 같다. VC는 피투자 회사를 잊거나, 떠나는 파트너를 대신해 젊은 직원을 이사회에 파견한다. 포트폴리오 회사는 VC로부터 한때 받았던 지원을 못 받는 사태가 초래되기도 한다. 창업가 입장에서는 VC로부터 새로운 이사회 구성원이 왔다면 새로운 투자자로 같이 대우하고, 처음부터 건설적인 관계를 구축하기 위해 노력해야 한다.

기업형 벤처 캐피털

최근 몇 년 사이 기업형 벤처 캐피털corporate venture capital(CVC) 회사들이 많이 등장했다. 대기업의 지원 아래 구글 벤처스Google Ventures(현재 GV), 인텔 벤처스Intel Ventures(퀄컴 벤처스Qualcomm Ventures), 세일즈포스 벤처스Salesforce Ventures, 마이크로소프트 벤처스Microsoft Ventures와 같은 대기업의 이름을 내세우고 있어서 식별하기도 쉽다. 현재 수백 개의 CVC가 있는데, 전통적인 벤처 캐피털 회사와 마찬가지로 크기, 형태, 전략, 인센티브가 다양하다.

CVC는 새로운 현상이 아니다. 1990년대 후반부터 인터넷 거품이 절정에 달하는 시점까지 크게 성장했다. 하지만 인터넷 거품이 붕괴되면서 급격히 사라졌다. 지난 10년간(2009년부터 2019년까지) CVC들이 다시 증가했으며, 최근에는 그 수가 폭발적으로 증가하기에 이르렀다.

전통적인 VC는 LP 파트너에게 투자 성과를 보고할 의무가 있다. 이와 달리 CVC는 경영진, 주주 회사의 다른 부서, 일반 주주들의 질의에 응답하고, 분기별 실적 발표를 진행하기도 한다. 일부 CVC는 전통적인 VC와 구별할 수 없지만, 많은 CVC는 모회사가 직접 투자하며(도관체나 펀드 설립이 아니라), 그에 따라 별도의 펀드 구조를 갖추고 있지 않다. CVC가 별도의 실체가 아니라 대기업의 하부 부서의 하나로서 대기업의 CEO나 다른 경영진에게 보고하는 경우 재무적 수익을 창출하는 것 외에도 여러 가지 다른 목표에 영향을 받게 된다. CVC 내부에서 투자에 동원할 수 있는 자본 여력은 회사의 주가와 대차대조표의 변화에 따라 변동하며, 스타트업이 CVC로부터 자본을 유치하는 데 큰 영향을 미칠 수 있다.

CVC는 이직률이 높은 편이다. CVC 내부에 스타 플레이어가 존재하고, 이들의 인센티브가 투자 성과에 따른 경제적 보상이 아니라 주식시장에서의 자기 회사의 주가에 연동된 형태로 부여될 경우 특히 그러하다. CVC 파트너는 전통적인 벤처 캐피털 회사들이 자주 노리는 인재들이다. 전통적인 VC들 입장에서는 경제적 보상, 업무의 자율성, 그리고 회사 내 권한 면에서 CVC보다 많은 혜택을 부여하기 때문이다.

VC와 CVC는 투자 대상 회사의 가치 평가, 투자 구조, 그리고 투자 또는 인수·합병을 둘러싼 동기가 상이하다. 전형적인 VC의 투자에 대한 접근 방식과 CVC가 기업 투자에 대한 이해 관계는 매우 다르다. 그 외에도 피투자 회사의 기술을 바라보는 시각, 피투자 회사의 유통 채널, 피투자 기업의 시장 진출 방식 및 경쟁 구도에 대해서도 전통적인 VC보다 가치를 부여하는 경향이 있다. 이러한 이유로, CVC는 종종 VC보다 동일한 피투자 기업의 기업 가치에 더 높은 프리미엄을 주기도 한다.

CVC는 더 많은 통제권을 원하기도 한다. 기업의 매각시 우선매수청구권을 요청하는 경우가 있는데 절대로 허용해서는 안 된다. CVC로부터 받는 기업 가치가 더 높다고 생각할 수 있으나, 가치를 높게 평가받더라도 너무 높은 경우 다음 라운드의 자금 조달에 부정적인 영향을 미칠 수 있다.

일부 CVC는 이사회에서 이사 선임권을 갖지만, 많은 경우 이사회에서 참관인 역할 이상을 요구하지 않는다. CVC의 모회사 소속 변호사들은 지식재산권과 결부된 문제에 간혹 우려를 표하기도 한다.

보상 체계는 CVC마다 크게 다르고, VC 회사와의 운용보수 및 성과보수 책정 방식과도 상당히 다르다. CVC의 직원들은 모기업의 직원처럼 급여, 보너스, 주식 옵션 등의 보상 패키지를 받는다. 일부 직원들이 CVC 성과에 연동된 보너스를 받는 경우도 있지만 전통적인 VC의 수익 구조와 동일하지 않다.

마지막으로 기술과 고객을 둘러싼 잠재적 갈등에 유의해야 한다. CVC의 투자 목적 중 하나는 신기술에 대한 이해를 넓히고, 혁신적인 제품을 만드는 기업들과의 교류를 넓히기 위한 것도 있다. CVC가 투자하는 피투자 기업 중 일부는 CVC 입장에서 CVC 모기업의 기술력을 활용하거나 제품을 장기적으로 구매할 수 있는 기업들, 즉 구매처가 되길 바라거나 장기적으로 성장하길 바란다.

투자를 받는 기업 입장에서는 매력적으로 들리지만, 피투자 회사가 CVC의 모기업과 경쟁 관계에 있는 기업의 기술이나 제품을 사용하기로 결정했을 때 혹은 CVC 모기업이 CVC 포트폴리오 기업의 제품과 경쟁하는 제품을 출시했을 때 이들의 관계가 어떻게 변화할지 고민해야 한다.

전략적 투자자

CVC는 스스로를 전략적 투자자라고 생각한다. 법인 형태를 지니지 않은 또 다른 전략적 투자자 그룹도 있다. 벤처 캐피털 투자를 전문으로 하는 회사는 아니지만 고유한 이유로 스타트업 회사에 투자하고 싶어 한다. 중국에서 소비자 기기를 생산하는 회사 A와 거래 관계에 있는 기업 B가 회사 A 회사에 투자하고 싶다면 투자 제의를 받은 기업 입장에서는 기분 좋은 일이지만 이 제안에는 긍정적인 면과 부정적인 면이 모두 존재한다.

CVC와 마찬가지로, 전략적 투자자들의 투자 동기는 저마다 다르고 VC나 CVC와도 다르다. 단순히 투자 수익을 창출하는 것 외에도 다양한 투자 목적을 가지고 있다.

SwearJar.com이라는 스타트업이 있다고 가정해보자. 이 회사는 착용자가 욕설을 할 때 감지하는 웨어러블 기기를 제작한다. 착용자의 욕설이 감지되면 자동으로 그의 은행 계좌에서 돈을 인출해 80퍼센트는 자선 단체에, 20퍼센트는 SwearJar에 송금한다. 이 스타트업의 제품은 ChinaFab.Inc.라는 생산 업체가 제조하는데, 어느 날 이 회사가 SwearJar에 100만 달러 투자를 제안한다. ChinaFab은 피인수 회사의 가치 평가에는 신경 쓰지 않으며, 마지막 라운드의 투자 가격에 주당가격과는 상관없이 참여하겠다고 밝혔다. SwearJar는 자금도 필요하며, 생산 파트너와 긴밀한 관계를 맺고 싶어서 제안을 수락하고자 한다.

투자 제안에 들뜨기 전에 그들이 생산 파트너로서 제공하는 서비스가 어떻게 될지 고려해보자. ChinaFab로부터 전략적 투자를 받은 파트너사들의 상황이 나아졌는지 확인해야 한다. ChinaFab의 사람들은 SwearJar에 투자한 후 ChinaFab와의 거래를 당연한 것으로 여기고, 이후 ChinaFab의 매출 성과를 자신들의 투자 덕분으로 확신할 것이다. 하지만 SwearJar가 다른 생산 업체들에게 경쟁적 입찰을 통해 계약을 체결하거나, ChinaFab에게 불량이나 생산 공정상의 책임을 묻고 싶을 때 어색한 분위기가 형성되고 때로는 거래 관계 자체에 부정적인 영향을 줄 수 있다. 하지만 ChinaFab은 이제 SwearJar의 전략적 투자자이고 회사의 주주이기 때문에 상황은 더욱 복잡해졌다.

종종 전략적 투자자가 피투자 회사에 도움이 되며, 건설적인 관계로 발전할 수도 있다. 어떤 전략적 투자자는 피투자 회사의 사업이 성장한 대가로 추가적인 지분 참여 기회를 요청하기도 한다. 과거 해당 회사에 투자했던 기존 VC 투자자들의 입장을 배려하지 않은 행위임에도 전략적 투자자는 자신들이 더 받을 자격이 있다고 여긴다. 이때는 성과 워런트performance warrant를 사용하기를 권한다.

성과 워런트는 전략적 파트너가 정해진 가격(보통 마지막 투자 라운드에서 정해진 가격)으로 회사의 주식(보통 보통주)을 구매할 수 있는 옵션이다. 일반 워런트와 달리 성과 워런트는 전략적 투자자가 사전에 정해진 성과 목표를 달성했을 때만 발행된다. 이런 상황에서 그들이 성과를 달성하면 성과 워런트를 통해서 보상해주고, 성과를 달성하지 못하면 투자에 대한 지분은 얻되 추가적인 지분은 받지 못한다.

선량한 관리자의 주의 의무

VC의 임직원은 자신이 속한 운용사(VC 투자회사), GP 법인, LP 투자자, 그리고 자신이 속한 각 이사회에 동시에, 그리고 동일한 중요도로 선량한 관리자의 주의 의무(선관주의의무)를 가진다. CVC나 전략적 투자자의 임직원이라면 모기업에 선관주의 의무를 갖는다. 신용도가 있고 합법적인 회사와 거래하면 모든 것이 무리 없이 돌아가겠지만, 때로는 상호 간에 충돌하는 경우도 발생하고, VC든 CVC든 투자회사의 임직원들이 선관주의의무 사이에서 샌드위치처럼 갇히는 경우도 발생한다.

창업가들은 투자자를 신뢰하고 아끼더라도 여러 이해관계를 가진 사람들에게 다양한 의무를 지고, 복잡한 공적·법적 책임을 지고 있다는 사실을 명심해야 한다. 일부 투자자들은 잘 이해하고, 투명하게 처신하며, 선관주의의무가 충돌하는 상황에서 명확하게 정의된 내부 지침에 따라 행동한다. 반면에 어떤 이들은 혼란스럽고 복잡하며, 때로는 이해하기 어려운 방식으로 행동하기도 한다.

무엇보다 불편한 점은 자신들의 선관주의의무를 말로만 떠들 뿐 정작 해야 할 일을 인지하지 못하는 투자자들이다. 만약 불편함을 느낀다면 법률 자문사나 사내 변호사에게 문의해보길 바란다. 회사를 대변해서 혼탁한 잡음을 제거하고, 실제로 벌어지고 있는 일의 본질을 이해하고 당신에게 도움을 줄 수 있는 사람들이니까 말이다.

창업가에 대한 제언

VC의 투자 동기와 목적은 회사의 결정을 좌지우지하고 정서적으로도 영향을 미친다. 회사가 어려운 결정이나 중요한 결정을 내릴 때 두드러진다.

투자 파트너에게 영향을 미치는 문제를 간과하지 말아야 한다. 그들과 대면해서 논의하는 것을 두려워하지 말라. 불편한 이슈가 있다면 파트너와 열린 마음으로 논의하기 바란다. 최소한 회사에 예상치 못한 고통스러운 문제가 교통사고처럼 들이닥칠 일은 없을 테고, 파트너와의 관계가 손상될 상황도 피할 수 있을 것이다.

13장

협상에서의 전략 전술

텀시트에 대한 지식과 상관 없이 좋은 거래를 위해서는 협상 기술을 익힐 필요가 있다. 대부분의 사람들, 심지어 변호사도 생각보다 협상 능력이 대단하지 않다. 다행히 우리와 함께 일하고 있는 포트폴리오 회사의 임직원들은 온라인이든 혹은 이 책을 통해서든 우리의 지식과 경험을 통해 투자자의 동향을 파악해 효과적인 협상 전략을 짤 수 있다.

이 장에서는 우리가 수년 동안 효과적으로 사용해온 협상 전술을 설명하고자 한다. 이 책은 주로 자금 조달에 관한 것이지만, 삶에서 사용할 수 있는 다양한 협상 전술과 협상 과정에서 당신이 만날 수 있는 다양한 인물들을 소개받을 것이다.

정말 중요한 것은 무엇인가?

자금 조달 협상에서 가장 중요한 세 가지는 공정하고 바람직한 결과를 얻는 것, 협상 과정에서 개인적인 인간관계를 망치지 않는 것, 그리고 거래를 제대로 이해하는 것이다.

좋은 거래란 어떤 당사자도 만족하지 않는 거래라는 말이 있다. 소송이나 인수 거래에서는 어느 정도 사실이겠지만, 벤처 자금 조달 거래가 완료된 후에도 어느 당사자도 만족하지 않는다면 큰 문제이다. 자금 조달 거래(투자자 입장에서는 투자)를 완료했다는 것은 관계의 시작일 뿐만 아니라 극히 작은 부분에 불과하다. 투자자들과 생산적이고 원만한 관계를 유지하면서 회사를 함께 만들어가는 것이 중요하다. 양측 모두가 공정한 결과를 얻었다고 생각하고, 상대방과 거래하게 되어 운이 좋다고 느긴다면 좋은 출발점이다. 진행 과정에서 투자자와 관계가 원만하지 못했다면 거래가 성사되더라도 불편한 긴장 상태가 오랫동안 지속될 가능성이 높다. 만약 법률 자문사가 협상 과정에서 무례하게 처신했다면 VC가 후일 이사회의 일원이 되었을 때 그는 새로운 고객을 찾아야 할 것이다.

우선주 발행을 통한 자금 조달 거래로 투자자와 협상하고 있다면 투자 수익 조건과 경영권 통제에 관한 사항들을 불리하지 않게 결론을 내야 한다. 두 가지 핵심적인 사항이 아닌 것들을 협상하는 것은 시간 낭비다. 협상을 진행하는 상대방이 무엇에 집중하는지를 파악하면 그 사람에 대해서도 많은 것을 알 수 있다.

창업가를 위한 팁

협상을 돕는 변호사가 오만한 태도로 협상에 임하거나 불합리적으로 행동하도록 두어서는 안 된다. 그렇다고 변호사가 소극적으로 협상에 임하게 해서도 안 된다. 해당 변호사가 벤처 금융에 전문적인 지식을 가지고 있다면 더욱 그러하다. 딜의 주인공인 스타트업 경영자는 법률 자문사를 신중하게 활용해야 한다. 비록 지켜보고 감독하는 것이 매우 피곤하더라도 말이다. 회사에 직접 관계된 일이고 거래의 주인공은 당신이기 때문이다. 변호사가 회사 주인도 아니고, 거래의 주인공도 아니지 않은가?

협상을 시작할 때는 몇 가지 중요한 사항을 제시하기 바란다. 회사의 가치 평가, 스톡옵션, 유동화 우선권, 이사회 및 의결권 등에 대한 협의에 집중하기 바란다. "투자 조건만 가지고 돈을 벌 수는 없다"는 업계의 이야기는 대체로 사실이다. 상대방이 진상 투자자만 아니라면 당신을 둘러싼 좋은 기운이 성공으로 안내할 것이다.

협상 준비

협상 중에 저지르는 가장 큰 실수는 준비를 제대로 하지 않는 것이다. 이토록 중요한 일에 아무런 생각 없이 들어간다는 것이 놀랍기만 하다.

아마도 무엇을 준비해야 할지 몰라서이기 때문이다. 자기 자신이 생각하는 것보다 협상을 잘할 수 있다는 것을 인식해야 한다. 당신은 이미 삶을 살아오면서 숱한 사람들을 만나며 부지불식간에 하루에도 수십 번의 협상을 하고 있을 가능성이 크다.

협상을 할 때는 계획을 세워야 한다. 주요 사항을 정하고, 어떤 조건을 양보할지 고민하고, 어떤 조건에서 거래를 하지 않을지에 대해서도 미리 생각해두는 것이 좋다. 협상 중에 결정하면 감정에 휘둘려 실수할 가능성이 크다. 항상 계획을 가지고 협상에 임해야 한다.

다음으로 미리 상대방을 알아보아야 한다. 어떤 사람들(예를 들어 저자와 파운드리 회사 사람들)은 구글링만 해도 무슨 생각을 하는지 알 수 있다. 만약 우리 팀이 주식등록요구권을 두고 실랑이를 벌이는 협상 상대방을 멍청하다고 공개적으로 언급했다면(실제로 그렇게 이야기하기도 한다), 당신이 고용한 법무법인이 주식등록요구권을 문제 삼아서 굳이 일을 크게 만들 필요가 있을까? 그럼에도 우리 팀이 딜을 하면서 텀시트 수정을 요청받는 건수 중 50퍼센트 이상이 주식등록요구권 문구를 바꿔달라는 요청이다. 이러한 요구를 들을 때마다 우리는 법무법인이 기본 조사도 하지 않고 일한다고 생각하여 그들의 능력을 낮게 평가하고, 창업가가 딜을 주도하고 있지 않다고 판단하게 된다.

우리는 이처럼 생각 없이 일하는 법무법인들을 포트폴리오 기업에 소개하지 않는다.

상대방의 강점과 약점, 편견과 관심사, 불안감을 협상에 활용할 수도 있다. '아는 것이 힘이다'라는 말은 여기에도 적용된다. 이러한 지식을 사용해 협상에서 우위를 점한다고 해서 반드시 그렇게 해야 하는 것은 아니다. 하지만 아는 것이 많다는 것은 상황이 예상치 못한 방향으로 흘러갈 때 불안한 상황에서 심리적으로 의지할 수 있는 아이들의 애착 인형 같은 역할을 한다. 협상 상대방을 어느 정도 알게 되었다면 그들이 협상 준비를 위해 무엇을 할지 생각하기 바란다. 무엇이 그들에게 동기를 부여하는가? 그들이 딜을 하는 목적은 무엇인가? 무엇이 그들을 불안하게 만드는가? 협상 상대방이 어떤 관점에서 딜을 바라보고 있는지 여러 시나리오를 생각하고, 실제 그들이 어떻게 행동하는지 보며 실시간으로 대응해야 한다.

협상 테이블에서는 누구나 나름의 우위에 설 수 있는 무기를 가지고 있다. 다윗은 골리앗을 잘 알고 있었지만, 골리앗은 다윗을 잘 알지 못했다. 인생도 마찬가지다. 당신의 슈퍼 파워는 무엇인지, 그리고 상대편의 크립토나이트[1]는 무엇인지 파악하자.

---

[1]   영화 〈슈퍼맨〉에 등장하는 가상의 초록색 화학물질로, 슈퍼맨의 고향인 크립톤 행성에서 온 물질이다. 지구에서는 초능력자인 슈퍼맨을 약화시키고 심지어 사망에 이르게 하는 물질이다.

만약 당신이 처음으로 창업한 20대 창업가이고, 40대의 경험 많은 VC 투자자와 텀시트를 협상하고 있다면 VC에 비해 어떤 장점이 있을까? VC 투자자는 확실히 투자 조건들을 해박하게 이해하고, 시장 지식도 많이 갖추고 있을 것이다. 그런데 이 VC 투자자가 당신이 유일하게 의지할 수 있는 자금줄이라고 가정해보자. 꽤 좌절감이 느껴지지 않겠는가?

절망하지 마시라. 당신에게도 비장의 카드가 있다. 바로 시간이다. 조금 거칠게 이야기하면, VC는 가족도 있고, 관리해야 할 많은 포트폴리오 회사와 LP 투자자들이 있을 것이다. 반면 당신은 하나의 목표, 즉 회사와 이 투자 거래에만 집중할 수 있다. 당신은 이 협상 과정을 VC가 원하는 것보다 오래 끌 여유가 있다. 대부분의 VC는 일의 진척을 위해서라도 조건을 양보할 것이다. 물론, 일부 투자자는 모든 점을 꼼꼼하게 따질 것이다 (이러한 유형의 투자자들은 나중에 다룰 것이다). 전화를 걸어 조건을 협상하려면 일과가 끝나고 저녁 식사 직전에 전화 예약을 잡는 것이 좋다. 또는 '이해가 안 되는' 여러 조건을 설명해달라고 VC에게 정중하게 부탁해서 시간적으로 압박을 가하는 것도 나쁘지 않다. 이러한 전략을 업계에서 쓰지 않는다고? 2009년, 테크스타Techstars의 팀원은 우리의 조언에 따라 우리 직원인 제이슨이 휴가를 떠나기 두 시간 전에 협상하기 시작했다. 제이슨은 그들의 전략으로 인식하지 못하고 단순히 시간이 잘 맞지 않는 것으로 여겼다. 결과적으로 제이슨은 20대 창업가가 의도한 시간 압박 작전에 걸려든 셈이다. 대단해요, 알렉스![2]

그 밖에도 당신이 활용할 수 있는 장점은 도처에 있다. VC

가 스탠퍼드대학교 미식축구팀의 팬이라면 이번 홈경기 예매를 했는지 물어보라. 당신이 관심 갖는 자선 단체에 그도 관심이 있지 않은가? 이러한 정보를 활용하여 친분을 쌓고 신뢰를 얻자. 중요한 점은 일단 계획을 세우고, 상대방을 알아보고, 당신이 가진 장점을 자연스럽게 활용하는 것이다. 완벽한 세상이라면 이런 것들을 도구로 활용할 필요가 없다. 하지만 실제 협상에서 사용하지 않으면 손해를 보는 쪽은 당신이다.

창업가를 위한 팁

벤처 투자 거래에서 스타트업 경영자가 가질 수 있는 가장 큰 장점은 확실한 플랜 B를 가질 수 있다는 점, 즉 시장에서 많은 VC들로부터 관심을 유도하고 그들 간의 경쟁을 이끌어낼 수 있다는 것이다. 만약 VC가 당신 회사에 투자하려고 기다리고 있다면 협상 중인 그 VC는 부수적인 조건까지 양보하며 고개를 숙일 것이다.

게임 이론

모든 사람은 타고난 협상 스타일이 있다. 스타일은 양날의 검 같아서 원하는 결과를 얻을 수도 있고 오히려 방해가 될 수도 있다. 어떤 속성이 도움이 되고, 어떤 속성은 오히려 해가 되고, 어떤 속성이 본질적으로 다른 속성보다 유리한지 이해하는 것은 중요하다.

---

2   알렉스 화이트(Alex White)를 말한다. 넥스트빅사운드(Next Big Sound)의 전 CEO이다. 이 회사는 판도라(Pandora)에 인수되었다.

잠시 게임 이론을 다뤄보고자 한다. 게임 이론은 제한된 조건(예를 들어 카드 게임의 규칙) 내에서 이익을 최대화하고 손실을 최소화하기 위한 전략을 다루는 수학적 이론이다. 게임 이론은 군사 전략 및 경영 방침 등 다양한 의사결정 문제를 해결하는 데 널리 적용되고 있다.

게임 이론에 따르면 복수의 참여자가 상호 작용하는 상황게임의 전개 방식에 영향을 미치는 규칙이 존재한다. 이 규칙들은 게임에 참여하는 인간들에 영향을 받지 않고, 규칙을 통해서 상황의 구조 내에서 인간이 상호 작용하는 방식을 예측할 수 있으며, 이 규칙에 따라 상황에 반응하는 참여자들의 반응이 바뀌기도 한다. 협상에 임할 때 보이지 않는 규칙을 알고 있는 것은 매우 중요하다.

유명한 게임 이론으로 죄수의 딜레마가 있다. 『스탠퍼드 철학 백과사전Stanford Encyclopedia of Philosophy』에서 설명한 글[3]을 참고하기 바란다.

타냐와 신크는 하이버니아 저축은행을 털다가 체포되어 별도의 독방에 수감되었다. 두 사람 모두 공범의 안위보다 자신의 석방을 중요시한다. 어느 똑똑한 검사가 두 사람에게 제안한다. "당신은 자백하거나 침묵할 수 있습니다. 당신이 자백하고 공범이 침묵하면 당신은 모든 혐의에서 벗어나고, 당신의 증언에 따

---

3   http://plato.stanford.edu/entries/prisoner-dilemma/#Sym2t2PDOrdPay

라 공범이 중형을 받게 될 것입니다. 반대로 공범이 자백하고 당신이 묵비권을 행사하면 공범은 자유를 얻고 당신이 중형을 받게 될 것입니다. 그리고 두 사람 모두 자백하면 유죄 판결을 받겠지만, 조기 가석방을 받도록 노력하겠습니다. 하지만 두 사람이 모두 침묵하는 경우라면 총기 소지 혐의로 가벼운 형을 받겠지요. 자백을 원하면 내일 아침 본 검사가 돌아오기 전에 교도관에게 메모를 남겨 놓길 바랍니다."

고전적인 죄수의 딜레마는 다음과 같이 표로 요약할 수 있다.

	죄수 B의 묵비권(협력)	죄수 B의 자백(배신)
죄수 A의 묵비권 (협력)	A, B 각각 8개월 징역형	A는 12년 징역형 B는 석방
죄수 A의 자백 (배신)	A는 석방 B는 12년 징역형	각각 5년 징역형

게임의 결론은 한 가지로 귀결되는데, 두 사람이 협력할 때 모두에게 이익이 됨에도 결코 협력하지 않는다는 것이다.

두 죄수가 협력하면 모두에게 가장 좋은 결과가 나온다. 협력시 두 사람은 각각 8개월의 징역형을 받고 풀려날 수 있다. 그러나 두 사람 모두 다른 행동을 하게 된다. 공범이 어떤 선택(협력 또는 배신)을 하든 상관없이, 각 플레이어는 상대방을 배신함으로써 더 가벼운 형량을 받게 된다. 상대방이 어떤 선택을 하든, 상대방을 고발하는 것이 이익이 된다.

이 게임의 기본적인 전제는 일회성 게임이다. 참가자들은 게임을 한 번만 하고 그 결과로 운명이 결정된다. 게임 이론의 다른 버전으로는 반복 게임도 있다. 만약 A 국가의 군대가 한쪽 참호에서 진을 치고 있고, 적국인 B 국가의 군대가 다른 쪽 참호에서 대치하고 있다고 하자. 반복적인 게임의 결과 어느 쪽 군대도 야간, 주말, 휴일, 심지어 식사 시간에도 공격을 감행하지 않는다. 왜 그럴까? 만약 한쪽 군대가 자고 있다면 그 시간에 적을 공격하기에 절대적으로 좋지 않을까?

만약 한쪽이 단 한 번의 공격만으로 다른 편을 궤멸시킬 수 없다면 그렇게 간단하지 않다. 만약 적을 모두 섬멸하지 못한다면, 그다음은 상대편이 한쪽을 저녁 시간이나 휴일에 공격하거나 심지어 안심하고 텔레비전 드라마를 보는 시간에 보복해올 것이다. 양측 모두 잠 한번 편히 못 자고 죽기 살기로 싸워야 하는 것이다. '눈에는 눈 이에는 이 전략tit-for-tat strategy'은 이 반복 게임을 균형 상태로 만든다. A 군대가 B 군대의 식사 시간을 망치지 않는다면, B 군대도 A 군대를 식사 시간에는 괴롭히지 않을 것이다. 모두가 더 나은 상태가 된다. 하지만 B 군대가 A 군대의 휴일을 망치면 A 군대는 B 군대가 다시 '괜찮은' 적군이 될 때까지 지속적으로 공격할 것이다.

투자와 관련해서 현재 당신이 어떤 게임을 하고 있는지 잘 생각하고, 죄수의 딜레마와 같은 결정을 내릴 만한 요인이 있을지 계산하기 바란다. 아니면 이 게임이 같은 결정을 여러 번 반복하는 게임인지 생각해야 한다. 이 게임은 일회성 게임인지, 아니면 앞선 선례가 게임의 다음 회차에 영향을 주거나 혹은 참가자의 명성에 영향을 줄 수 있는 반복 게임인지 생각해야 한다.

자금 조달이라는 게임에서의 협상

벤처 투자는 매우 쉬운 게임이다. 첫째, 모든 이들이 더 나은 결과를 얻을 수 있는 윈윈 게임이다. 둘째, 협상 상대방은 범죄를 공모하는 상대방이 아니다. 마지막으로, 이 게임은 일회성 게임이 아니다. 참가자의 게임 이후 평판이 중요하고, 상대에 해를 끼쳤을 때 예상되는 보복의 두려움 역시 현실적으로 고려해야 하는 게임이다.

VC와 창업가는 투자가 끝난 후에도 많은 시간을 함께 보내기 때문에 지속적인 관계를 고려해야 한다. 투자 완료란 길고 긴 반복 게임에서 무수히 반복되는 협상 중 단 한 건에 지나지 않는다. 상대방이 미래에 보복할 동기를 줄 수 있는 행동은 현명하지도 합리적이지도 않다.

VC에게 한 번의 투자는 숱한 거래 중 하나다. VC는 게임의 참가자들 간에 주고받는 행위를 넘어 평판이라는 요소를 고려해야 한다. 벤처 캐피털 산업이 성숙해짐에 따라 대부분의 VC에 대한 정보를 얻는 것이 쉬워졌다. 따라서 부정적인 평판을 얻게 되는 VC는 장기적으로 치명상을 입을 수 있다.

투자 협상이 일회성 승자독식 게임이 아니라는 사실을 모든 VC가 인식하고 있지는 않다. 오래된 VC라면 제대로 인식할 것이다. 그렇다고 근시안적으로 투자 거래를 대하는 태도가 신생 VC에 국한된 것도 아니다. 간혹 이러한 근시안적인 태도를 VC나 스타트업의 자문사로 협상에 나서는 변호사들에게서 발견하는데, 어떤 경우는 비즈니스계의 저명 인사들에게서도 볼 수 있다. 이러한 유형의 사람들을 만나면 속으로 경멸하거나 절대로 거래하지 말아야겠다고 굳게 다짐하곤 한다. 만약 투자를 받기 위해 어떤 VC를 만났는데, 그 사람이 평판에 신경 쓰지 않거나, 한번 거래하고 다시는 보지 않을 사람처럼 협상 장소에 나와서 승자독식의 자세를 고수한다면 신중히 재고하기 바란다.

창업가를 위한 팁

텀시트 작성 전에 VC에게 투자에서 가장 중요한 세 가지 조건이 무엇인지 물어보아라. 당신도 가장 중요한 세 가지 요구사항을 명확히 설명해주면 좋다. 장기적으로 협상에 대한 서로의 생각을 조율하고, 협상이 치열해졌을 때 가라앉히는 데 유용할 수 있다. 만약 VC들이 그들이 말한 세 가지 중 하나가 아닌 사항에 지나치게 강한 입장을 고수한다면, 그 사실을 지적하고 그들이 이미 모든 주요 조건을 얻어냈음을 강조하면 협상을 유리하게 이끌어갈 수 있다.

게임 이론은 투자나 자금 조달 이외의 협상에서도 유용하다. 회사를 매각하기로 결정한 경우 매각 협상은 앞서 설명한 죄수의 딜레마와 유사하다. 제품을 파는 거래는 일종의 협력 게임 같지만, 고객과의 협상은 일회성 게임과 유사하다. 소송의 경우 거의 항상 일회성 게임의 형태를 띠는데, 심지어 소송 해결 이후 당사자들 간에 지속적인 관계가 지속되는 경우조차도 그렇다.

게임 이론에 해박한 지식과 경험이 있더라도 누구도 게임 자체를 바꿀 수 없다. 하지만 게임 안에서 형편없이 게임에 임하는 사람이 누구인지는 판단할 수는 있다. 게임 이론이라는 렌즈를 통해서 상대편을 관찰하는 것은 매우 유효한 무기가 된다.

다른 게임에서의 협상

모든 게임이 윈윈 상황은 아니다. 투자 게임과 대비되는 흥미로운 세 가지 게임을 살펴보자. 먼저, 윈윈 게임의 정반대에 해당하는 게임이다. 소위 '승자독식' 게임의 대표적인 예는 고전적인 고위험 소송 게임이다. 특허 괴물 회사patent troll에 소송을 당했거나 혹은 회사의 명운을 소송에 걸어야 하는 상황이 있다. 이 게임에서는 평판은 중요하지 않고, 오로지 소송의 결과만 의미 있다. 이 게임에서는 감정적으로도 고통스럽고 지루한 전쟁을 각오해야 한다. 상대방도 당신과 같은 도덕적 기준을 가질 것이라고 가정해서는 안 된다. 법정에서 선서하고 증언하는 발언 이외에 어떠한 거짓말도 불법이라고 말할 수 없기 때문이다. 심지어 많은 사람이 법정에서도 거짓 증언을 한다. 영화에서나 보듯이 변호사가 개싸움도 마다하지 않는 경우가 종종 있다. 결코 즐거운 일이 아니다. 이와 같은 게임에서는 총싸움에 칼을 들고 나가는 우를 범해선 안 된다.

둘째 유형은 매우 적대적인 상황이지만 평판이 여전히 중요한 경우이다. 고전적인 예는 창업가가 비자발적으로 회사를 떠나는 경우이다. 이런 상황에서는 서로 간의 정제되지 않은 감정들이 남아 있다. 그러나 아무리 상황이 추해져도 이 게임은 승자독식의 시나리오는 아니다. 회사와 떠난 창업가 모두 자신의 평판을 유지하고 싶고, 떠나는 창업가는 여전히 회사에 지분을 보유한 채로 퇴사할 가능성이 높다는 점에서 서로 간의 이해관계는 어느 정도 일치한다. 따라서 이 게임은 어느 정도 참가자의 행동을 제한한다. 모든 사람이 투자 종결 후에도 친구가 될 필요는 없겠지만 상식적으로 처신하는 것이 모두에게 이득이 된다. 양측을 대변하는 변호사들도 서로 존중하면서도 확고하게 자신의 입장을 고수한다. 변호사들이 해결책을 찾지 못하면 떠나는 창업가와 회사가 직접 문제를 해결하기도 한다.

셋째 유형은 인수·합병 거래이다. 16장에서 자세히 다루겠지만 언젠가 회사를 매각할 것이다. 이 경우에는 승자독식 시나리오와 윈윈 시나리오가 모두 가능하다. 어떤 방식으로든 파이를 나눠야 하는 상황이다. 인수 조건 협상을 통해서 회사의 마지막 남은 한 푼까지 누구에게 어떻게 배분될지를 결정한다. 이 거래를 위해 단 한 번의 기회가 주어진다. 벤처 투자 거래는 회사 입장에서는 기나긴 기업의 생애 주기에서 초창기에 발생하는 한 사건에 불과하지만, 인수·합병은 그 자체로 최종 게임이다. 이 게임은 승자독식 게임적인 요소가 있다. 한편으로는 회사의 경영진 대다수는 인수 거래가 성사된 이후 인수자 측을 위해 근무한다. 이 상황에서는 회사의 이전 임직원들은 인수 회사의 임직원들과 나란히 앉아서 일해야만 한다. 이러한 부분을 보면 윈윈 게임적인 요소가 분명히 있다. 이러한 복잡성 때문에 인수·합병 거래는 애매하고 미묘한 점이 있다. 인수 거래의 종결 전까지는 양측이 조건을 두고 이를 갈며 대치하지만, 인수 이후를 고려하면 차분한 태도를 유지할 필요가 있다. 나중에 논의하겠지만, 인수·합병 과정에서 다양한 당사자들이 이러한 역할 중 일부 또는 전부를 수행한다.

협상 스타일과 접근 방법

누구나 타고난 협상 스타일이 있다. 특히 갈등을 다룰 때 잘 드러난다. 연령, 인종, 성별, 성장 배경, 그날의 기분 상태나 배우자와 아이들과의 관계, 아니면 부모 형제와의 관계, 그 외 나열할 수 없는 수많은 요소가 협상 방식에 영향을 미친다.

어떤 연구 결과에 따르면 성별이 협상에 큰 영향을 미친다고 한다. 하버드대학교 경영대학원의 보고서에 따르면 여성들은 남성들과는 달리 취업 조건을 두고 협상하지 않는 경향이 강한데, 새 직장에서 평판에 손상을 줄 수 있다는 두려움 때문이라고 한다. 반면 남성은 이러한 평판에 손상을 덜 느낀다고 한다. 어떤 데이터에 따르면 남성들은 협상에서 공격적으로 나오는 상대편 남성들을 불편하게 생각하지 않는 반면, 여성들은 많은 불편함을 호소한다고 한다. 여성은 남성이 지불할 필요가 없는 일종의 사회적 비용[4]을 지불한다는 것이다.

당신이 누구이든 상대방과 협상에 임하기 전에 자기 자신을 먼저 돌아봐야 한다. 당신이 가진 편견이 협상에 부정적인 영향을 미치지 않도록 해야 한다.

능숙한 협상가라면 자신이 편안하게 느끼는 지점과 다른 사람들의 타고난 스타일에 대처하는 방법을 알고 있을 것이다. 다음은 협상을 하는 과정에서 만나게 될 몇 가지 유형의 성격 및 그들과 협력할 수 있는 방법에 대한 예시들이다.

---

4   https://hbr.org/2014/06/why-women-dont-negotiate-their-job-offers

불량배 스타일(일명 UAW[5]협상가)

동네 불량배처럼 상대방에게 욕하고, 고함을 지르고, 요구 사항을 강제로 밀어붙이며, 필요하다고 판단되는 경우 상대방을 위협하는 방식으로 협상하는 스타일이다. 불량배 스타일은 대부분 영리하지 않으며 실제 현안도 제대로 이해하지 못한다. 그들은 우격다짐으로 원하는 것을 얻으려 한다. 불량배를 다루는 방법은 두 가지가 있다. 코를 한 대 쥐어박거나, 오히려 부드럽게 대해서 상대방의 힘을 빼는 것이다. 만약 당신이 불량배를 힘으로 누를 수 있다면 그것도 나쁘지 않다. 다만 잘못된다면 화산을 폭발시킨 격이 될 것이다. 놀이터와 달리 불량한 협상 상대방이 윽박지른다고 다치는 것은 아니니 상대방이 흥분할수록 차분해지는 것이 좋다.

친절한 아저씨 스타일(일명 중고차 판매원)

이러한 쾌활한 사람들은 뭔가를 팔려고 한다. 종종 그들이 팔려는 것이 당신이 원하는 것인지는 확신이 들지 않을 것이다. 당신이 거절한다면 이러한 사람은 대놓고 실망을 표하거나 〈토니 로빈스 쇼〉[6]에 등장하는 청중처럼 계속해서 미소를 짓고 있을 것이다. 이들을 만날 때 당신은 그들의 조건에 별말 없이 수

---

5   전미자동차노동자조합(United Auto Workers)이다. 강경 노선 및 과격한 투쟁 방식으로 유명한 노동조합으로, 본 글에서는 이 노동조합의 투쟁 방식을 빗댄 협상 전술을 설명하기 위해 끌어들인 표현으로 보인다.

궁하는 한에서는 모든 것이 장밋빛이다. 협상이 진행되는 과정에서도 이들은 어떤 것도 분명하게 말하지 않는다. 중고차 딜러들이 상담 중간 결정적인 순간에 "그 부분은 잠깐 점장님께 문의 후 말씀드리겠습니다"라고 말하듯이 이 유형의 협상가는 "고려해보고 다시 말씀드릴게요"라고 틀에 박힌 대답만 반복한다. 불량배처럼 소리를 지르지는 않지만, 이들과 협상을 진행하면 중요한 답변을 얻거나 진전을 이루지 못해서 좌절감을 맛볼 것이다. 이러한 친절한 아저씨 유형의 협상가들은 종일 당신과 대화할 것이기 때문에 명확하고 직접적으로 이야기하고, 쉽게 지치지 않아야 한다. 만약 협상이 진척되지 않는다면 당신이 먼저 불량배 스타일을 섞어서 협상에 임하길 바란다.

기술 관료 스타일(일명 똘똘이 스머프)

속된 말로 공돌이technical nerd 스타일이다. 이들은 불량배처럼 윽박지르지 않고, 친절한 아저씨처럼 겉만 번지르르하지 않다. 하지만 대화하다 보면 끝없는 세부 사항의 지옥에 빠진 듯하다. 기술 관료 스타일의 협상가들은 수만 가지 이슈에 매몰되어 있을 뿐 아니라 결정 장애까지 있다. 그들에게는 모든 것이 중요

---

6   미국의 유명한 작가이자 동기부여 연설가, 심리 전문가인 토니 로빈스가 진행하는 토크쇼이다. 국내에도 그의 저서가 알려져 있다. 그가 진행하는 대중 세미나와 이벤트는 활기차고 긍정적인 분위기로 잘 알려져 있고, 청중들로부터 열정적이고 긍정적인 반응을 이끌어내는 것으로 유명하다.

하기 때문이다. 그들과 대화할 때는 미소를 지으며 참아내라고 조언하고 싶다. 상대방이 주제를 진척시키지 못한 채 협상을 끌고 있다면 온라인 게임이나 하며 여유를 가지라고 말하고 싶다. 이 유형의 사람들은 협상 중에 상대방의 집중력을 잃게 만들기도 한다. 이들과 대화할 때는 당신이 중요하게 여기는 것들을 절대 잊지 않고, 사소한 것들은 양보함으로써 집중력을 잃지 않아야 한다. 하지만 중요한 논점들을 검토하는 것은 잊지 말아야 한다. 기술 관료 유형의 사람들은 협상 과정에서 기브앤테이크 개념이 전혀 없어서 모든 안건을 처음부터 다시 협상하는 경향이 있기 때문이다. 사소한 것들에 무한한 에너지를 가지고 협상에 임하며, 때로는 이 전술을 의도적으로 사용하여 당신을 지치게 만들기도 한다.

겁쟁이 스타일(일명 조지 맥플라이)[7]

겁쟁이 스타일의 협상가를 만난다면 완벽한 댄스 파트너를 만난 것처럼 쉬울 거라 생각하지만 나름의 문제를 안고 있다. 언뜻 이들의 지갑을 쉽게 열 수 있을 것 같다. 하지만 너무 좋은 조건이 나중에 끊임없이 당신을 귀찮게 할 수도 있다. 자금 조달이 끝나면 이들과 함께 이사회에서 일하는 반대급부를 감내

---

7   〈백 투 더 퓨처(Back to the Future)〉에서 주인공 마티 맥플라이의 아버지로 등장하는 캐릭터이다. 매사에 우유부단하고 소심해서 친구들에게 따돌림을 당하는 인물로 묘사된다.

해야 한다. 결국 상대편뿐만 아니라 같은 편과도 협상해야 하는 상황이 생기며 적대적인 상대방과 협상하는 것보다 어려울 가능성이 높다.

까칠이 영감님 스타일(일명 아치 벙커)[8]

까칠이 영감님 스타일과 협상할 때는 모든 것이 엉망진창이 되기 쉽다. 어떤 결론에 도달하든 끔찍하고, 모든 단계가 마치 치과 의사가 어금니를 잡고 흔드는 것처럼 느껴질 것이다. 불량배 스타일과 달리 까칠이 영감님 유형의 사람은 윽박지르지 않는다. 친절한 아저씨 유형과도 달라서 결코 즐거워하지 않는다. 그들은 세부 사항에는 신경 쓰지 않는 것처럼 보이지만, 상대방이 어떤 입장을 취하든 결코 만족하지 않는다. 까칠이 유형은 겁쟁이와도 다르다. 자신들이 경험이 많다는 것을 시도 때도 없이 상기시켜준다. 꼬장꼬장한 노인이라고 생각하면 쉽다. 인내심을 가지고 긍정적이고 관용적인 태도를 유지한다면 결국 원하는 것을 얻을 수 있겠지만 이들을 만족시키기는 어려울 것이다. 이들은 모든 사람에게 화가 나 있기 때문이다.

---

[8]   1970년대 미국 텔레비전 시트콤 〈올 인 더 패밀리(All in the Family)〉에서 캐럴 오코너(Carrol O'Connor)가 연기한 캐릭터로, 전형적인 보수적이고 편견을 가진 중년 남성으로 묘사되고 있다. 고집이 세며 편협하고 까칠한 태도를 보이는 사람이다.

탁월한 외교가 유형의 협상가(일명 〈굿 파이트〉의 다이앤 록하트)[9]

마지막으로 소개할 협상 유형은 모든 것을 갖춘 협상가이다. 상황에 따라 여러 유형의 협상가로 자유자재로 변신할 수 있지만, 내면에는 차분하고 지적인 면모를 지닌 강력한 협상가이다. 이 사람은 적절한 시간을 들여 협상을 준비하고, 협상에서 다뤄야 할 모든 안건들을 숙지하고 있으며, 협상 상대방에 대해서도 철저히 조사하는 사람이다. 직업에 대한 확신이 강해서 마치 공원을 산책하는 것처럼 차분함이 밖으로 뿜어져 나온다. 협상 상대방도 제대로 협상 준비를 했다면 두 사람 모두 서로에게 경외감을 느끼고 신뢰까지도 쌓을 수 있는 관계로 발전할 수 있다. 가장 이상적이며, 서로 이득이 되는 관계가 될 수 있다. 반면 협상 상대방이 준비를 제대로 하지 않는다면 상대방을 기분 좋게 하면서도 협상에서 그를 압도할 것이다. 그날 저녁 협상 상대방은 술 한잔하고 나서 뒤늦게 '이불킥'을 하게 될 것이다.

창업가를 위한 팁

협상 상대방에 대해서도 많은 것을 배울 수 있다. '노숍' 조항이 있는 텀시트에 서명하기 전에 상세한 협상을 많이 진행하는 것이 좋다. 만약 잠재 투자자가 당신과의 거래 협상에서 소위 진상처럼 행동한다면, 이후 이사회 구성원 혹은 회사 내부인이 될 수 있다는 점을 유념해야 한다.

---

9 미국 CBS 방송국에서 2017년 2월부터 방영된 텔레비전 드라마 시리즈인 〈더 굿 파이트(The Good Fight)〉에 등장하는 주요 캐릭터로, 크리스틴 바란스키(Christine Baranski)가 배역을 맡았다. 이 드라마는 〈더 굿 와이프(The Good Wife)〉의 스핀오프 작품으로, 법률 드라마 장르에 속한다. 극중에서 다이앤 록하트는 뛰어난 변호사이자 로펌의 파트너로, 지적인 면모와 강한 리더십을 지닌 인물로 그려진다.

항상 투명하게 행동하라

일반적인 사람들은 어떻게 협상할까? 상대방을 속이지 않고, 친절하며, 똑똑하고, 분별력 있는, 협상 테이블의 맞은편에서 만나기를 원하는 사람들 말이다. 누구나 자신의 고유한 스타일을 가지고 있다. 압박을 받거나 협상이 잘 풀리지 않을 때는 더욱 그렇다. 자신의 협상 스타일을 잘 알고 있어야 갑작스러운 감정 폭발로 놀라지 않을 수 있다. 이러한 행동들은 생각한 대로 잘 풀리지 않는 상황에서 볼 수 있다.

여러 가지 협상 스타일을 구사할 수 있다면 어느 것이 더 나을까? 평판과 관계 유지가 중요한 협상에서는 최대한 투명하고 우호적인 태도를 취하는 것이 좋다. 상대방이 당신의 생각을 이해하고, 참모습을 알 수 있도록 하는 것이 좋다. 반면, 다시는 상대방과 거래할 일이 없는, 인수 협상과 같은 일회성 게임을 하고 있다면 승부에서 이기는 데 집중하길 바란다. 스포츠와 마찬가지로 갑자기 작전을 변경하여 상대방을 긴장하게 만드는 것도 좋은 전술이다.

협력적 협상 대 협상의 포기

협상과 관련해 자주 받는 질문은 언제 협상을 포기하느냐는 것이다. 협상에 이미 많은 시간과 에너지를 투자한 후라면 거래를 포기해야 한다는 생각만으로도 혈압이 상승하게 된다. 협상을 포기할지 말지를 고민하고 있다면 그에 대한 준비가 중요하다. 협상을 시작하기 전에 협상의 포기 시점을 미리 알고 있어야 하며, 이는 순간적인 감정이 아닌 합리적이고 신중한 결정이 되어야 한다.

포기 시점을 결정할 때는 협상시 합의에 대한 최선의 대안을 고려해야 한다. 이 최선의 대안을 미국의 경영대학에서는 BATNA라고 부른다. 합의를 이루지 못했을 경우 생각해볼 수 있는 백업 계획이다. 백업 계획은 상황에 따라 달라진다. 자금을 조달하는 스타트업이라면 가장 선호하는 투자자와의 협상에서 실패했다면 둘째로 선호하는 다른 VC의 텀시트를 받는 것이 백업 계획이 될 수 있다. 외부 자금 조달 없이 자력으로 회사를 운영하는 것도 가능하다. BATNA를 정확히 인지하고 있는 것은 인수·합병 거래(독립 회사로 남기), 소송(합의 대 법원으로 가기), 고객과의 계약(나쁜 거래에 얽히지 않기) 등과 같은 다양한 협상에서 중요하다.

협상을 시작하기 전에 주어진 전체적인 한계를 알아야 하겠지만 각각의 주요 지점에서의 한계도 명확히 인지하고 있어야 한다. 이 한계를 미리 고민했다면 협상 상대방이 당신이 경계를 넘어서려고 할 때 눈치챌 수 있을 것이다. 또한 상대방이 실제로는 경계에 있지 않으면서 경계에 있는 척하는 것도 알 수 있다. 믿지도 않는 것을 거짓으로 확신하는 척하는 사람은 드물기 때문이다.

협상의 어느 지점에서는 벽에 부딪히거나 원하지 않는 방향으로 밀릴 가능성도 있다. 이때는 상대방에게 더 이상 거래는 없다고 말하고 자리를 떠나라. 떠나면서 당신이 어떤 지점에서 협상을 포기하는지 명확히 하여 상대방이 자신의 입장을 재고

하게 하라. 당신이 협상을 진심으로 포기하고, 상대방이 오히려 거래에 관심이 있다면 언젠가 그들은 다시 협상 테이블로 돌아와서 당신이 받아들일 수 있는 조건을 제시할지도 모른다. 만약 그들이 다시 협상에 나서지 않는다면 애초부터 시작되지 않았을 거래이다.

협상 상대방인 VC 투자자의 유형에 따라 VC는 당신의 경계에 예민하게 반응할 수도 있고, 당신을 경계 밖으로 밀어내 어쩔 수 없이 당신 입장에서 BATNA를 선택하게 만들수도 있다. 만약 자금 조달 협상 과정에서 이러한 일이 반복적으로 발생한다면 VC와 함께 가야 할지 재고하기 바란다. 당신은 많은 기복을 버티면서도 관계를 지속하려는 생각을 가지고 게임에 임하고 있는데, VC는 일회성 게임으로 관계를 바라보기 때문이다.

마지막으로 협상 중에는 절대로 감당하지 못할 협박은 하지 말아야 한다. 만약 당신이 더 이상 거래는 없다거나 이것이 우리의 최종 제안이라고 엄포를 놓음에도 뒷감당을 할 생각이 없다면 당신의 입지는 영원히 사라질 것이다. 만약 상대방으로부터 "이것이 우리의 최종 제안입니다"라는 말을 열일곱 번 듣게 되면 열여덟 번째를 느긋하게 기다리면 더 나은 제안이 온다는 것을 알아야 한다.

협상의 지렛대로 합의를 이끌어내기
성공적인 협상을 위해서는 주요 이슈를 숙지하고 상대방에 적절하게 대처하는 것 이외에도 협상에서 지렛대로 삼을 수 있는 것들이 필요하다. VC 자금 조달에서 가장 좋은 지렛대는 여러 VC들의 경쟁적인 거래 구도를 조성하는 것이다.

창업가를 위한 팁

확실한 플랜 B(필요하다면 플랜 C, 플랜 D까지)를 품 안에 가지고 있다면 협상 과정에서 가장 효과적인 무기가 될 수 있다. 이 사실을 모든 잠재적 투자자에게 투명하게 알리는 것이 도움이 된다. 두 VC 투자자와 개별적으로 투자를 논의하고 있다면 각각의 투자자와 논의하고 있는 내용(이를테면 투자자 이름이나 어떤 담당 심사역과 이야기하고 있는지 등)이 새나가지 않게 통제하는 것도 나쁘지 않다. 두 투자자가 투자 건에 대해서 당신이 모르게 서로 이야기를 나누게 할 이유는 없기 때문이다. 하지만 투자자들에게 회사가 다른 투자자들로부터 상당한 관심을 받고 있음을 알리는 것은 딜의 진행 속도에 박차를 가하고 유리한 최종 결과를 끌어내는 데 매우 유리하게 작용할 것이다.

만약 당신이 운 좋게도 여러 VC들로부터 관심을 받는다면 유리한 거래를 얻는 데 큰 이점이 될 것이다. 그러나 동시에 여러 투자자를 상대하는 것은 여간 까다로운 일이 아니다. 자칫 거래의 투명성을 의심받을 수도 있고, 타이밍 선택에도 어려움이 있으며, 참여자들을 잘못 다루면 누구와도 거래가 힘들어질 상황에 처할 수 있다.

우선, 타이밍에 주의를 기울여야 한다. 각 VC가 비슷한 기간 내에 텀시트를 제시하도록 유도하는 것이다. 속도 조절은 매우 어려울 수 있다. 한쪽에서는 논의를 천천히 진행시키면서 다른 쪽에서는 프로세스에 속도를 내다 보면 불편한 순간이 있기 마련이다. 여러 VC로부터 거의 동시에 투자 승인을 받아낸다면 단 한 장의 텀시트를 받아 들고, 다른 곳에서 추가적으로 텀시트를 받으려고 할 때보다 훨씬 유리한 입장에 설 수 있다.

어떤 VC로부터 텀시트를 받는다면 다른 VC들의 흥미를 유발하는 데 도움이 되겠지만, 지나치게 비교하는 것도 문제가 되고, 지나치게 비밀스러운 태도로 일관하는 것도 문제여서 적절한 균형점을 찾아야 한다. 협상 중이던 회사에서 자신에게 관심을 보이는 다른 VC가 있고, 현재 어느 단계까지 진행 중인지를 솔직하게 알려주었을 때 신뢰감이 생겼던 기억이 있다. 우리는 절대 다른 텀시트를 보여달라고 요구하지 않으며, 오히려 회사 담당자에게 VC로부터 받은 텀시트를 공개하는 것은 좋지 않다고 조언한다. 중요한 것은 당신이 피투자 회사의 창업가라면 누구와 이야기하고 있는지를 절대 공개하지 말아야 한다. 대부분의 VC는 자신들이 관심을 보이는 회사에 다른 VC도 똑같이 관심을 보인다는 소문을 들으면 가장 먼저 그 VC에게 이메일을 보낸다. "안녕하세요, 당신이 X에 투자하는 데 관심이 있다는 얘기를 들었는데, 회사에 대한 개요를 공유할 수 있을까요?"라고 메일을 보낼 것이다. 그 결과, 두 VC 간의 경쟁은 더 이상 존재하지 않으며, 팀을 구성해서 논의할 것이다. 물론 투자받는 쪽에서는 이들이 함께 팀을 이루어 신디케이트로 참여하기를 바랄 수도 있다.

결국, 여러 텀시트를 받게 된다면 투자받는 회사 입장에서 유리한 조건으로 수렴하게 된다. 실제로 협상 포인트는 회사의 가치 평가와 이사회 통제 권한 배분으로 좁혀질 것이다. 중요한 점은 당신에게 다른 옵션들이 존재할 수 있음을 은연중에 알려야 한다는 것이다. 다만, 텀시트에 서명한 다음 날 마음을 바꾸어 결정을 번복하거나 계약을 파기하지 말아야 한다. 스타트업 생태계는 작고, 소문은 빠르게 퍼진다. 평판이 중요하다는 사실을 잊어서는 안 된다.

지렛대로 삼을 수 있는 또 다른 전략은 특정한 조건을 고수하는 것이다. 몇 가지 중요한 지점을 선정하고, 명시적으로 그 조건의 충족을 요구하여 관철하는 것이다. 합리적인 수준에서 고수할 사항들을 선정하되 협상에서 어느 정도 유연성을 가지면, 중요하지 않은 사소한 지점들은 양보하더라도 진정 원하는 조건에 합의할 수 있다.

협상 속도를 조절하는 시도는 VC가 텀시트를 처음으로 제안한 이후가 좋다. 무엇보다 VC에 절대로 먼저 제안해서는 안 되는 것이 있는데, 바로 가격이다. 투자받는 쪽에서 먼저 회사 가치를 제안하는 것은 투자에서 받을 수 있는 예상 가격을 스스로 제한하는 우를 범하는 셈이다. 오히려 VC가 제안하는 가격에 반응하면 협상에서 우월한 위치를 고수할 수 있다. 투자를 받는 입장에서 다양한 옵션이 존재한다면 더욱 그렇다. 그러나 일단 텀시트를 받았다면 진행되는 협상 속도를 조절하도록 노력해야 한다.

어떠한 유형의 협상에서도 상대방의 자존감을 치켜세워주는 것은 도움이 된다. 기술 관료적 유형을 상대하는 경우 이들의 기분을 좋게 하기 위해서, 그리고 당신이 진지하게 대화에 참여하고 있다는 느낌을 주기 위해서라도 디테일을 짚어가며 이야기하는 것을 잊지 말아야 한다.

협상 안건의 순서를 전략적으로 정하는 것도 강력히 추천한다. 순서는 텀시트에 나열된 대로 진행할 수도 있고, 당신 마음대로 무작위로 진행할 수도 있다. 숙련된 협상가라면 순서대로 진행하는 방식을 선호할 것이다. 중요한 사항이 무엇인지 드러내고 싶지 않기 때문이다. 종종 노련한 협상가들은 안건별로 합의를 도출한다. 상대편이 전체 협상 과정을 종합적으로 바라보지 못하게 하고, 원하는 방식으로 진행되는지 파악하기 어렵게 만든다. 이러한 전략은 충분한 경험이 있는 협상가가 사용할 때 제대로 먹히며, 만약 상대방이 더 경험이 많거나 회의를 장악한다면 역효과가 날 수 있다. 안건들을 분리해서 하나씩 주도하며 진행하려다 계속되는 역공에 만신창이가 될 수 있다.

당신이 노련한 협상가가 아니라면 중요한 안건 가운데 상대방으로부터 빨리 동의를 구할 수 있는 안건들부터 협상을 시작하기를 권고한다. 양측 모두 거래의 성공을 위해 전진하고 있다고 느끼기에 우호적으로 협상을 진행할 수 있다. 예를 들어, 유동화 우선권이나 스톡옵션 관련 안건을 우선 논의해볼 수 있다. 그런 다음 세부 사항을 논의하고, 마지막으로 가치 평가를 논의하는 것이다. 이 방식을 통해서 다른 조건들에 합의를 도출한 이후, 가치 평가에 대해서는 별도로 논의를 진행할 수 있다. 어떤 조건들이 다른 조건들보다 합의를 보는 데 오랜 시간이 걸리는 것은 극히 정상적인 상황이다.

모든 전술과 이론의 기본적인 가정은 우리는 합리적인 행위자, 즉 자신의 입장에서 최선의 이익을 위해 행동하는 상대방과 협상하고 있다는 것이다. 유아나 인질범 같은 비합리적인 행위자는 외부 변수에 대해서 누구나 예상하는 반응을 보이지 않는다. 이와 같은 상대방을 만난다면 우선 공감하도록 노력해보자. 마치 세 살배기 아이를 어르고 달래서 잠자리에 들게 하듯이 말이다.

하지 말아야 할 것들

투자 협상을 할 때 절대 하지 말아야 할 것들이 있다. VC에 먼저 텀시트를 제시하지 마라. 스타트업의 경험 부족을 드러내는 것일 뿐만 아니라 VC가 무엇을 제안할지 모르는 상황에서 손에 쥔 카드를 공개하는 것은 아무런 도움이 되지 않는다. 그 결과, VC가 먼저 제시했을 때 받았을 제안보다 불리한 조건으로 협상을 시작하거나, 혹은 자신을 초보자로 보이게 만드는 어리석은 조건을 제시할 수도 있다. 잠재적인 투자자가 당신에게 먼저 조건을 제안하라고 한다면 주의할 필요가 있다. 상대방이 전문적인 VC가 아니거나, 혹은 당신을 이용하거나, 그저 직업적으로 게으른 사람이기 때문이다.

창업가를 위한 팁

때로는 먼저 제안하지 않는 것이 좋을 수도 있다. 이미 구체적인 제안이 있는 경우가 아니라면 굳이 먼저 제안할 이유가 없다. 목표치를 너무 낮게 잡는 우를 범할 수 있기 때문이다.

다음으로, 언제 말해야 하고 언제 들어야 하는지를 알아보자. 다른 것은 기억하지 못하더라도 이것만은 기억하기 바란다. "입만 열지 않으면 최소한 협상을 망치지는 않는다." 경청하는 것만 잘해도 상대방에 대한 많은 정보를 얻을 수 있으며, 당신이 상대방보다 어떤 이점을 가지고 있는지(당신이 듣기만 하는 와중에 상대편이 먼저 한 시간 후에 어린이 야구팀을 지도하러 자리에서 떠나야 한다고 말할 수 있다. 시간적으로 압박이 따른다는 사실을 알 수 있다), 그리고 어떤 협상 스타일을 상대편이 편안하게 여기는지 알 수 있다. 밀러의 법칙[10]에 따르면, 인간은 한 번에 최대 7개의 정보를 마음에 담아둘 수 있다(사람에 따라 2개를 더하거나 뺄 수 있다). 상대편에게 압도된다고 느낄 때는 그냥 잠자코 듣고 진정하길 바란다. 이 순간에 가장 피해야 할 일은 말하는 것이다.

창업가를 위한 팁

사람에게 귀가 2개 있고 입이 하나인 데는 이유가 있다. 협상의 초기 단계에서는 말하기보다 듣는 데 많은 시간을 할애하라.

만약 상대방이 협상을 주도하고 있다면 계약서에 적힌 대로 조건을 언급하지 말길 바란다. 이는 자금 조달뿐만 아니라 모든 협상에 적용되는 사항이다. 만약 상대방이 각 조건을 하나씩 해결한 뒤 그다음 조건으로 넘어가는 식으로 협상을 진행한다면 협상의 큰 그림을 놓치게 된다. 각각의 조건을 해결하고 넘어가는 것이 합리적인 접근법처럼 느껴지겠지만 전체 거래를 다시

---

10   밀러의 법칙(Miller's Law)은 인지심리학자 조지 밀러(George A. Miller)가 1956년 논문에서 처음 주장한 이론으로, 사람의 단기 기억이 동시에 처리할 수 있는 정보의 총량은 7±2개의 단위 정보라는 것이다. 이 이론은 심리학, 교육학, 마케팅, 디자인 등 다양한 분야에서 활용된다. 많은 나라에서 전화번호가 7~8자리(지역 코드를 제외하고)인 이유다. 광고를 하거나 프레젠테이션을 진행할 때도 가급적 정보를 그룹핑해서 한 번에 적절한 개수의 정보 단위를 전달해야 효과적인 의사전달이 가능하다.

돌아보면 불만족스러울 수 있다. 상대방이 이 방식을 강요한다면 중요한 포인트는 양보하지 마시라. 우선 상대방의 이야기를 듣고 나서 상대방의 조건을 찬찬히 들여다본 후 당신의 입장을 고려하겠다고 알려주기 바란다. 대다수의 전문 변호사들은 이렇게 각 포인트를 하나씩 다루며 부드럽게 상대를 압박하는 훈련을 받아왔다.

많은 사람이 협상할 때 반복해서 같은 주장을 하는 경향이 있다. 협상을 업으로 삼는 사람들, 특히 VC와 변호사들은 "시장에서는 통상 이렇게 한다"라고 주장함으로써 상대방을 설득한다. 시장 관행 운운하는 이야기를 들으면 흥미롭게 느껴진다. 협상 상대가 약한 협상가임을 알 수 있기 때문이다. "그게 시장의 관행이다"라고 말하는 것은 부모가 "왜냐하면 내가 그렇게 이야기하니까"라고 아이들을 다그치는 것과 다르지 않다. 당신이 "다들 그렇게 하잖아요?"라고 응답하는 것과도 다를 바 없다. 이러한 기초적인 협상 방식은 대학에 들어갈 즈음에는 버려야 한다.

시장 관행이 협상 상대방의 주장을 정당화하는 유일한 근거가 될 수는 없다. 대신, 시장 관행이라는 조건이 자신에게 적용되어야 하는 이유를 질문해보라. 많은 경우, 상대방은 마땅한 답을 못 찾을 것이며, 그들이 논리적으로 대응하지 않는다면 당신이 유리한 위치에 서게 될 것이다.

시장에서 통용되는 조건을 잘 이해하고, 당신의 상황에 적합한지 판단해야 한다. 비슷한 입장에 있는 다른 경영자들과 대화하는 기회를 가짐으로써 상황을 빠르게 파악할 수도 있다. VC 투자자들은 이러한 투자를 업으로 삼은 사람들이다. 시장 현황을 제대로 알아야 누군가 시장을 이야기할 때 감정이 아닌 사실로 대응할 수 있다.

마지막으로, 상대방이 당신과 똑같은 윤리적 기준을 가지고 있다고 예단하지 말기 바란다. 단순히 VC나 변호사에 국한된 이야기가 아니다. 삶에 대한 조언이며 모든 협상에 적용되는 교훈이다. 사람은 서로 다른 윤리적 기준을 가지고 있고, 개인의 윤리적 기준은 상황에 따라 변한다. 당신이 주요 고객과의 거래 상태에 대해서 투자를 고려하는 VC에게 거짓말을 했고, 협상 진행 중에 발각되었다면 거래는 날아가버릴 가능성이 높다. 혹은 거래는 체결되더라도 회사에서 쫓겨날 수도 있고, 회사의 다른 동료들이 알게 될 가능성도 있다. 그 결과, 자금 조달 과정에서 양 당사자(VC와 창업가)는 윤리적으로 행동할 강력한 동기를 가지게 된다. 소송 건에서 양측 변호사들이 상대방의 거짓말 혹은 반쪽짜리 진실을 어느 정도 용인하는 상황과는 매우 대조적이다. 협상의 맥락과 상관없이 상대방의 윤리적 기준의 수준을 꼭 파악하기 바란다.

좋은 변호사, 나쁜 변호사, 이상한 변호사

훌륭한 변호사와 일하기 바란다. 협상 테이블에서 창업가는 가장 경험이 적은 사람일 것이다. VC는 협상을 일로 삼은 사람들이다. 당신 옆에 훌륭한 변호사가 있다면 균형을 맞추는 데 도움이 될 것이다. 변호사를 선택할 때 확인해야 할 점은 변호사들이 거래의 역학관계를 잘 이해하고 있는지, 그리고 당신이 그들과 일하는 것이 즐겁고 편안한지이다. 당신의 법률 대리인은 자신을 나타내며, 경험이 부족하거나 일을 못하거나 일관성 없는 행동을 하는 변호사를 선택하면 당신의 평판에 부정적 영향을 미치고, 협상의 신뢰도를 떨어뜨릴 것이다.

좋은 변호사를 선택하되 '좋음'이 무엇을 의미하는지 반드시 알아야 한다. 평소 신뢰하는 경영자에게 변호사를 추천해달라고 요청해보라. 지역 창업가 커뮤니티에서 평판이 좋은 변호사들을 찾아보라. 자문수수료 수준, 고객 응대 능력, 지적 수준뿐만 아니라 업무 스타일과 과거 협상 방식 등 제한을 두지 말고 탐문해보기 바란다. 자금 조달 전과 후에 VC 투자자에게 변호사에 대한 인식이 바뀌었는지 물어보는 것도 괜찮은 생각이다.

창업가를 위한 팁

훌륭한 변호사가 반드시 VC가 잘 알고 있거나 혹은 그들이 추천하는 고액 연봉의 로펌 출신 변호사를 의미하지는 않는다. 일류 법무법인에 의뢰하면 비싼 수임료만 내고 선배들의 관리도 제대로 받지 못하는 이류의 신참 변호사를 만날 수도 있다. 차라리 보수가 저렴하더라도 소규모 로펌과 함께 일하면 담당 파트너 변호사의 직접적인 관심과 참여를 끌어낼 수도 있다. 명심할 점은 반드시 해당 법무법인을 철저히 조사하고, 담당 변호사들이 벤처 금융 경험이 많은지를 확인해야 한다. 필요하다면 변호사와 협상해본 VC의 추천을 받는 것도 좋다.

불리한 협상 되돌리기

협상 테이블에서 제대로 대처하지 못해 협상을 망쳤다고 가정해보자. 투자자로부터 받은 텀시트는 하나만 있고, 그나마 텀시트를 준 VC 투자회사마저 불량배 유형 내지 기술 관료 유형이고, 썩 내키지 않는 투자 조건을 둘러싸고 옥신각신하고 있다고 하자. 그렇다고 낙담하며 시간을 보내야 할까? 그렇지 않다. 많은 창업가가 생각하지 못하는 사후 해결책이 여럿 있다.

우선, 회사의 인수나 기업공개 같은 투자 회수가 진행되기 전까지는 텀시트에 있는 투자 조건이 문제가 되지 않는다. 새로운 투자자가 주도하는 또 다른 라운드의 투자를 유치하고자 한다면 첫 투자에서 잘못 협상한 사항을 정리해주는 잠재적인 동맹을 만들 수 있다. 새로운 VC는 회사가 만족할 수 있는 조건을 제시하려는 충분한 동기를 가지고 있다(물론 회사의 성과가 어느 정도 나타날 수 있다는 전제하에 그렇다). 회사 입장에서 새로운 잠재 투자자와 골치 아픈 문제를 이야기하면 이들은 불합리한 조건들을 개선해서 신규 라운드에서는 균형을 맞추려고 노력할 것이다. 새로 투자에 참여하는 후발 VC는 기존 투자자보다 창업가와 회사가 만족할 수 있는 조건을 제시하고자 주의를 기울인다.

만약 새로운 VC가 다음 라운드에 참여하여 거래 조건을 개선할 기회가 찾아오지 않더라도, 어느 정도 시간이 지난 후 기존 VC와 앉아서 이야기를 나눌 수는 있을 것이다(다시 한번 말하지만, 회사의 사업 성과가 어느 정도 나고 있다는 전제하에). 매우 건설적인 대화를 통해서 창업가에 유리한 방향으로 거래 조건을 조정했던 경험이 우리에게도 제법 있다.

마지막으로, 투자 회수가 진행되는 시점(기업공개나 인수·합병)까지 기다렸다가 문제를 해결하는 방법도 있다. 대부분의 인수·합병 협상에서는 기존 경영진의 유지 여부가 논의의 중대한 핵심 사항이며, 종종 투자자들이 받은 투자 수익 일부를 경영진에게 재분배하는 경우도 있다. VC의 스타일에 따라 상황은 다양한 방식으로 전개되기도 한다. 만약 그들이 협상 후의 상황이나 관계에 대해서는 신경 쓰지 않고 일회성 게임을 하려고 든다면 협상이 유연하지는 않을 것이다. 하지만 그들이 향후 다시 회사에 투자하기를 원한다면 상황을 대승적 관점에서 바라보고, 경영진과 직원들에게 수익을 재분배하는 등 기꺼이 거래 조건을 수정할 것이다. 특히 인수자의 입장을 배려해서 경영진과 직원을 유지하도록 한다면 더욱 그렇다.

이러한 역학관계에는 작용과 반작용이 내재하고 있다는 점을 알아야 한다. 많은 인수자들은 창업가에게 유리하게 투자 수익 조건을 재조정하려는 접근 방식을 취한다. 하지만 회사의 경영자로서 기존 투자자들과 이미 계약 관계가 있음을 명심하고, 경영자로서 책임이 있음을 잊어서는 안 된다. 매각 협상을 일회성 게임으로 여기고 새로운 인수자 편에 서서 기존 투자자들을 대한다면 진행 중인 인수 거래뿐만 아니라 기존 투자자와의 관계도 망칠 위험이 있다. 투자 회수로 인한 여러 인센티브와 복잡한 관계 역학에 대해 기존 투자자들과 신중하고 공정하며 투명하게 논의하는 것이 좋다.

인수 과정에서 기존 투자자인 VC와 투명하고 협력적인 태도로 대화하는 것은 다소 위험할 수도 있지만 효과적일 수 있다. 협상 초기에 기존 투자자들에게 창업가와 회사가 생각하는 우선순위를 명확하게 전달한다면 우호적인 분위기에서 협업할 수 있다. 특히 인수자 측이 회사와 기존 투자자들 사이를 이간질할 때 도움이 된다. 투자자들과 우호적인 관계에서 인수자와 협상에 나선다면 선택의 폭은 훨씬 넓어질 것이다. 다양한 대안을 가지고 협상에 임하는 것이 가용할 수 있는 선택지가 제한된 상황보다 나은 것은 자명하다.

창업가와 VC, 양측이 열린 자세로 일하면 훨씬 나은 결과가 도출된다. 협상 자체가 이미 어려운 일인데, 이해관계가 부딪히는 여러 당사자(인수자, 창업가, VC 투자회사)가 있는 협상은 말할 필요가 없다. 항상 창업가와 VC가 주어진 상황에 맞춰 주주의 관점에서 옳은 일을 하는 데 집중하고, 모든 사안을 건설적으로 해결해나가라. 어느 한쪽이 이전의 결과에 불만이 있다면 더욱.

14장

자금 조달의 올바른 방법

대부분의 사람들은 VC들로부터 투자받기 위해서 무엇을 해야 할지 고민한다. 하지만 무엇을 하지 말아야 하는지도 알아두어야 한다. 아래 나열된 사항들 중 한 가지라도 해당하면 협상 상대방에게 초보자로 비치고(초보자였을 때야 괜찮겠지만 한참이 지나서도 그렇다면 문제다) 최악의 경우 투자 기회를 완전히 날릴수 있다. 투자받는 비법을 모두 터득할 수는 없겠지만, VC로부터 자금을 조달할 때 피해야 할 사항을 논의하고자 한다.

기계가 되지 말자

세계 최고의 기술을 개발했더라도 자금 조달은 사람에 관한 문제이다. VC가 당신을 개인적으로 좋아하지 않는다면 빛나는 아이디어에도 불구하고 투자를 받지 못할 것이다.

우리는 창업가들을 만날 때 연애할 때 첫 만남에서 강렬히 끌리듯이 그들의 회사와 사랑에 빠지고 싶다고 이야기한다. 시간이 순식간에 흘러 다음 라운드 투자로 넘어가야 할 때 아쉬움이 남고, 그들에 대한 생각이 머릿속을 떠나지 않길 원한다.

혹자는 이를 '맥주 테스트'라고도 부른다. 우리가 당신과 맥주 한 잔조차 나누고 싶지 않다면 앞으로 딜을 진행하면서 얼마나 불편할지 생각해보라. 콜로라도 볼더 출신인 우리는 다양성을 사랑하고 사람들과의 교류를 즐기기에 카페에서 차이 라테나 비타민 워터라도 같이하길 바란다. 어떤 사람들은 맥주를 마시는 것이 불편할 수도 있고, 어떤 사람들은 라테를 마시고 싶지 않을 수도 있다. 중요한 것은 상대를 잘 알고 싶다는 것이다.

우리가 당신의 회사에 투자한다면 오랜 기간 사업 동반자가 되고 싶은 것이다.

따라서 당신은 기계가 되면 안 된다. 인간적으로 상대방을 대하라. 자신의 솔직한 모습을 드러내고, 상대가 당신을 잘 알게 하고, 당신으로부터 긍정적인 자극을 받도록 하라. VC와 창업가 사이의 인간관계 평균 지속 기간이 미국의 평균 혼인 관계 기간보다 길다는 점을 고려하면 오랜 인연이 될 수도 있다. 아이디어와 파워포인트 슬라이드뿐만 아니라 인간적인 요소도 중요하다.

비밀유지계약서를 요청하지 말라

비밀유지계약서를 요구하지 말라. 대부분의 VC는 숱하게 사업계획을 받았을 것이다. 만약 그들이 어떤 회사와 비밀유지계약서에 서명한다면 당신과 경쟁 관계에 있는 회사에 투자할 경우 비밀유지계약서 사항을 어기게 된다. 또한 비밀유지계약서는 VC가 다른 VC들에게 당신 회사에 투자 논의를 하는 것조차 못하게 할 수 있다. 훌륭한 공동 투자자와 함께 일할 기회를 날린 것이다.

비밀유지계약서 서명 없이 당신의 아이디어를 제공하는 것에 겁먹지 말기 바란다. 벤처 투자 업계는 매우 좁아서 VC가 말실수로 스타트업의 지식재산을 외부로 유출한다면 그 VC는 오래 가지 못할 것이다. 그러니 VC가 아이디어를 훔쳐 새로운 회사를 차리지 않을까 걱정할 필요 없다. VC 입장에서는 스스로 명성을 해치고, 얻는 것은 전혀 없고 위험만 크기 때문이다. 물론 가끔 악당을 만날 수는 있겠지만 할 일을 제대로 하면 모든 것이 순조로울 것이다.

VC에게 스팸성 이메일을 보내지 마라

VC 투자자에게 이메일을 보내는 것은 좋지 않다. 스팸 이메일과 다를 바가 없기 때문이다. 회사에 고용된 외부 자문사가 대량 메일을 보내는 것도 좋지 않다. VC는 최소한 개인적인 투자 제안과 스팸 이메일을 구별한다. 스팸 이메일을 반기는 VC는 없다.

창업가가 스팸성 이메일을 보내는 것은 게으르다는 것을 보여주는 것 뿐이다. 좋은 투자 파트너가 될 수 있는 사람들을 진지하게 생각하지 않는 것이기에 다른 비즈니스를 어떻게 운영할지 불을 보듯이 뻔하다. 우리에게 연락하고 싶다면 이메일을 보내되 상황과 관계에 맞게 작성해야 한다. 신중하고 구체적이며 전략적으로 접근해야 한다. 첫인상을 만들 기회는 한 번뿐이다. 당신의 아이디어와 경력도 중요하지만 투자자들은 그 밖의 많은 것들로 당신을 판단할 것이다.

'노'는 어쨌든 '노'

대부분의 VC는 끈기를 높이 평가한다. 하지만 그들이 관심 없다고 말하면 진짜로 관심이 없는 것이다. 다시 시도해도 괜찮다는 뜻이 결코 아니다. VC가 투자 제안을 받았을 때 "노"라고 말하는 이유에는 여러 가지가 있다. 우선 개인적으로 흥미롭지 않거나, 현재의 투자 주제와 맞지 않는다는 뜻일 수도 있다. 아이디어가 바람직하지 않다고 생각할 수도 있고, 그냥 너무 바빠서일 수도 있다. "노"를 감정적으로 받아들이지 말자. VC가 거절한 기업 중에서 큰 성공을 거둔 기업도 많다. VC가 항상 옳은 것은 아니지만, 그들이 "노"라고 말할 때는 존중해야 한다.

"노"라는 답을 받았다면 추천을 요청하지 마라

VC들은 새로운 투자 제안을 담은 이메일에 시달린다. 우리는 투자 제안 이메일을 받으면 검토 후 하루나 이틀 안에 답장하려고 노력한다. 대부분의 제안을 거절하지만, 제안 자체를 기쁘게 생각한다. 이 책을 읽는 당신도 언제든 이메일을 보내주기 바란다. 이 책을 읽었음을 언급해주면 더욱 좋겠다. 이메일 주소는 회사 웹사이트에 있다.

우리는 거절할 때는 최대한 신속하고 명확하게 전달한다. 이유를 설명하지만, 그 이유에 대해 논쟁하거나 토론하고 싶지는 않다. 우리가 거절한 거래 중 많은 건이 다른 투자자들로부터 자금 유치를 받을 것이고, 일부 회사는 엄청난 성공을 이루어낼 것이다. 우리는 그것에 개의치 않는다. 우리가 투자를 거절하더라도 여전히 그들을 응원하고 있다는 사실을 잊지 마시라.

투자 제안을 거절당했다면 그들에게 추천을 요청하지는 마라. 당신도 속내는 그 투자자가 당신을 제3자에게 추천해주기를 원하지 않을 것이다. 제3자에게 당신을 추천한다는 것은 당신을 묵시적으로 지지하는 것이다. 문제는 추천하는 당사자가 당신의 회사에 투자하는 것에 관심이 없다고 말했다는 데 있다. 두 가지는 서로 충돌한다. 추천을 받은 VC는 추천하는 VC에게 당신 회사에 투자하는 것에 관심이 있는지 물어볼 것이다. 그렇게 되면 우리는 한쪽에서는 당신을 묵시적으로 지지하면서, 다른 한쪽에서는 거절하는 이상한 처지에 놓이게 된다. 추천자에게는 불편하고, 추천 대상자에게도 쓸모가 없는 일이다. 추천받은 사람은 당신의 제안을 진지하게 받아들일 가능성이 매우 낮기 때문이다. 우리가 처음부터 끼어들지 않는 게 당신에게 더 나은 기회를 만들어줄 것이다!

창업가를 위한 팁

당신이 잘 알고 있는 VC가 투자 요청을 거절했다면 당연히 이유를 물어볼 수 있다. 그들의 거절 사유가 회사의 문제(예를 들어 투자하기에 회사가 너무 작다거나 혹은 VC가 이미 경쟁사에 투자했다거나)가 아니라면 다른 VC를 추천해줄 수 있는지 요청해볼 수 있다. 만약 그들이 추천을 원치 않는다면 결정을 존중하고 추천을 강요하지 않는 것이 좋다.

시간을 무수히 되돌려 반복할 수 있는 평행 우주에 당신이 있다고 하자. 어떤 IR 행사장이나 세미나에서 어떤 투자자를 만나서 투자를 제안하고, 그가 거절하면 다시 시간을 되돌려 다른 질문과 제안을 할 수 있다고 하자. 하지만 이런 무한 반복 전략이 먹히지 않는 경우가 있다. 투자란 그런 것이다.

자금 조달에 독불장군은 없다

일부 예외적인 경우를 제외하고, 대부분의 창업가는 팀을 이루어 투자 자금을 유치한다. 팀은 적게는 두 명 정도이겠지만, 창업가가 혼자 자금을 모으려고 나서는 것은 위험 신호다.

첫째, 모든 것을 혼자서 할 수 있는 사람은 없다. 우리는 비전, 사업 계획 실행, 제품 설계도 작성, 마케팅 및 판매, 공정 관리, 그리고 회사 설립에 필요한 모든 임무를 능수능란하게 잘하는 사람을 본 적이 없다. 스타트업을 성공시키기 위해서는 수많은 중요한 과제를 거쳐야 한다. 창업가를 도와서 사업을 지원해줄 파트너가 있다면 훨씬 좋다.

둘째, 당신의 사업에 흥미를 느끼는 사업 파트너가 없다는 것은 좋은 신호가 아니다. VC 입장에서는 당신 주변에 같은 열정과 신념을 가진 동업자가 없다면 적색 신호로 읽힐 수 있다.

마지막으로, 팀이 없는 스타트업이라면 VC가 무엇을 보고 투자해야 할까? 종종 아이디어 자체보다 실행하는 팀이 중요한 경우도 많다. B급 아이디어라도 A급 팀과 함께라면 큰 돈을 벌수 있지만, A급 아이디어라도 수준 낮은 팀을 만나면 쓰레기통으로 들어간다.

예외가 있다면 창업을 여러 번 해본 사람들이다. 이전에 어떤 창업가와 좋은 경험을 했고, 그들이 투자 이후에 탄탄한 조직을 꾸릴 수 있다는 확신이 서면 창업가는 단독으로도 투자 자금을 받을 가능성이 있다.

특허를 과대 평가하지 말라

소프트웨어 회사라면 특허에 의존하지 말아야 한다. 특허 전략에 회사의 명운을 거는 스타트업을 많이 보아왔다. 바이오테크, 하드웨어 또는 의료 기기를 다루는 경우 이 조언은 매우 적절하다. 소프트웨어 사업자에게 특허는 외부로부터 회사를 방어하는 무기로 사용할 수 있지만, 성공적인 소프트웨어 사업을 이루기 위해서는 훌륭한 아이디어를 창출하고 실행하는 것이 중요하다.

우리의 투자 철학은 소프트웨어 특허가 존재하지 않는다 여기고 투자하는 것이다(블로그 jasonmendelson.com 및 feld. com에 특허권의 비효용성에 대한 글을 남겼). 소프트웨어 회사가 특허 자산에 크게 치중한다고 강조하면 우리를 설득시키기 어려울 것이다. 투자 받는 쪽에서 투자자인 우리에 대해 기본 조사도 하지 않았음을 의미하기 때문이다. 특허권의 진정한 의미가 무엇인지 모르는 것이기도 하다. 유능한 경영진이 가지는 가치, 다시 말해 훌륭한 이상을 추구하는 훌륭한 소프트웨어 엔지니어들의 숨은 잠재력을 알아보지 못하는 것이다.

부도덕한 행위에는 침묵하지 말라

지난 1년 동안, 우리는 여성 창업가들에 대한 VC의 성희롱 사례를 마주하고 충격을 받았다. 우리는 창업가들과 VC 양측을 모두 알고 있었지만 창업가의 이야기를 경청했다. 단언컨대, 우리는 성희롱이나 그 밖의 어떠한 형태의 부도덕한 행위도 용납

하지 않는다. 만약 부도덕한 행동을 목격하거나 피해자가 된다면 목소리를 내야 한다. 우리는 나쁜 행동을 근절하기 위해 서로 도와야 한다.

15장

기업의 발전 단계별
다양한 이슈

모든 투자가 동등한 구조와 조건으로 이루어지는 건 아니다. 회사의 발전 단계마다 여러 요소들이 변수로 작용하기에 동일한 회사더라도 발전 단계마다 금융 여건은 달라질 수밖에 없다.

이 책은 주로 초기 단계 회사의 자금 조달을 다루고 있지만 모든 단계의 기업에 적용할 만한 사례도 많을 것이다.

시드 단계 투자

시드 단계에서의 투자는 법률 비용이 가장 적게 들고, 논쟁할 만한 이슈도 많지 않지만 투자받는 입장에서 시행착오가 가장 많이 발생할 수 있다. 미래의 자금 조달 계획을 짜는 데는 자금 조달 사례가 많은 영향을 끼친다. 만일 과거에 투자자와 맺은 계약에서 특정 조건으로 인해 회사에 악영향이 있다면 회사의 운명은 상당한 제약을 받을 수밖에 없다. 투자받을 당시에는 회사에게 더할 나위 없이 좋은 거래였지만, 아이러니하게도 시간이 흘러 부정적인 결과를 초래한 거래도 많다.

좋은 조건을 얻었는데 무엇이 잘못일까? 만약 다음 라운드의 자금 조달시까지 회사의 실적이 뒷받침되지 못한다면 초기에 투자한 기존 투자자와 곤란한 상황이 발생할 수 있다. 현재 사업 상태에 비해 훨씬 좋은 평가를 받는 데 성공했다고 가정해보자. 다음 라운드의 자금 조달에서 더 높은 가치 평가를 받지 못한다면 기존 주주들, 즉 시드 투자 단계에서 위험을 감수하고 자금을 투자한 투자자들의 지분이 희석되는 불상사가 따른다.

결국 그들에게 손실을 보상해주거나, 기존 투자자들이 주주총회를 통해 신규 주식 발행을 저지할 것이다. 특히 회사의 전망을 황금빛으로 바라보고 시드 라운드에 투자했던 주주들이 다음 라운드의 주식 가격이 무조건 더 높을 것이라고 예상했던 경우에는 더욱 그렇다.

초기 자금 조달 라운드에 참여하는 투자자의 수와 종류도 장기적으로 영향을 미칠 수 있다. 100만 달러의 시드 자금 조달을 추진하는데, 투자자들로부터 회사에 대한 관심을 성공적으로 이끌어냈다고 가정해보자. 이 경우 투자자들로부터 여러 가지 제안을 받을 것이다. 첫 번째 제안은 어느 VC 투자회사로부터 75만 달러의 투자 제안을 받았고, 나머지 25만 달러를 엔젤리스트AngelList를 통한 투자자 신디케이트를 통해서 제안을 받았다고 하자. 두 번째 제안은 5개의 서로 다른 VC 회사로부터 받은 제안인데, 그중 두 곳은 매우 큰 회사가 해당 라운드의 20퍼센트씩을 투자한 경우이다. 장기적으로 어느 쪽이 더 나을까?

첫째 제안이 더 나은 선택으로 보인다. 이 상황에서는 회사에 헌신하고 열심히 일할 리드 투자자를 확보할 수 있다. 인맥이 좋고, 명성 높은 엔젤 투자자를 포함한 추가적인 투자자들도 확보할 수 있다. 둘째 시나리오는 파티 라운드라고 불리는 투자 구조로, 명확한 리드 투자자가 없다. 대신, 각 VC는 다음 자금 조달시 투자에 참여할 수 있는 옵션을 가지고 있다고 생각할 것이다. 문제는 누구도 피투자 회사에 신경 쓰지 않다가 회사가 100만 달러를 소진했을 즈음 회사의 실적을 받고 다음 라운드 투자를 할지 말지 다른 투자자의 눈치를 보는 것이다. 테니스 복식 경기 중 상대편 코트에서 공이 넘어와 우리 팀 사이에 떨어지는 애매한 상황을 생각하면 된다. 같은 팀끼리 "네 공이야"라고 소리치며 기회를 떠넘기는 상황과 흡사하다.

초기 단계 투자

시드 투자와 마찬가지로 초기 단계의 투자 거래에서도 선례가 중요하다. 첫 번째 VC 투자 라운드에서 결정한 투자 조건이 향후 거의 모든 자금 조달 라운드로 이어진다. 자금 조달 이후에도 회사 입장에서 끊임없이 골칫거리가 되는 항목은 유동화 우선권이다. 대부분의 초기 단계 투자 라운드가 금액적으로 크지 않다는 점을 감안할 때 참가적 우선주 발행을 허용하는 것이 대단한 사항은 아니지만, 언젠가 더 큰 라운드를 계획하고 있다면 참가적 우선권을 발행하는 것은 보통주 주주에게 돌아가는 이익을 크게 줄일 수 있다.

초기 단계 투자에서 주의해야 할 조건은 보호조항이다. 가급적 보호조항을 통합해서 모든 우선주 주주들이 시리즈에 상관없이 투표하는 것이 좋다. 다음 라운드가 진행되기 전에 분리된 클래스별 주주총회가 진행되어 각각의 시리즈별로 보호조항을 투표로 결정하는 상황이라면 각 클래스별로 주주권이 개별적으로 진행되고, 클래스 간 권리를 견제하는 방식으로 진행될 것이다. 여러 라운드에서 참여한 각기 다른 리드 투자자가 있고, 제각각 동기와 추구하는 바가 다르다면 상당히 어려울 수 있다.

이러한 역학관계는 자금 조달 라운드 횟수에 영향을 받는다. 만약 두세 번 정도의 라운드만 진행한다면 각 라운드 간의 이해관계를 일치시키는 것은 그다지 어렵지 않다. 하지만 세 번 이상의 자금 조달 라운드를 진행한다면 많은 조건을 우선주 주주 클래스에 일치시키는 것이 수월하고 효과적이다. 우선주 주주들의 이익에 영향을 미치는 모든 행위에 대해서 매번 클래스별로 협상하고 합의하는 번잡한 과정을 겪지 않아도 되기 때문이다. 그러나 많은 창업가가 자금 조달과 관련해서 라운드 수를 많이 해도 괜찮다는 인식을 가지고 있는 게 현실이다.

중기 및 후기 단계 투자

투자의 후기 라운드에서는 이사회의 구성과 의결권 통제가 중요한 문제로 부각된다. 초기 단계 거래에서 의결권 통제 문제는 라운드 별로 리드 투자자가 이사회 의석을 원하는 경우 이사회 구성을 둘러싸고 심각해진다. 이사회의 규모를 7명, 9명, 또는 그 이상으로 늘리는 경우도 있고(일반적으로 잘 작동하는 이사회의 힘을 빼는 효과가 있음), 현실적인 경우는 이사회가 외부 투자자들의 지배를 받는 것이다. 투자자들이 잘 협조한다면 문제가 없겠지만, 이사회 회의가 진행될 때마다 다과를 준비하고 의전하느라 힘든 건 어쩔 수 없다.

이 책이라고 좋은 해결책을 제시하는 것은 아니다. 엄청 유명해진 회사가 되어 대단한 협상력을 갖고 있지 않는 한 라운드별 리드 투자자에게 이사회 의석을 줄 가능성이 크다. 후속 라운드를 통해 자금을 조달하는 경우, 이사회 구성을 조기에 잘 관리하지 않으면 이사회 규모는 계속 비대해지고, 이사회에 대한 통제권을 상실할 것이다.

후기 라운드에서는 기업가치평가도 혼란을 가중시키는 요소가 된다. 창업가들은 본능적으로 각 자금 조달 단계에서 회사의 가치를 최대한 높게 평가받고자 하는데, 여기에는 트레이드오프가 숨어 있다. 낮은 기업 가치를 받고 단순한 구조로 거래하는 경우 오히려 장기적으로 많은 통제권과 수익 조건이 들어간 복잡한 구조의 거래보다 회사에 유리한 경우도 많다. 처음에 좋은 딜이라고 생각했던 거래가 악몽으로 끝나는 경우도 많다.

시드 투자에서도 많이 발생하는 현상이지만, 이전 라운드의 높은 가치 평가가 VC들로 하여금 더 높은 가격을 기다리다가 적기에 수익 실현을 하지 못하게 만드는 경우가 있다. 그 결과 VC가 높은 가격을 지불하고 투자한 경우 매입 단가 이하로는 회사를 팔 수 없기 때문에 창업가로서는 모두가 만족할 수 있는 밸류에이션으로 회사를 매각하는 능력을 상실하게 된다. 우리가 경험한 어떤 거래에서는 특정 가치 이하에서 회사의 매각을 금지시키거나, VC의 투자 수익률을 보장하는 조항이 있었다. 이러한 거래는 후기 투자자들의 수익을 초기 투자자, 창업가 및 직원들의 이익을 희생하며 보장해주는 셈이 된다. 지난 몇 년간 유니콘에 대한 사회 전반의 광풍이 이러한 기대 심리를 부추겼으며, 일부 노련한 투자자들이 더 많은 조건을 요구함으로써 초기 투자자와 후기 투자자 간의 이해관계가 불일치되는 결과를 초래했다.

초기 단계 VC의 심사역으로부터 텀시트를 받았다면 이들은 자신이 속한 회사로부터 투자 승인을 받아낼 것이다. 하지만 후기 단계 투자자들에게는 그렇지 않다. 모든 거래 협상이 끝난 후 후속 승인 절차를 거쳐야 한다. 최종 승인이 이루어지지 않아 마지막 관문에서 거래가 죽어버리는 상황을 여러 번 목격했다.

텀시트에 서명했다면 다른 투자자들과의 논의를 중단하기 마련이다. 텀시트에 '노숍 조항'이 포함되어 있기 때문이다. 그리고 우선 협상 대상 투자자의 실사가 시작된다. 그들은 자신들의 투자위원회(IC)의 승인을 받을 것이라고 고지하지만, 특정한 이유로 최종 부결이 나는 경우가 있다. 이 시점에서 회사는 난관에 부딪힌다. 텀시트를 제시할 다른 투자자가 곁에 없기 때문이다.

간혹 투자자에 따라 주식 인수 가격이나 다른 조건을 재협상하기도 한다. 우리는 이런 행위에 매우 비판적인 입장이다. 우리가 파운드리 셀렉트Foundry Select 펀드를 만든 이유다.

중기 및 후기 단계 거래에서 고려해야 할 또 하나의 요소는 자금 조달 패러다임이 시드 및 초기 단계 투자의 '희망'이라는 개념에서 후기 단계에서는 '결과'로 이동한다는 것이다. 초기에는 탁월한 팀과 훌륭한 아이디어만으로도 자금을 조달할 수 있고 희망이 전략이 될 수 있다. 그러나 후기 단계에서는 스프레드시트에서 보이는 수치와 경영 실적과 성과가 자금 조달의 성공 또는 실패를 좌우한다.

16장

인수의향서
: 또 다른 유형의 텀

스타트업 창업가들이 중요하게 다뤄야 할 인수의향서letter of intent(LOI)는 또 다른 유형의 텀시트라고 불린다. 어느 날, 잠재 인수자로부터 인수의향서를 받으면 창업가는 명성과 부와 행복을 손에 쥐는 꿈에 부풀게 된다. 최소한 근사한 명패를 책상에 둘 수 있겠다는 생각도 들 것이다.

인수의향서를 받는다는 것은 스타트업 입장에서는 대단히 흥분되는 일이다. 인수의향서는 상황과 당사자에 따라 관심의향서indication of interest(IOI)라고도 불리고, 더러는 양해각서 memorandum of understanding(MOU) 또는 텀시트라는 이름으로 불린다. 어쨌건 인수의향서는 노숍 조항이 있는 경우를 제외하고는 대부분 구속력이 없다.

텀시트와 마찬가지로 인수의향서에도 중요한 조항이 있는가 하면 그렇지 않은 조항도 있다. 노련한 투자 전문가들이 나중에 말을 바꾸면서 빠져나갈 수 있는 교묘한 단어들을 곳곳에 배치해놓기도 한다. 후일 양측 변호사들 간에 많은 논쟁을 불러일으키기도 한다. 우리는 몇 시간 만에 인수의향서를 작성해서 서명까지 완료한 경우도 있었고, 몇 달이 걸린 경우도 있었다. 여느 협상과 마찬가지로 인수의향서 협상에서도 양측의 경험, 지식, 이해가 중요하다. 상대방의 협상 스타일을 처음 겪는 순간이기에 상대방과의 딜의 성공이나 협상 과정에 리트머스 역할을 하기도 한다.

인수의향서 협상이 시작되면 독립된 회사로서의 시간은 끝을 향해 가는 것이다. 벤처 자금 조달에서는 시간이 지나면서 모두가 파이를 키워서 윈윈할 수 있지만, 이제는 크기가 정해진 파이를 두고 협상하는 것이다. 따라서 일반적인 벤처 자금 조달 협상보다 분위기가 긴장되고 스트레스도 훨씬 강하다. 좀 더 직설적으로 이야기하면 사는 사람과 파는 사람이 회사를 놓고 벌이는 전형적인 매매 거래라고 생각하면 된다. 당사자가 셋 또는 그 이상이 참여하는 복잡한 거래도 있다.

인수자가 매도자에게 인수의향서를 제시했다면 이미 양자 간에 회의와 토론을 하고, 저녁 식사 자리에서 고급 와인도 같이 했을 것이며, 숱한 통화도 했을 것이다. 그 와중에 격한 논쟁도 오갔을 것이다. 그러나 인수자와 매도자 모두 상대방의 관심을 계속 끌기 위해 정중한 태도로 대화에 임할 것이다. 인수의향서는 첫 번째 협상이 본 궤도에 올라가는 관문이고, 한편으로는 어색한 관계를 진전시키기 위한 아이스브레이킹 역할을 한다.

누군가가 인수의향서에서 자신을 소개한 글을 보자.

ABC 회사(매각 대상 회사) 대표이사님께,
그동안 나눈 대화는 매우 즐거웠으며, 저희는 이번에 귀사와의 인수 거래와 관련하여 인수의향서를 드리게 되어 영광으로 생각합니다. 앞으로 몇 달 동안 진지한 논의를 거쳐 귀사를 인수하기 위한 합의에 도달하기를 진심으로 고대합니다. 제안을 들어주셔서 감사드리며, 아래에 제안 내용을 첨부합니다:

모든 회사가 각자의 스타일을 가지고 있겠지만, 대부분의 인수의향서는 비슷한 문단으로 시작한다. 인수의향서 후반부는 인수의향서의 거의 모든 내용이 구속력이 없다는 조건이 명시되어 있고, 협상의 일환으로 상대방을 존중하는 문구가 들어 있다.

거래 구조

자금 조달 거래와 마찬가지로 회사의 매각 협상에 중요한 것은 가격과 구조이다. 회사를 매각하는 거래에 참여하는 사람들이라면 회사 매각 가치가 얼마인지를 가장 먼저 물어보기 때문에 이것부터 시작하겠다.

벤처 자금 조달 거래에서는 가격 조건이 간단해서 이해하기가 수월하지만, 인수·합병 거래에서는 가격을 산정하는 것이 어려울 수 있다. 초기 논의에서 가격이 논의되지만 실제 가격으로 이어지지는 않는다. 협상이 마무리되고 거래가 성사될 때까지 최종 가격에 영향을 미칠 수 있는 여러 요소가 있다. 인수의향서 첫 페이지에 눈에 쉽게 들어오는 예상 인수 가액이라고 적혀 있는 금액은 최상의 시나리오에서나 가능한 매각 가치라고 보면 된다. 다음은 인수의향서에서 볼 수 있는 예시이다.

거래 거래종료일에 현금 1억 달러를 지급하며, 이 중 1500만 달러는 본 의향서 3항에 설명된 에스크로escrow 조항에 따른다. 회사는 최소 100만 달러의 운전 자본 용도의 금액을 거래종료일에 보유하고 있어야 한다. 4000만 달러의 현금은 실적 연동 지급earn-out 조건에 따라 지급되며, 1000만 달러의 현금은 경영진 및 인재 유지를 위한 재원의 일부로 사용할 예정이다. 인수자는 회사의 보통주를 인수할 수 있는 기발행 스톱 옵션을 인수하지 않으며, 거래 종료일 이전에 행사되지 않은 회사 보통 주 인수 스톡옵션은 거래 종료일에 소멸한다. 또한 거래 종료일 이전에 행사되지 않은 신주인수 워런트 또한 거래 종료일에 소멸한다.

아마도 인수의향서 초안으로 작성되기 전에는 1억 5000만 달러 정도의 인수 금액이 논의되었을 것이다. 눈에 띄는 첫 번째 사항은 1500만 달러의 에스크로 계좌에 대한 언급이다. 에스크로(혹은 홀드백holdback이라고도 불린다) 계좌에 예치된 자금은 인수자가 인수계약서에 세부적으로 명시되지는 않았지만, 주요 쟁점 사항에 문제가 발생할 때 해결하기 위해서 인수 이후 특정 기간 동안 매도자에게 송금하지 않고 임시적으로 보관된다. 일부 인수의향서에서는 에스크로의 각 조항이 세부적으로 기술되는데, 에스크로 계좌로 예치되는 자금의 비율, 예치 기간, 면책 조항 등이 포함된다. 다른 경우에는 "일반적인 에스크로 및 면책 조항이 적용된다"는 포괄적인 기술만 있다. 에스크로 조건에 쓰이는 용어는 나중에 논의하겠지만 두 가지를 먼저 언급하겠다. 첫째, 에스크로와 관련해서는 널리 쓰이는 표준적인 기술이 따로 존재하지 않는다. 둘째, 어떻게 설계되었든 에스크로 조항이 작동하면 실제 매도 가치를 감소시킬 수 있다. 따라서 에스크로 금액과 조건, 그리고 대응하는 면책 조항이 매우 중요하다.

　다음은 100만 달러의 운전 자본이다. 운전 자본은 회사의 유동 자산에서 유동 부채를 뺀 자금을 의미한다. 상대적으로 큰 금액은 아닐 수 있지만, 100만 달러는 큰 금액이다. 많은 신생 기업들은 인수 거래 종료 시점에서는 부채와 이연 매출, 상품 보증 관련 유보금, 재고 유지 비용, 그리고 매각 거래와 관련된 비용과 수수료로 인해 인수 거래 종료 시점에 유동 자본이 마이너스인 경우가 있다. 거래 종결일 또는 양측이 합의한 날짜에 회사가 보유한 운전 자본이 합의한 금액보다 적을 경우, 인수자와 매도자 간의 협의와 조정에 의해 인수 가격이 감소할 수 있다. 합의한 운전 자본 최저 보유치를 회사 측에서 준수하고 있는지 명확하지 않다면 인수자와 매도자 양측이 첨예하게 대립하는 실질적 변수가 되기도 한다. 회사의 장부상 운전 자본이 인수자가 요구한 수준을 상회한다면 매도자 측에 유리한 방향으로 거래 금액이 상향되지만, 운전 자본 변동과 관련한 인수 가액 조정 조항이 매도자나 인수자 양측에게 유리한 방향으로 조정되도록 설계되어 있지 않다면 꼭 그렇지는 않다. 마지막으로, 기업 가치가 수십억 달러에 달하는 인수 기업이 스타트업 기업에게 고작 운전 자본 금액을 유지하라고 요구하는 것이 웃기거나 터무니없게 느껴질 수도 있다. 우리는 운전 자본을 과도하게 남기지 말도록 회사에 조언한다. 어느 수준 이상의 여유 현금은 반드시 회사의 주주에게 돌아가야한다.

언아웃 조항earn-out clause[1]은 언뜻 가격을 높이는 계약 메커니즘으로 보이지만, 상황에 따라 거래 종결일에 인수자가 더 낮은 가격을 지불하고 향후 특정 목표가 충족될 때에만 완전한 가치를 지불할 수 있는 수단이 되기도 한다. 앞선 예에서 인수자는 1억 5000만 달러를 지불하겠다고 제안했지만, 사실은 1

억 달러만을 우선 지불하고 거래 금액 중 4000만 달러는 언아 웃 조항의 적용을 받도록 되어 있다. 언아웃 조항에는 많은 변형이 있는데, 특히 매도자 측이 매각의 대가로 현금이 아니라 인수 회사의 주식으로 받는 경우 통상적인 언아웃과는 다른 형태를 취한다. 이렇듯 다양한 언아웃 형태에 대해서는 별도로 다루겠다.

앞선 예에서, 인수자는 경영진과 인재 유지 재원으로 1000만 달러를 명확히 할당했다. 인수자가 회사의 경영진이 분명하고 직접적으로 금전적인 인센티브를 갖게 만드는 문구로, 1억 5000만 달러라는 인수 가격에 포함되어 있다.

인수 회사 중 일부는 이 금액을 인수 가격에 포함시키는가 하면, 인수 가격과 별도로 추가하는 것을 선호하는 회사로 갈린다. 어느 쪽이든, 거래 대금의 일부로 취급되지만, 이 대가를 받게 될 매도 회사의 경영진들은 거래 종결 이후부터는 인수 회사를 위해 수년간 일할 것이기 때문에 이들을 위해 지급되는 돈이 매도자가 받을 거래 대금에 포함되는 것은 위험성이 있다. 만약 누군가가 퇴사한다면 경영진 유지를 위해 마련한 자금 풀은 은근슬쩍 휘발되고 만다. 인수자가 인수 대금의 일부를 회사의 소유권 및 지분 인수와는 관계 없는 항목으로 떼어놓으려고 구사

---

1 국내 계약서에서 '성과 연계 추가 지급 조항' 또는 영문 그대로 언아웃이라고 불리는데, 이 책에서는 영문명을 사용한다.

하는 전략으로, 이 항목을 통해서 회사의 경영진과 기존 주주/투자자를 분리하려는 목적도 내재되어 있다.

마지막으로, 이 예에서는 인수자가 스톡옵션과 워런트를 인수하지 않는다는 조건이 포함되어 있다. 나중에 설명하겠지만, 운전 자본 조항과 마찬가지로 매도자 측이 기대하는 내용에 따라 총 거래 가격에 영향을 줄 수 있다.

자산 매각 대 주식 매각

대부분의 매도자들은 매도 가격을 가장 먼저 고려하고, 다음으로 거래 구조를 다룬다. 변호사들은 자산 매매 거래와 지분 매매 거래 두 가지 유형의 거래를 제안하는데, 각 유형의 거래를 둘러싼 다양한 구조적 문제가 있다. 자산 매매 거래와 지분 매매 거래의 기본 내용을 알아보자.

　　모든 매도자는 지분 매매 거래를 원하는 반면, 인수자는 자산 매매 거래를 희망한다. 복잡한 이야기이지만, 지분 매매 거래는 현금으로 대금을 지불할 수 있고, 자산 매매 거래는 주식으로 매매 대금을 지급할 수 있다. 거래 유형을 실제 대가로 지불하는 수단과 혼동해서는 안 된다.

매도자 측에서 거래에 참여한 냉소적인 벤처 투자가가 자산 매매 거래에 대해서 "회사를 산다고 말하지만 사실상 회사를 사는 게 아니다"라고 한 적이 있다. 인수자는 자산 매매 거래를 제안하며 회사의 특정 자산만을 구입하고자 한다. 특정 부채는 기존 회사에 남겨두고자 하는데, 이 방식을 통해서 거래하면 지분 인수와 비교해서 우발성 부채나 기존 회사의 숨어 있는 문제로부터 자유로워서 거래 종결 이후 걱정 없이 발 뻗고 잘 수 있다. 변호사 및 회계사들과 논의하면 세금, 회계, 부채와 관련된 내용을 논쟁하겠지만, 우리의 경험상 인수자는 대상 회사의 핵심 자산만 구입하고 기존 회사의 부채는 가급적 제한하려고 하며, 매도자에 비용이 전가되는 간단한 거래 구조를 원한다. 인수 회사는 기존 회사의 채권자로부터 제기될 수 있는 문제와 회사 인수시 발생할 수 있는 우발성 채무를 피하고자 자산 매매 거래는 경제 상황이 불안할 때 더욱 인기가 많다. 1990년대 후반에는 상대적으로 자산 매매 거래의 빈도가 적었다가 2000년 초에는 자산 거래가 훨씬 인기를 끌었다. 그러다가 2018년에는 자산 거래가 희소하게 발생했는데, 대상 회사가 재무적으로 곤경에 처한 경우에만 발생했다.

자산 매매 거래가 매도자 입장에서도 효과적인 거래이지만, 근본적인 문제는 회사가 실제로 팔린 것은 아니라는 것이다! 자산은 회사와 분리되었지만(이제 인수자가 소유하고 있음), 회사의 법적 외형은 여전히 존재하고, 기존 계약 관계와 채무가 회사에 남아 있다. 혹시라도 직원들이 남아 있다면 처우 문제와 아직 납부하지 못한 세금이 존재한다. 회사가 그러한 문제로부터 벗어났다 하더라도 세법상의 이슈 및 자본 구조, 영업 지역의 사법상 규제에 따라 회사를 청산하는 데는 몇 년이 걸릴 수 있다. 이 기간 동안 회사의 임원 및 이사는 여전히 회사에 책임을 지고 있지만, 회사는 이미 인수자에게 자산을 매각했기 때문에 사업을 운용할 수 있는 자산은 거의 남아 있지 않다.

지분 매매 거래의 경우 인수자는 전체 회사를 인수한다. 인수 거래가 종결되면 매매 대상 회사는 인수 회사의 지배 구조 속으로 편입되고, 거래 이후 남아 있는 회사의 흔적은 직원들의 배우자들이 가지고 있는 회사 로고가 박힌 티셔츠와 회사 문 앞의 간판 정도일 것이다. 회사는 역사 속으로 사라진다.

그렇다면 자산 매매 거래는 나쁜 방식의 거래인가, 아니면 번거로운 거래일 뿐인가? 답은 상황에 따라 다르다. 매도 회사에 수많은 자회사가 있고, 외부의 다양한 이해관계자들과 계약으로 얽혀 있고, 퇴직금으로 보상해야 하는 직원의 수도 꽤 되고, 회사에 불만을 느끼는 주주가 많고, 회사가 파산 직전이라면 자산 거래에 우호적인 상황은 아니다. 파산 상황에 내몰린 회사의 임직원들이 자산 매매 거래를 하면 회사의 주주에 대한 의무를 저버리는 것으로 인식되거나 부정 거래에 대한 책임을 질 수 있다. 회사가 거의 파산한 상태에서 채무를 변제해야 하는 채권자가 있는 경우 회사는 채권자의 이익에 부합하기 전까지 자산을 매각할 수 없다. 이를 결정한 임직원은 법적 책임을 질 수도 있다.

회사 상태가 양호하고 주주의 수도 적다면 번거로운 수준에 그칠 수도 있다. 이때는 오히려 "그렇게 간단하다면 인수자가 주식 매매 거래를 통해 회사를 사는 게 낫지 않나요?"라고 물을 수 있다.

우리는 그동안 주식 매매 거래를 많이 보아왔다. 일반적인 인수의향서 초안에서는 인수자가 자산 매매 거래를 제안하는 경우가 많다. 하지만 인수·합병 경험이 많은 매도자는 문제를 제기하기도 한다. 인수·합병 경험이 많은 매도 회사 경영진이라면 회사가 극히 어려운 상황에 처해 있는 경우를 제외하고는 주식 매매 거래가 매도자 입장에서는 유리하기 때문이다.

많은 인수자가 자산 매매 거래를 진행하면서 자산만을 매도 회사에서 분리해 가져옴으로써 인수자로서 취할 수 있는 모든 보호 장치를 얻고자 한다. 그러나 대체로 무의미하다. 지분 매매 거래도 인수자에게 비슷한 수준의 보호 장치를 제공할 수 있으며, 매도자 입장에서는 훨씬 덜 번거롭기 때문이다. 이제 자산 매매 거래는 자산 승계인(인수자)의 책임에 대한 보호 기능을 예전처럼 제공하지 않는다. 미국 법원은 다른 회사의 주요 자산을 매입한 회사가 매도자의 기존 책임도 승계한 것으로 간주하는 경향이 훨씬 강해졌다.

거래 구조는 거래를 둘러싼 세무상 문제와 밀접하게 관련되어 있다. 거래 구조를 최적화하고 세무적 부담을 최소화하기 위해서 매도자가 받을 수 있는 대가의 유형(주식 또는 현금)을 결정해야 한다. 갑자기 거래가 복잡해져서 마우리츠 코르넬리스 에스허르의 그림 〈상대성Relativity〉(1956) 속의 계단을 오르는 것 같은 절망감을 느낄 것이다. 세금과 매각 대금 지불 방식은 서로 연결된 문제로 가격에 영향을 미친다는 점을 이해할 필요가 있다. 가격은 매도자 입장에서 가장 중요하게 생각하는 요소이기 때문이다.

창업가를 위한 팁

회사의 상태가 좋지 않다면 자산 매각을 진행한 후 회사의 채무를 처리하고 회사 청산 절차를 진행할 수밖에 없다. 이러한 상황에 대비하고 대안을 고려하는 차원에서라도 자산 매각 비용과 여러 장애 요인을 계속 고민해야 한다.

대가의 형태

다음의 대화를 보자.

창업가 "상무님, X사로부터 1500만 달러에 회사를 인수하겠다는 제안을 받았습니다."

VC "멋지군요. 그런데 X사는 어떤 회사인가요? 한 번도 들어본 적이 없군요."

창업가 "VC인 Y에서 자금 조달을 받은 비상장회사입니다."

VC "그렇군요, 1500만 달러라면 현금 거래인가요?"

창업가 "아니요, 100퍼센트 주식 거래입니다."

VC "음, 그러면 우선주를 받는 건가요? 아니면 보통주를 받는 건가요?"

창업가 "보통주입니다. 그건 왜 묻나요?"

VC "그 회사는 얼마나 자금을 많이 조달했다던가요?"

창업가 "1억 1000만 달러입니다."

VC "유동화 우선권은 어떻게 돼요? 참가형 우선주인가요? 회사의 평가액은 얼마래요?"

창업가 "아, 상무님, 저는 크게 걱정하지는 않습니다. 기업가치 평가액은 3억 달러이고, 곧 상장한다고 했습니다."

이 책의 앞부분을 신경 써서 읽었다면 대화가 어디로 향하는지 알 것이다. 창업가는 회사를 매각한 대가로 인수 회사로부터 인수 회사 발행 주식의 5퍼센트(실제 인수 후 기준으로는 4.76퍼센트)를 받는데, 유동성이 없는 비상장회사의 주식이다. 이 회사는 참가형 유동화 우선권이 있는 우선주 1억 1000만 달러를 발행한 것으로 보인다. 친분이 있는 금융 전문가에게 평가를 의뢰한다면, 그가 받는다고 생각하는 1500만 달러가 실제로는 훨씬 낮게 평가된다는 것을 알게 될 것이다(절세 효과는 있겠지만, 회사를 매각한 돈으로 스포츠카를 사고 휴양지에 별장을 사기에는 넉넉지 않을 것이다).

　매각의 대가 및 지불 방식은 매우 중요하다. 현금이 최고다. 다른 모든 것은 현금보다 못하다. 그 차이는 클 수 있다. 인수자가 대상 회사 자산과 맞바꾸는 대가로 '무료 소프트웨어 제품'을 일정 금액까지 제공했다는 이야기를 들어본 적 있는가? 이런 제안이 온다면 당연히 정중히 사양하시라.

　현금은 이해하고 평가하기가 쉽다. 주식은 복잡할 수 있다. 비상장회사의 주식이라면 기존의 자본 구조를 이해해야만 매도자가 받는 주식의 가치를 제대로 알 수 있다. 만일 상장회사의 주식이라면 거래 제한은 없는 주식인지, 록업 조항(주식 매각 제한)이 적용되는 주식인지 혹은 질권이 설정된 주식은 아닌지 등을 포함해서 많은 질문을 해야 한다. 만약 거래 가능한 주식이라면 거래 후 내부자로 간주되어 주식 매매 제한 규정의 적용을 받는 것은 아닐까? 만약 거래 가능한 주식이 아니라면 어떤 등록 절차를 밟아야 하는가? 상장 주식으로 매매 대가를 받는다면 많은 질문을 하고 확인을 받아야 한다. 만일 이 과정에서 절세를 생각한다면 거래 구조는 꽤 복잡해질 수 있다(결국 세금 이야기이다).

매각하는 회사의 가치와 그 대가로 받는 금액이 꼭 동일하지 않을 수 있다는 점을 인식하는 것이 중요하다. 수령하는 대가의 형태를 이해하기 전까지는 협상을 시작할 때 처음 제안된 가격에 얽매이지 말기 바란다.

스톡옵션 인수

가격과 구조를 살펴보았으니, 인수의향서에 포함되는 다른 주요 거래 항목을 논의해보자. 어떤 인수의향서에서는 이러한 조건이 없는 경우도 있는데, 좋은 것만은 아니다. 때로는 구체적인 인수의향서가 모호한 것보다 낫다(하지만 인수의향서를 지나치게 법률적으로 심각해 보이는 계약서처럼 만들지 않도록 주의하라). 인수의향서와 관련한 협상은 거래 당사자 사이에서 이루어지며, 변호사는 텀시트 날인 후 주요협상 진행자가 된다. 사업과 관련한 중대한 사항을 변호사에게 맡겨버리면 프로세스가 지연되고 거래 비용이 증가하며 불필요한 고통과 불안을 초래할 수 있다. 변호사가 끼어들기 전에 주요 조건을 최대한 명확히 인수 의향서에 명시하고, 거래 당사자들이 동의하는 것이 좋다.

스톡옵션이 처리되는 방식(미국 IRS 세법 규정 409A[2]에 따른 세법상 스톡옵션을 처리하는 방식과는 별개다)은 인수의향서마다 (거래 주체들 간의 협의에 따라) 크게 다를 수 있다. 지난 5년 동안 인수·합병에서 스톡옵션을 처리하는 방식은 크게 변화했다.

2010년 이전에는 스톡옵션 계획은 인수시 자동으로 인수 회사에 승계되는 방식이었다. 회사가 인수되면 스톡옵션 계획 도 자동으로 인수자에게 승계 및 인수되었으며, 미확정 스톡옵 션은 즉시 확정되어 직원들이 즉시 현금화할 수 있었다. 인수자 입장에서는 스톡옵션 승계를 장려하는 효과가 있었다. 물론 세 상에 공짜는 없기 때문에 스톡옵션 계획을 인수하는 비용(법률 비용이 아니라 직원들에게 지불해야 하는 총 대가)은 자연스럽게 인 수 가격에서 차감되었다. 1000만 달러어치의 스톡옵션 계획이 인수 회사의 스톡옵션으로 변환되면 인수 가격에서 1000만 달 러가 제외되는 것이다.

이 접근 방식의 이론적 배경은 인수 과정에서 협상 테이블 에서 배제된 피인수 회사 직원들을 보호하자는 것이었다. 지 난 10년 동안, 인수 회사는 스톡옵션 계획을 인수하는 대신 그

---

2 409A는 미국 세법에 속하는 조항으로, 기업이 제공하는 스톡옵션, 워런트 등 이 특정 요건을 준수하도록 요구하고, 이를 준수하지 않을 경우 광범위한 과 태료 및 벌금이 부과될 수 있다.

에 상응하는 대가를 주는 것으로 스톡옵션을 대체했다. 인수자는 스톡옵션 대신 직원들에게 현금 지원 인센티브 계획을 제시하거나 혹은 스톡옵션을 비용 처리하도록 강제하는, 사리에 맞지 않는 세법 규정 때문에 스톡옵션 대신 양도제한조건부주식 restricted stock units(RSUs)[3]을 지급하기도 했다. 어쨌든 인수자는 새 직원들에게 부여하는 인센티브에는 특정 접근 방식에 얽매이지 않고 유연한 태도를 취했다.

인수 회사는 세법 규정 때문에 스톡옵션을 인수하지 않는 경우가 생겼고, 기업은 임직원 스톡옵션을 아예 확정시켜버렸다. 직원들 입장에서 매우 유리한 것처럼 들리지만(실제로도 그렇다), 직원들 사이에 갈등의 원인이 되기도 했다. 예를 들어, 회사에 3년 동안 근무한 직원은 대부분의 스톡옵션이 이미 확정되었다(베스팅/확정기간이 4년이라고 하면 3년 치는 확정이 완료되었고, 추가적으로 1년 치만 확정된다). 하지만 1개월 전에 입사한 직원의 경우 이미 남은 3년 11개월 기간의 스톡옵션이 확정되는데, 1개월 전에 입사한 직원과 비교해서 3년 전에 입사한 직원은 상대적으로 불공정한 셈이 된다.

---

3   특정 조건이 충족될 때 받을 수 있는 회사 주식의 한 형태로, RUS를 부여받은 직원이 일정 기간 이상 근무하거나 특정 목표를 달성하면 주식으로 확정(vesting)된다. 확정 전까지는 배당금에 대한 권리가 없고, 확정 시점이 되면 배당 권리도 생기지만, 확정 즉시 일반 소득으로 과세되는 단점도 있다. 임직원들의 장기적인 근속을 유도하고, 직원과 주주의 이익이 일치하는 효과가 있다.

시간이 지나면서 스톡옵션 계획도 진화했다. 오늘날 기업 인수시 스톡옵션 처리 방식은 피인수 회사의 스톡옵션 계획을 승계하든가 혹은 유사한 프로그램으로 대체하도록 허용하지만, 법에서는 인수자의 의무는 거의 없다고 명시하고 있다. 피인수 회사의 이사회는 선택에 따라 스톡옵션 확정을 가속화할 수 있으나 스톡옵션을 보유한 직원에 대한 보호 장치는 없다. 이는 문제가 되지 않는다. 거래 당사자들(인수자, 매도자, 각 회사의 이사회)이 각 회사의 직원들을 위해 적절히 일한 셈이므로 문제 되지 않는다.

인수 회사가 스톡옵션 계획뿐만 아니라 의미 있는 대체 보상 방안을 거부하는 사례도 제법 있다. 미확정 스톡옵션을 부여받은 직원들은 인수 회사로부터 부당한 대우를 받고, 스톡옵션이 확정된 직원들만 대가를 받게 된다. 인수 회사가 피인수 회사가 가진 기술과 경영진, 그리고 장기근속 직원만 중요시할 뿐이다.

인수자가 스톡옵션 계획을 인수하거나 RSU로 대체하는 것을 제안한 사례도 있다. 인수자가 피인수 회사의 주요 핵심 인력에게 스톡옵션의 확정 스케줄을 조정하라고 요구한 셈이다. 해당 임직원이 이미 일정량의 옵션을 확정했더라도 다시 옵션을 확정하려면 정해진 기간 동안 피인수 회사에 남아 있어야 한다는 뜻이다. 예를 들어, 인수 회사가 피인수 회사의 모든 직원이 2년 동안 옵션을 다시 확정하기를 원하면 이미 확정된 스톡옵션과 별개로 미확정 옵션의 시간표가 다시 시작되는 것이다. 인수자는 좀 더 복잡한 방식을 취하기도 한다. 모든 사람에게 스톡옵션 중 최고 2년까지만 확정하고, 나머지 스톡옵션은 4년에 걸쳐 다시 조정하는 것이다. 인수자 입장에서는 추가 부담이 없지만, 직원들 입장에서는 스톡옵션을 받을 수 있는 기간에 영향을 주어서 금전적으로 상당한 영향을 받게 된다.

스톡옵션에 영향을 주는 또 다른 이슈는 인수 거래의 대금이 현금, 상장회사 주식 또는 비상장회사 주식 중 어떤 형태로 이루어지느냐이다. 편의상 세무적 사항은 고려하지 않겠다(실제 인수 거래에서는 무시해서는 안 된다). 하지만 피인수 회사의 직원 입장에서는 현금과 상장 주식은 엄연히 가치가 다르며, 마찬가지로 상장회사의 스톡옵션과 비상장회사의 스톡옵션은 다르다. 인수 회사가 상장회사이거나 현금으로 인수 대금을 지급하는 경우, 계산이 간단하고 피인수 회사의 직원에게 쉽게 설명할 수 있다. 그러나 인수 회사가 비상장회사라면 문제가 복잡해져서, 거래 구조를 책임지는 피인수 회사의 경영진과 매도자 측의 자문사가 신중히 고려해야 한다.

스톡옵션의 기준 가격basis price(행사 가격strike price이라고도 한다)과 이를 누가 지불하는지도 중요하다. 스톡옵션의 가치에 영향을 주기 때문이다. 거래에서 주식 한 주의 가치가 1달러이고 스톡옵션의 기준 가격이 0.40달러라면, 거래 시점에서 스톡옵션의 실제 가치는 0.60달러(교환 요소barter element라고도 한다)이다.

일부 매도자는 회사의 매각 가치를 결정하면서 옵션 가치를 고려할 때 교환 요소의 가치를 산입하지 못한다. 회사의 매각 가치는 순전히 스톡옵션의 행사 가격으로만 계산된 가치만을 반영하고 교환 가치(시장 가격과 행사 가격과의 차이)만큼의 증가된 가치를 전혀 고려하지 않는 것이다.

다음의 거래를 가정해보자. 회사 인수 가격으로 1억 달러는 현금으로 지급하고, 스톡옵션 보유자들에게는 1000만 달러를 지급할 예정이다. 스톡옵션 중 50퍼센트는 확정되었고, 나머지 50퍼센트는 미확정이다. 인수자가 미확정 스톡옵션을 인수하되 전체 인수 가격에(1억 달러)에 포함되었다고 하자. 확정된 스톡옵션의 총 교환 요소가 100만 달러이고, 미확정 주식의 교환 요소는 300만 달러라고 가정해보자. 확정된 스톡옵션의 가치는 400만 달러(500만 달러에서 교환 요소 100만 달러를 뺀 금액)이며, 미확정 주식의 가치는 200만 달러(500만 달러에서 교환 요소 300만 달러를 뺀 금액)이다. 따라서 스톡옵션 보유자들은 단지 600만 달러만 받게 된다. 종종 매도 회사는 확정된 주식 금액(1억 달러 중 400만 달러)을 계산에 넣지만, 미확정 스톡옵션에는 전체 500만 달러가 할당된다(인수자 측이 부담하는 것은 실제 가치/비용인 200만 달러임에도 불구하고). 이는 중요한 차이다(예를 들어, 스톡옵션 보유자 외 주주에게 돌아가는 몫이 9100만 달러인 것과 9400만 달러의 차이를 비교해보라).

물론, 스톡옵션이 가치가 있을 때를 가정한 것이다. 인수 가격이 옵션을 무가치하게 만드는 경우(예를 들어 인수 가격이 유동화 우선권보다 낮은 경우) 무의미해진다. 옵션이 무가치하기 때문이다. 상당히 난해하지만, 의향서를 협상하는 단계에서는 반드시 다뤄야 하는 항목이다. 회사의 직원들과 기존 투자자의 이익과 권리를 지켜주는 중요한 항목이며, 경영자라면 그들 모두를 위해서 옳은 일을 할 의무가 있기 때문이다. 나중으로 미루었다가는 인수자와 투자자, 그리고 직원들의 이해관계가 얽혀 있는 다자간 협상에서 누구도 만족시키지 못하고 옴짝달싹 못 할 수 있다. 그 지점에 이르면 다른 잠재 인수자들과의 협상은 중단되고, 실제 협상에서 지렛대가 전혀 없는 상황이 될 수 있다.

창업가를 위한 팁

회사를 현재의 위치까지 성장시킨 사람들은 직원들이다. 추가 언아웃 조항이 있어서 주요 임직원에게 보상을 해줄 수 있고 아닐 수도 있지만, 회사를 매각할 경우 주요 임직원을 홀대해서는 안 된다. 이 지점에 창업가로서의 명성이 달려 있다.

진술 및 보장, 그리고 배상[4]

모든 의향서에는 진술 및 보장 조항이 있는데, '렙스 앤 워런티reps and warranties' 또는 쉽게 '렙스reps'라고도 한다. 진술 및 보장이란 계약의 당사자가 다른 당사자에게 매매 계약의 대상으로 삼은 사업과 관련하여 확언하는 진실(과거 사실에 대한 진술)과 보증 내지 약속(미래 행위에 대한 보장)을 말한다. 인수자와 매도자의 약속이라고 보면 된다. 매도자가 제시하는 보장 내용은 훨씬 길고, 촘촘하며, 중요성의 정도도 강하다. 인수의향서에서 쓰이는 문구가 가벼운 내용이라면, 진술 및 보장과 관련한 장은

---

4 Indemnification은 한국어로는 면책과 배상을 모두 의미하는데, 이 부분에서는 배상으로 번역했다. 앞선 장에서는 면책으로 번역했다.

거래에 상당한 영향을 미치고, 계약이 확정적으로 체결될 때까지 조항의 문구를 둘러싸고 법률 담당자들이 협상에 상당한 시간을 소요하기도 한다.

중요한 점은 '진술'하는 주체가 누구냐는 것이다. 거래 유형에 따라 인수의향서에서 매각 대상 회사가 진술하고, 혹은 대상 회사와 주주들이 연대해서 진술하기도 한다. 간혹 진술의 주체가 애매하게 언급되는 경우도 있다. 매각 대상 회사의 일반 주주 (기존 VC와 회사의 지분을 보유한 개인 주주 포함)는 회사의 경영 상황에 대해서 진술 및 보장을 할 수 없거나 할 수 있는 입장도 아니기 때문에 진술 및 보장의 실제 주체를 정하는 것은 중요하다. 대부분의 인수 회사는 현실적인 상황을 고려해서 매각 대상 회사가 회사의 주주를 대신해서 진술 및 보장을 받아들이기 때문에 이 문제는 각 회사의 법률 자문사가 개입하기 전에 해결하는 것이 바람직하다.

인수의향서에는 진술 및 보장 조항을 위반할 시에 배상 조건이 발동되도록 설계되어 있다. 이 배상 조항이 매도자 입장에서는 중요하다. 간혹 인수자는 의향서에 등장하는 다음의 문구를 슬쩍 빼는 경우도 있기 때문에 유념해야 한다.

회사는 진술 및 보장과 관련해서는 표준적인 조항을 따를 것이고, 이의 위반과 관련해서도 인수자 측에 표준적인 배상 책임을 진다.

이 문구를 은근슬쩍 빼는 인수자의 의도는 이런 것이다.

"진술 보장 위반 사항이 발생할 경우 우리는 배상 조항에 대해 정말 성심껏 협상하겠지만, 지금 시점에서는 그 사실을 알려주고 싶지 않습니다. 하지만 일단 의향서에 서명하고 거래에 서로 동의합시다. 진실로 우리를 믿어주세요. 우리 회사의 경영진과 변호사는 정말 착하고 정도 많은 사람들이랍니다."

매도자의 상황에 따라(아마도 매도자가 인수·합병 거래에 인수자보다 간절한 상황이라면 매도자 측 변호사들이 강하게 주장할 것이다) 배상 조건에 대한 개괄적인 내용을 살펴봐야 한다. 다시 한번 이야기하지만, 변호사가 개입하면 "시장 관행으로서 협상 대상이 아니다"라거나 "그동안 해왔던 모든 거래에서 이렇게 계약했다"라는 주장을 계속해서 들을 수 있다.

인수자도 일부 진술 및 보장을 하지만, 인수자가 매도자에게 돈을 지불하는 입장이기 때문에 인수 회사가 비상장기업 주식으로 인수 대금을 지불하는 경우를 제외하고 진술 보장과 관련한 문구는 간략하게 쓰일 것이다. 만약 매도자가 회사 매각의 대가로 인수자로부터 비상장 주식을 받는다면 모든 진술 및 보장과 관련한 조건은 상호 대등한 입장에서 쓰여지는 것이 논리적이다.

이러한 진술 및 보장과 관련한 조항은 스타트업의 벤처 자금 조달시 서명하는 계약서의 진술 및 보장 조항과 유사해 보이지만, VC는 자신들이 투자한 회사에 가급적 소송하지 않는다는 차이가 있다. 인수·합병 거래에서는 거래가 종료되고 나서 진술 및 보장과 관련한 소송이 빈번히 발생한다. 이 조항을 잘 이해하고, 문구를 하나하나 진지하게 받아들여야 한다. 특히 에스크로 조항이 존재하기 때문에 인수자는 매도인 또는 대상 회사의 진술 및 보장 위반이 발견될 경우 인수 대금을 소송 없이 고스란히 회수하는 경우도 있다.

에스크로 조항

에스크로 조항은 모호하게 기술되어 있어서 인수의향서를 둘러싼 협상 과정에서 양측이 격하게 논의하는 조항이다. 에스크로는 인수자가 인수 대금의 일부를 매도자에게 지급하지 않고 별도의 에스크로 계좌를 통해서 일정 기간 보유하는 자금을 말한다. 이 장치를 통해서 인수자는 인수 이후 계약서에 구체적으로 기재되지 않은 문제가 발생할 경우 해결하려고 한다.

일부 인수의향서에서는 에스크로 조항이 세부적인 사항까지 정의하는 경우도 있다. 에스크로 금액의 비율, 에스크로 계좌 예치 기간, 그리고 배상에서 제외되는 부분에 대한 명시까지 세부적으로 기재되어 있다. 단순히 "표준 에스크로 및 보상 조항을 따른다"라는 선언적 문구만 적시되는 경우도 있다. 실제로 '표준 조항'은 없기 때문에 인수의향서 체결 이후 협상 단계에서 첨예한 논쟁으로 번질 수 있는 요소로, 어떻게 보면 인수자에게 유리하게 적용될 수 있고 매도인 입장에서는 함정처럼 여겨질 수도 있다. 어떤 사항이 에스크로 조항의 적용을 받는 것으로 양자 간에 합의하든지 합의된 에스크로 조항이 발동되는 사건이 발생했다고 인수자 측이 문제를 제기하면 거래 가격을 실제로 낮출 가능성이 있다. 에스크로가 적용될 사항을 정의하고 조항 문구를 결정하는 것은 매도인이 수령할 매각 대금에 직접 영향을 미치기 때문에 매우 중요하다.

그동안 수백 건의 인수를 진행한 경험에 따르면, 에스크로 조항은 진술 및 보장의 위반 사항이 발생할 때 해결할 수 있는 유일한 해결책이다. 에스크로에서 제외되는 사항도 있는데, 이를 카브아웃carve out 또는 근본적인 진술 보장fundamental rep[5]이라고 부른다. 일반적인 에스크로 조항의 경우 인수 가격의 10~20퍼센트 사이의 금액을 별도 계좌에 12개월에서 24개월 동안 예치하고, 진술 및 보증의 위반 사항이 발생했을 때 치유하거나 보상하기 위해 사용한다. 이것이 에스크로 조항으로 해결할 수 있는 최대치이다(에스크로 캡escrow cap이라고도 함). 이 수준까지 에스크로 조항을 발동시키는 것은 여간 어려운 일이 아니다. 인수자는 의향서에서 세부적인 요건이 정확하게 정의되지 않은 상황에서 에스크로 조건이 발동되면 과도하게 반응

---

5   회사가 적법하게 설립되었는지의 여부, 해당 계약의 유효성 여부, 회사의 자본 구성 및 수권 주식에 대한 사항 및 자회사 등에 관한 사항들로, 치유 기간을 부여하거나 에스크로 조항을 통해서 금전적으로 해결할 수 있는 문제가 아니기에 진술 및 보증의 유효 기간 및 에스크로 조항의 예외로 취급한다.

하는 경향이 있다. 매도인 또는 대상 회사에 무제한의 배상 책임을 요구한다거나, 회사 경영진과 주요 주주들에게 개인 책임까지 묻는다거나, 혹은 회사 인수 대금보다 훨씬 높은 금액을 반환하라고 요구하는 사례도 있다.

창업가를 위한 팁

만약 피인수 기업이 경영상에 문제가 없고, 재무제표도 외부 감사인으로부터 적정 의견을 받았고, 사외이사를 두고 있다면 인수자가 에스크로 조건에 과도하게 요구하는 것은 어리석은 일이다. 중요한 점은 상장기업의 경우 인수될 때 인수 완료 시점에 진술 보장의 효력은 만료된다는 것이다.

에스크로 캡에 대한 카브 아웃(또는 근본적 진술 보장)에 담기는 내용은 사기와 조작에 의한 부정, 회사의 자본 구조 및 납세 사항이 포함된다. 특히 특허 트롤러(지식재산권 사냥꾼)의 공격 위험으로 인해 지식재산권에 대한 소유권이 카브 아웃으로 제외되도록 인수자가 강하게 요구하는 경우도 많다. 최근에는 많은 기업들이 IRS 409A 규정에 의한 세무 신고를 준수하지 못해서 부채가 생기는 사례가 발생하고, 409A에 따른 우발적 부채는 세금과 동일하다는 주장에 따라 에스크로 조항에서 409A 미준수로 인한 책임이 제외되는 경우도 많다. 모든 경우에서 카브아웃의 최대 한도는 총 인수 가격을 넘지 않아야 한다. 매도자는 에스크로 발동으로 인한 문제를 해결하기 위해서는 회사 매각으로 받은 돈보다 많은 돈을 마련할 필요는 없어야 한다.

간혹 인수자 중에는 "실사 과정을 몇 번 더 거치기 전까지는 회사에 대한 자세한 사항을 알기 어렵다"며 인수 거래에 서명하는 것을 연기하거나 재협상을 요구하는 경우도 있었다. 우리는 이런 주장에 동의할 수 없다. 우리가 경험한 숱한 인수·합병 거래에서 모든 인수 회사는 에스크로 조항을 협상의 첫 조건으로 내걸었고, 여러 세부 사항과 에스크로 캡에 대한 사항을 인수자가 원하는 방향으로 의향서에 반영했기 때문이다.

추가적인 실사가 필요할 수 있지만 이미 양측이 서명한 마당에 재협상은 쉽지 않다. 어떤 문제에 대하여 합당한 논의를 하기 위해서는 문제가 무엇인지 드러나야 가능하기 때문이다.

마지막으로 에스크로의 지불 수단이 어떤 방식인지도 중요하다. 현금 에스크로는 간단하다. 말 그대로 현금이기 때문이다. 그러나 주식으로 에스크로 대금을 지급하거나 현금과 주식을 섞어서 지급하는 경우 에스크로의 가치는 해당 주식의 주가와 함께 변동되며, 특히 비상장회사의 주식이라면 시간의 경과에 따라 변동성이 심할 수 있다. 매도자 입장에서 잘 관리하기 위해서는 여러 가지 임시방편을 사용할 수 있다. 인수 회사의 주식이 변동성이 높을 것 같다면 특히 신중해야 한다. 예를 들어 주가가 하락하는 상황에서 인수자의 에스크로 청구 금액이 에스크로 계좌에 있는 주식의 가치보다 높은 상황을 상정해보자. 합리적인 사람들이라면 매도자가 인수자의 에스크로 청구를 만족시키기 위해서 추가 자금을 마련할 필요가 없다는 데 동의할 것이다.

비밀유지협약서

VC는 비밀유지협약서에 좀처럼 서명하지 않는다. 그러나 인수·

합병과 관련된 상황에서 비밀유지협약서에 서명하는 것은 의무이다. 거래가 이루어지지 않을 경우 양측(매도자와 인수자)은 상대방에 관한 민감한 정보를 가진 채로 헤어지게 된다. 거래 무산에 대한 취소 수수료와 소송이 발생할 경우 관할 법원에 대한 사항을 제외하면 인수자와 매도자 양측을 법적으로 구속할 수 있는 사항이 거의 없는데, 비밀유지협약서는 여전히 양측에 법률적 제한을 가할 수 있다. 물론 거래가 체결되면 인수 회사가 대상 회사를 소유하기 때문에 대부분의 협약 조항은 유효하지 않게 된다.

인수자와 매도자는 비밀유지협약서의 혜택을 받을 수 있기 때문에 포괄적이고 구속력이 강한 비밀유지협약서에 서명하는 것이 좋다. 만약 인수자가 느슨한 (또는 인수자에게 일방적으로 유리한) 비밀유지협약을 제시한다면 인수자가 실사 과정을 통해 매도자 혹은 대상 회사에 여러 민감한 정보를 입수할 것이 분명하다. 거래를 하려는 의지가 있는지 불분명하다는 것이다.

일방적인 비밀유지협약은 체결해서는 안 된다. 양측이 동일한 기준으로 서명할 의향이 있는 조항이어야 한다. 상장기업들은 비밀유지협약의 양식에 매우 민감하다. 우리는 매도자가 아무 데나 서명하도록 권장하지 않지만, 쌍방이 동등한 조건으로 체결하는 서약이라면 대부분 안진할 것으로 생각한다.

임직원의 처우 문제

회사의 이사회는 회사의 주주에 선관주의의무를 지지만, 불행히도 인수 과정에서 경영진과 이사회가 임직원과 (주요 주주를 제외한) 다른 모든 주주를 배려하지 않는 경우도 있다. 상장 대기업 인수·합병에서 회사의 경영진이 주주에게는 손실을 끼치면서 자신들의 이익만을 도모하는 (그들을 지지하는 이사회 구성원들의 금전적 이익도 챙겨주는 사례) 어처구니없는 사례를 볼 수 있다. 이는 비상장회사의 인수 과정에서도 발생하며, 인수자가 대상 회사의 주요 임원을 유지하기 위해 추가로 대가를 제공하는 경우에도 발생할 수 있다. 물론 반대로 인수·합병 과정에서 한정된 매각 대금을 기존 주주가 자신들의 주머니에 챙기는 데 급급해서 회사의 경영진에게는 한 푼도 안 남기거나 아주 소소한 금액만 배분하는 경우도 있다.

회사의 경영진과 이사회가 특정 거래에서 올바른 인식을 가지는 것이 중요하다. 우리가 매도자의 이사회에 참여할 때는 예외 없이 임직원에 대한 보상과 관련한 구체적인 논의를 인수의향서에 서명한 후에 하자고 경영진에게 권유한다. 인수의향서 서명 전에 인수 회사뿐만 아니라 매도자 측의 경영진도 충분한 시간을 가지고 서로에 대한 실사를 마치고, 양자 간의 우호적인 관계를 만들면서 거래와 관련한 세부사항을 잘 진행하도록 관리한다. 처음부터 경영진들의 인수·합병 패키지를 협상하는 데 너무 많은 시간을 들이면 초기부터 큰 피로감을 불러일으킬 수 있다. 이 경우, 인수자는 매도자 측 경영진의 거래 동기에 의구심을 갖고, 회사의 경영진과 다른 주주 사이에도 불신의 장벽이 생길 수 있다. 거래 과정에서 적절한 방식으로 경영진과 임직원을 보호해야 하지만, 실제 거래가 무산된다면 모두에게 보상이 돌아갈 기회마저 사라진다. 따라서 예민한 문제를 너무 서둘러서, 그리고 너무 많이 협상하는 것은 서로에게 불필요한 스트레스를 초래하며, 경영진과 투자자 간에 갈등을 일으킨다.

거래 과정에서 임직원의 고용 관계에 대한 협상을 너무 이른 시기에 하는 것도 좋지 않지만 협상 막바지로 넘기는 것도 바람직하지 않다. 인수자는 협상 마무리 단계에서 고용 관계 안건을 꺼내는데, 그렇게 함으로써 인수자 입장에서는 대상 회사의 핵심 직원들 사이에서 거래가 무산될 수 있다는 다급함과 불안감을 조성해서 영향력을 행사하고 거래를 압박하는 수단으로 사용한다. 거래를 마무리하는 상황에서 유일한 방해 요소는 고용 관계 사항들이다. 역설적이게도 많은 매도인이 이 상황을 정반대로 해석한다(거래가 끝났으니 매수자로부터 추가 혜택을 요구할 수 있다고 생각한다). 두 입장 중 어느 쪽도 효과적인 협상 전략은 아니다. 두 전략 모두 마무리 과정에서 불필요한 긴장을 유발하고, 거래 후에 인수자와 대상 회사 간에 갈등을 일으키기 때문이다.

임직원의 처우 문제는 균형감을 유지하는 것이 중요하다. 매도자 입장에서는 확고한 입장을 주장하는 것이 나쁠 게 없다. 다만 거래의 흐름을 깨지 말아야 한다. 그렇지 않으면 거래가 실제로 무산될 수 있다.

거래 종결 조건

인수자는 의향서에 거래의 종결과 관련한 특정 선결 조건을 명시한다. '인수 회사의 이사회 승인을 조건으로' 혹은 '대상 회사에 중대한 불리한 변동이 없을 것을 조건으로' 아니면 '실사 결과 및 확정적 인수 계약서 서명에 따라'와 같은 관용적인 문구로 명시되는 경우도 있다. 혹은 대상 회사 또는 매도자의 특수한 사정에 결부된 조건일 수도 있는데, '대상 회사의 현재 진행 중인 저작권 관련 소송이 해결되는 것을 조건으로' 또는 '대상 회사의 해외 자회사를 청산하는 것을 조건으로'와 같은 문구가 등장할 수도 있다. 우리는 이러한 조항을 크게 걱정하지 않는다. 어차피 인수자가 거래를 하지 않고 싶다고 판단하면 아무 조건이나 쉽게 발동시키기 때문이다.

우리는 이러한 조항이 인수의향서의 일부 조건으로 포함될지 말지에 신경 쓰기보다는 오히려 거래 종결 조건의 세부사항에 집중하는 편이다. 인수자가 거래에 취하는 태도에 관해 또 다른 정보를 제공하기 때문이다. 선결 조건 목록이 길고 복잡하면 인수 회사의 경영자는 세부사항에 매우 집착하는 사람일 가능성이 크다. 무리하다고 판단되는 중요한 조건에 대해서는 협상 초기에 반박하는 것이 좋다. 이 과정을 통해 향후 협상 프로세스가 어떻게 진행될지 대략적인 윤곽이 잡힐 것이다.

창업가를 위한 팁

인수 회사가 당신의 회사에 중요한 법적 검토를 진행하고 실사를 진행하고 있다면 그들도 당신만큼이나 감정적 및 금전적으로 거래에 몰두하고 있다는 뜻이다(그들의 명성도 걸려 있다).

매도자로서 특정한 거래 종결 조건에 동의한 이상 해당 조건을 반드시 준수할 필요가 있다. 조건에 문제가 있다고 판단하면 실사 프로세스 초기부터 제기하는 것이 좋다. 그렇지 않으면 해외 자회사를 청산해야 한다는 선결조건이나 기타 이상한 거래 조건 혹은 예상치 못한 이상한 문제로 거래의 성사가 불투명해질 수도 있다. 선결 조건에 대한 처리 경험이 없다면 더더욱 그렇다.

노숍 조항

인수의향서에 서명한 이상, 인수자와 매도자 모두에게 비용도 많이 들고 중대한 프로세스가 시작되는 것이다. 인수자는 텀시트 조항과 유사한 노숍 조항을 요구할 것이다. 인수 거래에서 노숍 조항은 대부분 일방적인데, 공격적인 성향의 인수자와 협상할 때 특히 그러하다.

매도자 입장에서는 45~60일 정도로 합리적인 기간에 협상을 끝낼 수 있어야 한다. 인수자가 60일 이상을 요구한다면 강하게 반대해야 한다. 매각 협상이 길어져서 매도자의 입지가 좁아지는 것은 매도자의 이익에 부합하지 않기 때문이다. 대부분의 인수·합병 거래는 의향서 서명 후 60일 이내에 종결되므로, 합리적 협상 기한을 통해서 실제 목표인 거래 체결에만 집중해야 한다.

대부분의 노숍 조항은 일방적인데, 특히 인수자가 거래하지 않겠다고 판단하면 일방적으로 노숍 조항을 취소할 권리는 있고 의무는 없다. 그 결과, 노숍 조항의 적용 기간을 결정하는 것이 매도자 입장에서 중요한데, 매도자는 해당 거래가 무산되더라도 노숍 기간이 적용되는 기간 동안 아무런 조치도 못하고 인수자에 얽매여 있을 가능성이 높기 때문이다. 인수자가 인수 협상을 진행하지 않기로 결정하면 노숍 조항을 종결하자고 이야기할 것이다. 하지만 대부분 인수자들은 노숍 조항의 종료 기간까지 협상을 끌고 갈 가능성이 높다.

협상 진행 중에 노숍 기간이 끝나는 경우, 매도자는 노숍 기간 만료 며칠 전에 인수자로부터 노숍 기간의 연장 요청을 받을 것이다. 그때 매도자는 역으로 일부 요구 사항을 제시할 수 있는데, 영업 자본 최소 한도를 완화해달라거나 인수자로부터의 단기 금융 지원을 요청한다거나 혹은 협상에 난항을 겪던 진술 및 보증 관련 일부 조항에 대해서 인수자의 양보를 요구할 수 있다. 이때 매도자는 지나치게 인수자를 압박하지 않도록 주의해야 한다. 노숍 기간을 연장할 때 양측의 행동에 따라 협상의 최종 단계에서 거래의 방향이 바뀔 수도 있기 때문이다. 매도자가 이 시점에서 너무 많은 것을 요구하면 인수자가 거래가 완료될 때까지 다른 요구 강도를 높일 수 있기 때문이다.

노숍 조항을 두고 다투는 대신 노숍 기간이 너무 오래 지속되는 것을 제한하고 몇몇 구체적인 사항은 노숍 조항에 적용받지 않도록 분리하는 것이 효과적이다. 특히 자금 조달 관련 사항들(최소 기존 투자자 컨소시엄에 의해 이루어진 자금 조달)과 같은 사항을 분리하는 것은 인수자에게 일정한 압력을 가하는 데 도움이 된다.[6]

수수료, 수수료, 그리고 더 많은 수수료

인수의향서에는 비용을 지불하는 사람이 누구인지, 그리고 매도자가 거래에 소요되는 인수 비용을 일방적으로 증가시키지 못하게 하는 제한 사항이 명시될 것이다. 총 인수 비용을 높일 수 있는 거래 비용의 주요 항목으로는 자문사와 투자은행에 지불될 수수료와 법무법인에 지불될 보수 및 기타 매도자가 인수·합병시 지불하는 제반 비용이 있다.

인수자는 거래 비용을 누가 부담할지 크게 고민하지 않지만, 인수·합병 경험이 많은 인수자는 매도자가 거래 비용을 증가시켜 인수 가격을 조금씩 올리는 것을 막고 싶어 한다.

거래가 완료되지 않거나 매도자가 다른 인수 의향자와 거래를 진행하는 경우 위약금이 발생할 수도 있다. 위약금은 VC가 진행하는 비상장회사 투자 거래에서는 발생하는 경우가 드물지만, 상장기업이 다른 상장기업을 인수하는 거래에서는 일

---

6   최소한 매도자가 급하게 회사 지분을 정리해야 하는 입장은 아니라는 시그널을 주는 것이다.

반적이다. 우리는 인수자가 위약금을 계약서에 넣겠다고 주장하면 차라리 노숍 조항을 기재할 것을 권고한다. VC로부터 투자받은 대부분의 회사는 인수 회사가 매각 대상 회사보다 훨씬 크고 가용 자원이 많기 때문에 거래가 완료되지 않을 경우 인수를 추진하던 측에서 대가를 받는다는 것이 이해되지 않을 것이다. 거래 협상을 진행하며 양측 모두 프로세스에서 발생하는 비용이 있기 때문이다. 하지만 반대로 우리가 매도자 입장에 섰을 경우 인수자에게 위약금을 요구하지 않는다.

창업가를 위한 팁

매도자가 인수·합병을 종결하면서 해약금을 요청하기도 하는데, 그 요구가 합리적인 경우도 있다. 인수자의 태도가 공격적이고 매도자는 인수자가 성실한 자세로 회사를 인수하려는 것이 아닌, 정보 입수와 탐색 차원에서 거래에 참여하고 있다고 판단되는 경우이다. 혹은 매도자가 회사를 매각함으로써 고객 또는 임직원 관련 소송이나 막대한 비용이 들 것으로 예상되는 경우 거래 협상을 깨고 해약금을 요구하는 것이 적절할 수도 있다.

주식등록요구권

상장회사가 주식 발행을 통해서 비상장회사를 인수할 때 매도자는 매매 매가로 받을 주식과 관련된 등록요구권을 잘 알고 있어야 한다. 일부 인수자는 일부러 무시하는 사람도 있다. 매각대가로 받을 주식에 대한 조건 합의를 이루기 위해 신경을 써야 한다. 인수 회사가 공개기업, 즉 상장기업이라 하더라도 모든 주식이 주식 시장에서 거래 가능한 것은 아니기 때문이다. 매각과정에서 받는 주식은 미등록 주식으로서 시장에 처분하기 위해서는 등록 절차를 마무리할 필요가 있다.

인수자가 등록되지 않은 주식을 제시할 경우, 해당 주식에 대한 등록 확약을 받아내야 한다. 하지만 주식을 등록하는 절차는 많은 부분 미국 SEC의 행정 절차에 의존한다. SEC의 행정 절차가 인수자가 통제할 수 있는 변수는 아니기 때문에 인수자도 주식의 등록을 언제 완료할 수 있는지 보장할 수 없다. 이 확약이 구속력이 거의 없음을 이해하는 것이 중요하다. 인수자가 SEC 당국과 어떤 관계를 맺어왔는지 알아둘 필요는 있다. SEC에 제출한 인수 회사의 주권 상황 및 공시 자료, 인수 회사의 미등록 주식에 대한 보고서, 인수 회사가 과거 인수·합병을 추진하며 회사의 주주들에게 제시한 IR 발표 자료 등을 유심히 검토하기 바란다.

인수자가 주권 등록을 약속했음에도 거래 후 등록 신청을 끌거나 SEC 창구에서 막히는 경우도 있다. 일부 대형 회계법인은 인수·합병 종료 후 매각 대상 회사와 거래할 일이 없다고 판단하는지 합병 회계와 관련한 SEC의 질의에 바빠서 못 하겠다며 성숙하지 못한 대응을 하기도 한다.

증권 관련 법률에 따르면 등록되지 않은 주식을 받고 1년 동안 보유하면 주식 시장에서 미등록 주식을 매도할 수 있도록 허용하고 있다. 그러나 1년은 생각보다 장기간이고, 특히 거래량이 적은 주식의 경우 변동성이 심하다. 받고자 했던 대가와 실제 받는 대가의 차이가 크지 않은지 꼼꼼히 체크하는 것이 중요하다.

주주 대표자

인수 거래는 계약서에 서명하고 자금을 주고받는다고 끝나는 것이 아니다. 에스크로 계좌 관련 사항, 언아웃 조항의 사후 처리 문제, 운전 자본의 조정 항목 처리 및 진술 및 보장과 관련한 상호 간에 공방이 있을 경우 소송이 여러 해 지속되기도 한다. 모든 인수 거래에는 주주 대표자라 불리는 사람이 있다. 대상 회사의 이전 주주들을 대표하여 이러한 문제들을 다루도록 지명된 사람들이다.

이들은 지지리도 운이 없는 사람들로, 역할에 대한 보상은 없이 거래 이후 인수자와 매도자 간에 발생하는 모든 문제를 다룬다. 인수자의 단순 변심 때문에 제기될 수도 있고, 혹은 정당한 문제 제기일 때도 있지만 상당히 많은 시간과 비용이 소요되며, 궁극적으로 거래의 금전적 결과에 영향을 미칠 수도 있다.

전통적으로 매도자의 임원이나 VC 임원 중 해당 회사의 이사회에 속한 사람이 이 역할을 맡는다. 아무 문제가 발생하지 않으면 이 사람에게는 전혀 중요치 않은 일이 된다. 그러나 인수자 측에서 에스크로 청구를 제기하거나 피인수 회사의 이전 주주를 상대로 소송을 거는 일 같은 예상치 못한 사안이 발생한다면 이 업무는 엄청나게 많은 시간을 잡아먹는다. 주주 대표자는 풀타임 일인데도 불구하고 업무를 도와줄 전문가를 고용할 재원도 제한되고, 논쟁의 주제에 관한 전문가도 아니다. 그럼에도 그는 발생하는 모든 문제에 인수자와 대립하며, 처리할 법적 책임을 지고 있다. 주주 대표자가 피인수 회사의 임원이었을 경우, 그는 인수 회사에 고용되어 일할 가능성도 커서 개인적으로는 불편한 상황이 전개될 수 있다. 어쨌든 이 사람이 모든 주주에게 영향을 미치는 결정을 내리며, 시간과 에너지를 들여 그들과 소통하게 된다. 마지막으로 몇몇 인수자들은 전체 판도에 압박을 가하기 위해 주주 대표자를 상대로 소송을 제기하기도 한다.

우리는 여러 차례 주주 대표자로 참여하여 에스크로 및 언아웃 조항과 관련한 분쟁들, 심지어 소송에 개입한 적이 있었다. 그러나 지금은 다시는 이러한 임무를 맡지 않는다. 아무런 실익이 없기 때문이다.

만일 주주 대표자가 되어야만 하는 상황에 처한다면 인수·합병 계약서에 전문 자문사 고용과 관련하여 사용할 수 있는 예산을 포함시키길 바란다. 분쟁을 처리하기 위해 전문 인력을 고용할 수 있는 재원을 확보하는 것이 중요하다. 주주 대표자의 비용 지원을 위해 사용되는 별도의 에스크로를 개설하는 경우도 있다. 별것 아닌 것 같지만 최소한 부도덕한 행위를 하는 인수자에게 대항하는 좋은 방패가 될 수 있다. 주주 대표자가 변호사를 고용하여 인수자의 변호사에게 대응할 수 있는 자금이 있다는 신호를 보내는 것이기 때문이다.

매도자는 거래 후에 인수자와 함께 일할 사람을 주주 대표자로 지명해서는 안 된다. 그에게 자신의 고용주가 될 사람과 끝장 싸움을 하라는 무리한 요청이니 누구에게도 좋은 처사가 아니다. 이 방법이 유효하게 먹히려면 주주 대표자가 인수자 측에서 매우 중대한 역할을 맡는 경우만 가능하다. 그가 대표자 자리를 그만두겠다는 자체가 인수 회사에 위협이 될 수 있고,

매도자 측 주주에게 유리하게 작용하기 때문이다. 그럼에도 스트레스가 많고 불편한 자리임은 틀림없다.

VC에게 이 역할을 맡길 때도 주의해야 한다. 에스크로 및 소송과 관련한 상황은 시간에 민감한데, 간혹 주주 대표자로서 VC가 자신의 법적 역할을 완전히 이해하지 못해서 책임에 부주의한 경우가 있다. 주주 대표자였던 어느 VC(우리와 공동 투자자였다)가 인수자로부터 받은 매도인의 의무 위반 통지를 무시하여 에스크로 금액을 날린 경우도 있었다. 위반의 치유 기간은 30일이었고, 통지를 받은 지 31일째 되는 날, 그 VC는 에스크로 계좌에 예치된 금액이 인출되었다는 통지를 수탁은행으로부터 받았다. 다행히도 우리는 인수자 측 변호사와 좋은 관계를 맺고 있어서 예외를 적용받았지만, 순전히 당사자 간의 선의에 의한 것이지 인수자가 그렇게 할 의무는 없었다.

이러한 경험을 바탕으로, 제이슨은 SRS 애퀴옴SRS Acquiom(srsacquiom.com)이라는 회사를 공동 설립했다. 주주 대표자로 활동하는 SRS와 같은 회사를 고용하는 비용은 인수·합병 거래 금액을 고려할 때 부담되지 않고, 고객 입장에서는 주주 대표자로서 100퍼센트 시간을 할애할 수 있는 전문가를 구할 수 있다는 장점이 있다. 인수자가 소송을 걸어오면 그들은 소송의 상대방이 되고 모든 세부 사항을 처리한다. 그들이 주주 대표로 처리한 다양한 사례 덕택에 다양하고 폭넓은 인수자와 인수자 측 변호사들을 만나게 되었다.

17장

투자은행의 참여

우리는 초기 단계의 자금 조달 거래에서 투자은행[1]을 끌어들이는 데 반대하고, 후기 단계 기업의 경우에는 자금 조달에 중립적인 입장을 갖고 있다. 하지만 인수·합병 상황에서 이들의 참여 및 협업은 매우 필요하다고 생각한다. 투자은행 고용 비용은 저렴하지 않지만, 인수·합병 시나리오에서 쏠쏠한 가치를 창출한다. 우리는 골딩 파트너스Golding Partners의 대표인 렉스 골딩Rex Golding의 도움을 받아 적합한 투자은행을 찾아 협업하는 방법과 이들의 보수 체계에 대한 의견을 들을 수 있었다. 그의 지혜와 경험을 감사히 생각한다.

투자은행 또는 인수·합병 자문사를 고용하는 이유

당신이 스타트업을 성장시켜 아주 전형적인 결정 시점에 도달했다고 하자. 비즈니스를 확장하기 위해 추가 자금을 조달하거나, 혹은 비즈니스를 더욱 큰 사업체의 품 안에서 확장하여 기존 주주에게 현금으로 보상할 수 있는 적절한 인수자를 찾는 갈림길에 서 있는 것이다. 더 이상 자금을 조달할 길이 보이지 않는 상황에서 포기하지 않고 더 나은 해결책을 찾을 수도 있다. 그렇다고 투자은행을 만나면 올바른 답을 얻을 수 있을까? 그

---

1   우리나라의 금융 환경에서는 종합 대형 증권사의 IB 부서가 이에 해당한다.

렇지 않다. 출구 전략을 결정하는 것은 이사회, CEO, 그리고 창업가의 역할이다. 하지만 이사회가 인수자를 찾기로 결정한 이후에는 투자은행이 인수·합병 과정을 관리하는 데 중요한 역할을 할 것이고, 이를 통해 성공적인 해결책에 도달할 수 있을 것이다.

투자은행이 도움이 되지 않거나 심지어 해로운 상황도 있다. 당신이 어느 유력한 회사로부터 매우 매력적인 인수 제안을 받았다고 가정하자. 그 거래에서 더 유리한 조건을 얻어내기 위해서 외부 자문사를 고용하는 것이 더 큰 위험을 불러올 수 있다.

또 다른 예는 기업 가치가 매우 낮게 형성되는 청산형 전략을 고려하는 경우다. 투자은행이 이러한 거래를 하기에는 비용도 너무 비싸고 거래에 특화되어 있지도 않다. 오히려 회사 청산에 특화된 청산 전문가가 적합할 수 있다. 만약 인수·합병 경험이 풍부한 CEO로서 과거에 회사 매각 과정을 관리한 경험이 많고, 잠재 인수자들과의 인맥이 잘 형성되어 있다면 투자은행이 그들의 자문 비용을 정당화할 만큼 충분한 가치를 주기는 어려울 것이다. 하지만 다소 극단적인 경우를 제외하면 회사의 전형적인 매각 프로세스(일명 '셀 사이드 프로세스sell-side process')를 진행하기 위해, 특히 폭넓은 잠재 인수자들을 접촉하고 주주 입장에서 최적의 출구를 마련하기 위해 투자은행을 참여시키는 게 좋다.

투자은행을 고용하는 가장 큰 이유는 회사를 최대한 많은 잠재 인수자들에게 노출시켜 회사의 매각 가치를 극대화하기 위해서이다. 마치 증권거래소에서 수많은 시장 참여자들의 참여를 통해서 상장기업의 주가가 시장 가격을 형성하듯이 투자은행이 사모시장에서 대략 50개, 혹은 그 이상의 잠재 인수자들을 적극적으로 접촉하여 매각 대상 회사의 가치를 끌어올리는 것이다. 매각 대상 회사의 주주라면 응당 높은 매각 가치를 기대할 것이고, 만약 수의계약 방식으로 인수 제안을 받는다면 그 가격에 대해서도 의구심이 들기 마련이다. 하지만 투자은행의 저인망식 접근을 통하면 주주들의 의구심을 없애는 효과가 있다. 또한 투자은행은 회사의 전반적인 매각 작업을 돕기 위해 고용된 독립된 제3자이기 때문에 특정 인수자에게 유리하게 편향될 수 있는 문제를 해소하는 역할도 한다.

투자은행은 회사 매각 과정에서 발생하는 상당한 업무 를 책임진다. 회사 경영자나 창업가가 회사 매각 업무를 맡는다는 것은 경영 외에 또 다른 일을 하는 것이다. 그러나 투자은행을 고용하면 잠재 인수자와의 연락, 회의 일정 조정, 프레젠테이션 자료 준비, 온라인 데이터룸 관리와 같은 업무 부담을 덜 수 있다.

마지막으로 투자은행은 매각 과정에서 중요한 완충 역할을 하거나 때로는 악역을 맡는다. 매도 회사의 매각 추진팀 및 고위 경영진과 우호적인 관계를 유지하며 회사의 주주가 불리한 입장에 서지 않도록 도와주는 등 어려운 문제를 매끄럽게 해결할 수 있다.

인수·합병 자문사 선정 방법

인수·합병 자문사 선정은 월가의 거대 기업인 모건 스탠리 Morgan Stanley부터 다른 유명 브랜드를 지닌 자문사, 그리고 전문 부티크 기업부터 소규모 자문사에 이르기까지 선택지가 다양해 보인다. 그러나 자신의 필요와 예산에 맞는 적합한 자문사를 찾는 것은 생각보다 어렵다. 대형 회사들의 건당 수수료는 최소 수백만 달러에 달한다. 만약 거래 가치가 5억 달러를 초과하지 않는다면 다른 곳을 찾아보는 것이 좋다. 부티크 자문사도 1억 달러 이상의 거래를 목표로 수수료를 책정한다. 일반적으로 최소 수수료는 100만 달러 이상이다. 시장에서 가장 빈도수가 많은 1억 달러 이하의 소규모 인수·합병과 관련해서는 잘 알려지지 않은 자문사가 적합할 수 있다.

매각 회사에 맞는 적합한 투자은행을 선택하는 일은 매도 회사 경영진의 자문사에 대한 개인적인 인식에 기반하고, 자문사와 매도 회사 간의 호흡도 잘 맞아야 하는 일이다. 그럼에도 선정 기준은 엄연히 존재한다.

추천과 참고: 최고의 자문사 정보를 줄 수 있는 창구라면 이미 신뢰하고 있는 사람들일 것이다. 여기에는 이사회 구성원, 기존 투자자, 오랜 친구이자 동료인 회사의 고위 임원들이 포함된다. 이러한 추천은 두 가지 면에서 장점이 있다. 투자은행 후보는 추천자를 실망시키고 싶지 않으며, 추천자는 실망스러운 사람을 소개하고 싶지 않기 때문이다. 추천인 없이 투자은행을 고용하는 것은 바람직하지 않다. 오늘

날과 같이 밀접하게 연결된 관계망에서는 더욱 그렇다.

특정 산업 전문성: 해당 산업을 잘 아는 투자은행이 좋다. 단순히 '스타트업' 또는 '하이테크' 투자은행이 아니라 당신 회사의 사업 분야가 '기업용 SaaS'라면 기업용 SaaS에 특화된 투자은행을 선택해야 한다. 투자은행이 처음 제안하는 '엘리베이터 피치' 스타일에 완벽하고 신뢰감이 가는 최초 프레젠테이션을 준비해야 한다. 또한 핵심 메시지와 회사의 산업 내 포지셔닝 역시 집중적으로 준비해야 한다. 산업 전문성이야말로 투자은행을 고용하는 전제조건이므로 특정 산업에 대한 투자은행가들의 지식을 테스트하는 것을 망설일 필요가 없다.

잠재 인수자들과의 인맥: 특정 산업에 대한 지식 이외에도 투자은행은 잠재 인수자들과 공고한 인맥을 보유해야 한다. 잠재 인수 회사에서 활발하게 활동하는 인맥과 교류함으로써 교류가 잠재 인수 회사들에 대한 조직 구성과 내부 정보에 통찰을 제공하고, 그릇된 정보나 적절하지 못한 접근으로 매각 프로세스가 지연되는 일을 방지할 수 있을 것이다. 단순히 CEO나 CFO의 연락처를 나열해서 인맥을 자랑하는 투자은행 담당자는 경계해야 한다. 고위 직급의 임원들과 신뢰 관계를 유지하는 일은 매우 드물기 때문이다. 대부분의 인수 회사들은 인수·합병 전담 조직이 있어서 투자은행 전문가라면 이들 게이트 키퍼들과 신뢰감 있고 개인적인 관계를 유지하는 것이 중요하다. 투자은행 담당자가 인수 회사의 임원들과 의미 있는 관계를 가지고 있다면 더욱 좋다.

인수·합병 거래 경험: 과거에 인수·합병 거래를 성사시킨 트랙레코드가 충분한 투자은행과 일하는 것이 좋다. 일부 자문사는 산업 전문 지식이 충분하고 인맥도 탄탄해 보이지만 인수·합병 거래를 한 건도 성사시키지 못한 경우도 있다. 최근 들어 고위 임원직에서 은퇴하고 투자은행가로 경력을 시작한 자문사가 많이 생겼는데, 거래를 성사시킨 트랙레코드가 부족하다는 단점이 있다. 인수·합병 거래의 전반부는 마케팅과 잠재 인수자와의 관계 형성, 그리고 인수의향서를 완료하고, 후반부는 대상 회사에 대한 인수자의 상세 실사를 완료하고, 지난한 협상 과정을 통해서 확정 인수 계약서에 양측이 서명하는 일에 집중된다. 미숙한 자문사는 업무를 파악하지 못하고, 시장에서 어떤 인수 조건이 통용되는지도 인지하지 못해서 거래를 위험에 빠트리거나 상대방으로부터 받아낼 수 있는 조건을 놓치는 일이 있다.

투자은행 직원들의 업무에 대한 몰입도: 투자은행과 인터뷰할 때 구체적으로 투자은행 내 누구와 일할지 질문하고, 중도에 해당 인력이 교체되거나 예상치 못한 팀의 변화가 발생하는 것을 경계해야 한다. 능력 있고 경험 많은 시니어 인력이 훌륭하고 설득력 있는 프레젠테이션을 하고 자문 계약서에 서명하자마자 주니어 인력만 남기고 사라지는 상황이 발생할 수 있다. 인터뷰 진행시 투자은행의 핵심 임원에게 적극적으로 딜 과정에 참여할 것을 요구하고 약속을 받아야 한다. 여기에는 해당 거래 관련 주요 업데이트 보고,

매도측 이사회 구성원과의 회의, 중요한 잠재 인수자와의 회의 등을 포함한다.

문화적 적합성: 투자은행은 회사의 가치, 비전, 미션, 시장 내 입지를 잘 파악하고 있어야 한다. 사실상 회사를 대외적으로 대표하는 셈이므로 자문사의 업무 스타일과 방식이 회사와 상충하지 않아야 한다. 만약 회사가 화상 회의, 채팅, 온라인 협업 프로그램 등 비대면 가상 협업을 선호한다면 투자은행도 이 방식에 능숙하게 적응해야 한다. 반대로 투자은행 담당자를 자주 대면해서 만나는 것이 중요하다면 물리적으로 가까운 거리에 있고 대면 관계를 꺼리지 않는 자문사를 고용하는 것이 좋다. 고객 회사와 투자은행의 팀이 근본적으로 잘 맞아야 한다.

자문 계약서 체결

합이 잘 맞는 투자은행을 찾았다면 매도 회사와 투자은행 양측의 용역 계약 또는 자문 계약 조건을 협상해야 한다. 표면적으로 보이는 것과 달리 큰 금액이 오가고, 자문 계약서engagement letter에 서명하면 매도인의 입장에서 장기간 특정 업무 영역에 구속받는다는 점에서 쉬운 일이 아니다. 비록 투자은행이 계약서를 '서신letter'이라고 가볍게 부르지만, 장황하고 복잡한 법률 용어가 등장하는 엄연한 계약서이다. 하지만 겁먹을 필요는 없다. 실제로 이해하고 협상해야 할 조건은 그리 많지 않다. 다음 조건을 협상할 때 회사의 사내 변호사와 이사회를 전적으로 활용하길 바란다.

자문 용역 업무 범위: 계약서에 매도 회사 측 경영진이 자문사에 기대하는 바를 명확히 명시해야 한다. 핵심적인 매각 업무 외에도 투자은행이 자본구조 재조정, 기업 가치 분석에 대한 자문 또는 인수·합병과 관련한 공정성의견서fairness opinion[2] 제공과 같은 서비스를 제공하는지 확인하기 바란다. 가장 흔한 추가 자문 서비스는 '자금 조달 및 인수·합병 자문 용역dual-track funding and M&A engagement'일 것이다. 이 계약을 통해서 투자은행은 재무적 또는 전략적 소수 지분 투자자들을 설득해서 자금 조달을 추진하고, 인수자를 만나서 인수를 설득할 것이다. 이를 통해서 매도자 측 경영진이 고려할 수 있는 선택지를 최대한 늘릴 수 있다. 이 경우 투자은행의 자금 모집 수수료는 인수·합병 자문 수수료와는 다른 체계이며, 보통 모집된 금액의 5~10퍼센트 사이다. 자금 모집 활동을 승인하기 전에 투자은행이 미국 증권업의 감독 기관인 미국 금융산업감독청Financial Industry Regulatory Authority(FINRA)의 등록 회원사인지 확인하기 바란다.

---

2 우리나라의 경우 인수·합병 거래와 관련하여 회계법인 등이 작성하는 '외부평가기관의 평가의견서' 내에 포함되어 있다.

성공 보수: 인수·합병을 성공적으로 마무리하는 경우 투자은행에 주는 핵심적인 금전적 보상으로, 투자은행이 자문 용역에서 받는 수입의 절대 다수(90퍼센트 이상)를 차지한다. 고정 보수(혹은 리테이너, 아래에 논의 예정)와 달리 거래가 성공적으로 완료될 때만 지급되며, 부채의 원리금 상환 후 법률 자문 수수료와 같은 기타 비용 차감 전으로 지급 순위가 정해지며, 주주에게 돌아가는 순매각 금액의 일정 비율로 계산된다. 소규모 인수·합병 거래에서는 성공 보수율이 높게 책정되며, 거래 규모가 500만 달러 미만일 때 최대 10퍼센트의 수수료 비율로 시작하여 거래 규모가 1억 달러에 이를 때는 그 비율이 일반적으로 1~2퍼센트까지 감소한다. 이사회로부터 승인을 받은 매각의 가치가 낮게 책정되더라도 투자은행은 자신들의 최소 수익을 보장하기 위해 고정 수수료를 제시하는 경우가 많다. 계단식으로 인센티브 수수료 체계를 책정해서 높은 매각 가치에 대해서 더 많은 보수를 받는 계산 공식도 있다. 예를 들어, 매각 대금 5000만 달러까지는 기본 보수율 2퍼센트를 책정하고, 5000만 달러를 초과하면 초과분에 인센티브 수수료 5퍼센트를 적용하는 식이다. 인센티브 수수료는 이론적으로 쉽게 수용할 것 같지만 상당히 비싼 금액이 될 수 있으며, 고객사 입장에서는 투자은행의 노력이나 능력에 비해 과하게 수취한다고 느낄 수 있다. 거래 종료시 발생할 수 있는 '수수료에 대한 뒤늦은 아쉬움'을 피하기 위해 스프레드시트를 사용하여 모든 매각 가격에 대한 자문사의 보수를 모델

링해보고, 별로 커 보이지 않는 보수'율'이 어떻게 금액적으로 큰 금액으로 환산되는지 이해하는 것이 좋다. 마지막으로, 자문용역 계약서에 비현금 수단으로 매각 대금을 수령하는 인수 거래를 포함해야 한다. 매도자 측은 현금이 아니라 비상장회사의 주식이나 인수 후 회사의 재무 성과에 기반한 언아웃 금액을 지급받을 수도 있다. 대부분 다른 주주와 같은 형태의 수익을 수용하도록 투자은행에 요구하고, 현금이 거의 없거나 전혀 없을 때 현금 지급을 요구하지 않도록 하는 것이 좋다.

고정 수수료와 비용 보전: 투자은행을 고용하기 위해서는 최소 6개월 동안 월별로 약 5000~1만 5000달러 범위의 월간 수수료를 지불해야 하는데, 이는 환급 불가 비용이다. 수수료는 매각 자문을 의뢰한 측의 딜에 대한 진정성을 테스트하는 비용이라고 생각하면 된다. 이 비용을 지불하면 투자은행 입장에서는 의뢰자가 단순히 낚시를 하는 것이 아니라 거래를 종결시킬 의지와 의도가 있는 것으로 판단한다. 고정 수수료는 성공 수수료 수령시 공제되고, 자문용역 계약서에 명확하게 명시해야 한다. 고정 수수료 외에도 투자은행이 해당 거래를 추진하면서 발생한 실비를 보전해주어야 한다. 이 조항은 면밀히 검토하여 실비 보전 규모의 한도가 상식적으로 책정되어 있는지 확인해야 한다. 발생하는 모든 비용은 합리적이어야 하고, 자문을 의뢰한 회사의 정책에 부합해야 한다. 고객사인 매도자 측 회사의 항공료 출장비 정책이 최저가 일반석을 기준으로 책정된 경우 투자은행 직원은 일등석 표에 비용 보전 요청을 해서는 안 된다. 장거리 출장은 사전 승인을 요구하고, 전체 경비 총액을 5000달러 정도 혹은 합리적인 수준으로 제한하는 것이 좋다. '관리비'나 '간접비'와 같이 정확하게 명시되지 않은 비용에 대한 보전 요청은 주의해야 한다. 고객사를 대신하여 발생한 직접 비용에 대해서만 보전해야 한다.

기간, 종료 및 후속보호조항: 자문사와의 계약 기간은 1년 또는 그 이상 지속되므로 서명하기 전에 계약의 범위와 예상되는 금전적 부담을 철저히 파악해야 한다. 1년이 일반적인데, 얼핏 긴 시간처럼 느껴지지만 인수·합병 프로세스는 처음부터 거래 종결까지 최소한 6개월이 소요된다는 점을 유념해야 한다. 언제든지 상황이 변할 수 있기 때문에 약정서에 '어느 일방의 편의에 의한 계약 종료' 조항을 반영하여 어떤 이유로든 약정을 중단할 수 있는 명확한 방안을 마련하는 것이 중요하다. 계약 기간이 만료되거나 계약이 종료된 후에는 '후속보호조항tail provision'이 적용되는데, 이 조항은 인수·합병 거래가 계약서에 명시된 기간(일반적으로 6개월에서 1년 사이) 내에 체결되는 경우 투자은행에 성공 보수를 지급하도록 명시하고 있다. 후속보호조항은 투자은행이 섭외한 잠재 인수자들과 실질적인 회의나 상당한 시간이 소요된 경우에만 적용해야 한다.

배상 및 분쟁 해결: 어떤 거래에서도 문제는 발생한다. 사람들은 실수를 저지르거나 선의로 하는 행동이 오해를 사기도 한다. 고객사를 위해 일하는 투자은행의 임직원이 고객사

를 대신한 행위로 소송을 당할 경우 면책을 요구한다. 면책 대상의 범위는 투자은행 직원의 행위가 합리적이고 전문적인 판단에 의한 행동으로 한정하고, 무분별한 행위나 중대한 과실에 대해서는 명시적으로 제외한다. 제3자와 관련된 면책 외에도 투자은행 임직원과 고객사 사이에 심각한 의견 차이를 겪을 수 있다. 주로 성공 수수료 또는 '후속보호조항'에서 발생한다. 이러한 의견 차이를 어떻게 해결할 것인지 사전에 협의하는 것이 좋다. 비용과 시간이 많이 드는 소송보다는 중재/조정 절차를 권장한다.

핵심인물유지조항: 고객사(매도자)의 입장에서는 특정 산업 전문가나 특정한 기술을 보유한 직원 혹은 특정 인맥을 가지고 있는 투자은행 직원을 보고 일하고 싶을 수도 있다. 이런 경우에는 핵심인물유지조항key persons provision을 자문 계약서에 추가하여 해당 인력이 투자은행을 이탈할 때 자문 계약과 후속보호조항을 종료할 것을 권면한다. 당신이 고객사라면 이 인물이 새로 입사할 투자은행으로 자문 계약을 옮길 수 있는 옵션도 좋을 것이다. 이 인력이 이전 회사와 보수를 나누는 방식으로 협의하고, 기존의 자문 계약서에 따라 계속 일할 수도 있다.

공정성의견서(외부 평가기관의 평가의견서): 복잡한 인수·합병 상황에서는 이사회가 자문사에 평가의견서를 요청할 수있다. 평가의견서는 자문사가 진행 중인 인수·합병 거래의 공정성을 확인하는 보고서로, 투자은행이 회사의 이사회로 보내는 공식 문서이다. 이 문서는 거래에 불만을 표하는 기존 투자자, 채권자 또는 소송의 상대방이 반대 권리를 주장하거나 소송을 제기하는 경우, 이사회 입장에서 자신들의 행위를 정당화하는 보험 증서 역할을 한다. 외부 평가기관의 평가의견서는 상장회사 또는 비상장이지만 규모가 크고 다양한 주주를 가진 회사에 요구된다. 기술 기반 스타트업에 평가의견서는 과도한 감이 없지 않다. 하지만 복잡한 자본 구조를 가지고 있거나, 주주 간의 잠재적 이해 상충 가능성이 있는 회사에는 필요한 문서이다. 외부 평가기관의 평가의견서는 인수·합병 거래에서 작성 주체인 투자은행의 위험을 증가시킨다. 이 문서로 인해 투자은행은 종종 투자자 소송의 대상이 되거나 법정에서 진술하거나 증언해야 할 상황에 처할 수 있다. 따라서 평가의견서 작성에는 상당한 비용이 따르며, 거래 이후의 소송 가능성을 비용에 포함시키기 때문에 대략 100만 달러 이상을 지불할 수도 있다. 주주 소송에 대한 최선의 보호책은 평가의견서를 받아두는 것이 아니라, 오히려 인수·합병 과정을 폭넓고 투명하게 운영하고, 모든 잠재 인수자에게 제안하는 방식을 통해서 외부 기관의 감사나 감독 기구의 감독 상황에 거래의 적법성을 증명할 수 있어야 한다.

최상의 결과 도출을 위한 투자은행 활용법

본격적인 일은 자문 계약서에 서명하고 난 뒤부터 시작된다. 투자은행과의 협상이 힘들었다면 이 팀이 잠재 인수자들과의 협상에서는 어떨지 생각해보기 바란다. 상당히 큰 판돈이 걸려 있는 인수·합병 거래에서는 참여자가 무엇을 기대하는지 알고 있어야 하고, 모두가 같은 입장을 유지하는 것이 중요하다. 거래의 성공을 위해서는 이사회 구성원들이 한목소리를 내야 한다. 그렇지 않다면 비상 브레이크를 걸고 이사회 일정을 다시 잡아야 한다!

고위 경영진이 공감대를 형성하는 것도 중요하다. 실제 인수·합병 과정에 밀접하게 관여하는 경영진에 불협화음이 발생하거나 누군가 소외된다면 잠재적 인수자가 즉시 감지할 것이다. 특히 직원들이 매각 대금으로 주식이나 스톡옵션을 포함해서 보상을 거의 받지 못하는 저가 매각시에는 이러한 불만을 다루기 쉽지 않다. 이사회는 매각 대금의 일부를 직원들에게 할당하도록 결정함으로써 회사 주주와의 이해관계를 일치시키고, 매각 프로세스가 진행되는 과정에서 중요한 임원들의 이탈을 방지해야 한다.

마지막으로 모든 당사자가 일정에 합의해 인수·합병 과정이 표류되는 것을 방지해야 한다. 투자은행이 매도자가 회수할 매각 대금의 가치를 극대화하도록 노력하는 것과 별도로 중요한 일은 매도자 측 경영진과 팀이 해야 한다. 바로 당신의 일이고 비전이다. 어느 누구도 창업가이자 매도의 주체인 당신을 대신하여 매각 작업을 최종적으로 책임질 수는 없다.

18장

텀시트의 존재 이유

"텀시트가 왜 필요하죠?"

삶에서 법적 계약서가 왜 필요한가와 같은 질문이다. 앞의 장을 꼼꼼하게 읽은 독자라면 VC가 자신이 투자한 포트폴리오 회사와 맺은 투자계약서에 '진술 및 보증'을 문제 삼으며 소송을 제기하는 일이 드물다는 사실을 기억할 것이다. 그렇다면 악수를 나누거나 간단한 문서로 계약하면 안 되는가? 실제로 중요한 사항들은 몇 가지밖에 없는데, 왜 이렇게 방대한 내용의 복잡한 문서가 필요할까?

텀시트를 사용해야 할 절대적인 이유는 없다. 가장 이상적인 투자 협상이라면 기업가치평가, 이사회 구성, 스톡옵션 규모에 대해서 이견 없이 구두나 이메일로 합의하고 웃으며 악수로 결정하면 될 것이다. 그 후 우리 회사 파운드리 그룹의 웹사이트[1]에 게시한 표준 양식을 수정 없이 사용하여 몇 주 안에 거래를 마무리하는 것이다. 이러한 협력과 상호 신뢰야 말로 이상적이다.

우리와 대화하는 상대방이 사업 경험이 많고, 우리 회사와 일해본 경험도 있으며, 그들 측에서 자문을 맡고 있는 변호사가 우리의 성향을 잘 안다면 텀시트 없이 일하는 것도 효과적일 것이다. 하지만 이는 이례적인 경우로, 텀시트는 양자가 처음으로 마주 앉아 협상을 개시하면서 작성하는 문서라는 점에서 건너

---

1   http://foundrygroup.com/resources

뛸 수 없다.

텀시트와는 별개로 많은 법률적인 문서가 작성된다. 이런 문서를 수없이 쓰고 서명하는 것은 우리 삶의 작은 부분일 뿐이다. VC는 그들에게 투자한 LP 투자자의 질의에 답변해야 하는 의무가 있는데, 기관투자자는 법적인 보호 장치(법적 계약서 등) 없이 VC가 투자하는 것을 불안해한다. VC의 외부 감사인(회계사)들도 VC가 지불하는 수수료에 대한 대가로 VC가 하는 일이 제대로 굴러가는지를 점검하고, 포트폴리오 평가에 법적 계약서 등의 문서가 없다면 점검할 수 있는 수단이 없다. 다소 극단적인 경우이지만, 법적 계약서 및 보호 장치로 인해서 피투자 회사나 VC의 비도덕적인 행위를 제한한 사례가 실제 있었다. 일반적으로 법원은 VC의 의심스러운 행위를 좀처럼 봐주지 않는다. VC가 원하는 조항이 있다면 분명하고 명시적으로 계약서에 반영해야 한다.

적절하게 작성된 계약서는 당사자들이 서로에게 유익한 방식으로 행동하도록 도움을 준다. 투자 거래 관계에서 계약서를 유용하게 활용할 수 있는 요소를 살펴보기로 하자. 계약서의 특정 조항을 검토할 때 프레임으로 작동할 것이다. 다시 한번 우리의 친구 브래드 번솔의 조언에 감사의 말씀을 전한다.

행동의 제한과 이해관계의 일치

계약 관계를 통해서 양 당사자는 서로에게 이익이 되는 상황을 만들고, 서로의 이해관계를 일치시키는 것을 목표로 한다. 사업 관계가 양 당사자에게 중요하다면 모두 선한 행동을 할 것이다. 평판의 중요성도 무시할 수 없다. 그러나 이것만으로는 어느 일방의 행동을 법적으로 강제할 수 없다. 계약이라는 제도가 만들어진 이유다.

인간은 대체로 선하다. 그러나 사업이 걸려 있는 상황에서 이기심은 삶을 관통하는 진리다. 만약 당신의 회사에 투자하는 VC가 당신 회사와 VC 서로에게 이익이 되는 행동을 할 것이라고 믿고, 실제로 모두에게 이익이 되는 방향으로 일한다면 둘의 관계는 원만하게 유지될 것이다. 하지만 어느 날 당신이 VC 투자자와 다른 입장에 서 있다는 것을 깨닫게 되면 상황은 예상과 다르게 꼬일 수 있다. 이전 장에서 인수·합병시 스톡옵션을 처리한 내용을 상기해보자. 이러한 상황에서는 창업가인 당신과 투자자인 VC, 그리고 당신 회사의 직원들이 각자의 이해관계를 가질 가능성이 높다. 어느 일방에게 이익이 되는 회사의 결정이 다른 일방에게는 불리하게 작용할 수 있다.

이해관계의 불일치 문제는 공개적이고 직접적으로 처리할 것을 권유한다. 만약 합의에 도달하기가 어렵다면 사전에 합의된 계약 조건에 의해 제한하는 것이 낫다. 적절치 못한 상대방의 행위를 제한하고, 서로의 이해관계를 조율하는 방법을 텀시트와 계약서에 문서화시키는 것이 중요하다.

텀시트에서 중요한 두 가지는 투자 수익 조항과 경영권 통제 조항이다. 중요한 두 가지를 더 꼽으라면 당사자 간의 이해관계를 일치시키는 것과 상대방의 적절치 못한 행위를 제한하는 것이다. 특정 조건이 당신에게 유리한지 혹은 불리한지 판단할 때 그 조건이 사람들의 부적절한 행위 능력을 선제적으로 제어하는지 혹은 부정적으로 증폭시키는지 고려해야 한다. 그 조항이 창업가와 투자자 사이의 이해관계를 일치시키는지도 살펴야 한다.

무엇인가가 잘못되는 것 같고 어떤 조항이 창업가와 투자자의 이해관계에 배치된다고 느껴진다면 그 조항을 신중히 받아들여야 한다. 당신은 매우 강력한 협상 도구를 가지고 있는 셈이다. "이 조건이 마음에 들지 않아요. 시장 관행에 맞지 않아요"라고 말할 필요는 없다. 대신 "잠깐만요. 이 조건은 처음부터 양사의 입장을 분열시키고, 서로 간의 이해관계가 상충될 것 같아요"라고 이야기하라.

이상적인 계약 관계는 두 가지 고려 사항을 적절히 반영할 뿐만 아니라 거래에서 발생하는 거래 비용, 대리인 비용, 정보 비대칭을 효과적으로 다루어야 한다.

거래 비용

거래 비용에 대해서는 여러 가지 정의가 있지만, 이 책의 취지상 거래 당사자의 관계를 형성하는 데 소요되는 시간과 금액을 거래 비용으로 정의하려고 한다. 거래 비용에는 양측 변호사 비용뿐만 아니라 회의 시간과 비용, 실사에 소요되는 시간과 비용, 첫 만남부터 최종적으로 계약서에 서명할 때까지 들어간 모든 시간적·물리적 비용이 포함된다.

25년 전만 해도 스타트업이 자금을 조달하기가 훨씬 어려웠다. VC의 수가 적었기 때문이 아니라 지불해야 할 거래 비용이 높았기 때문이다. 업계에서 표준적인 형태로 통용되는 문서 양식이 없었기 때문에 변호사는 문서를 검토하고 논의하는 데 상당한 시간을 소비했다. 전화와 팩스를 제외하면 널리 쓰이는 전자 통신 수단도 없었다. 지금 보다 훨씬 많은 회의가 대면으로 이루어져야 했고, 시간이 많이 걸렸고, 일정을 잡는 것도 어려웠다. 배송업체가 문서를 이곳저곳으로 송달하는 역할을 했다(제이슨의 이전 법률사무소에는 자전거와 자동차를 사무실 자산으로 두었고, 항공운송업자도 상주해 있었다). 다행히 기술 발달, 통신의 투명성, 온라인 매체, 오프라인 서적의 보급으로 이러한 비용이 크게 감소했다. 자금 조달과 금융 투자는 더 이상 변호사와 극소수의 정보를 독점하는 투자자가 통제하는 블랙박스가 아니다.

훌륭한 계약 관계는 현재와 미래의 거래 비용을 최소화한다. 전환사채는 지분 발행에 비해 법률 비용이 낮기 때문에 점점 인기를 끌었다. 15년 전만 해도 주식 발행을 통한 자금 조달은 전환사채 방식보다 4배의 비용이 들었다. 하지만 오늘날에는 거의 차이가 없어졌다. 어떤 자본 구조로 자금을 조달할지를 결정하려면 거래를 완료하는 데 소요되는 거래 비용을 생각해야 한다.

미래에 발행할 거래 비용은 더욱 중요하다. 최종 인수·합병 계약서에 대한 협상을 진행하는 동안 발생할 수 있는 모호함을 피하기 위해서는 인수의향서에 상세한 사항까지 협의해서 반영할 필요가 있다. 인수의향서 단계에서 협상력을 가진 시점에 한

두 시간 고생해서 협상하는 것이 나중에 수십 시간을 절약해줄 수 있다. 거래 관계를 미리 정의함으로써 누가 어떤 권리를 가지고, 무엇을 대가로 받는지 논의함으로써 시간적·금전적 비용을 절감할 수 있다.

대리인 비용과 정보 비대칭

대리인 비용은 대리인agent이 자신principal을 대신해 행동할 때 발생하는 비용이다. 비용 중 일부는 직접적으로 발생하는 비용이다. 주식 중개인을 고용해 주식을 매수하면 수수료를 지불해야 한다. 하지만 이 비용 중 일부는 발견하기 어려운 경우도 있다.

VC 펀드의 포트폴리오 회사 가운데 좀비 회사가 있다고 가정해보자. 좀비 회사란 명목상 사업을 유지하고 있지만 하루하루 근근이 버티고 있는 회사를 말한다. VC 입장에서 최선의 상황은 그 회사를 청산시켜서 은행 계좌에 혹시라도 남아 있을 현금을 회수하고 세무상 결손금이라도 인정받는 것이다.

하지만 좀비 회사의 CEO 입장에서는 VC와는 셈법이 다르다. 그는 회사가 존속하는 한 여전히 나쁘지 않은 급여를 받을 것이고, CEO 명함을 가지고 사람들을 만나고 다닐 것이다. 그의 입장에서 최선의 상황은 회사가 오랫동안 유지하는 것이다. 이 경우, 이 CEO가 대리인이다.

VC와 창업가가 오랫동안 알고 지냈더라도 어느 일방이 다른 일방의 사업의 세세한 부분과 내면의 동기를 알 수 없다. 이

러한 정보의 비대칭성은 대리인 비용과 마찬가지로 이해관계의
불일치를 유발한다.

이러한 긴장 상태를 계약서 조항으로 어떻게 조율하고 완
화할 수 있을지 생각해보자. 우선 VC가 포트폴리오 회사의 이
사회에 참석할 수 있는 이사를 한두 명이라도 선임할 수 있는
계약상의 권리가 있다면 도움이 될 것이다. 최소한 한 명의 독
립적인 사외이사와 함께 이사회의 구성원 수를 홀수로 만드는
것도 적절한 방법이다. VC가 상환권redeem right을 가지고 있다
면 회사의 의사결정 상황에서 추가적인 압박 수단을 가질 수도
있다.

평판을 통한 행동의 제한

거래 당사자들이 장기적인 게임을 하고 있다면 평판을 통한 행
동의 제한은 계약서의 특정 조항보다 중요할 수 있다. 벤처 캐
피털 업계는 협소하고 평판이 매우 중요하다. 부적절한 행위는
은밀하고 비공개적으로 이루어지더라도 소문이 퍼지기 마련이
다. 물리적으로 좁은 지리적 범위에서 활동한다면 평판의 중요
성은 증가한다.

물론 평판에 둔감한 사람들도 있지만 이 업계에서 평판은
오랜 기간에 걸쳐 형성된다. 어떤 계약도 완벽하지 않지만 모호
한 상황과 갈등 관계를 어떻게 다루느냐에 따라 당사자의 평판
에 지대한 영향을 미친다. 창업가와 투자자 모두에게 해당하는
이야기이다. 철저한 조사를 통해 상대방의 실제 평판을 알아보

자. 어떤 면에서는 계약서의 어떤 조항보다 가장 중요한 항목일
수 있다.

19장

창업가가 알아야 할
법률 사항

창업가와 스타트업을 위해서 일하는 변호사에게 걸림돌로 작용하는 법적 문제가 있다. 자금 조달이나 투자 회수시 마주치는 단순한 수준의 약간의 번거로운 이슈일 수도 있지만, 어떤 법률 이슈는 회사의 재무 상황에 큰 영향을 미치는 문제일 수도 있고, 최악의 경우 기업 가치를 심각하게 훼손시킬 수도 있다. 우리가 당신의 변호사가 아니기에 법률적 자문을 제공하는 것은 아니다(라고 쓰라고 우리 사내 변호사들이 등 뒤에서 강요하고 있다). 단순히 변호사가 알아서 잘 처리하겠지 하며 넘어가기보다는 스스로 이해하는 것이 중요하다는 것이다.

창업가가 직면하는 법적 문제를 잘 설명한 책을 읽고 싶다면 콘스탄스 배글리Constance Bagley와 크레이그 도쉬Craig Dauchy의 『창업가를 위한 미국 상법 가이드The Entrepreneur's Guide to Business Law』(5판, 2012)를 강력히 추천한다. 변호사가 아닌 창업가를 위해 쓴 최고의 법률 서적이다.

이 장을 쓰는 데 큰 도움을 준 법무법인 쿨리의 친구들에게도 감사의 말씀을 전한다.

지식재산권

지식재산권 문제는 창업이 본격적으로 시작되기 전에 스타트업의 싹을 자를 수 있다. 다음의 예시를 보자.

A라는 창업가가 B라는 친구와 맥주를 마셨다. A는 술자리에서 새로운 사업을 이야기했다. A는 스타트업을 통해서 X라는 기술을 혁신해 돈을 많이 벌 것이라고 이야기했다. A는 몇 시간

동안 사업 모델, 필요 사항, 신규 제품 요구 사양 등을 이야기했다. 둘은 거나하게 취해서 기분 좋게 각자의 집으로 돌아갔다.

다음 날 아침, B는 X-라이크라는 일터로 출근했다. A는 자신의 사업 분야가 X-라이크와 유사하다는 사실을 알고 있었고, 그 분야 최고 회사이기에 B에게 자신의 아이디어를 검토해달라고 부탁했다. 아마도 A는 언젠가 친구 B를 고용할 계획을 가졌을 수도 있다.

A는 스타트업이 자리 잡도록 6개월간 갖은 고생을 했고, 마침내 제품의 첫 버전을 출시하게 되었다. 유명한 기술 블로그에 글을 쓰기 시작했고, VC로부터 투자 제안을 받기 시작했다. A의 입가에는 미소가 떠나지 않았고, 스타트업 창업가로서 장밋빛 삶이 펼쳐질 것을 기대했다.

다음 날, B가 전화를 걸어 X-라이크에서 해고되었다며 A의 회사에 합류하고 싶다고 말했다. A는 자금 투자를 받으면 B를 고용하겠노라고 했다. B는 "괜찮아, 당장은 무급으로 시작할 수 있어. 내가 너희 회사의 지분을 50퍼센트 소유하고 있잖아"라고 말했다. A는 충격에 빠져 말이 나오지 않았다.

B는 같이 맥주를 마시며 회사를 같이 설립했으니 자신이 회사의 지식재산권 50퍼센트를 소유하고 있다고 주장했다. A는 동의할 수 없다고 말했다. 그러자 B는 자신의 삼촌이 변호사라고 말했다.

이상하게 들릴 수도 있지만 실제 사례이다. B의 주장이 어처구니없다고 생각할 수 있지만, B가 삼촌을 통해 법적 조치를 취할 경우 스타트업의 자금 유치를 지연시킬 수 있다. B가 계속해서 A에게 법적 조치를 하고, A가 B에게 대가를 주지 않는 한 자금 조달 기회를 완전히 막을 수도 있다. 만약 B가 우연히 버스에 치이는 교통사고를 당해도 실제 소송이 진행되고, 게다가 X-라이크가 그 과정에서 실마리를 찾으면 X-라이크가 지식재산권을 청구할 수 있다.

스타트업 세계에서는 유사한 이야기가 수없이 많다. 페이스북의 설립에 관한 이야기를 다룬 영화 〈소셜 네트워크Social Network〉에서 이러한 사례가 극단적으로 그려지기도(혹은 다소 창작된 부분도 있겠지만) 했다. 극적인 이야기는 줄줄이 이어진다. 예를 들어 MBA 수업에서 만난 두 학생이 스타트업을 시작했지만, 시간이 조금 지나 한 명은 스타트업에 몰두했고, 다른 한 명은 그렇지 못했다. 그런데 나중에 참여가 저조했던 학생이 회사의 지식재산권에 기여한 바가 많다며 소유권을 제기해 사업 전체를 혼란에 빠트린 이야기도 있다. 어떤 창업가가 프리랜서 개발자를 고용해서 특정 코드 작성 용역 계약을 하고 대가를 지불했지만, 프리랜서가 계약으로 수령한 돈 이외에도 지식재산권에 대한 소송을 제기한 사례도 있다. 용역을 발주한 회사가 타인이 작성한 프로그램 코드에 대가를 지불하더라도 해당 코드가 '위탁 제작'이라는 사실을 명시한 계약서에 서명하지 않는 한 그 코드를 소유하지 못한다는 점을 인식해야 한다. 계약서에 정확한 문장이 필요한 이유다.

이러한 상황이 발생하면 산전수전 다 겪은 VC도 지식재산권과 관련한 법적 문제가 없는지 확인하고, 예시로 든 이야기처럼 터무니없는 주장을 해결하기 위해 진심으로 조력할 것이다.

초기 단계에서 신중하고 성실하며 적당히 경계심을 갖는 게 중요하다. 친구나 지인이라면 대화로 해결할 수 있지만, 낯선 사람들과 이야기할 때는 특히 주의해야 한다.

일부 스타트업 창업가와 대다수의 변호사는 아이디어 단계에서부터 철저히 보호하거나, 사업과 관계된 모든 사람들과 비밀유지협약서를 작성하라고 말한다. 하지만 우리는 동의하지 않는다. 창업가라면 자신의 아이디어를 공개적으로 이야기하라고 말한다. 비밀유지협약서는 별로 효과가 없다. 주의할 점은 아이디어를 이야기하는 상대방이 어떤 사람인지를 인식하는 것이다. 세간의 평판 리스크만으로 고의에 의한 지식재산권 강탈을 제한할 수 없는 사업 환경에 있다면 지식재산권을 공개하기 전에 신중하게 고민해야 한다. 사업을 시작할 때 문서 작업을 도와줄 수 있는 유능한 법률 자문인을 옆에 두기 바란다.

특허권

지식재산권에 대해서 타인의 고의에 의한 침해를 막고, 지식재산권을 통해서 회사에 가치를 더하는 방법은 특허권을 취득하는 것이다. 특허권을 취득하면 회사는 발명품에 대해서 20년 동안[1] 독점적으로 제작하고 사용하며 판매할 수 있는 권리를 갖는다. 대

---

1   실용신안의 경우 한국에서의 보호 기간은 특허(20년)와 달리 10년이다.

다수의 특허는 실용신안utility patent으로, 이미 발명된 어떤 장치를 편리하게 사용할 수 있는 기능적 고안에 대한 권리를 보호한다. 신청자는 정해진 기한 내에 특허청에 특허 출원을 해야 하는데, 그 기한은 해당 발명품에 대한 판매를 제안하거나 혹은 비밀유지약정서가 없더라도 해당 발명(품)을 개인이나 법인에 구매 제안을 하거나 공개한 시점으로부터 12개월 이내이다.

특허권이 자본을 투자할 가치가 있는지 판단하기란 쉽지 않다. 특허권 확보는 비용이 많이 들고, 수익에 대한 보장도 없다. 그러나 기술 스타트업에 특허권은 투자할 만한 가치가 있는 자산이다. 특허권을 소유한 회사는 경쟁 우위를 확보할 수 있고, 로열티 수입을 통해서 지속적인 매출을 창출할 수 있다. 특허권을 통해서 시장에서 확고한 경쟁적 입지를 확립할 수 있다.

특허 출원 여부를 고려할 때 창업가는 필요한 투자 자금과 잠재적인 이점을 비교해야 한다. 기술 진보가 매우 빠른 산업의 경우 특허권을 출원하고 권리를 부여받는 시점에 해당 지식재산권이 진부한 기술이 될 수 있다.

어떤 회사는 임시 특허 출원을 하기도 한다. 임시 특허 출원에는 완전하고 실현 가능한 기술에 대한 공시 내용이 포함되지만, 실용신안 출원에서와 같은 형식적인 일부 요구 사항은 생략하기도 한다. 임시 특허 출원은 초기 제출일로부터 1년 내에 실용신안 출원으로 전환될 수 있다. 임시 특허 출원과 관련하여 소요되는 비용은 일반적으로 2000~1만 달러이다. 스타트업이 특허권을 최종적으로 확보하려면 정식 특허 출원 과정을 완료해야 하고, 1~2만 5000달러의 비용과 한두 달의 시간이 걸린다. 특허 출원이 미국 특허청에 제출되면 승인 완료까지 몇 년 이 걸리기도 한다. 특허 출원 과정은 매우 복잡하기 때문에 특허 전문 변호사의 자문을 받는 것이 좋다.

상표권

상표권은 회사가 특정 제품이나 서비스의 소유주로서 회사를 식별하는 고유한 이름, 브랜드, 상징 또는 특정 문구에 대해서 가지는 권리로, 소유주는 법적으로 사용과 처분에 대한 권리를 보호받을 수 있다. 상표권을 통해서 브랜드 소유주는 타인으로 부터 브랜드와 관련된 신뢰성을 해치는 행위나 브랜드와 관련 한 무형적 가치를 타인이 악용하는 행위를 방지할 수 있다. 미국에서 상표권을 확보하는 절차는 세 단계로 이루어진다. 상표 등록 조회, 상표권 출원, 그리고 상표권 공표 절차이다.

상표권 출원을 신청하기에 앞서 회사는 먼저 제안된 상표 가 등록 가능한지 확인해야 한다. 담당 변호사[2]가 제안된 상표 가 미국 특허청에 등록 가능한지 조회하는 과정을 포함하며, 비용은 1800~3500달러까지 폭이 넓다. 이 조회 과정을 통해서 회사가 제안한 상표가 이미 등록된 다른 회사의 이름과 동일하 거나 매우 유사하지는 않은지 확인하고, 회사가 제공할 제품이

---

2   우리나라의 경우 변리사.

나 서비스의 브랜드명과 유사한 타사의 제품 또는 서비스 브랜드와도 비교한다. 미국에서는 상표권을 미국 특허청에 최초로 등록한 회사라고 해서 보장받을 수 없다. 대신 상표권은 최초로 상표를 사용한 주체가 누구냐에 따라 결정된다. 상표를 선택할 때 미국 특허청의 등록된 상표 목록뿐만 아니라 경쟁자가 이미 공개적으로 사용한 등록되지 않은 기업명 및 브랜드명이나 광고 문구, 상징물까지 신중하게 살펴야 한다.

회사명의 경우, 미국 특허청에서 조회 절차를 거친 후 회사가 설립된 주의 주무 장관secretary of state[3]에게 이미 등록되지 않은 상호 이름인지 공식적으로 확인 절차를 거쳐야 한다. 주무 장관은 회사의 제안된 이름이 기존에 등록된 주의 기업등록부의 이름과 유사하면 해당 주에서 회사 설립을 승인하지 않는다.

회사명에 대해서 초기 조회를 수행하고, 회사의 법인 설립 자료를 제출한 후 회사 도메인을 등록한다고 해서 상표권을 확보할 수 있는 것은 아니다. 상표권에 대한 보호를 온전히 받기 위해서는 미국 특허청에 상표권 출원을 해야 한다. 일반적으로 이 출원은 회사에 고용되거나 혹은 의뢰 받은 변호사(한국의 경

---

3   연방정부의 국무장관과 영문 명칭은 같다. 미국은 각 주의 사무와 관련한 일을 총괄하는 부서가 있고, 총괄하는 장관이 있다. 주마다 역할이 다르고, 주무 장관을 두지 않고 다른 행정 조직을 두고 있는 주도 많다. 선거인 명부 관리, 각 주의 기업 등기 관리 및 교통 및 자동차 관련 업무 등을 맡고 있다. 한국의 지방행정 조직상 각 도에 있는 자치행정국이나 건설국 및 교통국 등과 유사한 기능을 수행한다(경기도청 기준).

우 변리사)가 준비하여 제출하며, 비용은 1500~4000달러다. 미국 특허청이 출원을 검토 후 승인하면 상표는 출원 절차의 세 번째 단계인 공표 기간에 들어가며, 이 기간 동안 다른 개인이나 법인이 상표에 이의를 제기할 수도 있다.

고용 관련 문제

창업가가 마주하는 가장 흔한 소송은 고용 문제다. 해고당한 직원이 제기한 소송은 더 이상 특별한 일이 아니다.

몇 가지 대비책을 살펴보자. 첫째, 고용하는 모든 직원이 임의 고용at-will employment 상태인지 확인하기 바란다. 이 구체적인 단어가 노동계약서에 포함되지 않았다면 주별로 상이한 노동법에 따라 직원 해고 여부가 결정될 수 있다. 미국의 특정 주에서는 유럽만큼이나 해고가 어려울 수 있다.

다음으로 고용계약서에 사전 고용계약 해지 조건을 미리 명시할지 결정해야 한다. 누군가를 해고할 경우 추가로 주식을 제공하거나 현금으로 보상할지를 결정할 수 있다. 처음부터 결정하지 않으면 퇴사시 상당한 대가를 요구할 가능성이 있다. 물론 입사 단계부터 고용 계약 해지 조건을 설정하는 것은 결혼 전에 혼인계약서에 이혼 조건을 반영하는 것만큼이나 불편한 일이며, 특히 회사가 재정적으로 어려운 경우 비용을 절감하기 위해 사람들을 내보내야 하는 상황에서 회사의 입지를 제한할 수 있다.

경영자라면 괜찮은 고용 전문 변호사를 알고 있어야 한다.

이처럼 특수한 문제는 스트레스도 심하고 상황 예측도 어렵다. 특히 주별로 차별 금지 규정이 다양하고 산발적으로 존재하는 상황에서는 더욱 그러하다. 이런 상황에서 고용 전문 변호사는 문제가 발생했을 때 적절한 해결책을 신속하게 제시할 수 있다. 창업가 중 한 명이나 고위 임원이 회사를 떠날 때는 고용 전문 변호사가 관련 사안을 검토하는 것이 필수적이다. 퇴사시 당사자들이 좋은 관계를 유지하더라도 향후 회사의 투자 유치와 인수·합병시 문제가 되지 않도록 지분 관계 사항이나 지식재산권 문제를 명확히 정리해야 한다.

기업의 형태

미국 기준으로 창업시 선택할 수 있는 회사 법인의 종류는 세 가지가 있다. C코퍼레이션C Corp, S코퍼레이션S Corp, 그리고 유한책임회사Limited liability company(LLC)이다. 벤처 금융 방식으로 자금을 조달할 계획이 있다면 C코퍼레이션 방식이 좋다. 그러나 다른 법인 형태의 장점과 유용성을 이해하는 것도 중요하다.

벤처 투자 자금이나 엔젤 투자금을 조달할 계획이 없다면 S코퍼레이션이 가장 적합한 구조이다. S코퍼레이션은 파트너십 구조에서 받을 수 있는 모든 세금 혜택과 구조에 유연성을 가지고 있으며, 특히 이중 과세 부담이 있는 C코퍼레이션에 비해 단일 과세 구조를 유지하면서도 C코퍼레이션의 부채에 대한 법적 보호 구조를 가질 수 있다.

LLC는 S코퍼레이션의 대안으로 활용되는데, 두 가지 법인 형식이 법적으로 유사한 특징을 가지고 있기 때문이다. LLC의 경우 직원들에게 지분을 부여하는 것이 훨씬 어렵다. LLC는 스톡옵션 대신 멤버십 유닛membership units(한국 유한회사의 경우 출자좌)를 부여하는데, 일반 직원에겐 익숙하지 않은 개념이다. 납세자의 관점에서는 스톡옵션이 이해하기 쉽다. LLC는 제한된 수의 유한사원(코퍼레이션의 주주에 해당)이 있는 경우에는 원활하게 작동하지만, 소유권이 여러 사람에게 분산되면 효율적이지 않다.

벤처 투자 유치나 엔젤 투자 유치를 고려한다면 C코퍼레이션이 가장 적합한(경우에 따라 강제 사항일 수도 있다) 구조일 수 있다. 벤처 투자 혹은 엔젤 투자를 받은 회사는 대부분 여러 클래스의 주식을 발행할 수밖에 없는데, S코퍼레이션에서는 허용되는 구조가 아니다. 스타트업은 일정 기간 손실이 불가피할 것으로 예상되므로(자금을 조달하려는 이유다), 법인세를 처리하며 발생한 결손금을 이연시킴으로서 과세 혜택을 볼 수 있어야 한다. VC 또는 엔젤투자로부터 투자를 받은 회사가 수익을 내더라도 초창기에 수익을 분배할 가능성은 낮을 테니까 말이다.

적격투자자

이 책의 초판본부터 세 번째 개정판을 집필할 때만 하더라도 불특정 대상에게 증권을 판매하는 것은 불법이었다. 그러나 JOBS법이 통과되고, 크라우드펀딩이 대세가 된 지금은 누구에게나 주식을 합법적으로 판매할 수 있는 방법이 생겨났다. 물론 대다수 스타트업 창업가들은 적격투자자accredited investors에게만 주식 투자를 권유하는 기존 방식을 고수하고 있다. 금전적으로 부를 축적한 사람이 아닌 사람들, 이를테면 미용사, 자동차 정비사, 식료품점 판매원에게 스타트업 지분에 투자하라고 요청할 수는 없는 노릇이다. 미국의 현행법상으로도 재정적으로 부유하고 투자 지식을 갖춘 사람들만 적격투자자로 인정되며 비상장기업의 지분에 투자할 수 있다. 만약 이 정의에 부합하지 않는 사람들로부터 투자 자금을 모은다면 미국의 증권 관련 법을 위반할 소지가 있다. 미국 증권거래위원회라고 해서 이러한 사람들을 모두 적발하지는 못하지만, 간혹 범법 사례를 찾아내는 경우도 꽤 있다.

만약 이 권고를 무시하고 미국 증권거래위원회에서 승인한 적격투자자 이외의 사람들에게 회사 주식을 판매한다면 평생 해결해야 할 문제가 생길 수 있다. 비적격투자자들은 회사의 실적이나 상황과 상관없이 언제든 원래 매입 가격으로 주식을 되사게끔 강요할 수 있다. 비적격투자자의 매입 취소권으로 발생하는 문제는 심심찮게 발생하며, 특히 가까운 가족이나 친척 및 지인이 주식을 다시 사라고 강요할 때는 더욱 곤혹스러울 것이다.

미국 연방세법상의 409A 섹션에 의한 가치 평가

인수 과정에서 느닷없이 등장하는 불편한 법적 문제는 연방세법 규정의 섹션 409A에 의거한 유가증권의 평가와 관련한 사항으로, 일명 409A 가치 평가와 관계있다. 409A 섹션에서는 회사 직원에게 제공된 모든 스톡옵션은 공정시장가치fair market value로 되어야 한다고 명시하고 있다.

밀레니엄이 도래하기 이전의 시기, 즉 409A 섹션이 도입되기 이전에는 비상장회사의 이사회에서 스톡옵션의 공정시장가치를 결정하고, 미국 연방국세청(IRS)이 그대로 수용했다. 스톡옵션의 행사 가격으로 참조되는 보통주의 주당가격을 직전 우선주 가격의 10퍼센트에 해당하는 가격으로 정하는 것이 시장의 관행이었다. 다만 회사가 18개월 이내에 기업공개를 진행하는 경우는 예외 사항으로, 기업공개 시점이 임박해짐에 따라 보통주의 가격은 우선주 가격에 거의 일치하게 조정되었다.

하지만 여러 이유로, 미국 연방국세청은 공정한 시장 가치를 결정하는 올바른 방법이 아니라고 판단하고, 연방세법 409A 섹션에 새로운 접근 방식을 추가했다. 이에 따라 스톡옵션의 가치 평가가 부정확할 경우 엄청난 벌칙을 부과했다. 해당 직원에게 소비세를, 회사 측에는 벌금을 부과한 것이다. 캘리포니아를 포함한 일부 주에서는 주정부 차원에서 추가로 자체 벌칙을 도입하기도 했다. 처음 409A 섹션이 입법 예고되었을 때만 하더라도 시장에서는 악몽처럼 받아들였다.

그러나 IRS는 모든 납세의무자에게 안전지대safe harbor라고도 불리는, 지나친 조세 부담을 비껴갈 수 있는 단서 조항을 제공했다. 회사가 전문 평가기관에 의뢰해서 평가를 받을 경우, 연방국세청이 가치 평가 내용을 반박하지 않는 이상 정확한 가치 평가로 인정한다는 것이다. 미국 국세청에서 전문 기관의 평가 내용을 반박하는 것은 쉬운 일이 아니다. 회사가 전문 평가 기관의 평가를 받지 않고, 스스로 자신의 평가가 옳다는 것을 증명하는 것도 여간 어려운 일이 아니다.

그 결과, 회계사들과 전문 평가 기관을 위한 새로운 기회의 장이 열렸다. 하지만 409A 섹션의 도입은 기업인에게는 전문 회계 인력을 뽑고 유지해야 하는 고정적 간접비용이라는 커다란 부담으로 이어졌다. 409A 관련 전문 평가기관에서 일하는 지인이 꽤 있지만, 모든 업무가 회사나 사업의 가치 창출에 기여하는 것 같지는 않다. 원래 비용은 연간 5000~1만 5000달러 정도였다. 소프트웨어 회사인 카르타Carta(carta.com)는 월 25달러 구독료로 409A 평가를 수행하겠다고 발표하기도 했다. 아무튼 회사 입장에서는 409A 가치 평가보다 효용 있는 지출처, 이를테면 직원 회식비나 검색엔진 마케팅 비용에 피 같은 돈을 못 쓰는 상황이 되었다.

409A 섹션으로 인한 불가피한 부작용은 더 있다. 통상적으로 보통주를 우선주의 10퍼센트로 평가한, 이른바 10퍼센트 규칙이 유효하지 않게 되었다. 초기 단계 기업 중에서 409A를 적용하면서 보통주 가치가 우선주 가치의 20~30퍼센트로 평가되는 사례가 종종 있었다. 스톡옵션의 행사 가격이 그만큼 높아지면서 스톡옵션으로 주식을 매입하는 데 많은 비용이 소요되어 직원은 더 적은 금액을 얻고, 그 결과 청산(매각) 상황에서 직원들의 금전적 보상이 크게 줄었다.

역설적으로 미국 연방국세청이 양도차익(주식 매도 가격에서 행사 가격을 제한 가치)에 세금을 징수하며 세수가 줄어들었다. 제도 도입의 최종 승자는 회계사 차지가 되었다.

83(b) 선택 조항

83(b) 선택 사항은 (매매) 제한이 걸려 있는 주식의 수령 대상자가 미국 연방국세청에 보내는 신고 사항으로서, 신고자는 신고 통지에서 주식에 부과되는 세금의 과세 기준 일자를 주식의 베스팅이 완료된 날이 아니라 실제 주식을 받은 날로 선택할 수 있다. 83(b) 선택 사항은 베스팅이 적용되는 주식에 대해서만 적용된다. 83(b) 조항을 선택해서 신고하면 개인의 일반소득세에 대한 과세를 가속시키는 것 이외에 개인의 장기 자본 이득에 대한 세무상의 보유 기간도 빨라진다.

83(b) 조항 선택 신고는 매매 제한 대상 주식을 부여받은 날로부터 30일 이내에 이루어져야 한다. 그 기간 내에 신고하지 않으면 되돌리기가 불가능하다. 주식에 대한 권리를 수령한 날로부터 30일 이내에 83(b) 선택 신고를 제출하지 않으면 아무 것도 할 수 없다. 투자를 검토하는 잠재 투자자는 모든 관련 대상자가 적기에 83(b) 선택과 관련한 신고서를 제출했는지 확인할 것이다. 간혹 회사 측이 투자계약서의 진술 및 보장 조항에서 83(b) 선택 사항을 완료했음을 적시하라고 요구하기도 한다. 회사는 제한 주식 수령 대상자 모두에게 세무 변호사나 전문가에게 자문을 받고, 미국 연방국세청에 신고서를 제출하기 전에 80(b) 신고 사항을 검토받도록 권고해야 한다.

회사가 투자받는 과정인데도 책상 위에 83(b) 관련 서류가 서명되어 있지 않은 채로 나뒹구는 모습을 보면 정말이지 실망스럽다. 이와 관련한 경험을 자세히 알고 싶다면 브레드와 데이비드 코언이 쓴 『더 빨리 실행하라』의 '83(b) 선택을 할 것인가 말 것인가'라는 장을 펼쳐보길 바란다.

창업가의 주식

법적으로 말하자면 '창업가 지분'이란 따로 존재하지 않는다. 회사를 처음 설립할 때 창업가에게는 보통주가 발행되며, 우선주는 주로 외부 투자자에게 발행된다. 새로이 설립된 회사라면 기업 가치는 매우 낮게 형성되기 때문에 보통주는 주당 0.0001달러 정도로 매우 낮은 가격에 발행될 수 있다. 이처럼 낮은 가격으로 주식을 발행하면 창업가에게 200만 주를 발행하더라도 총 지분 가치는 고작 200달러 수준일 수 있다. 사람들이 '창업가 지분'이라고 말할 때는 회사의 설립 초기에 매우 낮은 단가로 발행된 보통주를 의미한다. 시간이 흘러 창업가가 최초의 주식 구입 가격과 현시점의 주식 공정 시가 차이에 대해서 세금을 낸다면 과도한 부담으로 작용한다. 이러한 세 부담을 계산하지 않기 위해서 창업가는 자신이 보유한 주식의 발행 절차가 회사의 설립 시점 또는 근처 시기에 완료되도록 할 필요가 있다. 주식을 베스팅하는 경우 즉시 IRS에 83(b) 선택 신고를 해야 한다. 회사가 모든 투자 계약서에 서명 절차를 완료한 후 주식 발행 대금을 현금과 수표로 수령하고, 투자계약서에 따른 대금의 지급과 주식 발행에 대한 증거를 회사의 서류 기록으로 또는 데이터 사이트에 보관해야 함을 의미한다.

창업가가 보통주를 받았을 때 해당 주식을 베스팅하는 것을 고려할 필요가 있다. 베스팅은 주로 4년 동안 월별 또는 분기별로 이루어지는 방식이 통상적이며, 첫 1년을 '클리프cliff 기간'으로 포함할 수 있다. 클리프는 베스팅 기간이 시작하는 시점부터 개시되는데, 이 기간 동안 당사자는 회사에 근속해야 비로소 첫 베스팅의 최초 발생 부분에 자격 요건이 발생한다. 스타트업 초기에는 공동 창업가가 회사를 떠날 가능성이 있기 때문이다.

주식을 베스팅함으로써 회사에 남은 창업가들이 회사를 떠나서 회사의 성장에 도움을 주지 못하는 창업가들과 회사의 성과를 어쩔 수 없이 나눠야 하는 상황을 막을 수 있다(베스팅 조건을 충족하지 못하는 창업가들의 지분 소유 및 배당 수령을 제한하기 때문이다). 외부 투자자들은 자금 조달 이후 창업가 팀이 계속해서 회사에 머물 것을 보장하기 위해 베스팅을 강제할 것을 요구한다. 창업가는 스스로 베스팅을 선택할 수도 있고, 외부 투자자가 자금 조달시 베스팅을 요구하는 경우도 있다. 초창기부터 자발적으로 베스팅을 하면 외부 투자자들이 투자하며 제안하는 부담스러운 조건을 미리 피할 수 있다.

창업가가 주식을 베스팅하면 회사의 매각과 연계하여 베스팅의 가속화를 추진할 수 있다. 회사 매각과 연계해서 베스팅이 가속화(단일 요인)되거나, 또는 창업가가 회사의 매각 이후 일정 기간 내에 별도 사유 없이 해고되어 가속화(이중 요인)되는 경우 창업가는 베스팅에서 권리를 보호받을 수 있다. 이러한 혜택은 일반 직원에게도 제공될 수 있지만, 통상 경영진, 사외이사, 주요 서비스 제공 업체에게 제공된다. 창업가 주식에 부과된 다양한 권리가 있을 수 있다. 창업가들은 이러한 옵션과 그 영향에 대해 스타트업 전문 변호사와 의논하길 바란다.

컨설턴트 대 직원

스타트업이 현금 지출을 줄이기 위해 외부 서비스 제공자에 대한 보상을 지분 교부로 할 수 있지만, 창업가나 초기 공신에게 현금 보상을 하지 않을 경우 법적 문제가 발생할 수 있다. 서비스 제공자는 자신의 의사에 따라 현금 보상을 포기하고 일할 수 있지만, 회사 정규직 직원은 최저 시급 이상으로 계산된 급여를 받도록 연방법과 주법이 강제하고 있다. 이를 지급하지 않을 경우 예상되는 처벌은 (최저 시급으로 계산된) 미지급 급여에 대한 배상과 미지급 초과근무 수당에 대한 추가적인 배상, 각종 벌금뿐만 아니라 형사법적으로는 경범죄로 기소를 당할 수도 있다. 혹시라도 시장 기준에 따라 임금을 지불하지 못하는 일이 발생한다면 배상 책임에 대해서 고용 전문 변호사와 상의하기 바란다.

일부 스타트업은 창업가와 초창기 임원을 컨설턴트나 외부 용역 계약자로 분류하여 노동법상 임금에 대한 규정이나 법정 근로시간 의무를 회피하기도 한다. 그러나 외부 서비스 제공자로 분류할 때 실제로 그들이 계약자인지 정확하게 처리해야 한다. 만일 회사의 직원을 외부 계약자로 분류하고 보상했는데,

기간이 지나 해당 컨설턴트가 자신은 실제 직원이었고 임금을 받을 자격이 있다고 판명될 경우 임금 체불에 대한 배상 책임이 발생할 수 있다. 그들이 직원이었다면 회사는 미지급 임금을 지불해야 한다. 회사에 현금이 있고, 서비스를 제공하는 개인이 실제로 직원이라면 회사는 그들을 직원으로 분류하고 임금 및 세금을 제때 지급해야 한다.

회사가 초기 서비스 제공자에게 돈을 지불할 여력이 없다면(종종 발생하는 사례이다), 해당 개인과 외부 용역 계약을 체결하여 계약자로 처리할 수 있도록 업무 관계를 바꿔야 한다. 컨설팅 계약 관계를 정확하게 하기 위한 중요한 기준은 다음과 같다. (1) 해당 개인을 특정 프로젝트에 참여시킨다. (2) 개인을 시간당 또는 월별 보수가 아닌 프로젝트별로 보상한다. (3) 개인에 대한 지시, 통제, 감독을 하지 않는다. (4) 회사의 장비나 사내 교육을 제공하지 않는다. (5) 해당 직원이 다른 기업에서도 일하는 것을 허용한다. 대부분 제3의 고객과도 작업하는 전문가이기에 매우 이상적인 요건이다. 마지막으로 (6) 계약서에 계약과 상관없이 언제든지 해지할 수 있다는 조항을 넣지 않는다.

서비스 제공자에 대한 보상

스타트업은 자금 사정이 여의치 않아 다양한 형태의 보상 방식을 택한다. 회사의 직원, 외부 컨설턴트, 자문인(서비스 제공자라고 칭한다)을 비현금적 방식으로 보상하는 방법은 주식을 배분하는 것이다. 스타트업은 법률 자문사와 논의해 주식 인센티브 계획을 만들어 스톡옵션, RSU, 기타 여러 방식으로 주식을 부여할 수 있다. 주식 배분이 주식 인센티브 계획에 따르거나 '옵션 풀'에서 제공하는 방식일 필요는 없다. 하지만 회사가 주식과 스톡옵션을 발행할 수 있는 법률적·세무적으로 간단하고 효율적인 방식임에 분명하다.

서비스 제공자에게 주식을 부여함으로써 회사는 현금을 아끼고, 동기를 부여할 수 있다. 주식은 시간이 지남에 따라 베스팅되도록 설계해서 회사와 오랫동안 같이 일하는 효과를 창출한다. 어떤 종류의 주식을 부여할지는 여러 가지 요인을 고려해 결정해야 한다.

주식은 가장 일반적인 형태의 지분이다. 주식을 부여받은 사람은 회사에 의결권을 가진 주주가 된다(개인이 의결권이 있는 종류의 주식을 받는 경우). 서비스 제공자에게 보통주를 부여할 때 회사는 대개 주식이 베스팅되도록 한다. 회사는 서비스 제공자가 베스팅 기간 전에 계약 관계를 종료할 경우 베스팅되지 않은 주식을 되살 수 있다. 주식을 베스팅에 따르도록 하여 서비스 제공자가 계속해서 회사와 일하게 만들고, 새로운 직원이 회사와 맞지 않을 경우에는 양자 간의 계약 관계에서 회사를 보호하는 역할을 한다. 사이가 틀어져서 계약을 종료한 서비스 제공자가 회사에 상당한 의결권을 갖는 불편한 상황을 피할 수 있다.

회사가 서비스 제공자에게 주식을 부여하면 해당 개인은 받은 주식의 공정 가치에서 자신이 지불한 금액을 차감한 금액에 과세 부담을 지게 된다. 어느 외부 컨설턴트가 주당 1달러로

1000주를 서비스의 대가로 받았다면 해당 컨설턴트는 그 주식을 부여받은 해에 1000달러의 과세 대상 소득이 발생한다(해당 계약자가 83(b) 선택 사항을 신고한 경우). 주식을 직접 받는 경우 인정되는 과세 소득이 크기 때문에 주식 가치가 어느 정도 되는 회사들은 주식을 직접 부여하는 대신 보통주를 매입할 수 있는 스톡옵션을 부여하는 방식을 선호한다.

스톡옵션이란 미리 정해진 가격(행사 가격)으로 주식을 구매할 수 있는 권리를 말한다. 주주와 달리 스톡옵션 보유자는 의사결정 권한이 없으며, 주식이 아닌 주식을 구매할 권리를 가지고 있다. 스톡옵션의 행사 가격은 스톡옵션 부여를 결정하는 시점에서 매입 대상이 되는 해당 주식의 공정 시장 가치로 결정된다. 행사 가격이 주식의 공정 시장 가치와 동일한 경우 스톡옵션은 부여 시점에 수령자에게 과세되지 않는다. 외부 컨설턴트가 1000주를 매입할 수 있는 스톡옵션을 주당 1달러의 행사 가격으로 부여받았다면 스톡옵션을 행사하기 위해 1000달러를 지불하고 주식을 취득해야 한다. 스톡옵션은 부여받았을 때 과세 소득이 발생하지 않지만 행사 가격만큼 돈을 지불해야 한다는 단점도 있다.

주식과 마찬가지로 스톡옵션도 베스팅 기간이 있다. 주식 베스팅은 수령자의 베스팅되지 않은 주식을 회사가 다시 살 수 있지만, 스톡옵션은 수령자의 베스팅이 완료된 이후에 행사할 수 있다. 앞 사례에서 1000주에 대한 스톡옵션이 25퍼센트 베스팅되었다 가정하면, 그 컨설턴트는 250달러를 지불하고 250주를 취득할 수 있다. 250주에 대한 주주 자격을 갖는 것이다.

부록

부록 A 텀시트 예제

애크미 벤처 캐피털Acme Venture Capital 2018, LP
Newco.com의 발행 예정인 시리즈 A 우선주의 사모 투자와 관련한 주요 조건
일자 20___년 ___월 ___일
(___년 ___월 ___일 체결될 예정인 최종 계약서의 주요 조건)

발행인 Issuer:	Newco.com (이하 "회사")
투자자(들) Investor(s):	애크미 벤처 캐피털Acme Venture Capital 2018, LP와 그의 관계 회사(이하 "애크미") **(및 해당하는 경우 기타 투자자들을 포함한다)** (이하 "투자자들")
투자 금액 Amount of Financing:	총 ___백만 달러(**기존 브리지 전환사채의 전환으로 발행되는 ___달러 포함**)로 완전 희석화 기준으로 전체 지분의 ___%이며, 임직원 스톡옵션 풀을 위하여, 유보된 미발행 지분 %를 포함한 금액이다. [각 투자자의 개별 투자 금액은 다음과 같다] 애크미 ___달러 기타 투자자 1 ___달러 기타 투자자 2 ___달러 총액: ___달러 **[두 번째 거래 종결이 있을 경우, 각 거래별 투자자와 금액을 구분하여 기재할 예정]**
인수 가격 Price:	주당 ___달러 (이하 "원인수 가격"). 원인수 가격은 완전희석화 기준의 프리머니 ___백만 달러로 평가한 지분가치로 계산된 한 주당 주식가치이며, 이는 완전희석화 기준의 포스트머니 ___백만 달러로 평가한 지분가치로 계산된 한 주당 주식가치와 동일하다. **[거래 종결 직후 회사의 자본 구조를 나타내는 캡테이블이 아래에 첨부되어 있음.]** 본 계산 및 본 텀시트의 다른 조항에서 기술하는 "완전희석화"라 함은 회사의 모든 미발행 우선주의 전환, 그 발행이 승인되었거나 현재 발행된 모든 스톡옵션 및 워런트의 행사를 기준으로 계산하며, 이번 자금 조달 이전 기존 임직원 스톡옵션 풀에서의 보통주 [ ]주만큼의 보통주 증가를 포함한다.

거래 종료 직후의 캡테이블

	주식수	지분율
발행된 보통주		
임직원 스톡옵션 (미발행)		
발행된 시리즈 A 우선주: 애크미		
기타 투자자		
완전희석화 주식수		

주식 증권 종류 Type of Security:	시리즈 A 전환 우선주(이하"시리즈 A 우선주")로, 처음에는 회사의 보통주(이하"보통주")로1:1 비율로 전환 가능하다.
거래 종결 Closing:	시리즈 A 우선주의 매도(이하 "클로징")은 ___년 ___월___일에 완료될 예정이다.

시리즈 A 우선주의 주요 조건

배당의 지급
Dividends:

시리즈 A 우선주의 보유자는 **이사회의 결정에 따라**, 원래 인수 가격의 연 **[6~10%]**의 수익률로 보통주 보유자가 받을 배당에 우선하여 비누적적 배당을 받을 권리가 있다. 또한 시리즈 A 우선주 보유자는 보통주로 전환된 것과 동일하게 보통주 보유자에게 지급되는 모든 배당에 비례하여 참여할 권리가 있다. **[첫 번째 볼딕체로 표시된 부분이 추가되면 임의 배당을 의미하며, 첫번째 볼딕체로 표시된 부분이 없다면 자동 배당을 의미한다.]**

유동화 우선권
Liquidation Preference:

회사의 유동화 또는 청산시, 시리즈 A 우선주 보유자는 보통주 보유자에 우선하여 1주당 최초 인수 가격의 [2배]에 해당하는 금액과 선언되었지만 미지급된 배당금을 받을 권리가 있다 ("유동화 우선권").

[다음 세 가지 옵션 중 하나를 선택할 수 있다]

[옵션 1: 완전참여우선권을 원할 경우 다음의 문단을 추가한다: 시리즈 A 우선주 보유자에게 유동화 우선권에 해당하는 금액을 지급한 후 남은 자산은 보통주 보유자 및 시리즈 A 우선주 보유자에게 보통주로 환산한 지분율에 비례하여 배분된다]

[옵션 2: 참여우선주를 원할 경우 다음 문단을 추가한다: 시리즈 A 우선주 보유자에게 유동화 우선권에 해당하는 금액을 지급한 후 남은 자산은 보통주 및 시리즈 A 우선주 보유자에게 보통주로 환산한 지분율에 따라 배분된다. 단, 시리즈 A 우선주 보유자는 주당 총 수령 금액이 최초 인수 가격의 [2~5배 사이에서 지정된 배수]에 해당하는 금액과 선언되었지만 미지급된 배당금을 더한 금액을 초과하여 수령하지 못한다. 이후 남은 자산은 보통주 보유자에게 비례 배분된다.]

[옵션 3: 비참여우선권을 원할 경우 다음 문단을 추가한다: 시리즈 A 우선주 보유자에게 유동화 우선권에 해당하는 금원을 지급한 후 남은 자산은 보통주 보유자에게 지분율에 비례하여 배분된다.

완전 참여형 우선주를 인수하는 경우 다음 문장은 무시하라.

[어떠한 유동화 또는 유동화에 해당하는 거래가 발생할 경우, 시리즈 A 우선주 보유자는 (i) 이전 문구에 따른 금액 또는 (ii)

시리즈 A 우선주를 보통주로 전환할 경우 받을 금액 중 더 큰 금액을 받을 권리가 있다. 단 각 경우에서 제외 조항, 에스크로 조항, 기타 지연되거나 및 조건부로 지급될 수 있는 금액을 고려한다.]

주주가 존속 회사의 발행 주식의 과반수 이상을 소유하지 않게 되는 합병, 인수, 경영권의 매각, 또는 회사의 실질적인 자산의 매각은 유동화로 간주된다.

전환권의 행사 Conversion:	시리즈 A 우선주 보유자는 언제든지 시리즈 A 우선주를 보통주로 전환할 수 있는 권리를 가지고 있다. 초기 전환 비율은 1:1이며, 아래 제시된 조정 사항에 따라 변경될 수 있다.
자동 전환 조건 Automatic Conversion:	시리즈 A 우선주는 회사의 보통주가 주당 가격 [X배, 3~5배 사이] 이상(주식 분할, 배당 등으로 조정된 가격 기준)으로 총 발행 금액이 최소 [15백만 달러] 이상의 규모로 (인수자의 수수료 및 비용 공제 전) 회사의 주식이 확정적으로 공개시장에 상장이 완료될 때("적격 IPO"), 당시 적용 가능한 전환 가격으로 자동 전환된다. 또한, 발행된 시리즈 A 우선주 보유자 중 최소 과반수가 이러한 전환에 동의하는 경우, 시리즈 A 우선주 전체 또는 일부가 당시 적용 가능한 전환 가격으로 자동 전환된다.
희석화 방지 조항 Antidilution Provisions:	시리즈 A 우선주 전환 가격은 회사가 적용 가능한 전환 가격보다 낮은 가격으로 추가적으로 주식을 발행할 경우, 희석을 줄이기 위해[역진 방지 방식full ratchet /가중 평균 방식 weighted average] 조정을 받게 된다. 다만, 다음과 같은 경우는 주식 발행에 해당되지 않는다: (i) 아래의 "임직원 스톡옵션 풀"에 기술된 바와 같이 임직원을 대상으로 발행이 예정된 주식; (ii) 이사회에서 승인한 합병, 통합, 인수 또는 유사한 사업 결합에 따라 현금 외의 대가로 발행된 주식; (iii) 이사회에서 승인한 바에 따라 기계 설비 관련 대출 또는 그 임대차 계약, 부동산 임대차 계약, 은행 또는 유사 금융기관의 대출과 관련하여 발행된 주식; (iv) 기발행된 시리즈 A 우선주 과반수에 해당하는 보유자가 자신의 희석화 방지 권리를 포기한 주식.

주식이 여러 권종class으로 발행되거나 혹은 여러 번에 걸쳐 발행되는 경우, 모든 주식이 첫 번째 거래 종결에서 발행된 것으로 가정하여 희석화 방지 조정이 계산된다. 또한, 전환 가격은 주식 분할, 주식 배당, 회사의 결합, 자본 재조정 등에 대해서 그 비율에 따라 조정된다.

투자자의 선택에 따른 상환 [edemption at Option of Investors:]

시리즈 A 우선주 보유자의 과반수 이상의 선택에 따라, 회사는 거래 종결일로부터 [5년]이 되는 날부터 시작하여 3년간에 걸쳐 시리즈 A 우선주를 상환해야 한다. 이러한 상환은 최초의 인수 금액과, 선언되었으나 미지급된 배당금을 합산한 금액으로 계산된다.

의결권 Voting Rights:

시리즈 A 우선주는 본 문서에 명시된 경우나 법률에서 별도로 요구하지 않는 한, 보통주와 함께 투표하며 권종별 별도 주주총회에서 투표하지 않는다. 보통주의 증감은 보통주 및 시리즈 A 우선주의 보유자들의 과반수 투표로 결정되며, 이 때 시리즈 A 우선주는 보통주로 전환된 것을 가정하여 계산하며, 독립된 권종별 주주총회에서 의결권을 행사하지 않는다. 각 시리즈 A 우선주 주식은 해당 주식이 전환될 때 발행되는 보통주 주식 수와 동일한 수의 의결권을 가진다.

이사회 Board of Directors:

회사의 이사회의 규모는 [   ]인으로 정한다. 최초 이사회는 애크미 대표인 [   ], 그리고 [   ]으로 구성된다. 이사 선출을 위한 각 회의에서, 시리즈 A 우선주 보유자는 별도의 권종별 주주총회로 투표하여 애크미가 지명한 [1명]의 이사회를 선출할 권리를 가지며, 보통주 보유자는 별도의 권종별 주주총회로 투표하여 [1명]의 이사를 선출할 권리를 가진다. 나머지 이사는 다음과 같다.
[옵션 1 (애크미가 주식의 50% 이상을 보유하는 경우): 보통주와 우선주가 단일 클래스로 함께 투표하여 상호 동의하여 결정]하거나 [또는 옵션 2 (애크미가 50% 미만을 보유하는 경우): 이사회에서 상호 합의로 결정] (보통주가 지명하는 이사회 구성원 중 1명은 당시 CEO로 재직 중인 사람으로 지정하는

것을 권고한다). [애크미가 이사회에 참관인을 둘 수 있는 경우 이 조항을 추가한다: 애크미는 이사회의 모든 회의를 투표권을 가지지 않는 조건으로 참관할 수 있는 대표를 지정할 권리를 가진다.]

회사는 시리즈 A 우선주 이사[참관인] 및 고문이 이사회 회의 및 회사 대표로 참석한 기타 회의나 행사에서 발생한 비용을 보전해야 한다.

보호 조항
Protective
Provisions:

시리즈 A 우선주가 발행된 상태로 있는 동안, 아래의 행위에 대해서는 시리즈 A 우선주 보유자의 과반수 이상의 동의가 필요하다. 이는 직접적이거나 합병, 자본 재구성 또는 그와 유사한 사건을 통해 이루어진 경우를 포함한다. (i) 시리즈 A 우선주의 권리, 우선권, 그 외 특권을 변경하거나 수정하는 행위; (ii) 보통주 또는 우선주의 수권 주식 수를 증가시키거나 감소시키는 행위; (iii) 시리즈 A 우선주보다 상위 또는 동등한 권리, 우선권, 그 외 특권을 가진 새로운 권종 혹은 시리즈의 주식을 발행하는 행위(재분류 또는 기타의 방법을 통해서); (iv) 보통주의 어떤 주식이든 상환 또는 재매입하는 경우(단, 회사가 서비스 제공자와의 주식 인센티브 계약에 따라 서비스를 종료할 때 주식을 재매입할 권리를 갖게 되는 경우는 제외); (v) 합병, 기타 기업 구조조정, 경영권의 매각, 회사의 자산 전부 또는 대부분의 자산이 매각되는 거래; (vi) 회사의 법인설립증명서 또는 정관의 어떠한 조항이라도 이를 수정하거나 포기하는 행위; (vii) 회사 이사회의 승인된 의석수를 증가시키거나 감소시키는 경우; [또는] (viii) 보통주 또는 우선주의 어떤 주식에 대한 배당금 지급 또는 선언을 하는 행위 [또는(ix) 10만 달러를 초과하는 부채를 발행하는 행위].

페이투플레이 조항
Pay-to-Play:

[버전 1: 적격 자금 조달 거래(아래 정의됨)가 있을 경우, 해당 거래에 참가할 수 있는 권리를 부여받았음에도 불구하고, 최소한 아래에 정의된 "우선매수청구권"에 따라 계산된 비율에 해당하는 주식 인수에 대한 참가 권리를 온전히 행사하지 아니한 투자자가 보유한 시리즈 A 우선주는 보통주로 전환된다.]

[버전 2: 시리즈 A 우선주 보유자가 다음번의 적격 자금 조달 거래(아래 정의됨)에 대해 자신의 시리즈 A 우선주 투자 비율에 비례하여(적격 자금 조달 거래 직전의 총 주식 소유권의 비율에 따라) 참여하지 못할 경우, 해당 보유자의 시리즈 A 우선주는 회사의 보통주로 전환된다. 만약 해당 보유자가 다음 적격 자금 조달 거래에 참여하지만 지분율에 따라 할당된 몫에 대해 전부 참여하지 않을 경우, 시리즈 A 우선주의 일부만 보통주로 전환되며(앞선 문장에서 기술된 것과 동일한 조건으로), 그 비율은 지분율에 따라 할당된 몫에 대해서 충족하지 못한 비율과 동일하다.]

적격 자금 조달 거래라 함은 회사의 시리즈 A 자금 조달 이후에 진행되는 다음 자금 조달 라운드로, 이사회가 선의를 가지고 해당 거래를 승인한 거래이다. 이사회는 이 조항에 따라 회사의 주주들이 지분율에 따라 비례적으로 적격 자금 조달 거래에서 발행되는 주식을 인수하여야 한다고 결정한다. 해당 결정 사항은 우선주 주식 발행 가격이 어떠한 우선주 시리즈의 발행 가격보다 높거나 낮든 상관없다.

투자자가 보유한 주식의 수를 결정하거나 이 "페이투플레이" 조항이 충족되는지를 결정할 때, 동일한 벤처캐피탈 또는 투자회사가 투자 운용하는 관계 투자 펀드(affiliated investment funds)가 보유하고 있거나 적격 자금 조달 거래에서 인수한 모든 주식을 합산하여 계산한다. 투자자는 해당 자금 조달 거래 및 차기의 자금 조달 거래에 참여할 수 있는 권리를 관계 투자 펀드와 투자자의 투자자 또는/그리고 관계 투자 펀드의 투자자에게 양도할 권리가 있다. 양도받을 수 있는 투자자에는 회사의 현재 주주가 아닌 투자자 및 펀드도 포함된다.

정보요구권
Information Rights:

투자자가 시리즈 A 우선주 또는 시리즈 A 우선주 전환으로 발행된 보통주를 계속 보유하는 동안, 회사는 투자자에게 회사의 연간 예산과 더불어 외부 감사인으로부터 감사받은 연간 재무제표와 감사받지 않은 분기별 재무제표를 제공해야 한다. 또한 합리적으로 가능한 한 조속히, 회사는 각 투자자에게 매년 예산과 함께 과거 재무제표와 예산을 비교한 자료를 제공해야 한다. 각 투자자는 회사의 업무에 대하여 표준적인 수준으로 방문하여 조사할 수 있는 권리를 갖는다. 이러한 조항은 적격 IPO가 완결되면 종료된다.

등록요구권
Registration Rights:

요구권Demand Right: 시리즈 A 우선주(시리즈 A 우선주의 전환으로 발행된 보통주 포함, "등록 가능 증권")의 발행 주식 중 50% 이상을 보유한 투자자들이, 또는 그보다 낮은 비율이지만 합산 공모 금액이 500만 달러 이상이 될 것으로 예상되는 투자자들이 회사로 하여금 증권등록신고서Registration Statement를 제출할 것을 요청할 경우, 회사는 해당 주식이 등록되도록 최선의 노력을 다해야 한다. 단, 해당 주식의 등록은 거래 종결일로부터 [3년]이 되는 날이 도래하기 이전에는 실행할 의무가 없다. 회사는 특정 상황에서 12개월 기간 중 1회에 한해서 최대 90일까지 해당 등록을 연기할 권리가 있다.

회사는 이러한 요구권 조항에 따라 2회 이상 등록할 의무가 없으며, 다음의 경우 등록할 의무가 없다: (i) 회사의 기업공개일을 시작으로 하여 180일의 기간 동안, 또는 (ii) 등록 요청일이 있은 날로부터 30일 이내에 등록 가능 증권 보유자들에게 90일 이내에 해당 기업공개를 위한 증권신고서를 제출할 의도가 있음을 통지한 경우.

회사 등록: 투자자들은 회사가 주식 등록 절차를 진행하거나 또는 다른 투자자가 주식 등록 요구를 하는 경우, 동반등록권리piggyback registration을 가진다. 하지만 회사와 그 발행 주관사는 시장 상황을 고려하여 등록 주식 수를 지분율에 비례하여 줄일 수 있는 권리가 있다. 투자자들이 이에 따라 등록 제한이 되는 경우, 해당 등록 대상 주식을 회사 또는 특히 요구권을 제기한 투자자를 제외한 자에게 매각할 수 없다. 주식 등록이 회사의 최초 IPO와 관련된 것이 아닌 경우, 투자자들이 매각할 주식 수는 등록에 포함된 총 주식의 30% 이하가 되어서는 안 된다.

회사의 어떤 주주도, 등록 가능 주식 보유자의 과반수 이상의 동의 없이, 등록 가능 증권 보유자가 등록에 포함할 수 있는 주식 수를 줄일 수 있는 동반 등록 권리를 부여받을 수 없다.

S-3 권리: 투자자들은 등록 주식의 공모가치가 100만 달러 이상인 경우에는, 무제한의 Form S-3 (단, 회사가 입수가능한 경우) 요구 등록 권리를 가진다.

비용: 회사는 모든 요구 등록, 동반 등록 요구권, 그리고 S-3 등록의 등록 비용(인수 할인 및 수수료는 제외)을 부담한다. 여기에는 주식을 매도하는 주주의 특별 변호사 비용(최대 2만 5,000달러)이 포함된다.

권리의 양도: 등록 권리는 다음에 해당하는 인수자에게 양도될 수 있다. (i) 소유자가 파트너십인 경우, 그 파트너십의 파트너, 유한책임사원, 퇴직한 파트너 또는 유한책임사원, 또는 관계 투자 펀드에게; (ii) 소유자가 LLC인 경우, 그 유한책임사원, 전(前) 유한책임사원; (iii) 개인 소유자인 경우 그의 가족 구성원 또는 신탁; 또는 (iv) 주요 투자자 기준을 충족하는 양수인(아래에 정의); 단, 이 경우 회사에 서면으로 통지해야 한다.

록업 조항: 각 투자자는 회사의 최초 IPO가 이루어진 직후 주관사가 지정한 기간(최대 180일까지) 동안 자신의 주식을 매도하지 않을 것에 동의한다. 이 조항은 모든 임원 및 주요 업무 책임자, 그리고 다른 1% 주주들에게도 동일하게 적용된다. 그러한 록업 조항은 회사와 주관사 대표(대리인)가 해당 계약의 제한을 임의로 해제하거나 종료하는 경우, 주요 투자자들에게 보유 주식 수에 비례하여 동일하게 적용되도록 규정한다.

기타 조항: 등록요구권에 관한 기타 조항은 투자자 권리 계약(또는 조항)에 합리적인 수준으로 포함되어야 하며, 상호 면책과 관련한 사항, 증권신청고의 유효 기간, 인수 관련 협의 사항

등을 포함한다. 회사는 투자자의 주식을 이전하거나, 투자자의 파트너 또는 유한책임사원에게 주식 매각을 제한적으로 허용해주는 규정 144Rule 144*에 따라 증권에 부착된 규정 144 레전드의 제한을 제거하는 것과 관련하여 투자자 측 법무 자문사의 의견을 구해서는 안 된다.

우선매수
청구권
right of
first refusal:

시리즈 A 우선주를 최소 ( )주 구매한 투자자("주요 투자자")는 회사가 특정인에게 지분 증권의 인수를 제안할 경우, 해당 주식에 대해서 본인의 보유 지분 비율 **[2배]**만큼을 인수할 수 있는 권리를 가진다. 단 다음의 지분 증권은 제외한다. (i) "임직원 스톡옵션"에 기재된, 임직원을 대상으로 발행이 예정된 주식, (ii) 이사회에서 승인한 합병, 통합, 인수 또는 유사한 사업 결합에 따라 현금 이외의 대가로 발행된 주식, (iii) 이사회에서 승인한 은행 또는 유사한 금융기관으로부터의 설비 관련 대출 또는 임대차 계약, 부동산 임대차 계약, 또는 부채 조달 금융 거래에 따라 발행된 주식, 및 (iv) 기발행된 시리즈 A 우선주의 과반수가 우선매수청구권을 포기한 주식. 적격 투자자가 인수하지 않은 모든 주식은 다른 적격 투자자들에게 재분배될 수 있다. 이러한 우선매수청구권은 적격 IPO가 진행되면 종료된다. 우선 매수권의 목적상, 투자자의 자기 지분 비율은 (a) 항목을 (b) 항목으로 나눈 수로 한다. (a) 해당 지분 증권 발행 직전 해당 투자자가 보유한 보통주 주식 수(발행 가능한 보통주 전체 또는 전환 가능한 증권의 전환 그리고 모든 기발행 워런트 및 옵션의 행사로 발행된 모든 보통주를 포함). (b) 해당 지분 증권 발행 직전 발행된 총 보통주 수(발행 가능한 보통주 전체 또는 전환 가능한 증권의 전환 그리고 모든 기발행 워런트 및 옵션의 행사로 발행된 모든 보통주를 포함한다).

---

*미국은 SEC 규정으로 등록되지 않은 증권의 공모 판매를 제한하고, 등록 제한된 증권을 공개 시장에서 매각할 수 있는 방법을 정하고 있다. 이에 따라 투자자들은 일정한 조건하에 등록되지 않은 증권을 판매 가능하다. 규정 144 레전드는 해당 증권에 부착된 경고 문구로, 해당 증권이 즉시 자유롭게 판매될 수 없고, 이 규정에 명시된 조건을 충족해야만 판매가 가능하다는 것을 고지한다.

주식 매매 계약 (조항) Purchase Agreement:	투자는 회사 및 투자자가 합리적으로 수용할 수 있는 주식 매매 계약에 따라 이루어지며, 이 계약에는 회사측의 적절한 진술과 보증, 여기서 명시된 조항을 반영한 회사의 재무약정, MRL(management right letter) 및 회사 측 법무부서의 의견서를 포함한 적절한 거래 종결 조건 등이 포함된다.

임직원 관련 사항

임직원 스톡옵션 풀 Employee Pool:	거래 종결 이전에, 회사는 시리즈 A 우선주 발행 후 임직원 및 컨설턴트에게 향후 발행할 수 있도록 완전 희석 기준으로 회사 지분의 ___%에 해당하는 보통주의 발행을 유보할 예정이다. "임직원 스톡옵션 풀"이라는 용어는 위에 명시된 바와 같이 향후 발행을 위해 유보된 주식뿐만 아니라, 현재 발행된 스톡옵션을 포함하며, 이는 총 ___달러로 시리즈 A 우선주 발행 후 회사의 완전 희석 기준으로 자기자본의 ___%에 해당된다.
주식 베스팅 Stock Vesting:	거래 종결 이후 임직원, 컨설턴트, 기타 서비스 제공자에게 발행된 모든 주식 및 주식 등가물은 아래 베스팅 조항의 적용을 받으며, 다른 베스팅 조건에 대해서 **[(각 회사의 이사회 규정에 따라) 만장일치 또는 과반수(애크미가 지정한 이사 포함하거나, 투자자가 지정한 최소 한 명의 이사 포함)]** 이사회의 동의("필수 승인")를 받은 경우는 예외로 한다. 발행 후 첫 해가 끝날 때 25%가 베스팅되며, 남은 75%는 다음 3년에 걸쳐 매월 베스팅된다. 재매입 옵션 조항은 해당 주주의 고용 계약이 종료될 경우, 계약 종료 이유와 관계없이 회사나 회사의 지정인이(적용 가능한 증권법의 자격 범위 내에서) 해당 주주가 보유한 미베스팅 주식을 원가 또는 현재 시점의 시장 공정 가격 중 더 낮은 가격에 매수할 수 있도록 규정한다. 필수 승인을 득하지 않은, 임직원 스톡옵션 풀을 초과하는 주식 발행은 위와 같이 전환 가격 조정을 요구하는 지분 희석 이벤트가 되며, 투자자의 우선매수청구권의 적용 대상이 된다. 현재 창업가가 보유 중인 기존 보통주는 유사한 베스팅 조건의 적용을 받으며, **거래 종결 시점에 (1년)의 베스팅이 인정되**

고, 남은 미베스팅 주식은 3년에 걸쳐 매월 베스팅된다.

회사의 합병, 통합, 자산 매각, 혹은 그 외 경영권 변동이 발생하고, **창업가 또는 임직원이** 그러한 이벤트 이후 1년 이내에 이유 없이 해고될 경우, 해당 임직원은 **[1년]**의 추가 베스팅을 받을 권리가 부여된다. 이 외의 경우, 어떠한 상황에서도 가속 베스팅은 없다.

양도 제한 Restrictions on Sales:	회사의 정관에 따라 보통주의 모든 양도 거래는 우선매수청구권의 대상이 되고, 이에는 일반적인 예외 사항이 적용된다. 다만 회사가 우선매수청구권을 행사하지 않기로 선택하는 경우, 회사는 그 권리를 투자자들에게 양도해야 한다.
PIIA	회사의 전현직 모든 임직원 및 컨설턴트는 적절한 PIIA 서약에 서명해야 한다.
[동반 매도 요구권 계약(조항) **[Drag-Along Agreement:** *	창업가, 보통주 및 시리즈 A 우선주 보유자는 동반 매도 요구권과 관련한 계약 또는 조항에 서명해야 하며, 시리즈 A 우선주 보유자의 과반수 이상이 회사의 매각이나 청산에 동의할 경우, 잔여 시리즈 A 우선주 및 보통주 보유자는 그러한 매각에 동의하고 이의를 제기하지 못한다.]
공동 매도 계약 Co-Sale Agreement:	창업가가 보유한 회사의 주식은 투자자와의 공동 매도 계약(합리적인 특정 예외 사항 포함)의 대상이 되며, 창업가는 각 투자자가 비례적으로 해당 매도에 참여할 기회를 갖지 않는 한 주식을 매도, 양도 또는 교환할 수 없다. 이 공동 매도 권리는 적격 IPO시 적용되지 않으며 그 이후 해당 권리는 종료된다.

---

* 별도의 계약 체결 방식으로 혹은 투자계약서의 일부로서 조항의 형태로 모두 가능할 것이다. 본 부록에 설명되는 개별 권리에 대한 것들은 대부분 별도의 계약 또는 투자계약서의 일부 조항으로서 모두 체결 가능하다.

창업가의 근무 활동 **Founders'** **Activities:**	각 창업가는 회사에 자신의 근무 시간의 100%를 할애해야 한다. 다른 직업적 활동은 이사회의 승인을 받아야 한다. 추가적으로, 창업가가 회사를 떠날 때, 해당 창업가는 보통주나 시리즈 A 우선주(또는 시리즈 A 우선주의 전환을 통해 취득한 보통주)에 부여된 투표권과 관련하여서는 다른 모든 주식이 투표되는 비율에 따라 투표할 것에 동의한다.
[선택적 조항] 핵심 인력 보험 가입 **Key Man** **Insurance:**	회사는 각 창업가를 피보험자로 한, 핵심 인력 생명 보험 상품을 300만 달러 상당의 금액으로 가입하고, 이 보험 상품의 수익자로 회사를 지정해야 한다.
[선택적 조항] 임원 고용 **Executive** **Search:**	회사의 전현직 모든 임직원 및 컨설턴트는 적절한 PIIA 서약에 서명해야 한다.
[동반 매도 요구권 계약(조항) **[Drag-Along** **Agreement:** *	회사는 거래 종결 후 가능한 한 빨리 투자자가 수용할 수 있는 (CEO/CFO/CTO)를 고용하기 위해 최선의 노력을 다해야 한다.

기타 사항

기업공개 (IPO) 주식 인수 Initial Public Offering Shares Purchase:
회사가 적격 IPO를 완료할 경우, 회사는 해당 IPO의 주관사를 통해 애크미가 적격 IPO와 관련한 "지인 및 가족" 또는 "지정 주식" 프로그램에 따라, 발행된 주식의 최소 5%를 인수할 수 있는 권리를 부여받을 수 있도록 최선의 노력을 다해야 한다. 앞서 언급한 모든 조치는 1933년 (개정)증권법에 따른 규정 134를 포함한 모든 연방 및 주별 증권법, 그리고 전국증권거래소협회 및 기타 자율규제기관에서 제정한 모든 적용 가능한 규칙과 규정에 따라 수행되어야 한다.

노숍 계약 No-Shop Agreement:
회사는 신속한 거래 종결을 위해 성실하게 노력할 것을 동의한다. 회사와 창업가들은 투자자 외의 개인이나 법인에게 직접적 또는 간접적으로 (i) 회사의 자본 주식의 매매 및 발행과 관련하여 혹은 회사의 인수, 매각, 임대 또는 회사 혹은 회사의 주요 주식이나 자산의 처분과 관련하여 권유하거나, 제안하거나, 설득하거나 또는 지원하는 어떠한 행위를 하지 않아야 하며, (ii), 이와 관련된 어떤 논의나 협상, 또는 계약을 체결하지 않으며, 이에 대한 제3자의 문의가 있을 경우 투자자에게 즉시 통보할 것에 동의한다. 본 약정서에 따라 최종 계약서를 체결하지 않기로 양 당사자가 합의할 경우, 회사는 이 절에 대한 추가적인 의무를 지지 않는다.

자본 현황 및 주요 사실 통지 Capitalization/ Fact Sheet:
회사는 거래 종결 전에, 거래 종결 후 최근의 업데이트를 반영한 자본화 차트와 회사 임원 리스트(업무 및 개인 연락처 정보를 포함)를 제공해야 한다.

면책 Indemnification:
회사의 정관 및 기타 회사의 규정은 적용 가능한 법률이 허용하는 최대한의 범위까지 이사회 임원들의 책임과 손해 배상에 대한 한도를 제한해야 한다.

[보험 Insurance:]
회사는 거래 종결 후 가능한 한 조속히 투자자가 수용할 수 있는 이사 및 임원에 대한 보험을 득하기 위해 최선의 노력을 다해야 한다.]

부록

업무 활동을 수행할 수 있는 권리 Right to Conduct Activities:	회사와 각각의 투자자는 투자자들의 일부 또는 모두는 전문 투자 펀드임을 인정하며, 이로 인해 이들 투자자들이 다수의 포트폴리오 회사에 투자할 수 있으며, 그중 일부는 회사의 사업과 경쟁할 수 있다는 것을 인정한다. 어떠한 투자자도 (i) 회사와 경쟁 관계에 있는 어떤 법인에 투자하거나; (ii) 투자자의 파트너, 임원, 기타 대표자가 이러한 경쟁 회사에 도움을 준 것과 관련하여 발생하거나 이에 기초한 어떠한 주장에 대해서도 회사나 다른 투자자에게 책임을 지지 않으며, 이는 이러한 행동이 해당 경쟁 회사의 이사로서 또는 그 외의 위치에서 이루어졌는지 여부와 상관없이, 또한 그러한 행동이 회사에 해로운 영향을 미치는지 여부와 상관없다.
양도 Assignment:	각 투자자는 자신이 인수한 시리즈 A 우선주 전부 또는 일부를 자신이 관리하는 하나 이상의 관계 파트너십 또는 관계 투자 펀드나 해당 관계 법인의 이사, 임원, 또는 파트너에게 양도할 권리가 있다. 단, 해당 양수인이 주식 매매 계약 및 관련 계약의 조건에 따라 인수자로서 준수하는 것에 대하여 서면으로 동의해야 한다.
법률 비용 및 경비 Legal Fees and Expenses:	회사는 자체 비용과 경비를 부담하며, 거래 종결시(거래가 완료되지 않은 경우 애크미가 해당 거래와 관련된 협상을 종료한다고 통지할 때), [투자자의 법률 자문사]의 합리적인 수임료(최대 ___ 달러를 초과하지 않은 금액) 및 경비를 지불해야 하며, 이는 본 계약서 약정에 따른 거래의 실제 완료 여부와 상관없이 지불해야 한다.
준거법 Governing Law:	본건 텀시트는 모두 델라웨어주의 법률을 준거법으로 한다.
자금 조달 거래의 선행 조건 Conditions	"법률 비용 및 경비", "노숍 계약", "업무 활동을 수행할 수 있는 권리", "준거법" 조항은 투자자와 회사가 본건 텀시트에 서명함으로써 구속력이 있음을 명시적으로 동의한 사항들이며, 이들 조항을 제외하고는, 텀시트는 투자자의 법적 구속력이

Precedent to Financing:	있는 의무를 의도하지 않으며, 투자자의 어떠한 의무도 다음 선행 조건이 충족되어야만 발생한다. 1. 잠재 투자자가 만족할 수 있는 법적 문서의 완료 2. 잠재 투자자의 만족할 수 있는 수준의 실사 완료 3. 애크미에 일반적인 수준의 MRL(management right letter) 전달. **[4. 향후 12개월의 세부적인 예산안의 제출 및 이에 대한 잠재 투자자의 승인]** **[5. 현재의 "적격" 주주 모두가 해당 거래에 비례적으로 참여 할 수 있는 권리를 부여하는 공모 절차의 개시]**
중개인 Finders:	회사와 투자자는 각각 자신이 책임지는 브로커 또는 중개인에 지불할 수수료에 대해서 상호 면책해야 한다.
애크미의 법률 자문인:	TBD

당사자 서명인

애크미 벤처 캐피털 2018, LP
대리인(담당자): _____
서명: _____
직책 및 직급: _____

NEWCO.COM
대리인(담당자): _____
서명: _____
직책 및 직급: _____

부록 B 파운드리 그룹의 텀시트 예시*

발행인 Issuer:	**X**
총 조달 금액 Total Financing:	___백만 달러[(브릿지 대출채권의 전환으로 인한 약 X달러 포함)]. 주의할 점은, 어떤 채권이라도 할인되어 전환되거나 프리머니 가치보다 낮은 가격으로 전환될 경우, 해당 채권은 다음의 조합으로 전환된다: (i) 해당 채권의 미상환 원금과 합의된 이자에 해당하는 금액의1배와 동일한 비참여 창산우선권이 부여된 우선주, (ii) 채권의 조건에 따라 발행되어야 하는 보통주
인수 대상 주식 Stock Purchased:	시리즈 X 우선주("우선주")
투자자 및 투자 금액	파운드리 벤처 캐피털(Foundry Venture Capital 2018, L.P.) (**"파운드리"**) ___달러 **제2 투자자** ___달러 **투자자 합계** ___달러
미발행 임직원 스톡옵션 풀 Unissued Employee Pool:	X%
프리머니 기업가치 Pre-Money Valuation:	X달러
의결권 Voting:	우선주에 의한 어떠한 행위도 **[최소 __%] [예. 과반수]**의 우선주 주주 투표(**"필요 우선주 지분"**)가 필요하다.

*2016년에 제이슨은 파운드리 그룹의 표준 텀시트를 개정하여, 변경이 필요한 모든 사항이 첫 페이지에 있도록 했다. 이 문서는 파운드리 그룹이 수행하는 모든 자금 조달 거래의 기본적인 초안이다. 많은 경우, 우리 팀은 더 이상 텀시트를 사용하지 않고, 대신 주요 조건에 대한 요약을 이메일로 주고받으며, 계약서 초안 작업에 착수한다.

| 창업가
Founders: | X와 X
창업가의 제한된 주식에 대한 기존 베스팅 조건은 그대로 유지된다. |

창업가
Founders:

X와 X
창업가의 제한된 주식에 대한 기존 베스팅 조건은
그대로 유지된다.

이사회
Board of Directors:

이사회("**이사회**")는 다음과 같이[**세 명**]의 이사로
구성된다.

이사회 구성	피지명자	이름
우선주 이사	파운드리	
보통주 이사	현재 CEO	
공통 주주 이사		

법무 비용 상한선
Legal Fee Cap:

X달러

주요 투자자 기준
Major Investor Threshold:

25만 달러

예상 거래 종결일
Estimated Closing Date:

___년 ___월 ___일

본 텀시트는 첨부된 파운드리 표준 투자 조건("표준 투자 조건")을 참조한다.
본 텀시트에서 언급되었으나 별도로 정의되지 않은 대문자로 표시된 용어는 표준 투자 조건에 명시된 의미를 지칭한다. 본 텀시트와 표준 투자 조건(통칭하여 "조건") 사이에 충돌이 발생할 경우, 본 텀시트가 우선한다. 투자자와 회사가 본 텀시트에 서명시 구속력을 가지기로 명시적으로 합의한 "노숍 조항", "기밀 유지 조항", "준거법 조항"을 제외하고, 조건은 투자자나 회사에 대하여 법적 구속력은 없으며, 투자자의 의무는 다음의 선행 조건과 같다: 투자자가 만족할 만한 최종 문서의 완료와 실행, 투자자가 만족할 만한 수준의 실사의 완료, 최종 계약서에 기재된 모든 거래 종결 관련 문서의 제출.

파운드리 벤처 캐피털 2019, L.P.

대표자/대리인: _____

이름/직급: _____

일자: _____

어섬 스타트업 Awesome Startup

대표자/대리인: _____

이름/직급: _____

일자: _____

파운드리 표준 투자 조건

다음 조건들은 파운드리의 표준 투자 조건("**표준 투자 조건**")이다. 여기에서 사용되었으나 별도로 정의되지 않은 대문자로 표시된 용어는 이 표준 투자 조건에 참조로 첨부된 조건 요약에서 기술된 의미를 가진다.

자본화
Capitalization:
조건의 목적상, "완전 희석화"라는 용어는 회사의 모든 발행된 우선주의 전환, 회사의 승인된 모든 발행된 스톡옵션과 워런트의 행사, 그리고 아래에 정의된 임직원 스톡옵션 풀을 포함하는 것으로 간주된다.

인수 가격
Purchase Price:
우선주 한 주당 가격("**인수 가격**")은 텀시트에 명시된 프리머니 가치평가 금액을 거래 종결 직전 시점의 완전 희석화 기준의 총자본(임직원 스톡 풀 포함)으로 나누어 계산한다.

이사회 구성
Board Composition:
거래 종결시 이사회의 규모는 텀시트에 명시된 이사 수로 설정된다. 텀시트에 명시된 우선주 이사("**우선주 이사**")는 우선주 보유자에 의하여 선출되며 텀시트에 명시된 투자자가 지정한다. 텀시트에 명시된 보통주 이사("**보통주 이사**")는 보통주 보유자에 의하여 선출되며, 그중 1명은 회사의 현재 CEO로 지명한다. 텀시트에 명시된 상호 이사("**상호 이사**mutual director")는 보통주 주주와 전환 기준으로 보통주 보유 주주가 계산된 우선주 주주가 공동으로 선출하되, 이사회의 다른 구성원의 상호 동의에 의해 지정된다. 회사는 우선주 이사가 이사회 회의 및 회사 대표로 참석하는 기타 회의나 행사에서 발생한 비용을 환급한다.

배당금
Dividends:
이사회의 결정이 있을 경우, 6% 비누적적 우선적 배당금을 지급하며, 보통주 배당에 대하여 지분율에 따른 참여권을 부여한다.

유동화 우선권
Liquidation Preference:
회사의 유동화 및 청산시, 우선주 보유자는 보통주 보유자보다 우선하여 주당 금액으로 계산된 인수 금액과 선언되었으나 지급되지 않은 배당금을 더한 금액("청산 우선권")을 주당 금액으로 받을 권리를 가진다.

우선주 보유자에게 청산 우선권 지급 후 남은 자산은 보통주 보유자에게 비례적으로 분배된다.

회사의 주주들이 존속 법인의 발행 주식 과반수를 소유하지 않는 합병, 인수, 회사 경영권의 매각, 또는 회사 자산 전부 또는 대부분의 매각(각각 **"경영권 변경"**)은 유동화liquidation 로 간주된다. 에스크로 조건이 있거나 기타 조건부 대가를 제공하는 어떠한 인수 계약이라도 해당 거래를 진행할 경우 그러한 조건부 금액의 할당을 위해서 우선주의 유동화 우선권을 적절히 고려되어야 한다.

우선주의 전환
Preferred Stock Conversion:

우선주는 각 보유자의 선택에 따라 언제든지 보통주로 전환할 수 있다. 초기 전환 비율은 1:1이며, 아래에 기술된 조정 사항의 적용을 받는다.

자동 전환
Automatic Conversion:

회사의 보통주를 최소 5000만 달러 (회사의 공모 관련 수수료 및 비용 공제 전) 이상을 유가증권 시장에 상장하는 확정적 기업공개 거래(**"적격 IPO"**)의 종결시, 모든 우선주는 자동으로 보통주로 전환된다. 우선주는 "필수 우선주the Required Preferred" 의결에 따라 보통주로 전환된다.

희석화 방지 조항
Antidilution Provisions:

우선주의 전환 가격은 회사가 추가 주식을 발행할 경우 희석을 줄이기 위해 가중평균으로 계산한 주가를 반영한 가격을 조정한다. 다만, 다음의 경우는 제외된다: (i) 이사회에서 승인한 임직원 또는 컨설턴트에게 발행된 주식 또는 스톡옵션; (ii) 이사회에서 승인한 합병, 통합, 인수 또는 유사한 사업 결합에 따라 현금 이외의 대가로 발행된 주식; (iii) 이사회에서 승인한 은행 또는 유사한 금융기관으로부터의 설비 관련 대출 또는 임대차 계약, 부동산 임대차 계약, 또는 채무로 인한 자금 조달에 따라 발행된 주식; (iv) 필수 우선주Required Preferred의 승인을 받은 기타 발행 주식(총칭하여, **"예외적 발행Excluded Issuances"**). 예외적 발행에 대한 이사회의 승인은 최소한 한 명의 우선주 이사의 승인을 포함해야 한다("**필수적 이사회 승**

인"). 전환 가격은 주식 분할, 주식 배당, 결합, 자본 재구성 등에 대해 비례적으로 조정된다. 또한, 거래 종결 직후 회사의 완전 희석화 기준 자본이 회사 측의 자본에 대한 진술과 다를 경우, 우선주의 전환 가격은 자동으로 텀시트에 명시된 프리머니 가치평가 금액 및 회사의 실제 완전 희석화 기준 자본에 근거하여 자동 하향 조정된다.

의결권
Voting Rights:

우선주 주주는 전환 기준으로 보통주 주 수를 계산하여 그 주수를 기준으로 보통주와 함께 투표하며, 본 건 텀시트에서 명시된 경우나 법에 의해 요구되지 않는 한 개별 권종class으로 별도의 주주총회를 열어서 투표하지 않는다. 보통주 주수와 관련해서는 보통주와 전환 기준으로 계산된 우선주 보유자가 공동으로 투표하여 과반수의 찬성으로 증가하거나 감소할 수 있으며, 이 투표는 별도의 권종별로 개별 투표하지 않는다.

보호 조항
Protective
Provisions:

우선주가 발행되어 있는 한, 직접적으로 혹은 회사의 합병, 자본 재구성 또는 유사한 사건을 통해서 다음의 행위를 하는 경우는 필수 우선주Required Preferred의 동의가 필요하다.
(i) 우선주의 권리, 우선권 또는 특권을 변경하는 행위, (ii) 보통주 또는 우선주의 수권 주식 수를 증가 또는 감소시키는 행위, (iii) (재분류 또는 기타 방법으로) 우선주보다 상위 또는 동등한 권리, 우선권 또는 특권을 가진 새로운 주식 권종 또는 시리즈를 만드는 행위, (iv) 보통주 주식을 상환 또는 재매입하는 행위(서비스 제공자와의 주식 인센티브 계약에 따라 회사가 서비스를 종료할 때 주식을 환매할 수 있는 경우 제외); (v) 회사의 경영권의 변동 또는 기타 유동화 또는 청산과 유사한 결과를 초래하는 행위, (vi) 회사의 정관 또는 법인설립증명서의 어떤 조항이라도 수정하거나 포기하는 행위, (vii) 회사 이사회의 규모를 증가 또는 축소시키는 행위, (viii) 보통주 또는 우선주에 배당금을 지급하거나 선언하는 행위, (ix) 회사 또는 자회사에 있어서 10만 달러를 초과하는 부채를 발생시키는 행위, (x) 채권자에게 유리한 자발적 파산 청원 또는 양도를 하는 행위, (xi) 회사 제품 또는 지적 재산권에 대한 독점적인 라이선

스 제공, 임대, 판매, 배포 또는 기타 방식으로 처분하는 행위, (xii) (a) 회사가 만든 디지털 토큰, 코인 또는 암호화폐("토큰")을 판매, 발행 또는 배포하는 행위, 또는 이를 위한 합의, 사전 판매, ICO(Initial Coin Offerings), 토큰을 배포하는 행사 또는 크라우드 펀딩을 통한 행위, (b) 토큰이 통합되거나 네트워크 참가자의 토큰 생성을 허용하는 컴퓨터 네트워크를 개발하는 행위.

주요 투자자
Major Investor:
텀시트에 명시된 주요 투자자 기준 금액 이상을 투자한 모든 투자자는 **"주요 투자자"**로 간주된다.

정보요구권
Information Rights:
회사는 요청에 따라 각 주요 투자자에게 일반적인 연간 감사 보고서, 분기별 및 월별 감사받지 않은 재무제표 및 예산을 제공해야 한다. 각 주요 투자자는 또한 표준적인 검사 및 방문 권리를 가진다.

등록요구권
Registration Rights:
등록요구권: 회사의 거래 종료일 이후 3년과 회사의 IPO 이후 180일 중 일찍 도래하는 날부터 시작하여 예상 공모가격 총액이 150만 달러 이상일 경우 주식 등록에 대한 요구권을 2회 가진다. 또한 무제한의 동반 등록 요구권과 S-3 등록권을 합리적이고 시장에서 통용되는 조건의 범위에서 보유한다. 통용되는 조건의 범위에는 지분율 30% 미만의 경우 제한할 수 있는 권한(적격 IPO의 경우 제외), 주식을 매도하는 주주 측 변호사의 자문 수수료는 3.5만 달러를 넘지 않도록 하는 규정, 계열사 및 다른 주요 투자자에 등록요구권을 제한 없이 양도할 수 있는 권리가 포함된다.

록업 조항: 투자자는 시장에서 통용되는 수준으로, IPO 이후 180일간 매매 거래에 대한 록업 조항의 제한을 받으며, 이는 모든 임원, 이사 및 기타1% 이상 주주도 동일한 방식으로 매매 거래에 대한 제한을 받는다. 록업 조항의 임의적인 면제나 종료는 마찬가지로 주요 투자자에게 비례적으로 적용된다.

기타 규정: 등록가능한 증권Registrable Securities의 보유자 과반수의 동의 없이, 회사의 주주에게 등록가능한 증권의 계산에 포함되는 주식 수를 감소시키는 등록요구권을 부여할 수 없다. 회사는 투자자의 주식 이전에 대한 승인이나 규정 144에 따라 투자자의 파트너 혹은 유한책임사원에 대하여 주식 매매를 허용해주기 위해 규정 144 레전드의 제한을 제거하는 것과 관련하여 투자자 측의 변호사의 의견을 구해서는 안 된다.

우선매수 청구권 Right of First Refusal:	적격 IPO 이전에, 주요 투자자는 회사의 어떠한 향후 주식 발행에서도 자신의 지분율에 비례하여 할당된 비율로, 회사가 향후 발행하는 자기 자본 주식(완전히 희석된 기준으로 계산)을 인수할 권리를 가지며, 주요 투자자가 본인에게 할당되는 주식을 인수하지 않는 경우 초과 할당 권리를 포함한다. 단 이에는 예외 발행Excluded Issuances은 제외한다.

직원 관련 사항

임직원 스톡옵션 풀 Employee Pool:	거래 종결 전, 현재 발행된 스톡옵션에 추가하여, 회사는 상호 수용 가능한 스톡옵션 계획("**스톡옵션 계획**")에 따라, 텀시트에 기술된 바와 같이 거래 종결 후 기준의 완전 희석화 자본 주식의 일정 비율에 해당하는 보통주 주식을 향후 발행을 위해 유보해야 한다("**임직원 스톡옵션 풀**").
주식 베스팅 Stock Vesting:	거래 종결 후 임직원, 컨설턴트 및 기타 서비스 제공자에게 발행되는 모든 주식 및 주식 등가물은 스톡옵션 계획에 따라 발행되며, 이사회가 달리 결정하는 것이 아니라면, 아래의 베스팅 조건이 적용된다. 해당 베스팅 시작일로부터 1년이 되는 날에 25%가 베스팅되고, 나머지 75%는 다음 3년 동안 매월 베스팅된다. 어떤 이유로든 해당 주식 보유자의 고용이 종료되는 경우, 회사 또는 그 양수인은 (적용 가능한 증권법이 허용하는 범위 내에서) 해당 주주가 보유한 미베스팅 주식을 원가 또는 현재 기준 공정 시장 가치 중 낮은 가격으로 재매입할 수 있는 옵션을 보유한다. 텀시트에 명시된 경우를 제외하고, 이사회 승인 없이 가속된 베스팅은 없다.

창업가가 보유한 기발행된 보통주는 텀시트에 명시된 베스팅 조건에 따른다. **"이중 트리거 베스팅 가속화Double-trigger acceleration"** 조건에 따라 (i) 경영권의 변동이 발생하고(스톡옵션 계획 관련 문서에서 정의됨) (ii) 해당 경영권 변동의 효력 발생 시점 및 그 이후 13개월 내에 해당 주주의 회사에 대한 서비스(스톡옵션 계획 관련 문서에서 정의됨)가 귀책 사유 없이 비자발적으로 종료(사망 또는 장애는 포함 안 됨) 또는 합리적 이유로 자발적으로 종료(스톡옵션 계획 관련 문서에 정의됨)되는 경우 모든 미베스팅 주식의 완전히 가속 베스팅된다.

가속된 베스팅의 전제 조건으로, 해당 주주는 회사 또는 그 승계인(승계인이 있을 경우)이 만족할 수 있는 형식으로, 회사에 대한 청구권(본인의 인지 여부와 상관없이)의 해제에 대해서 서명하고, 그 날짜를 지정해서 해당 권리를 반환해야 하며, 이에 대한 취소할 수 있는 기간이 있는 경우, 취소 권리를 행사 없이 종료되는 것을 허용한다.

매도 제한 Restrictions on Sales:	회사의 정관에 따라 모든 보통주 양도에 대해서는 우선매수청구권이 포함되어야 하며, 이에는 일반적인 예외가 적용된다. 회사가 그 권리를 행사하지 않기로 선택한 경우, 회사는 그 권리를 주요 투자자에게 양도한다. 또한 회사의 정관에 따라 주요 투자자가 보유한 주식 외의 어떠한 주식도 이사회가 그 재량에 따라 승인한 경우를 제외하고는 양도를 할 수 없다. 정관의 해당 조항에는 이사회의 권한과 관련하여 양도 거래가 회사 주주의 수를 증가시키는 경우에 한해서 해당 양도의 승인을 거절할 수 있는 권리, 해당 주식 또는 어떤 권종의 지분 증권이라도 SEC 등록 요구를 거절할 수 있는 권리를 포함하되, 그에 제한되지 않는다.
PIIA	회사의 전현직 임직원 및 컨설턴트는 수용 가능한 PIIA를 체결해야 한다.

부록

공동 매도 계약 Co-Sale Agreement:	창업가들이 보유한 회사의 증권은(합리적인 예외 적용) 투자자들과의 공동 매각 계약의 대상이 되며, 창업가는 각 투자자가 지분율에 비례하여 참여할 기회가 없는 한 주식을 매도, 양도 또는 교환할 수 없다.
의결권 조항 Voting Agreement:	투자자, 창업가 및 현재 또는 향후의 주식, 워런트, 스톡옵션 보유자는 다음의 조항들을 포함하는 의결권 조항에 동의해야 한다. (i) 해당 유가증권 보유자들은 텀시트에 명시된 바에 따라 이사회 구성원의 선출을 위해 투표에 참여한다. (ii) 경영권의 변동이나 의결권을 가진 지분의 50% 이상의 양도가 수반되는 되는 거래가 (a) 이사회, (b) 필수 우선주 Required Preferred, 그리고 (c) 임직원으로서 회사에 서비스를 제공하는 자로서 보통주를 보유한 주주, (a), (b), (c) 각각의 과반수의 동의를 구한 경우, 해당 유가증권 보유자들은 해당 거래에 대하여 찬성하는 방향으로 의결권을 행사한다. (iii) 창업가가 회사를 떠날 때, 해당 창업가는 보통주와 우선주(또는 우선주 전환으로 취득한 보통주)를 다른 모든 주식이 투표되는 비율에 맞춰 투표해야 한다. 회사의 스톡옵션 계획 관련 문서의 조건에 따라, 모든 스톡옵션 보유자는 스톡옵션 행사 이전의 선결 조건으로 의결권 조항의 상대방으로서 서명 페이지에 서명해야 한다.
창업가의 근무 시간 Founders Activities:	창업가 및 임원 각각은 자신의 근로 시간을 100% 회사에 헌신해야 한다. 다른 직업적인 활동은 이사회의 사전 승인을 받아야 한다.

기타 사항

거래 종결시 제공해야 할 결과물
Closing Deliverables:

회사는 거래 종결 시점 또는 그 이전에 다음의 문서들을 제공해야 한다: (i) 거래 이후 예상되는 자본 구조 차트, (ii) 파운드리에 전달할 일반적인 수준의 MRL(management right letter), (iii) 표준적인 수준의 회사측 변호사의 법률 의견서; (iv) QSBS 설문지.*

거래 종결 후 사항
Post-Closing Matters:

거래 종결 후 30일 이내에, 회사는 (i) 파운드리가 수용 가능한 금액과 조건으로 D&O 보험Directors & Officers Insurance에 가입하고 (ii) 캡테이블을 관리하고 주권 증명서, 스톡옵션, 워런트 및 기타 증권을 발행하기 위하여 카르타Carta(이전 eShares, http://carta.com)를 도입한다.

정보요구권
Information Rights:

회사는 요청에 따라 각 주요 투자자에게 일반적인 연간 감사 보고서, 분기별 및 월별 감사받지 않은 재무제표 및 예산을 제공해야 한다. 각 주요 투자자는 또한 표준적인 검사 및 방문 권리를 가진다.

계약서
Agreements:

우선주의 매매는 통상적인 수준의 진술 및 보증 조항이 포함된 주식 매매 계약에 따라 이루어져야 한다. 주식 매매 계약, 투자자 권리 계약(또는 조항), 공동 매도 계약(조항) 및 의결권 관련 계약(조항)은 회사와 필수 우선주의 동의로 수정할 수 있으며, 공동 매도 계약 의결권 관련 계약은 회사에서 임원이나 직원으로 서비스를 제공하는 창업가에게 불리한 변화가 있을 경우, 이에 대해서 해당 창업가 지분의 과반수의 동의가 필요하다. 별도로 합의되지 않는 한, 회사의 법률 자문인은 NVCA(National Venture Capital Association) 문서를 기반으로 자금 조달 관련 문서를 작성한다. 해당 준비를 신속히 추진하기 위하여, 파운드리는 이러한 표준 투자 조건을 구현하는 NVCA 양식을 제공한다.

---

* QSBS(Qualified Small Business Stock) 설문지는 투자자가 특정 주식을 발행한 기업이 QSBS로 인정될 자격이 있는지 평가하기 위해 사용하는 설문지이다. QSBS(소규모 기업)로 분류가 되면 미국 연방세법에 따라 이 주식에 투자한 투자자에게 다양한 세금 혜택을 제공한다.

법률 수수료 및 경비 Legal Fees and Expenses:	회사는 본 거래와 관련하여 종결시 파운드리의 변호사의 자문 수수료(요약 조건에 명시된 법률 수수료 상한을 초과하지 않는 범위 내에서)와 경비를 합리적인 수준으로 지급한다.
양도 Assignment:	각 투자자는 자신이 관리하는 하나 이상의 계열 파트너십이나 펀드 또는 그들의 이사, 임원 또는 파트너에게 우선주 주식 전부 또는 일부를 양도할 수 있는 권리가 있다. 단, 양수인은 투자자 권리 계약, 공동 매각 계약 및 의결권 관련 계약의 조건에 대해서 원래 투자자와 같은 조건으로 우선주를 인수한다는 점에 대하여 서면으로 동의해야 한다.
활동 수행 권리 Right to Conduct Activities:	회사와 각 투자자는 이로써 파운드리가 전문 투자 펀드의 그룹이며, 그러한 이유로 다양한 포트폴리오 회사에 투자하고 있으며, 이 중 일부는 회사의 사업과 경쟁이 될 수 있음을 인정한다. 파운드리나 다른 투자자X는 (i) 회사와 경쟁하는 어떤 회사에 대한 투자로 인해 발생하는 청구권이 없으며, (ii) 그러한 경쟁 회사의 이사로서 또는 기타 방식으로 언제든 해당 경쟁 회사를 지원하는 투자자의 파트너, 임원 또는 기타 대표가 취한 행동, 그 행동이 회사에 해로운 영향을 끼치더라도, 회사나 다른 투자자에게 책임이 없다. 단, 회사의 기밀 정보를 오용한 것에 따른 책임에서는 어느 투자자도 면제되지 않는다. 회사의 법인설립증명서에는 Corporate Opportunity Doctrine* 에 대하여 제한적으로 면제 조항을 두도록 하여, 시리즈 A 이사가 회사의 이사가 아닌 다른 자격으로 업무를 할 수 있도록 허용한다.
노숍 계약	회사는 성실히 신속하게 거래 종결을 위해 노력하기로 동의한다. 회사와 창업가는 텀시트에 파운드리와 회사가 서명한 날로부터 60일 동안, (i) 회사의 자본 주식 매도나 발행, 회사나

---

* Corporate Opportunity Doctrine은 회사의 이사나 임원들이 회사에 귀속되어야 할 사업 기회를 개인적으로 이용하지 못하도록 하는 미국 상법상의 법적 원칙이다.

회사의 주식 또는 회사의 자산의 중요한 부분의 인수, 매도, 임대, 라이선스 제공 또는 기타 처분과 관련하여 투자자 이외의 개인이나 기관에 제안, 협상 또는 제안 유도 및 개시, 권장 또는 지원하는 행동, (ii) (i)에서 상술한 것과 관련하여 일절 논의, 협상 또는 계약 이행을 하지 않는다. 또한 이러한 사항에 대해 제3자로부터 문의가 있을 경우 투자자에게 즉시 통지한다. 양 당사자가 이러한 조건에 따라 최종 문서가 실행되지 않기로 합의할 경우, 회사는 이 조항에 따른 더 이상의 의무는 없다.

기밀 유지
Confidentiality:

조건 및 관련 논의 및 서신은 회사에 의해 엄격히 기밀로 유지되어야 하며, 회사는 파운드리의 사전 서면 승인 없이 이를 타인에게 공개해서는 안 된다. (단, 해당 거래와 관련하여 조언을 제공하기 위해 필요한 범위 내에서는 당사자들의 변호사 및 회계사들 그리고 회사의 기존 주주들은 예외로 제공이 가능하다.)

준거법
Governing Law

본건 텀시트는 모두 델라웨어주의 법률을 준거법으로 한다.

부록 C 인수의향서 샘플

[매도인]

[주소]

Re: 회사 발행 주식의 인수 제안

매도자 귀중

이 서신은 (인수인)가 (회사)의 모든 발행 자본 주식을 (A)___와 (B)___로부터 인수하는 것과 관련한 주요 조건을 요약 제시하고자 합니다. (매도인)는 회사의 유일한 주주입니다. 이 서신의 아래 본문에서는 문맥에 따라 (i) 인수인과 매도인은 "당사자", (ii) 회사와 그 자회사를 "대상회사"라고 지칭되기도 하며, (iii) 인수자의 회사 주식 인수 가능성은 "가능한 인수"라고 지칭되기도 합니다.

당사자들은 가능한 인수를 위한 최종적인 서면 형식의 인수 계약("최종 계약")을 위한 협상을 하고자 합니다. 최종 계약의 협상을 원활하게 하기 위해, 당사자들은 인수인 측 변호사가 계약서의 초안을 준비할 것을 요청합니다. 이 최종 계약의 체결은 인수인이 대상 회사들의 사업에 대한 진행 중인 실사를 만족스러운 수준으로 완료하는 것과 인수인의 해당 인수에 대한 이사회의 승인을 조건으로 합니다.

제1부 비구속적 조건

인수인이 현재 알고 있는 정보에 기초하여, 최종 계약에 다음과 같은
조건이 포함되기를 제안합니다:

1. **기본 거래**

   매도인은 회사의 모든 발행 자본 주식을 인수자에게 아래 제2항
   에서 정한 가격("인수 가격")으로 매도합니다. 이 거래의 종결("종
   결")은1976년 제정된 Hart-Scott-Rodino 반독점에 대한 개선조치
   법("HSR법")＊에 따른 대기 기간의 종료 직후 조속히 이루어질 것
   입니다.

2. **인수 가격**

   인수 가격은 ___달러(아래 설명된 바와 같이 조정 가능)이며 다음
   과 같은 방법으로 지급됩니다:

   (a) 종결시, 인수인는 매도인에게 ___달러의 현금을 지급합니다;

   (b) 종결시, 인수인은 상호 수용 가능한 에스크로 대리인에게 ___
      달러를 예치하며, 이는 최종 계약 및 관련 문서에 따른 매도인
      의 의무 이행을 확보하기 위하여 최소 ___년간 에스크로 계좌
      에 보관됩니다; 그리고

   (c) 종결시, 인수인은 각 매도인에게 무담보의, 조건협의 불가능

＊ Hart-Scott-Rodino Antitrust Improvements Act(HSR Act)는 인수·합병에 대해 규제하는 법
으로서, 기업이 일정 규모 이상의 기업과 인수·합병 추진을 계획할 때 미국 연방거래위원회(FTC)와
법무부에 사전 신고하도록 강제한다. 사전 신고를 통해서 미국 연방행정부는 경쟁을 제한하거나 독
점의 위험이 있는 기업 결합을 방지하고자 하며, 거래가 신고되면, 일정한 대기 기간 동안 당국이 해
당 거래가 경쟁에 미치는 영향을 평가한다.

한, 후순위 약속어음을 서명하고 양도합니다. 인수인이 매도인에게 전달할 약속어음의 원금은 총 ___달러이며, 이자율은 연 ___%이며, 만기는 종결일로부터 ___주년이 되는 날로서, 원금은 [연간][분기별] 균등 분할 상환되며, 발생 이자는 [연간][분기별] 지불합니다. 인수 가격은 대상 회사의 자기자본이 종결 시점에서 연결회계 기준으로 최소___달러가 된다는 가정에 기반합니다. 인수 가격은 종결 시점에서 대상 회사의 연결회계 기준으로 자기 자본의 변동에 따라 달러 단위로 조정될 것입니다.

3. **고용 및 경업 금지 계약**

종결 시:

(a) 회사와 A는 ___년간 고용 계약을 체결하며, A는 회사의[부사장 및 최고운영책임자(COO)]로 근무를 계속하고 연간 ___달러의 급여를 받을 것입니다;

(b) 각 매도인은 인수인과 회사의 이익을 위하여 ___년간 경업 금지 계약을 체결합니다.

4. **기타 조건**

매도인은 인수인에게 포괄적인 진술 및 보증을 제공하고, 인수인의 이익을 위한 포괄적인 약정, 면책 및 기타 보호 장치를 제공합니다. 인수인이 거래를 신중하게 완료하기 위해서는 다음과 같은 다양한 조건을 충족해야 합니다:

(a)_____

(b)_____

제2부 구속적 조건

이 서신의 다음 항목들("구속 조항")은 인수인과 각 매도인을 법적으로 구속할 수 있고 집행을 강제할 수 있는 조항들입니다.

1. **접근 권한**

   이 서신에 매도인이 서명한 날짜("서명일")부터 어느 한쪽 당사자가 다른 한쪽 당사자에게 최종 계약 체결을 위한 협상이 종료되었다는 서면 통지를 제공하는 날짜("종료일")까지, 매도인은 인수인에게 각 대상 회사, 그 직원, 자산, 계약, 장부 및 기록, 그리고 기타 모든 문서와 데이터에 대하여 완전히 자유롭게 접근할 수 있는 권한을 부여합니다.

2. **독점 교섭**

   서명일 후 [90]일 또는 종료일 중 더 늦은 시점까지:

   (a) 매도인은 직접적이든 간접적이든, 또는 대리인를 통하든 통하지 않든, 제3자와의 주식, 대상 회사, 대상 회사의 자산 또는 사업의 전체 또는 일부와 관련해서 그의 인수와 관련된 어떠한 제안이나 거래를 권유하거나 고려하거나, 혹은 협상 또는 제안의 수락 및 논의를 받아들이거나, 어떠한 형태로든(일반

적인 재고 판매 제외) 그러한 제안을 장려하지 않으며, 마찬가지로 대상 회사가 그와 같은 행위를 하지 않도록 합니다. 그리고 (b) 매도인은 매도인과, 대상 회사 또는 그들의 대표(대리인)와 제3자 간의 어떠한 접촉에 대해서 즉시 인수인에게 통보합니다.

3. **파기 수수료**

(a) 매도인이 제2항을 위반하거나 매도인이 인수인에게 최종 계약을 위한 협상이 종료되었음을 서면으로 통지하고, (b) 그러한 위반일 또는 종료일로부터 [6]개월 이내에, 매도인 또는 대상 회사가 주식의 상당한 부분 또는 대상 회사, 대상 회사의 자산 및 사업의 전부 또는 일부분을 직접적이거나 혹은 간접적으로 혹은 인수 및 합병, 기업 병합 및 기타의 방법(재고자산을 매매하는 거래 또는 회사 자산 중 중대하지 않은 부분을 일상적인 방식으로 매매하는 거래는 제외)으로 매매하는 것과 관련한 인수의향서나 다른 계약을 체결하고, 그러한 거래가 최종적으로 완료되는 경우, 매도인은 즉시 해당 거래의 종료 시점에 인수인에게 ＿달러를 지급하거나 대상 회사가 지급하도록 합니다.

이 수수료는 본 서신의 제2항 또는 다른 구속 조항을 매도인이 위반한 경우 인수인의 유일한 구제책이 아니며, 인수인은 법률 또는 형평의 원칙에 따라 제공되는 기타 모든 권리 및 구제책을 누릴 권리가 있습니다.

4. 영업 행위

서명일로부터 종료일까지, 매도인은 대상 회사가 일반적인 영업을 계속하도록 하고, 일상적이지 않은 거래를 하지 않도록 해야 합니다.

5. 기밀 유지

법률로 요구되는 경우를 제외하고, 인수인은 회사와 관련하여 매도인, 회사 또는 그들의 대표자로부터 직접 또는 그의 대표자를 통하여 시기와 방식을 불문하고(이 서신에서 제안된 거래의 평가와 관련한 경우는 예외로 함) 제공받았거나 제공받기로 한 기밀 정보(아래에서 정의)를 사용하거나 공개함에 있어서, 매도인이나 대상 회사에 피해를 끼치지 말아야 하며, 마찬가지로 인수인은 해당 기밀 정보를 인수인의 대리인이 사용하거나 공개함에 있어서도, 매도인이나 대상 회사에 피해를 끼치지 않도록 지시해야 합니다.

이 조항의 목적상, "기밀 정보"는 회사에 대해 "기밀"이라는 스탬프가 찍힌 정보 또는 매도인이 인수인에게 전달하는 시점에 서면으로 그와 같이 표시된 문서를 의미합니다. 단, 다음의 경우는 제외합니다. (i) 해당 정보가 이미 인수인 또는 그의 대표자에게 알려져 있거나 기밀 의무가 없는 제3자에게 알려진 경우, 또는 공개된 경우, (ii) 해당 정보의 사용이 거래 완료를 위한 자료의 제출, 승인 또는 동의 획득을 위해 필요하거나 적절한 경우, (iii) 해당 정보의 제공 또는 사용이 법적 절차와 관련하여 요구되거나 혹은 필요하거나 적절한 경우는 제외됩니다. 매도인의 서면 요청이 있으면, 인

수인은 기밀 정보를 매도인이나 대상 회사에게 신속히 반환하거나
파기하고 서면으로 이를 증명해야 합니다.

6. **공개**

법률로 요구되는 경우를 제외하고, 다른 당사자의 사전 서면 동의
없이 인수인이나 매도인은 당사자 간의 가능한 거래에 대하여 또
는 이 서신에서 제안하고 있는 거래의 어떠한 조건이나 다른 사항
들에 대하여 어떠한 공개적인 발언이나, 입장 발표 또는 통신을 하
지 않으며, 또는 그에 대하여 공표하거나 논의를 하고 있다는 사실
이 공개되는 것을 허용하지 않습니다. 또한 각 당사자는 그의 대표
(대리인)에게도 그와 같이 지시합니다. 다만, 당사자가 법적으로
그러한 공개를 해야 하는 경우, 다른 당사자에게 공개 내용, 법적
으로 요구되는 이유, 공개가 이루어질 시간과 장소를 먼저 알려야
합니다.

7. **비용**

인수인과 각 매도인은 가능한 인수를 진행하거나 완료하는 데 발생
하는 모든 비용 및 경비(중개 수수료 및 그의 대표자의 경비를 포함
하여)를 책임지고 부담해야 합니다. 앞 문장에도 불구하고, HSR법
관련 수수료는 인수인과 매도인이 각각 절반씩 부담합니다.

8. 동의

서명일로부터 종료일까지 인수인과 각 매도인은 서로 협력하여 합리적으로 실현 가능한 범위 내에서 최대한 빨리 HSR법에 따라 필요한 신고서를 준비하고 제출해야 합니다.

9. 전체 계약

구속 조항은 당사자 간의 전체 계약을 아우르며, 본 주제와 관련하여 이전의 당사자간의 구두 또는 서면 계약, 양해각서, 진술 및 보증 관련 조건, 업무 지침 및 협상을 모두 대체합니다. 본 계약에 명시적으로 적시된 경우를 제외하고, 구속 조항은 모든 당사자의 서명에 의해서만 수정 또는 변경될 수 있습니다.

10. 준거법

구속 조항은 관련 법들간의 충돌과 상관없이___주법에 따라 구속되고 해석됩니다.

11. 관할권: 소송 수행

이 서신의 조항을 강제적으로 집행거하나 이 서신에서 발생하는 권리에 근거한 소송이나 절차는 ___주 ___카운티 법원이나, 관할권을 가졌거나 취득할 수 있는 경우에는 ___특별행정구역을 관할하는 연방 지방법원에 제기될 수 있으며, 각 당사자는 해당 법원 (및 관련 항소법원)의 관할권에 동의하고 관할권에 대한 이의제기를 포기합니다. 위의 문장에서 언급된 소송이나 절차에서의 수행은 전 세계 어디서나 당사자에게 효력이 있습니다.

12. **계약 종료**

구속 조항은 ___년, ___월___일에 자동으로 종료되며, 귀책 사유 여부와 이유 여부를 불문하고, 서면 통보로 어느 당사자도 다른 당사자에게 일방적으로 언제든지 종료할 수 있습니다. 단, 구속 조항의 종료는 종료 이전의 구속 조항 위반에 대한 당사자의 책임에 영향을 미치지 않습니다. 구속 조항이 종료되면, 당사자는 계약 종료에 따른 추가적인 의무는 없으나, 제2부의 제2항, 제3항, 제7항, 제9항, 제11항 내지 제14항은 종료 후에도 계속 유효합니다.

13. **상응 문서**

이 서신은 하나 이상의 상응하는 문서 형태로 실행될 수 있으며, 각 문서는 이 서신의 원본으로 간주되고, 모든 문서가 함께 사용할 경우 하나의 동일한 계약으로 간주됩니다.

14. **면책**

이 서신의 1부에 포함된 항목 및 조항은 어떤 당사자나 대상 회사에게 법적 구속력을 갖는 의무를 구성하지 않으며, 발생시키지도 않습니다. 더욱이, 구속 조항에 명시적으로 제시된 경우(또는 당사자들이 미래에 체결할 수 있는 법적 구속력이 있는 서면 계약에 명시적으로 제공된 경우)를 제외하고, 가능한 인수와 관련된 과거 또는 미래의 행위, 반복적인 행동, 또는 가능한 인수와 관련한 행위의 불능 또는 가능한 인수나 확정적 계약상의 조건 협상과 관련한 행위의 어떤 당사자나 대상 회사의 의무 또는 기타 책임의 근거로 작용하지 않습니다.

* * *

해당 내용에 동의하신다면, 이 서신에 서명하고 제출해주시기 바랍니다. 그렇게 하면 본 서신은 본 주제에 대한 당사자 간의 계약을 구성하게 됩니다.

[인수인] 배상

대표자/대리인: _____

인수인명: _____

직급/직책: _____

20__년__월__일, 해당 구속 조항에 따라 적법하게 실행됩니다.

대표자/대리인: _____

매도인명: _____

직급/직책: _____

부록 D 추가 자료

이 책의 초판을 출판한 2011년 이후 벤처 생태계에 캄브리아기 대폭발에 필적할 만한 창업 자원에 관한 대폭발이 일어나서 스타트업에 대한 금융 지원을 포함한 다양한 창업가들을 위한 자원이 나타났다. 아래는 벤처 생태계에 등장한 중요한 자원들의 예시이다.

> **액셀러레이터Accelerators**: 테크스타Techstars(techstars.com)와 와이컴비네이터Y Combinator(ycombinator.com)를 모델로 한 액셀러레이터들이 전 세계에 등장했다. 이러한 프로그램들은 통상 소액의 자금(약 2만 달러)을 투자하고 소수의 지분(일반적으로 6%)을 받는다. 또한 일부 액셀러레이터는 전환사채 형태로 10만 달러 이상의 추가 자금을 제공하기도 한다. 액셀러레이터들은 90일 동안 검토 대상이 되는 스타트업에 집중적으로 전념하여 이들 기업이 액셀러레이터와 멘토 그리고 주변의 스타트업 커뮤니티에서 도움을 받을 수 있도록 지원해준다. 몇 년 전 테크스타는 글로벌 액셀러레이터 네트워크Global Accelerator Network(gan.com)를 설립하여 최고의 액셀러레이터들을 스타트업 기업들과 연결해주고 일련의 모범 사례를 제공하는 노력을 기울였다.
>
> **벤처딜닷컴**: 이 사이트(venturedeals.com)는 이 책의 웹사이트로 우리 팀이 관리하고 있다. 이 사이트에서 우리는 게재된 질문에 답변하기도 하고, 다른 벤처 캐피털리스트의 훌륭한 블로그 글을 포스팅하기도 한다. 궁극적으로 이 블로그는 이 책의 신판에 포함될 새로운 콘텐츠를 게시한다. 또한 파운드리 그룹의 투자 관련 문서 양식, 기타 자금 조달 문서 및 인수·합병 투자계약서 샘플 등을 사이트에 업로드했다. 또한 이 책을 교재로 사용하는 일부 대학의 강의계획서와 대학 교재 리스트를 공개하고 있다. 이 사이트에는 이 책과 함께 사용하기 위해 우리가 만든 방대한 교육 자료도 포함되어 있다.

자기자본 조달 크라우드펀딩Equity Crowdfunding: 자금을 모아야 하는 창업가이거나 초기 단계 투자 기회를 찾고 있는 엔젤투자자 또는 시드 단계 벤처 캐피털리스트들을 연결해주는 많은 웹 사이트가 있다. 가장 인기 있는 두 사이트를 들자면, 앤젤리스트 AngelList(angel.co)와구스트Gust(gust.com)를 꼽을 수 있다. 이 사이트들은 창업가와 투자자 모두에게 매우 유용한 자원을 제공하고 있다.

제품 크라우드펀딩Product Crowdfunding: 인터넷의 발전으로 인해 크라우드펀딩이라는 새로운 형태의 자금 조달이 등장했다. 킥스타터 Kickstarter(kickstarter.com)와 인디고고Indiegogo(indiegogo.com)와 같은 인기 있는 크라우드펀딩 사이트들은 크라우딩펀딩의 초기 단계를 대중화했다. 이 사이트를 통해서 회사들은 제품을 제작하기 위한 크라우드펀딩 방식으로 자금을 모금할 수 있다. 이들 회사의 현재 모델에서는 기업들이 실질적으로 고객들을 모집해서 그들이 기업의 제품이나 서비스를 미리 결제하도록 하고 있다. 2012년4월, 미국에서는JOBS 법안의 통과로 자기자본 투자 크라우드펀딩이 제도화되었다.

데이터베이스Databases: 비상장기업 관련 데이터베이스가 다수 존재한다. 이들 중에 대표적인 것으로는 크런치베이스 Crunchbase(crunchbase.com)와 피치북Pitchbook(pitchbook.com)이 있다. 모든 비상장기업에 대한 데이터는 그 정확성이 항상 문제가 될 수 있기 때문에, 사용자 입장에서는 불편함이 있을 수 있다. 그럼에도 불구하고 일반적으로 그 유용성은 무시할 수 없다. 또한 벤처 캐피털 투자자에 대한 인맥과 네트워크가 없는 창업가라면, 이러한 데이터베이스는 특정 스타트업에 관심을 가질 만한 벤처 캐피털리스트를 찾는 데 도움을 줄 수 있다.

교육: 인터넷에는 매우 많은 수의 창업 관련 교육 자원이 있다. 우리 팀이 좋아하는 몇 가지 사이트를 들자면, 카우프만재단Kauffman Foundation(kauffman.org), 스탠퍼드대학교의 창업가 코너 Entrepreneurship Corner(http://ecorner.stanford.edu), 칸 아케데미Khan Academy의 벤처 캐피털 과정(http://bit.ly/2agRJRB), 그리고 콜로라도주 볼더에 위치한 실리콘 플랫아이언 센터Silicon Flatirons Center(https://siliconflatirons.org) 등이 있다. 전국벤처 캐피털협회(NVCA)(www.nvca.org)는 가장 널리 사용되는 자금 조달 거래 관련 표준 문서들을 제공한다(nvca.org/resources/model-legal-documents/).

기타 기술 블로그: 그 밖에 훌륭한 콘텐츠를 제공하는 많은 기술 관련 및 벤처 캐피털 블로거들이 있다. 프레드 윌슨Fred Wilson(avc.com), 마크 수스터Mark Suster(bothsidesofthetable.com), 그리고 데이비드 코언David Cohen(davidgcohen.com)과 세스 레바인 Seth Levine(sethlevine.com)과 같은 우리 팀의 친구들은 정기적으로 훌륭한 콘텐츠를 게시한다. 우리 직원들은 또한 댄 프리맥Dan Primack의 블로그인 프로라타Pro Rata(https://www.axios.com/newsletters/axios-pro-rata/)를 매일 읽고 있다.

Appendix
부록

ACME VENTURE CAPITAL 2018, LP
Summary of Terms for Proposed Private Placement of Series
A Preferred Stock of NEWCO.COM _____, 20_____
(Valid for acceptance until _____, 20_____)

Issuer:	NEWCO.COM (the "Company")
Investor(s):	Acme Venture Capital 2018, L.P. and its affiliated partnerships ("Acme") **[and others, if applicable]** ("Investors").
Amount of Financing:	An aggregate of $ _____ million, **[(including $ _____ from the conversion of outstanding bridge notes)]** representing a % ownership position on a fully diluted basis, including shares reserved for any employee option pool. **[The individual investment amounts for each Investor are as follows]:**

Acme $_____
Other investor 1 $_____
Other investor 2 $_____
Total: $_____]
[If there is to be a second closing, differentiate the Investors and amounts by each closing.]

Price:	$ _____ per share (the "Original Purchase Price"). The Original Purchase Price represents a fully diluted pre-money valuation of $ _____ million and a fully diluted post-money valuation of $ _____ million. **[A capitalization table showing the Company's capital structure immediately following the Closing is attached.]** For purposes of the above calculation and any other reference to "fully diluted" in this term sheet, "fully diluted" assumes the conversion of all outstanding preferred stock of the Company, the exercise of all authorized and currently existing stock options and warrants of the Company, and the increase of the Company's existing option pool by [] shares prior to this financing.

POST-CLOSING CAPITILIZATION TABLE

	Shares	Percentage
Common Stock Outstanding		
Employee Stock Options: Reserved Pool		
Series A Preferred Outstanding: Acme		
[Other Investors]		
Fully Diluted Shares		

Type of Security:	Series A Convertible Preferred Stock (the "Series A Preferred"), initially convertible on a 1:1 basis into shares of the Company's Common Stock (the "Common Stock").
Closing:	Sale of the Series A Preferred (the "Closing") is anticipated to take place on _____.

TERMS OF SERIES A PREFERRED STOCK

Dividends: The holders of the Series A Preferred shall be entitled to receive noncumulative dividends in preference to any dividend on the Common Stock at the rate of **[6–10%]** of the Original Purchase Price perannum **[when and as declared by the Board of Directors]**. The holders of Series A Preferred also shall be entitled to participate pro rata in any dividends paid on the Common Stock on an as-if-converted basis.

[Adding the second bolded section means discretionary dividends, otherwise automatic.]

Liquidation Preference: In the event of any liquidation or winding up of the Company, the holders of the Series A Preferred shall be entitled to receive in preference to the holders of the Common Stock a per share amount equal to **[2×]** the Original Purchase Price plus any declared but unpaid dividends(the "Liquidation Preference").

[Choose one of the following three options:] [Option 1: Add this paragraph if you want fully participating preferred: **After the payment of the Liquidation Preference to the holders of the Series A Preferred, the remaining assets shall be distributed ratably to the holders of the Common Stock and the Series A Preferred on a common equivalent basis.]**

[Option 2: Add this paragraph if you want participating preferred: **After the payment of the Liquidation Preference to the holders of the Series A Preferred, the remaining assets shall be distributed ratably to the holders of the Common Stock and the Series A Preferred on a common equivalent basis; provided that the holders of Series A Preferred will stop participating once they have received a total liquidation amount per share equal to [two to five] times the Original Purchase Price, plus any declared but unpaid dividends. Thereafter, the remaining assets shall be distributed ratably to the holders of the Common Stock.]**

[Option 3: Add this paragraph if you want nonparticipating preferred: **After the payment of the Liquidation Preference to the holders of the Series A Preferred, the remaining assets shall be distributed ratably to the holders of the Common Stock.]**

Don't use if stock we are buying is fully participating. **[Upon any liquidation or deemed liquidation, holder of the Series A Preferred shall be entitled to receive the greater of (i) the amount they would have received pursuant to the prior sentence, or (ii) the amount they would have received in the event of conversion of the Series A Preferred to Common Stock, in each case taking into account any**

carve-outs, escrows, or other delayed or contingent payments.]

A merger, acquisition, sale of voting control, or sale of substantially all of the assets of the Company in which the shareholders of the Company do not own a majority of the outstanding shares of the surviving corporation shall be deemed to be a liquidation.

Conversion:
The holders of the Series A Preferred shall have the right to convert the Series A Preferred, at any time, into shares of Common Stock. The initial conversion rate shall be 1:1, subject to adjustment as provided below.

Automatic
Conversion:
All of the Series A Preferred shall be automatically converted into Common Stock, at the then applicable conversion price, upon the closing of a firmly underwritten public offering of shares of Common Stock of the Company at a per share price not less than **[three to five]** times the Original Purchase Price (as adjusted for stock splits, dividends, and the like) per share and for a total offering of not less than **[$15]** million (before deduction of underwriters' commissions and expenses) (a "Qualified IPO"). All, or a portion of each share, of the Series A Preferred shall be automatically converted into Common Stock, at the then applicable conversion price in the event that the holders of at least a majority of the outstanding Series A Preferred consent to such conversion.

Antidilution
Provisions:
The conversion price of the Series A Preferred will be subject to a [full ratchet/weighted average] adjustment to reduce dilution in the event that the Company issues additional equity securities (other than shares (i) reserved as employee shares described under "Employee Pool" below; (ii) shares issued for consideration other than cash pursuant to a merger, consolidation, acquisition, or similar business combination approved by the Board; (iii) shares issued pursuant to any equipment loan or leasing arrangement, real property leasing arrangement, or debt financing from a bank or similar financial institution approved by the Board; and (iv) shares with respect to which the holders of a majority of the outstanding Series A Preferred waive their antidilution rights) at a purchase price less than the applicable conversion price. In the event of an issuance of stock involving tranches or other multiple closings, the antidilution adjustment shall be calculated as if all stock was issued at the first closing. The conversion price will [also] be subject to proportional adjustment for stock splits, stock dividends, combinations, recapitalizations, and the like.

[Redemption at Option of Investors:	At the election of the holders of at least a majority of the Series A Preferred, the Company shall redeem the outstanding Series A Preferred in three annual installments beginning on the [fifth] anniversary of the Closing. Such redemptions shall be at a purchase price equal to the Original Purchase Price plus declared and unpaid dividends.]
Voting Rights:	The Series A Preferred will vote together with the Common Stock and not as a separate class except as specifically provided herein or as otherwise required by law. The Common Stock may be increased or decreased by the vote of holders of a majority of the Common Stock and Series A Preferred voting together on an as-if-converted basis, and without a separate class vote. Each share of Series A Preferred shall have a number of votes equal to the number of shares of Common Stock then issuable upon conversion of such share of Series A Preferred.
Board of Directors:	The size of the Company's Board of Directors shall be set at [_____]. The Board shall initially be comprised of _____, as the Acme representative [s], _____ and _____.

At each meeting for the election of directors, the holders of the Series A Preferred, voting as a separate class, shall be entitled to elect **[one]** member**[s]** of the Company's Board of Directors, which director shall be designated by Acme; the holders of Common Stock, voting as a separate class, shall be entitled to elect **[one]** member**[s]**; and the remaining directors will be

[Option 1 (if Acme to control more than 50% of the capital stock): **mutually agreed upon by the Common and Preferred, voting together as a single class]** *[or Option 2 (if Acme controls less than 50%)*: **chosen by the mutual consent of the Board of Directors]**. *Please note that you may want to make one of the Common seats the person then serving as the CEO].*

[Add this provision if Acme is to get an observer on the Board: **Acme shall have the right to appoint a representative to observe all meetings of the Board of Directors in a nonvoting capacity.]**

The Company shall reimburse expenses of the Series A Preferred directors **[observers]** and advisers for costs incurred in attending meetings of the Board of Directors and other meetings or events attended on behalf of the Company.

Protective
Provisions:

For so long as any shares of Series A Preferred remain outstanding, consent of the holders of at least a majority of the Series A Preferred shall be required for any action, whether directly or through any merger, recapitalization, or similar event, that (i) alters or changes the rights, preferences, or privileges of the Series A Preferred; (ii) increases or decreases the authorized number of shares of Common or Preferred Stock; (iii) creates (by reclassification or otherwise) any new class or series of shares having rights, preferences, or privileges senior to or on a parity with the Series A Preferred; (iv) results in the redemption or repurchase of any shares of Common Stock (other than pursuant to equity incentive agreements with service providers giving the Company the right to repurchase shares upon the termination of services); (v) results in any merger, other corporate reorganization, sale of control, or any transaction in which all or substantially all of the assets of the Company are sold; (vi) amends or waives any provision of the Company's Certificate of Incorporation or Bylaws; (vii) increases or decreases the authorized size of the Company's Board of Directors; **[or]** (viii) results in the payment or declaration of any dividend on any shares of Common or Preferred Stock **[or (ix) issuance of debt in excess of ($100,000)]**.

Pay-to-Play:

[*Version 1*: In the event of a Qualified Financing (as defined below), shares of Series A Preferred held by any Investor which is offered the right to participate but does not participate fully in such financing by purchasing at least its pro rata portion as calculated above under "Right of First Refusal" below will be converted into Common Stock.]

[*Version 2*: If any holder of Series A Preferred Stock fails to participate in the next Qualified Financing (as defined below), on a pro rata basis (according to its total equity ownership immediately before such financing) of their Series A Preferred investment, then such holder will have the Series A Preferred Stock it owns converted into Common Stock of the Company. If such holder participates in the next Qualified Financing but not to the full extent of its pro rata share, then only a percentage of its Series A Preferred Stock will be converted into Common Stock (under the same terms as in the preceding sentence), with such percentage being equal to the percentage of its pro rata contribution that it failed to contribute.]

A Qualified Financing is the next round of financing after the Series A financing by the Company that is approved by the Board of Directors who determine in good faith that such portion must

be purchased prorata among the stockholders of the Company subject to this provision. Such determination will be made regardless of whether the price is higher or lower than any series of Preferred Stock.

When determining the number of shares held by an Investor or whether this "Pay-to-Play" provision has been satisfied, all shares held by or purchased in the Qualified Financing by affiliated investment funds shall be aggregated. An Investor shall be entitled to assign its rights to participate in this financing and future financings to its affiliated funds and to investors in the Investor and/or its affiliated funds, including funds that are not current stockholders of the Company.

Information Rights:	So long as an Investor continues to hold shares of Series A Preferred or Common Stock issued upon conversion of the Series A Preferred, the Company shall deliver to the Investor the Company's annual budget, as well as audited annual and unaudited quarterly financial statements. Furthermore, as soon as reasonably possible, the Company shall furnish a report to each Investor comparing each annual budget to such financial statements. Each Investor shall also be entitled to standard inspection and visitation rights. These provisions shall terminate upon a Qualified IPO.
Registration Rights:	Demand Rights: If Investors holding more than 50 percent of the outstanding shares of Series A Preferred, including Common Stock issued on conversion of Series A Preferred ("Registrable Securities"), or a lesser percentage if the anticipated aggregate offering price to the public is not less than $5 million, request that the Company file a Registration Statement, the Company will use its best efforts to cause such shares to be registered; provided, however, that the Company shall not be obligated to effect any such registration prior to the **[third]** anniversary of the Closing. The Company shall have the right to delay such registration under certain circumstances for one period not in excess of ninety (90) days in any twelve (12)-month period.

The Company shall not be obligated to effect more than two (2) registrations under these demand right provisions, and shall not be obligated to effect a registration (i) during the one hundred eighty (180) day period commencing with the date of the Company's initial public offering, or (ii) if it delivers notice to the holders of the Registrable Securities within thirty (30) days of any registration request of its intent to file a registration statement for such initial public offering within ninety (90) days.

Company Registration: The Investors shall be entitled to "piggyback" registration rights on all registrations of the Company or on any demand registrations of any other Investor subject to the right, however, of the Company and its underwriters to reduce the number of shares proposed to be registered prorata in view of market conditions. If the Investors are so limited, however, no party shall sell shares in such registration other than the Company or the Investor, if any, invoking the demand registration. Unless the registration is with respect to the Company's initial public offering, in no event shall the shares to be sold by the Investors be reduced below 30 percent of the total amount of securities included in the registration. No shareholder of the Company shall be granted piggyback registration rights, which would reduce the number of shares includable by the holders of the Registrable Securities in such registration without the consent of the holders of at least a majority of the Registrable Securities.

S-3 Rights: Investors shall be entitled to unlimited demand registrations on Form S-3 (if available to the Company) so long as such registered offerings are not less than $1 million.

Expenses: The Company shall bear registration expenses (exclusive of underwriting discounts and commissions) of all such demands, piggybacks, and S-3 registrations (including the expense of one special counsel of the selling shareholders not to exceed $25,000).

Transfer of Rights: The registration rights may be transferred to (i) any partner, member, or retired partner or member or affiliated fund of any holder which is a partnership; (ii) any member or former member of any holder which is a limited liability company; (iii) any family member or trust for the benefit of any individual holder; or (iv) any transferee which satisfies the criteria to be a Major Investor (as defi ned below); provided the Company is given written notice thereof.

Lockup Provision: Each Investor agrees that it will not sell its shares for a period to be specified by the managing underwriter (but not to exceed 180 days) following the effective date of the Company's initial public offering; provided that all officers, directors, and other 1 percent shareholders are similarly bound. Such lockup agreement shall provide that any discretionary waiver or termination of the restrictions of such agreements by the Company or representatives of underwriters shall apply to Major Investors, pro rata, based on the number of shares held.

Other Provisions: Other provisions shall be contained in the Investor Rights Agreement with respect to registration rights as are reasonable, including cross-indemnification, the period of time in which the Registration Statement shall be kept effective, and underwriting arrangements. The Company shall not require the opinion of Investor's counsel before authorizing the transfer of stock or the removal of Rule 144 legends for routine sales under Rule 144 or for distribution to partners or members of Investors.

Right of First Refusal:
Investors who purchase at least (   ) shares of Series A Preferred (a "Major Investor") shall have the right in the event the Company proposes to offer equity securities to any person (other than the shares (i) reserved as employee shares described under "Employee Pool" below; (ii) shares issued for consideration other than cash pursuant to a merger, consolidation, acquisition, or similar business combination approved by the Board; (iii) shares issued pursuant to any equipment loan or leasing arrangement, real property leasing arrangement, or debt financing from a bank or similar financial institution approved by the Board; and (iv) shares with respect to which the holders of a majority of the outstanding Series A Preferred waive their right of first refusal) to purchase **[2 times]** their pro rata portion of such shares. Any securities not subscribed for by an eligible Investor may be reallocated among the other eligible Investors. Such right of first refusal will terminate upon a Qualified IPO. For purposes of this rightof first refusal, an Investor's pro rata right shall be equal to the ratio of (a) the number of shares of common stock (including all shares of common stock issuable or issued upon the conversion of convertible securities and assuming the exercise of all outstanding warrants and options) held by such Investor immediately prior to the issuance of such equity securities to (b) the total number of shares of common stock outstanding (including all shares of common stock issuable or issued upon the conversion of convertible securities and assuming the exercise of all outstanding warrants and options) immediately prior to the issuance of such equity securities.

Purchase Agreement:
The investment shall be made pursuant to a Stock Purchase Agreement reasonably acceptable to the Company and the Investors, which agreement shall contain, among other things, appropriate representations and warranties of the Company, covenants of the Company reflecting the provisions set forth herein, and appropriateconditions of closing, including a management rights letter and an opinion of counsel for the Company.

EMPLOYEE MATTERS

Employee Pool:	Prior to the Closing, the Company will reserve shares of its Common Stock so that _____% of its fully diluted capital stock following the issuance of its Series A Preferred is available for future issuances to directors, officers, employees, and consultants. The term "Employee Pool" shall include both shares reserved for issuance as stated above, as well as current options outstanding, which aggregate amount is approximately _____% of the Company's fully diluted capital stock following the issuance of its Series A Preferred.
Stock Vesting:	All stock and stock equivalents issued after the Closing to employees, directors, consultants, and other service providers will be subject to vesting provisions below unless different vesting is approved by the **[unanimous/majority (including the director designated by Acme)** *or* **(including at least one director designated by the Investors)]** consent of the Board of Directors (the "Required Approval"): 25% to vest at the end of the first year following such issuance, with the remaining 75% to vest monthly over the next three years. The repurchase option shall provide that upon termination of the employment of the shareholder, with or without cause, the Company or its assignee (to the extent permissible under applicable securities law qualification) retains the option to repurchase at the lower of cost or the current fair market value any unvested shares held by such shareholder. Any issuance of shares in excess of the Employee Pool not approved by the Required Approval will be a dilutive event requiring adjustment of the conversion price as provided above and will be subject to the Investors' first offer rights.

The outstanding Common Stock currently held by _____ and _____ (the "Founders") will be subject to similar vesting terms **[provided that the Founders shall be credited with (*one year*) of vesting as of the Closing, with their remaining unvested shares to vest monthly over three years].**

In the event of a merger, consolidation, sale of assets, or other change of control of the Company and should **[a Founder] [or an Employee]** be terminated without cause within one year after such event, such person shall be entitled to **[one year]** of additional vesting. Other than the foregoing, there shall be no accelerated vesting in any event.

Restrictions on Sales:	The Company's Bylaws shall contain a right of first refusal on all transfers of Common Stock, subject to normal exceptions. If the Company elects not to exercise its right, the Company shall assign its right to the Investors.
Proprietary Information and Inventions Agreement:	Each current and former officer, employee, and consultant of the Company shall enter into an acceptable proprietary information and inventions agreement.
[Drag-Along Agreement:	**The holders of the (Founders/Common Stock) Series A Preferred shall enter into a drag-along agreement whereby if a majority of the holders of Series A Preferred agree to a sale or liquidation of the Company, the holders of the remaining Series A Preferred (and Common Stock) shall consent to and raise no objections to such sale.]**
Co-Sale Agreement:	The shares of the Company's securities held by the Founders shall be made subject to a co-sale agreement (with certain reasonable exceptions) with the Investors such that the Founders may not sell, transfer, or exchange their stock unless each Investor has an opportunity to participate in the sale on a prorata basis. This right of co-sale shall not apply to and shall terminate upon a Qualified IPO.
[Founders' Activities:	**Each of the Founders shall devote 100% of his professional time to the Company. Any other professional activities will require the approval of the Board of Directors. Additionally, when a Founder leaves the Company, such Founder shall agree to vote his Common Stock or Series A Preferred (or Common Stock acquired on conversion of Series A or Former Series A Preferred) in the same proportion as all other shares are voted in any vote.]**
[Optional Section] [Key Man Insurance:	**The Company shall procure key man life insurance policies for each of the Founders in the amount of ($3 million), naming the Company as beneficiary.]**
[Optional Section] [Executive Search:	**The Company will use its best efforts to hire a (CEO/CFO/CTO) acceptable to the Investors as soon as practicable following the Closing.]**

OTHER MATTERS

[Initial Public Offering Shares Purchase:

In the event that the Company shall consummate a Qualified IPO, the Company shall use its best efforts to cause the managing underwriter or underwriters of such IPO to offer to Acme the right to purchase at least (5%) of any shares issued under a "friends and family" or "directed shares" program in connection with such Qualified IPO. Notwithstanding the foregoing, all action taken pursuant to this Section shall be made in accordance with all federal and state securities laws, including, without limitation, Rule 134 of the Securities Act of 1933, as amended, and all applicable rules and regulations promulgated by the National Association of Securities Dealers, Inc. and other such self-regulating organizations.]

No-Shop Agreement:

The Company agrees to work in good faith expeditiously toward a closing. The Company and the Founders agree that they will not, directly or indirectly, (i) take any action to solicit, initiate, encourage, or assist the submission of any proposal, negotiation, or offer from any person or entity other than the Investors relating to the sale or issuance of any of the capital stock of the Company or the acquisition, sale, lease, license, or other disposition of the Company or any material part of the stock or assets of the Company; or (ii) enter into any discussions or negotiations, or execute any agreement related to any of the foregoing, and shall notify the Investors promptly of any inquiries by any third parties in regard to the foregoing. Should both parties agree that definitive documents shall not be executed pursuant to this term sheet, then the Company shall have no further obligations under this section.

Capitali -zation/Fact Sheet:

The Company shall provide prior to the Closing an updated, postclosing capitalization chart and a list of corporate officers with both business and personal contact information.

Indemnifi -cation:

The bylaws and/or other charter documents of the Company shall limit board members' liability and exposure to damages to the broadest extent permitted by applicable law.

[Insurance:

The Company will use its best efforts to obtain directors and officers insurance acceptable to Investors as soon as practicable after the Closing.]

Right to Conduct Activities:	The Company and each Investor hereby acknowledge that some or all of the Investors are professional investment funds, and as such invest in numerous portfolio companies, some of which may be competitive with the Company's business. No Investor shall be liable to the Company or to any other Investor for any claim arising out of, or based upon, (i) the investment by any Investor in any entity competitive to the Company; or (ii) actions taken by any partner, officer, or other representative of any Investor to assist any such competitive company, whether or not such action was taken as a board member of such competitive company, or otherwise, and whether or not such action has a detrimental effect on the Company.
Assignment:	Each of the Investors shall be entitled to transfer all or part of its shares of Series A Preferred purchased by it to one or more affiliated partnerships or funds managed by it or any or their respective directors, officers, or partners, provided such transferee agrees in writing to be subject to the terms of the Stock Purchase Agreement and related agreements as if it were a purchaser thereunder.
Legal Fees and Expenses:	The Company shall bear its own fees and expenses and shall pay at the closing (or in the event the transaction is not consummated, upon notice by Acme that it is terminating negotiations with respect to the consummated transactions) the reasonable fees (not to exceed $___,000) and expenses of **[our counsel]** regardless if any transactions contemplated by this term sheet are actually consummated.
Governing Law:	This summary of terms shall be governed in all respects by the laws of the State of Delaware.
Conditions Precedent to Financing:	Except for the provisions contained herein entitled "Legal Fees and Expenses," "No-Shop Agreement," "Right to Conduct Activities," and "Governing Law," which are explicitly agreed by the Investors and the Company to be binding upon execution of this term sheet, this summary of terms is not intended as a legally binding commitment by the Investors, and any obligation on the part of the Investors is subject to the following conditions precedent:

1. Completion of legal documentation satisfactory to the prospective Investors.
2. Satisfactory completion of due diligence by the prospective Investors.

2. Satisfactory completion of due diligence by the prospective Investors.
3. Delivery of a customary management rights letter to Acme.
[4. **Submission of detailed budget for the following twelve (12) months, acceptable to Investors.**]
[5. **The Company shall initiate a rights offering allowing all current "accredited" shareholders the right to participate proratably in the transactions contemplated herein.**]

Finders: The Company and the Investors shall each indemnify the other for any broker's or finder's fees for which either is responsible.

Acme   **TBD**
Counsel:

Acknowledged and agreed:

ACME VENTURE CAPITAL 2018, LP

By: _____

Print Name: _____

Title: _____

NEWCO.COM

By: _____

Print Name: _____

Title: _____

FOUNDRY VENTURE CAPITAL 2018, L.P.
SUMMARY OF TERMS

Company:	X
Investor(s):	$X million [(including approximately $X from the conversion of bridge notes)]. Note that if any notes convert at discount or a capped conversion valuation lower than the pre-money valuation listed below the notes shall convert into combination of: (i) Preferred Stock such that holders receive no more than a 1 × nonparticipating liquidation preference equal to the outstanding principal amount of such notes, plus any agreed interest, and (ii) Common Stock representing the balance of the total shares required to be issued pursuant to the notes.
Stock Purchased:	Series X Preferred (**"Preferred Stock"**)

Investors and Amounts:

Foundry Venture Capital 2018, L.P. (**"Foundry "**)	$X
[**Investor 2**]	$X
Total (all investors together, the **"Investors"**)	$X

Unissued Employee Pool:	X%
Pre-Money Valuation:	$X
Voting:	A vote of [**at least ___%**] [**a majority**] of the Preferred Stock (the "**Required Preferred**") will be required for any action by the Preferred Stock.

---

1 In 2016, Jason decided to redo the standard Foundry Group term sheet so that everything that needed to be changed was on the first page. This is the revised term sheet that we use at Foundry Group for a starting point for all financings. In many cases, we don't even use a term sheet anymore and just go straight to draft documents from a set of email bullet points around terms.

Founders:	X and X
	The existing vesting terms of the Founders' restricted stock shall remain in effect

Board of Directors: The Board of Directors (**"Board "**) shall be set at **[three]** directors as follows

Director Seat	Investor Designee	Name
Preferred Director	Foundry	•
Common Director	Current CEO	•
[Mutual Director		•]

Legal Fee Cap: **$X**

Major Investor Threshold: **$250,000**

Estimated Closing Date: X

This Summary of Terms incorporates by reference all of the Foundry Standard Investment Terms attached here to (the "Standard Investment Terms"). Capitalized terms used herein but not otherwise defined shall have the meanings set forth in the Standard Investment Terms. In the event of any conflict between the terms set forth in this Summary of Terms and the Standard Investment Terms (collectively, the "Terms"), this Summary of Terms shall control. Except for "No Shop Agreement," "Confidentiality," and "Governing Law," which are explicitly agreed by the Investors and the Company to be binding upon execution of this Summary of Terms, the Terms are not a legally binding commitment by the Investors or the Company, and any obligation on the part of the Investors shall be subject to the following conditions precedent: completion and execution definitive satisfactory to the Investors, satisfactory completion of due diligence by the Investors, and delivery of all closing deliverables described in the definitive agreements.

Foundry Venture Capital 2018, L.P.   **Name of Awesome Startup**

By: _____   By: _____

Print Name/Title: _____   Print Name/Title: _____

Date: _____   Date: _____

FOUNDRY STANDARD INVESTMENT TERMS

The following terms and conditions are Foundry's standard investment terms (the "**Standard Investment Terms**"). Capitalized terms used herein but not otherwise defined shall have the meanings set forth in the Summary of Terms to which these Standard Investment Terms are incorporated by reference.

Capitaliz-
ation:

For purposes of the Terms, any reference to "fully-diluted" shall include the conversion of all outstanding Preferred Stock of the Company, the exercise of all authorized and currently outstanding stock options and warrants of the Company, and the Employee Pool(as defined below).

Purchase
Price:

The per share price of the Preferred Stock (the "**Purchase Price**") shall be calculated by dividing the Pre-Money Valuation set forth in the Summary of Terms by the fully-diluted capitalization (including the Employee Pool) as of immediately prior to the closing.

Board
Composition:

At the closing the size of the Board shall be set at the number of directors set forth in the Summary of Terms. The Preferred Director(s) set forth in the Summary of Terms shall be elected by the holders of Preferred Stock and shall be designated by the Investors set forth in the Summary of Terms (the "**Preferred Directors**"). The Common Director(s) set forth in the Summary of Terms shall be elected by the holders of Common Stock, one of which shall be the Company's current chief executive officer (the "**Common Director**"). The Mutual Director(s) set forth in the Summary of Terms shall be elected by the holders of Common Stock and Preferred Stock voting together on an as-converted basis and shall be designated by the mutual consent of the other members of the Board (the "**Mutual Directors**"). The Company shall reimburse expenses of the Preferred Director(s) for costs incurred in attending meetings of the Board and other meetings or events attended on behalf of the Company.

Dividends:

Six percent (6%) non-cumulative dividend preference, when and as declared by the Board; pro rata participation in any Common Stock dividends.

Liquidation Preference:	In the event of any liquidation or winding up of the Company, the holders of the Preferred Stock shall be entitled to receive in preference to the holders of the Common Stock a per share amount equal to the Purchase Price plus any declared but unpaid dividends (the "Liquidation Preference").
	After the payment of the Liquidation Preference to the holders of the Preferred Stock, the remaining assets shall be distributed ratably to the holders of the Common Stock.
	A merger, acquisition, sale of voting control in which the stockholders of the Company do not own a majority of the outstanding shares of the surviving corporation, or sale of all or substantially all of the assets of the Company (each a "**Change in Control**") shall be deemed to be a liquidation. Any acquisition agreement that provides for escrowed or other contingent consideration will provide that the allocation of such contingent amounts properly accounts for the liquidation preference of the Preferred Stock.
Preferred Stock Conversion:	Convertible into shares of Common Stock at any time at the election of each holder. The initial conversion rate shall be 1:1, subject to adjustment as provided below.
Automatic Conversion:	All of the Preferred Stock shall automatically convert into Common Stock upon the closing of a firmly underwritten public offering of shares of Common Stock of the Company for a total offering of not less than $50 million (before deduction of underwriter's commissions and expenses) (a "**Qualified IPO**"). The Preferred Stock shall convert into Common Stock upon the election of the Required Preferred.
Antidilution Provisions:	The conversion price of the Preferred Stock will be subject to a weighted-average adjustment to reduce dilution in the event that the Company issues additional equity securities, other than (i) shares or options to purchase shares issued to employees, consultants or directors as approved by the Board; (ii) shares issued for consideration other than cash pursuant to a merger, consolidation, acquisition or similar business combination approved by the Board; (iii) shares issued pursuant to any equipment loan or leasing arrangement, real property leasing arrangement, or debt fi nancing from a bank or similar financial institution approved by the Board; and (iv) other issuances

approved by the Required Preferred from time to time (collectively,"**Excluded Issuances**"). Approval by the Board for any Excluded Issuance must include approval by at least one of the Preferred Directors (**the "Required Board Approval"**). The conversion price will also be subject to proportional adjustment for stock splits, stock dividends, combinations, recapitalizations, and the like. In addition, in the event that the fully-diluted capital of the Company immediately following the closing is not as set forth in the Company's capitalization representations, the conversion price for the Preferred Stock will be automatically adjusted down based on the Pre-Money Valuation set forth in the Summary of Terms and the Company's actual fully-diluted capital.

Voting Rights: The Preferred Stock will vote together with the Common Stock on an as-converted basis, and not as a separate class except as specifically provided herein or as otherwise required by law. The Common Stock may be increased or decreased by the vote of holders of a majority of the Common Stock and Preferred Stock voting together on an as-ifconverted basis, and without a separate class vote.

Protective Provisions: For so long as any shares of Preferred Stock remain outstanding, consent of the Required Preferred shall be required for any action, whether directly or through any merger, recapitalization or similar event, that (i) alters or changes the rights, preferences or privileges of the Preferred Stock; (ii) increases or decreases the authorized number of shares of Common Stock or Preferred Stock; (iii) creates (by reclassification or otherwise) any new class or series of shares having rights, preferences or privileges senior to or on a parity with the Preferred Stock; (iv) results in the redemption or repurchase of any shares of Common Stock (other than pursuant to equity incentive agreements with service providers giving the Company the right to repurchase shares upon the termination of services); (v) results in any Change in Control or other liquidation of the Company; (vi) amends or waives any provision of the Company's Certificate of Incorporation or Bylaws; (vii) increases or decreases the authorized size of the Company's Board; (viii) results in the payment or declaration of any dividend on any shares of Common Stock or Preferred Stock; (ix) issues debt of the Company or any subsidiary in excess of

$100,000; (x) makes any voluntary petition for bankruptcy or assignment for the benefi t of creditors; (xi) enters into any exclusive license, lease, sale, distribution or other disposition of the Company's products or intellectual property; or (xii) (a) sells, issues or distributes any Companycreated digital tokens, coins or cryptocurrency ("**Tokens**"), including through any agreement, pre-sale, initial coin offering, token distribution event or crowdfunding, or (b) develops a computer network either incorporating Tokens or permitting the generation of tokens by network participants.

Major Investor:	Any Investor investing an amount equal to or greater than the Major Investor Threshold amount set forth in the Summary of Terms shall be deemed a "**Major Investor**."
Information Rights:	The Company shall, upon request, deliver customary audited annual, unaudited quarterly and monthly financial statements and budgets to each Major Investor. Each Major Investor shall also be entitled to standard inspection and visitation rights.
Registration Rights:	Registration Rights: Two demand registrations, starting the earlier of three years after the closing or 180 days after the Company's initial public offering, so long as the anticipated aggregate offering price to the public is not less than $15,000,000, and unlimited piggy-back and S-3 registration rights with reasonable and customary terms, including cutback rights to no less than 30% (other than in a Qualified IPO), payment of selling stockholder counsel fees up to $35,000, and no limitations on transfers of registration rights to affiliates and other Major Investors.

Lock-Up Provision: Investors will be subject to a customary 180 day post-IPO lockup provided that all officers, directors, and other 1% stockholders are similarly bound; provided further that any discretionary waiver or termination of lock-up provisions shall also apply prorata to the Major Investors.

Other Provisions: No stockholder of the Company shall be granted registration rights which would reduce the number of shares includable by the holders of the Registrable Securities in a registration without the consent of the holders of a majority of the Registrable Securities. The Company shall not require the opinion of Investor's counsel before authorizing the transfer of stock or the removal of Rule 144 legends for routine sales under Rule 144 or for distribution to partners or members of Investors.

Right of First Refusal:
Prior to a Qualified IPO, Major Investors shall have the right to purchase their pro rata portions (calculated on a fully diluted basis) of any future issuances of equity securities by the Company (with overallotment rights in the event a Major Investor does not purchase its full allocation), other than Excluded Issuances.

EMPLOYEE MATTERS

Employee Pool:
Prior to the Closing, in addition to currently outstanding options, the Company shall reserve for future issuance pursuant to a mutually acceptable stock option plan (the "**Stock Option Plan**") a number of shares of Common Stock equal to the percentage of the post-closing fully-diluted capital stock set forth in the Summary of Terms (the "**Employee Pool**").

Stock Vesting:
All stock and stock equivalents issued after the Closing to employees, directors, consultants and other service providers will be issued pursuant to the Stock Option Plan and will be subject to the vesting provisions below unless otherwise approved by the Required Board Approval: 25% to vest on the one-year anniversary of the applicable vesting commencement date with the remaining 75% to vest monthly over the next three years. The repurchase option shall provide that upon termination of the employment of the stockholder, with or without cause, the Company or its assignee (to the extent permissible under applicable securities law qualification) retains the option to repurchase at the lower of cost or the current fair market value any unvested shares held by such stockholder. Except as set forth in the Summary of Terms there shall be no accelerated vesting except with Required Board Approval.

The outstanding Common Stock currently held by the Founders will be subject to the vesting terms set forth in the Summary of Terms. "**Double Trigger Acceleration**" shall mean full acceleration of all unvested shares in the event that (i) a Change in Control (as defined in the Stock Option Plan documents) occurs and (ii) as of, or within thirteen (13) months after, the effective time of such Change in Control the stockholder's Continuous Service (as defined in the Stock Option Plan documents) with the Company terminates due to an involuntary termination (not including death or disability) without Cause (as defined in the Stock Option Plan documents) or due to a voluntary termination with Good Reason (as defined in the Stock Option Plan documents); provided that, as a condition precedent of any accelerated vesting, the stockholder must sign, date and return to the Company a general release of all known and unknown claims in the form satisfactory to the Company (or its successor, if applicable), and must permit the applicable revocation period (if any) to expire unexercised.

Restrictions on Sales:	The Company's Bylaws shall contain a right of first refusal on all transfers of Common Stock, subject to normal exceptions. If the Company elects not to exercise its right, the Company shall assign its right to the Major Investors. The Company's Bylaws shall also contain a provision providing that no shares of capital stock other than those held by Major Investors may be transferred except as approved by the Board in its discretion, which shall include, without limitation, refusal to allow any transfer to the extent such transfer would increase the number of stockholders of the Company or require it to register, or register any class of equity securities, with the Securities and Exchange Commission. If the Company's Bylaws cannot be amended to include such provisions, the Company shall take such other steps as are necessary to impose the rights of first refusal and transfer restrictions set forth above on all outstanding shares of the Company's Common Stock.
Proprietary Information and Inventions Agreement:	Each current and former officer, employee and consultant of the Company shall enter into an acceptable proprietary information and inventions agreement.
Co-Sale Agreement:	The shares of the Company's securities held by the Founders shall be made subject to a co-sale agreement (with certain reasonable exceptions) with the Investors such that the Founders may not sell, transfer or exchange their stock unless each Investor has an opportunity to participate in the sale on a pro-rata basis.

Voting Agreement:	The Investors, the Founders and each current and future holder of stock, warrants or options to purchase stock shall enter a Voting Agreement that provides the following:

(i) that such stockholders will vote for the election of the members of the Board as provided in the Summary of Terms;

(ii) that such stockholders will vote all of their shares in favor of a Change in Control or transaction in which 50% or more of the voting power of the Company is transferred, provided such Change in Control or other transaction is approved by (a) the Board, (b) the Required Preferred, and (c) the holders of a majority of the Common Stock held by stockholders then providing services to the Company as an employee or officer; and

(iii) when a Founder leaves the Company, such Founder will vote all of his or her Common Stock and Preferred Stock (or Common Stock acquired on conversion of Preferred Stock) in the same proportion as all other shares are voted in any vote.

The Company's Stock Option Plan documents shall require all option holders to execute a counterpart signature page to the Voting Agreement as a condition precedent to the exercise of any option.

Founders Activities:	Each of the Founders and executive officers shall devote 100% of his or her professional time to the Company. Any other professional activities will require the prior approval of the Board.

OTHER MATTERS

Closing
Deliverables:
The Company shall provide at or prior to the closing:
(i) a postclosing capitalization chart; (ii) a customary
management rights letter addressed to Foundry; (iii) a standard
opinion of counsel for the Company; and (iv) a QSBS
Questionnaire.

Post-Closing
Matters:
Within 30 days of Closing, the Company shall (i) obtain D&O
insurance in an amount and upon terms acceptable to Foundry
and (ii) implement Carta (formerly known as eShares) (http://
carta.com) to manage its capitalization table and to issue share
certificates, options, warrants and other securities.

Agreements:
The sale of the Preferred Stock shall be made pursuant to a
purchase agreement with customary representations and
warranties. The purchase agreement, investor rights agreement,
co-sale agreement and voting agreement may be amended with
the consent of the Company and the Required Preferred, with the
co-sale agreement and voting agreement requiring the consent of
a majority of the Founders then providing services to the
Company as an officer or employee for any change adversely
effecting such Founders. Unless otherwise agreed, counsel to the
Company will draft the financing documents based on the NVCA
form documents. To expedite their preparation, Foundry will
provide NVCA forms that implement these Standard Investment
Terms.

Legal Fees
and
Expenses:
The Company shall pay at the closing the reasonable fees (not to
exceed the legal fee cap set forth on the Summary of Terms) and
expenses of Foundry's counsel in connection with this
transaction.

Assignment:
Each of the Investors shall be entitled to transfer all or part of its
shares of Preferred Stock to one or more affiliated partnerships
or funds managed by it or any of their respective directors,
officers or partners, provided such transferee agrees in writing to
be subject to the terms of the investor rights agreement, co-sale
agreement and voting agreement as if it were an original investor
thereunder.

Right to Conduct Activities:	The Company and each Investor hereby acknowledge that Foundry is a group of professional investment funds, and as such invest in numerous portfolio companies, some of which may be competitive with the Company's business. Neither Foundry nor any other Investor shall be liable to the Company or to any other Investor for any claim arising out of, or based upon, (i) the investment by Investor in any entity competitive to the Company; or (ii) actions taken by any partner, officer or other representative of such Investor to assist any such competitive company, whether or not such action was taken as a board member of such competitive company, or otherwise, and whether or not such action has a detrimental effect on the Company; provided, however that nothing herein shall relieve any Investor or any party from liability associated with misuse of the Company's confidential information. The Company's certificate of incorporation shall contain a limited waiver of the corporate opportunity doctrine with respect to matters or transactions presented to the Series A director other than solely in his capacity as a director of the Company.
No Shop Agreement:	The Company agrees to work in good faith expeditiously toward a closing. The Company and the Founders agree that until the 60th day from the date on which the Summary of Terms was signed by both Foundry and the Company they will not, directly or indirectly, (i) take any action to solicit, initiate, encourage or assist the submission of any proposal, negotiation or offer from any person or entity other than the Investors relating to the sale or issuance, of any of the capital stock of the Company or the acquisition, sale, lease, license or other disposition of the Company or any material part of the stock or assets of the Company; or (ii) enter into any discussions, negotiations or execute any agreement related to any of the foregoing, and shall notify the Investors promptly of any inquiries by any third parties in regards to the foregoing. Should both parties agree that definitive documents shall not be executed pursuant to the Terms, then the Company shall have no further obligations under this section.

Confi dentiality:	The Terms and any related discussions and correspondence are to be held in strict confidence by the Company and may not be disclosed by the Company to any party (other than counsel to, and the accountants of, the parties to the extent reasonably necessary for such persons to render advice in connection with the proposed transaction and other than to existing stockholders of the Company) without the prior written approval of Foundry.
Governing Law:	The Terms shall be governed in all respects by the laws of the State of Delaware.

Appendix C Sample Letter of Intent

_____, 20____

[Seller]

[Address]

Re: Proposal to Purchase Stock of the Company

Dear Seller:

This letter is intended to summarize the principal terms of a proposal being considered by _____ (the "Buyer") regarding its possible acquisition of all of the outstanding capital stock of _____ (the "Company") from _____ ("A") and _____ ("B") _____, who are the Company's sole stockholders (the "Sellers"). In this letter, (i) the Buyer and the Sellers are sometimes called the "Parties," (ii) the Company and its subsidiaries are sometimes called the "Target Companies," and (iii) the Buyer's possible acquisition of the stock of the Company is sometimes called the "Possible Acquisition."

The Parties wish to commence negotiating a definitive written acquisition agreement providing for the Possible Acquisition (a "Definitive Agreement"). To facilitate the negotiation of a Definitive Agreement, the Parties request that the Buyer's counsel prepare an initial draft. The execution of any such Definitive Agreement would be subject to the satisfactory completion of the Buyer's ongoing investigation of the Target Companies' business and would also be subject to approval by the Buyer's board of directors.

Part One: Non-Binding Terms

Based on the information currently known to the Buyer, it is proposed that the Defi nitive Agreement include the following terms:

1. Basic Transaction

The Sellers would sell all of the outstanding capital stock of the Company to the Buyer at the price (the "Purchase Price") set forth in Paragraph 2 below. The closing of this transaction (the "Closing") would occur as soon as possible after the termination of the applicable waiting period under the Hart-Scott-Rodino Antitrust Improvements Act of 1976 (the "HSR Act").

2. Purchase Price

The Purchase Price would be $_____ (subject to adjustment as described below) and would be paid in the following manner:

(a) At the Closing, the Buyer would pay the Sellers the sum of $_____ in cash;

(b) at the Closing, the Buyer would deposit with a mutually acceptable escrow agent the sum of $_____ , which would be held in escrow for a period of at least ____ years in order to secure the performance of the Sellers' obligations under the Definitive Agreement and related documents; and

(c) at the Closing, the Buyer would execute and deliver to each Seller an unsecured, nonnegotiable, subordinated promissory note. The promissory notes to be delivered to the Sellers by the Buyer would have a combined principal amount of $_____ , would bear interest at the rate of _____% per annum, would mature on the _____ anniversary of the Closing, and would provide for equal [annual] [quarterly] payments of principal along with [annual] [quarterly] payments of accrued interest. The Purchase Price assumes that the Target Companies have consolidated stockholders' equity of at least $_____ as of the Closing. The Purchase Price would be adjusted based on changes in the Target Companies' consolidated stockholders' equity as of the Closing, on a dollar-for-dollar basis.

3. Employment and Noncompetition Agreements

At the Closing:

(a) the Company and A would enter into a _____ year employment agreement under which A would agree to continue to serve as the Company's [Vice President and Chief Operating Officer] and would be entitled to receive a salary of $_____ per year; and

(b) each Seller would execute a _____ year noncompetition agreement in favor of the Buyer and the Company.

4. Other Terms

The Sellers would make comprehensive representations and warranties to the Buyer, and would provide comprehensive covenants, indemnities, and other protections for the benefit of the Buyer. The consummation of the contemplated transactions by the Buyer would be subject to the satisfaction of various conditions, including:

(a) _____

(b) _____

Part Two: Binding Terms

The following paragraphs of this letter (the "Binding Provisions") are the legally binding and enforceable agreements of the Buyer and each Seller.

1. Access

During the period from the date this letter is signed by the Sellers (the "Signing Date") until the date on which either Party provides the other Party with written notice that negotiations toward a Defi nitive Agreement are terminated (the "Termination Date"), the Sellers will afford the Buyer full and free access to each Target Company, its personnel, properties, contracts, books, and records, and all other documents and data.

2. Exclusive Dealing

Until the later of (i) [90] days after the Signing Date or (ii) the Termination Date:

(a) the Sellers will not and will cause the Target Companies not to, directly or indirectly, through any representative or otherwise, solicit or entertain offers from, negotiate with or in any manner encourage, discuss, accept, or consider any proposal of any other person relating to the acquisition of the Shares or the Target Companies, their assets or business, in whole or in part, whether directly or indirectly, through purchase, merger, consolidation, or otherwise (other than sales of inventory in the ordinary course); and

(b) the Sellers will immediately notify the Buyer regarding any contact between the Sellers, any Target Company or their respective representatives, and any other person regarding any such offer or proposal or any related inquiry.

3. Breakup Fee

If (a) the Sellers breach Paragraph 2 or the Sellers provide to the Buyer written notice that negotiations toward a Definitive Agreement are terminated, and (b) within [six] months after the date of such breach or the Termination Date, as the case may be, either Seller or one or more of the Target Companies signs a letter of intent or other agreement relating to the acquisition of a material portion of the Shares or of the Target Companies, their assets, or business, in whole or in part, whether directly or indirectly, through purchase, merger, consolidation, or otherwise (other than sales of inventory or immaterial portions of the Target Companies' assets in the ordinary course) and such transaction is ultimately consummated, then, immediately upon the closing of such transaction, the Sellers will pay, or cause the Target Companies to pay, to the Buyer the sum $_____ .

This fee will not serve as the exclusive remedy to the Buyer under this letter in the event of a breach by the Sellers of Paragraph 2 of this Part Two or any other of the Binding Provisions, and the Buyer will be entitled to all other rights and remedies provided by law or in equity.

4. Conduct of Business

During the period from the Signing Date until the Termination Date, the Sellers shall cause the Target Companies to operate their business in the ordinary course and to refrain from any extraordinary transactions.

5. Confidentiality

Except as and to the extent required by law, the Buyer will not disclose or use, and will direct its representatives not to disclose or use to the detriment of the Sellers or the Target Companies, any Confidential Information (as defined below) with respect to the Target Companies furnished, or to be furnished, by either Seller, the Target Companies, or their respective representatives to the Buyer or its representatives at any time or in any manner other than in connection with its evaluation of the transaction proposed in this letter. For purposes of this Paragraph, "Confidential Information" means any information about the Target Companies stamped "confidential" or identified in writing as such to the Buyer by the Sellers promptly following its disclosure, unless (i) such information is already known to the Buyer or its representatives or to others not bound by a duty of confidentiality or such information becomes publicly available through no fault of the Buyer or its representatives, (ii) the use of such information is necessary or appropriate in making any filing or obtaining any consent or approval required for the consummation of the Possible Acquisition, or (iii) the furnishing or use of such information is required by or necessary or appropriate in connection with legal proceedings. Upon the written request of the Sellers, the Buyer will promptly return to the Sellers or the Target Companies or destroy any Confidential Information in its possession and certify in writing to the Sellers that it has done so.

6. Disclosure

Except as and to the extent required by law, without the prior written consent of the other Party, neither the Buyer nor the Seller will make, and each will direct its representatives not to make, directly or indirectly, any public comment, statement, or communication with respect to, or otherwise to disclose or to

permit the disclosure of the existence of discussions regarding, a
possible transaction between the Parties or any of the terms,
conditions, or other aspects of the transaction proposed in this letter.
If a Party is required by law to make any such disclosure,
it must first provide to the other Party the content of the
proposed disclosure, the reasons that such disclosure is required
by law, and the time and place that the disclosure will be made.

7. Costs

The Buyer and each Seller will be responsible for and bear all of
its own costs and expenses (including any broker's or finder's fees and
the expenses of its representatives) incurred at any time in connection
with pursuing or consummating the Possible Acquisition.
Notwithstanding the preceding sentence, the Buyer will pay one-half
and the Sellers will pay one-half of the HSR Act filing fee.

8. Consents

During the period from the Signing Date until the Termination Date,
the Buyer and each Seller will cooperate with each other and proceed,
as promptly as is reasonably practical, to prepare and to file the
notifications required by the HSR Act.

9. Entire Agreement

The Binding Provisions constitute the entire agreement between the
parties, and supersede all prior oral or written agreements,
understandings, representations and warranties, and courses of
conduct and dealing between the parties on the subject matter hereof.
Except as otherwise provided herein, the Binding Provisions may be
amended or modified only by a writing executed by all of the parties.

10. Governing Law

The Binding Provisions will be governed by and construed under the
laws of the State of without regard to conflicts of laws principles.

11. Jurisdiction: Service of Process

Any action or proceeding seeking to enforce any provision of, or
based on any right arising out of, this Letter may be brought

against any of the parties in the courts of the State of, County of, or, if it has or can acquire jurisdiction, in the United States District Court for the District of, and each of the parties consents to the jurisdiction of such courts (and of the appropriate appellate courts) in any such action or proceeding and waives any objection to venue laid therein. Process in any action or proceeding referred to in the preceding sentence may be served on any party anywhere in the world.

12. Termination

The Binding Provisions will automatically terminate on, 20 and may be terminated earlier upon written notice by either party to the other party unilaterally, for any reason or no reason, with or without cause, at any time; provided, however, that the termination of the Binding Provisions will not affect the liability of a party for breach of any of the Binding Provisions prior to the termination. Upon termination of the Binding Provisions, the parties will have no further obligations hereunder, except as stated in Paragraphs 2, 3, 5, 7, 9, 10, 11, 12, 13, and 14 of this Part Two, which will survive any such termination.

13. Counterparts

This Letter may be executed in one or more counterparts, each of which will be deemed to be an original copy of this Letter and all of which, when taken together, will be deemed to constitute one and the same agreement.

14. No Liability

The paragraphs and provisions of Part One of this letter do not constitute and will not give rise to any legally binding obligation on the part of any of the Parties or any of the Target Companies. Moreover, except as expressly provided in the Binding Provisions (or as expressly provided in any binding written agreement that the Parties may enter into in the future), no past or future action, course of conduct, or failure to act relating to the Possible Acquisition, or relating to the negotiation of the terms of the Possible Acquisition or any Definitive Agreement, will give rise to or serve as a basis for any obligation or other liability on the part of the Parties or any of the Target Companies.

* * *

If you are in agreement with the foregoing, please sign and return one copy of this letter agreement, which thereupon will constitute our agreement with respect to its subject matter.

Very truly yours,
[Buyer]

By: _____
Name: _____
Title: _____

Duly executed and agreed as to the Binding Provisions on:
_____, 20
[Seller]

By: _____
Name: _____
Title: _____

벤처딜, 실리콘밸리 투자 바이블

투자 전략부터 실전 협상까지, 스타트업 VC 투자의 모든 것

초판 1쇄 발행 2025년 4월 10일

지은이 브래드 펠드, 제이슨 멘델슨
옮긴이 양석진
감수 박선동

책임편집 이현은 **편집** 정일웅 **디자인** 피크픽
제작·마케팅 이태훈 **경영지원** 김도하 **인쇄·제본** 재원프린팅

펴낸곳 주식회사 잇담
펴낸이 임정원
주소 서울특별시 강남구 언주로 201, 1108호
대표전화 070-4411-9995
이메일 itdambooks@itdam.co.kr
인스타그램 @itdambooks

ISBN 979-11-94773-01-6 03320